Zu diesem Buch

Welche Frau kennt sie nicht, die «trüben Tage», an denen das Leben grau in grau und voller Tristesse erscheint?
Dieses leicht zugängliche, praktische Buch wendet sich an all die Frauen, die sporadisch in leichte Depressionen verfallen und immer wieder von Melancholie und Mutlosigkeit eingeholt werden. Jennifer James setzt sich beherzt mit Anlässen und Ursachen dieser depressiven Gefühlsmuster auseinander. Mit Humor und Selbstironie zeigt die amerikanische Autorin, wie Frauen gegen die lähmenden Stimmungstiefs angehen können.

Jennifer James

TRÜBE TAGE

Wege aus dem
weiblichen Stimmungstief

Aus dem Amerikanischen
von Bärbel Buchholz

Rowohlt

Die Originalausgabe erschien 1988 unter dem Titel
«Women and the Blues. Passions That Hurt, Passions That Heal»
im Verlag Harper & Row, Inc., San Francisco

13.–15. Tausend April 1993

Deutsche Erstausgabe
Veröffentlicht im Rowohlt Taschenbuch Verlag GmbH,
Reinbek bei Hamburg, Februar 1991
Copyright © 1991 by Rowohlt Taschenbuch Verlag GmbH,
Reinbek bei Hamburg
Published by arrangement with Harper & Row, Inc.
«Women and the Blues»
Copyright © 1988 by Jennifer James
Redaktion Barbara Wenner
Umschlaggestaltung Ingrid Albrecht
Satz Aldus und Optima
Gesamtherstellung Clausen & Bosse, Leck
Printed in Germany
1490-ISBN 3 499 18840 6

Inhalt

7	**Vorwort**
9	**Einleitung**
11	Über den Gebrauch dieses Buches
13	Rasche Hilfe
19	**Quellen unserer Trauer: Hilfen zum Leben**
19	**Enttäuschung, Schmerz, Verzweiflung und Depression**
19	Ich schaffe nie genug
24	Ich langweile mich
28	Ich habe keine Lust, abends nach Hause zu gehen
32	Ich wünsche mir ihr Geld, ihren Status und ihre Sicherheit
35	Ich kaufe so gerne ein
39	Streß bestimmt mein Leben
53	Ich bin total erschöpft
56	Ich kann meinen Körper nicht ausstehen
62	Ich war zu lange allein
68	Ich mache mir ständig Sorgen
76	Konkurrenzkampf verursacht mir Unbehagen
82	O Gott, schon wieder ein Feiertag
86	Ich möchte, daß alles vollkommen ist
92	Ich lebe allein in einer Welt voller Paare
96	Wir werden alle älter
102	Ich brauche dringend Schlaf
107	Ich möchte verstehen, warum ich weine
111	Der Schmerz ist unerträglich
118	Diese Qual scheint nie enden zu wollen – Depressionen

130	Ich brauche mehr Hilfe: Was ist eine Depression, was kann ich tun?
143	**Freunde, Kritiker und Liebhaber**
143	Ich brauche einen stützenden Rahmen
146	Mir fällt es schwer, Freundschaften zu schließen
154	Ich fühle mich verletzt, wenn andere über mich klatschen
157	Kritik kann mir den ganzen Tag verderben
163	Ich bin eifersüchtig
171	Ich weiß, daß er mir nicht treu ist
177	Ich möchte eine Affäre haben
181	Ich möchte mehr über Männer und Sex wissen
193	Ich wünsche mir Romantik und Nähe
196	Es ist schwer, sich von einem Menschen zu trennen
207	Ich bin diejenige, die unsere Beziehung beendet
210	**Meine Familie**
210	Verwandte, auf die ich keinen Wert lege
216	Wie kann ich mit meinen Geschwistern Frieden schließen?
220	Ich möchte das Gefühl haben, erwachsen zu sein
228	Ich brauche Hilfe, um eine Scheidung durchstehen zu können
238	Eltern zu sein ist eine schwere Aufgabe
245	Es ist so schwer, zu vergeben
253	**Quellen unserer Gefühle: Wege zur Liebesfähigkeit**
254	Selbstwertgefühl und kindlicher Schmerz
272	Außergewöhnliche Frauen
278	Bewahren Sie Ihren Sinn für Humor
282	Ein bißchen mehr Glück, bitte
285	Quellen unserer Gefühle
298	**Literatur**

Vorwort

Dieses Buch entstand aus der Not meiner schlaflosen «weißen Nächte». In solchen Nächten können wir unsere geheimsten Gefühle ausloten. Ich wollte anderen Frauen die Hilfe geben, die mir jene schwere Zeit vielleicht etwas hätte erleichtern können. Damals gab es kein Buch, zu dem ich mitten in der Nacht oder am Tage hätte greifen können, um mir bestätigen zu lassen, daß ich mit meinen Problemen nicht ganz allein stand. Ich las viel, wollte aber keine Belehrungen darüber, was alles mit mir nicht stimmte, sondern suchte praktische Anweisungen zum Überleben.
Als ich noch Kulturanthropologie an der Medizinischen Hochschule in Washington lehrte, war mir niemals der Gedanke gekommen, ein derartiges Buch zu schreiben. Ich arbeitete über Anpassungsstrategien besonders belasteter Randgruppen wie Prostituierter, Krimineller und Drogenabhängiger und veranstaltete für Medizinstudenten einen Grundkurs über «Zivilisation und Krankheit», der sich damit beschäftigte, wie gesellschaftliche Errungenschaften uns krank machen können. Außerdem bemühte ich mich in den sechziger und siebziger Jahren gemeinsam mit meinen Freunden um eine neue Definition der Begriffe Weiblichkeit und Liebe.
Allmählich aber geriet ich persönlich tiefer und tiefer in einen Zustand der Verzweiflung: Mein Vater nahm sich das Leben, ich wurde geschieden, war alleinerziehende Mutter, durchlebte eine unglückliche Liebesbeziehung und stellte fest, daß eine Universitätsprofessur ein Kerker für den Geist sein kann. Als ich dreiunddreißig war, hätte ich den Tag nach Weihnachten beinahe nicht überlebt. Wie Alice im Wunderland hatte ich zu oft von der falschen Seite des Plätzchens abgebissen. Mein Zustand hatte sich ständig verschlechtert, bis zum Glück ein Freund anrief, der in meiner versagenden, kaum noch verständlichen Stimme die Gefahr spürte.
In der folgenden Zeit machte ich meine Hausaufgaben. Ich arbeitete die zerstörerischen Erlebnisse meiner Vergangenheit auf und legte damit den Grund für ein neues, selbstbestimmtes Leben. Befreit von

Depressionen und geheilt durch Zeit und gute Ratschläge, begann ich mehr und mehr im öffentlichen Bereich zu arbeiten. Ich wollte direkte Berührung mit dem wirklichen Leben der Menschen haben. Obwohl ich gerne unterrichtete, griff ich deshalb zu, als sich mir die Chance bot, eine Radiosendung über Fragen psychischer Gesundheit zu übernehmen. Und ich stellte fest, daß es mir gefiel, mich an eine breite Öffentlichkeit als Auditorium zu wenden.

Meine Tätigkeit beim Radio führte dazu, daß ich eine eigene Zeitungskolumne bekam, die ich auch heute noch für die *Seattle Times* schreibe. Ich habe zwar mehrere Bücher verfaßt, dieses hier aber ist mein Wunschbuch. Es lebte die ganze Zeit in mir und wartete nur auf den richtigen Zeitpunkt, um realisiert zu werden. Welchen Sinn hätten Schmerzen, wenn nicht auch andere Menschen etwas aus ihnen lernen könnten?

Die Erfahrung hat mich gelehrt, daß es viele Möglichkeiten gibt, mit Schmerz umzugehen. Man kann ihn ersticken, anderen Menschen aufbürden oder sich selbst damit quälen. Vielleicht können Sie aber auch den Mechanismus dieser Falle durchschauen und sich befreien. Schmerz ist ein großer Lehrmeister.

Die Gedanken auf den folgenden Seiten sind mein Angebot an Sie – an Frauen, die sich in unserer Gesellschaft verletzt und frustriert fühlen und die sicherer und stärker sein möchten. Sie wenden sich aber auch – mit herzlichen Grüßen – an Männer, die Frauen lieben und ihre eigene weibliche Seite mögen.

Dieses Buch soll Sie – vor allem, wenn Sie die besonders intensiven Seiten über «schwere Zeiten» lesen – daran erinnern, daß andere Menschen ebenfalls mit Problemen zu kämpfen haben. Sie stehen nicht allein: Auch andere Frauen blättern Bücher durch, sind auf der Suche nach etwas, das für sie von Bedeutung sein könnte. Das heißt nicht, daß wir alle süchtig nach Selbsthilfebüchern wären. Wir sind sensibel und bewußt. Wir möchten verstehen, warum wir uns für etwas entscheiden.

Was kann eine Fremde über Ihr Leben wissen? Ich würde Sie kennen, wenn wir uns träfen. Ich fühle Ihren Schmerz; er gleicht meinem. Ich möchte mit Ihnen andere, bessere Wege finden. Sie sind nicht allein. Es gibt Menschen, die Sie kennen und lieben.

Jennifer James, Seattle

Einleitung

Gesellschaftliche Entwicklungen wirken sich auf unsere äußeren Lebensumstände (unsere Arbeit, Familie, Gesundheit) aus, ehe wir sie innerlich übernehmen (Image, Selbstachtung, Sexualität). Wir haben die Wahl zwischen zahlreichen Möglichkeiten, aber wir wissen nicht, wie wir uns entscheiden sollen, und so müssen die meisten von uns ihren Preis dafür bezahlen, daß sie versuchen, alles zu bekommen. Wir geraten mehr und mehr in ein Stimmungstief und glauben schließlich, daß irgend etwas mit uns selbst nicht stimmt, anstatt uns genauer mit der Gesellschaft zu beschäftigen, in der wir leben.
Ich kann mich erinnern, daß ich als kleines Mädchen die Farbe Rosa haßte. Wenn meine Mutter mir ein rosafarbenes Kleidungsstück kaufte, hätte ich es am liebsten unter dem Bett versteckt. Am Ostersonntag fand ich die Damen mit ihren leuchtend rosa Kostümen immer ganz scheußlich. Und beinahe hätte ich mein erstes Haus nicht gekauft, weil das Badezimmer ganz in Rosa gehalten war. Mir blieb nur die Möglichkeit, die rosa Kacheln mit einem gemalten Dschungel-Motiv zu verdecken.
Dann aber begann Rosa sich in mein Leben einzuschleichen. Als ich dreißig war, fand ich mich plötzlich bei einem Einkaufsbummel mit einer Garnitur rosa Unterwäsche in der Hand. In der folgenden Zeit entwickelte ich eine ausgeprägte Vorliebe für rosa Bettlaken. Rosa Bettwäsche war damals gerade nicht in Mode, und erst im vierten Geschäft fand ich das Gesuchte. Als nächstes waren Handtücher an der Reihe. Nachdem ich mein rosa Badezimmer jahrelang verkleidet hatte, kaufte ich nun flaumig-weiche rosa Handtücher. Der Höhepunkt war ein leuchtend rosafarbener, von Wand zu Wand reichender Badezimmerteppich. Meine Freunde lehnten es ab, mein Bad weiter zu benutzen.
Ich fühlte mich wie im Himmel und wollte nur noch mit angezogenen Knien im Bad auf dem Boden sitzen, umgeben von Rosa und erfüllt von friedlichen Gefühlen. Immer wieder fand ich mich für längere Zeit in dieser Umgebung sitzend. Es war bizarr, bis mir klar wurde,

was da eigentlich vorging. Ich war erwachsen geworden. Endlich hatte ich mir selbst gestattet, meine Geschichte einzufordern. Rosa war das Symbol für die vielen Generationen von Frauen vor mir. Ja, für den mütterlichen Schoß, die Gebärmutter.
Rosa verkörperte das Weiche, Nährende, Sanfte, das ich mir im Leben als Ausgleich für meine Unabhängigkeit wünschte. Es war schließlich ganz in Ordnung, eine Verbindung herzustellen zwischen all den Frauen, die in der Vergangenheit ihre Form zu überleben gefunden hatten, und den Möglichkeiten, die heute Frauen meiner Generation offenstehen. Ich war nicht länger zwischen beidem hin- und hergerissen. Ich war eins, konnte zu mir kommen, konnte lieben und geliebt werden.
Marilyn French beschreibt in *The Woman's Room* anschaulich, wie quälend es sein kann, sich entscheiden zu müssen. Ihre Heldin ist einer Ehe entflohen, die sie völlig aussaugte. Sie ist ein selbständiger Mensch geworden, hat Risiken auf sich genommen, hat gelernt, Liebende und Geliebte zu sein, nur um dann mit einer unerträglichen Wahl konfrontiert zu werden: Sie kann sich entweder dafür entscheiden, in der Verbindung mit ihrem neuen Liebhaber, der nur halbherzig für die Gleichheit der Geschlechter ist, wieder Hausfrau zu werden und damit einen großen Teil ihrer Karriere zu opfern, oder sie riskiert es, mit vierzig allein und nur auf sich selbst gestellt zu sein.
Sie entscheidet sich dafür, ihr Schicksal selbst in die Hand zu nehmen, und das Buch schließt damit, daß sie allein an einem stürmischen Tag einen Strand entlanggeht, voller Sorgen, was die Zukunft bringen wird. Sie konnte sich nicht dazu durchringen, alles, was sie gelernt hatte, wieder zu vergessen. Sie konnte das Bewußtsein, das sie gewonnen hatte, nicht einfach wieder ablegen. Sie kann ihre geistige Regsamkeit nicht drosseln. Sie kann nicht weniger sein, als sie ist.
Die Hälfte meiner Freundinnen haßte diesen Ausgang, er jagte ihnen Angst ein. Ich liebte ihn – es war die einzige mögliche Schlußfolgerung. Aber jedesmal, wenn ich daran denke, durchströmt mich eine leichte Welle der Angst. Es ist so schwierig geworden, Begriffe wie Frau, Glück, Erfolg genau zu definieren.
Frauen meinen manchmal, sie seien allmächtig. In jeder von uns sind so viele verschiedene Frauen verborgen. Wir möchten alles für jeden sein.

Wir alle leiden gelegentlich unter «trüben Tagen», ob reich oder arm, gesund oder krank. Frauen haben Wünsche, die nichts mit der Realität zu tun haben. Wir hegen Erwartungen, die aus den Idealen erwachsen, mit denen wir großgezogen wurden – unser Frausein, unsere Nähe zu neuem Leben, unsere Fähigkeit, zuviel zu lieben und zu leiden. Unsere ureigensten Werte sind geradezu eine Einladung für Frustrationen.
Ich möchte, daß dieses Buch Sie anrührt, daß es Ihr Innerstes erreicht und einige Ihrer schmerzlichen Erinnerungen und Erfahrungen zur Ruhe kommen läßt. Ich möchte Ihnen vermitteln, was uns meiner Meinung nach in der heutigen Zeit so verletzt. Den Grund für etwas zu wissen bedeutet eine gewisse Freiheit, bedeutet die Erkenntnis, daß Sie selbst gut sind. Lediglich die Zeit, in der Sie leben, und die Möglichkeiten, die sich Ihnen bieten, scheinen manchmal nichts als Kompromisse zu verlangen. Ich möchte den Teil Ihrer selbst stärken, mit dem Sie sich freudig so annehmen, wie Sie sind. Verzagen Sie nicht: Sie sind liebenswert und tüchtig. Es macht doch soviel Freude, in die Welt hinauszuschauen und ihren Glanz begierig in sich aufzunehmen.

Über den Gebrauch dieses Buches

Das vorliegende Buch handelt von Lebensentscheidungen und entwickelt Strategien, mit deren Hilfe wir überleben und eine angemessene Lebensqualität erreichen können, während wir die buntgemischten Einflüsse unserer Gesellschaft in Einklang zu bringen suchen. Das Vorgehen ist ganz realitätsbezogen – auf die Frage, wie Sie sich am besten verhalten, wenn irgend etwas Sie verletzt, folgt jeweils direkt die Antwort. Ziel dieses Buches ist es aber auch, Ihnen Ihr Frausein bewußter zu machen: Ich selbst mußte mich erst als Frau begreifen lernen, ehe ich mich zu der Überzeugung durchringen konnte, daß ich es wert war, mich besser zu fühlen.
Sie können dieses Buch auf vielerlei Weise nutzen, das hängt einmal von Ihrer jeweiligen Stimmung ab und zum anderen davon, wieweit Sie die Ursachen Ihrer Niedergeschlagenheit kennen. Ich bin davon ausgegangen, daß die meisten Frauen an einem ganz speziellen Problem interessiert sind und nach einer praktischen Lösung dafür suchen, ehe sie ihren Gefühlen genauer auf den Grund gehen wollen. Vielleicht möchten Sie aber lieber umgekehrt vorgehen, dann können Sie den Teil über das «Lieben» vor dem über das «Leben» lesen.

Das Anfangskapitel ist nur kurz. Es beinhaltet gewissermaßen «Erste-Hilfe-Maßnahmen». Wenn Sie sich in diesem Augenblick niedergeschlagen fühlen, finden Sie hier Vorschläge, die innerhalb kurzer Zeit Ihre Stimmung verbessern können. Manchmal hilft es schon, wenn man nur auf irgendeine Weise aktiv wird. In den meisten Fällen ist es nötig, daß Sie die Zusammenhänge verstehen, genügend Selbstwertgefühl entwickeln und den Willen besitzen, voller Optimismus etwas zu tun. Das Problem liegt darin, daß die meisten von uns Schwierigkeiten haben, sich selbst oder andere zu verstehen; noch schwerer fällt es uns, ein gewisses Selbstwertgefühl zu entwickeln, und wenn wir dann auch noch durch Depressionen wie gelähmt sind, erscheint es völlig aussichtslos, voller Optimismus aktiv zu werden. In dieser Situation können wir nur Schritt für Schritt vorankommen.

Nach der Auflistung geeigneter «Sofortmaßnahmen» folgt als Hauptteil «Quellen unserer Trauer: Hilfen zum Leben». Dieser Teil behandelt die verschiedensten Probleme – von der leichten Verstimmung (Langeweile, Aufschieben von Dingen, Streß, Alleinsein) bis zu tiefer Niedergeschlagenheit (Zerbrechen einer Beziehung, Untreue, Eifersucht, Leid, Verlust eines nahestehenden Menschen). Zusätzlich habe ich den ersten Teil noch einmal in drei Abschnitte untergliedert, je nachdem, ob die Probleme Sie allein betreffen, ob Sie sie mit Freunden und Liebhabern zu lösen versuchen oder ob sie im Rahmen der Familie auftreten. Jedes Kapitel beschreibt das Erscheinungsbild des jeweiligen Problems, gibt einen Einblick in die Ursachen und schlägt vor, was Sie für den Augenblick und in Zukunft dagegen tun können.

Eine der wirkungsvollsten Möglichkeiten, Stimmungen unter Kontrolle zu halten, liegt in Ihrer Fähigkeit, das jeweils gerade ablaufende Geschehen zu verstehen und neue Lösungen für die Schwierigkeiten zu finden, denen Sie gegenüberstehen. Ein guter Ratgeber muß auf ein vielseitiges und umfangreiches Reservoir an Alternativen zurückgreifen können. Das gleiche gilt auch für Sie.

Ich habe die Kapitel so geordnet, daß ein Problem nach dem anderen ohne überflüssige Erörterungen ganz praxisbezogen behandelt wird. Das Wissen, das wir benötigen, um sorgsam mit uns selbst umzugehen, stellt sich in der Regel erst ein, nachdem wir es fertiggebracht haben, ein Problem in unserem Leben zu erkennen, uns ihm zu stellen und es zu lösen. In dieser Situation sind wir bereit, uns näher mit den Gründen zu beschäftigen, um nicht noch einmal in die gleiche Lage zu geraten.

Der abschließende Teil, «Quellen unserer Gefühle: Wege zur Liebesfähigkeit», soll Ihnen helfen herauszufinden, warum Sie nicht besser auf sich achten. Dieser Teil des Buches ist aus der Sicht einer Anthropologin geschrieben, die danach fragt, wo wir herkommen, wohin wir gehen, wodurch wir uns unterscheiden und warum Frauen in unserem Kulturkreis unter «trüben Tagen» leiden. In diesem Teil werden u. a. die Themen «Selbstwertgefühl und kindlicher Schmerz» und «Außergewöhnliche Frauen» aufgegriffen. Sie müssen sich darüber klarwerden, was Sie erwartet haben, was Sie wollen und worauf Sie glauben, ein Recht zu haben.

Außer dem handelt dieser Teil von Möglichkeiten, glücklich zu sein, und von der Fähigkeit, lebenslang intensiv zu empfinden.

Dieses Buch soll Sie in Ihrem Bemühen um praktikable Lösungen, um mehr Lebensfreude und um intensivere Gefühle unterstützen – es soll Ihnen helfen, Stärke und Offenheit zu erlangen, um schwere Zeiten, Verluste und verworrene Situationen durchstehen zu können. Intensive Gefühle sind nicht abhängig von der Mitwirkung anderer, sondern nur von Ihrer eigenen Fähigkeit, mit sich selbst und Ihrer Umgebung in Einklang zu leben.

Dadurch, daß wir in der Lage sind, ein anderes menschliches Wesen zu nähren, sind wir Frauen auf einzigartige und ganz besondere Art mit dem Leben verbunden. Wir sollten es fertigbringen, auch uns selbst mit allem Lebensnotwendigen zu versorgen.

Rasche Hilfe

Vielleicht möchten Sie erst in diesem Buch weiterlesen, wenn sich Ihre Stimmung gebessert hat. Das ist verständlich. Die folgenden Hinweise können Ihnen aber unter Umständen in dringenden Fällen nützlich sein. Falls Sie damit keinen Erfolg haben, wird es höchste Zeit, der Sache auf den Grund zu gehen.

Versuchen Sie sich selbst aufzubauen. Durch optimistisch stimmende Botschaften können Sie sich selbst immer wieder an das erinnern, was Sie empfinden möchten. Befestigen Sie sie am Badezimmerspiegel, am Armaturenbrett Ihres Wagens, auf dem Schreibtisch. Schreiben

Sie sich eine auf die Hand, stecken Sie sie in Ihre Tasche oder in Ihr Portemonnaie.

> Ich bin liebenswert und tüchtig. – Ich schaffe es, mich gut zu fühlen. – Ich entscheide selbst, was ich tue. – Wenn ich glücklich sein will, muß ich aktiv werden. – Ich ärgere mich niemals aus dem Grund, den ich für den entscheidenden halte. – Ich kann Gedanken und Handlungen anderer Menschen nicht kontrollieren. – Alles, was ich brauche, liegt in mir. – Auch dieses Tief wird vorübergehen. – Nur sehr wenige Dinge sind wirklich wichtig. – (Formulieren Sie das, was für Sie persönlich von Bedeutung ist.)

Lächeln Sie. Ich weiß, es klingt seltsam, aber in dem Augenblick, in dem Ihre Gesichtsmuskeln ein Lächeln formen, reagiert Ihr ganzer Körper entsprechend. Sie brauchen keinen besonderen Anlaß dazu, geben Sie Ihrem Gesicht einfach eine Chance. Lächeln Sie auch anderen Menschen zu; indem Sie sie aufmuntern, verbessern Sie gleichzeitig Ihre eigene Stimmung.

Besuchen Sie die richtigen Leute. Treffen Sie sich mit optimistisch veranlagten Freunden, mit denen Sie gut reden können. Sehen Sie sich einen heiteren Film an, oder lesen Sie ein anregendes Buch. Besuchen Sie einen Vortrag, der Sie aufmuntert.

Sorgen Sie für Zerstreuung. Sie sollten lesen, arbeiten, fernsehen, handarbeiten, malen, Kreuzworträtsel lösen, ins Kino gehen oder sonst irgend etwas tun, das Sie ablenkt. Halten Sie sich eine Zeitlang von allen unerfreulichen Nachrichten fern (sei es im Fernsehen, Rundfunk oder in der Zeitung).

Versuchen Sie, innerlich zur Ruhe zu kommen. Atmen Sie tief durch, meditieren Sie, beten Sie, oder verrichten Sie irgendein Zeremoniell, das Ihnen Ihr seelisches Gleichgewicht zurückgibt.

Sorgen Sie für körperliche Bewegung. Legen Sie das Buch aus der Hand und machen einen Spaziergang. Atmen Sie tief durch, oder recken Sie sich. Wenn Sie genügend Zeit haben, können Sie auch regelmäßig laufen oder sich einer Sportgruppe anschließen. Sorgen Sie dafür, daß Ihre Spannungen abgebaut werden.

Lachen Sie. Rücken Sie Ihre Sicht der Dinge wieder zurecht, indem Sie mehr auf das Lustige oder Absurde im Leben achten. Sorgen Sie selber für Spaß, oder lachen Sie über die Scherze anderer.

Kümmern Sie sich um andere. Wenn wir uns nach Zuwendung sehnen und uns scheinbar gerade keine über den Weg läuft, dann besteht schließlich auch die Möglichkeit, selber aktiv zu werden. Rufen Sie eine Freundin an und erkundigen sich nach ihren Sorgen, schicken Sie irgend jemandem einen Brief oder ein Päckchen, besuchen Sie jemanden, der auch das Gefühl braucht, umsorgt zu werden. Helfen Sie einem Ihrer Nachbarn – Sie kennen ja deren Bedürfnisse. Engagieren Sie sich, wo es nötig ist. Schenken Sie Ihrer Umgebung ein wenig Liebe. Arbeiten Sie ehrenamtlich in einer Vereinigung mit, die anderen Liebe in Form von Hilfe schenkt (Kindern, Obdachlosen, Kranken oder Einsamen). Sie werden auf diese Art auch für sich selber Liebe und Anerkennung finden.

Kehren Sie zurück zur Natur. Gehen Sie hinaus in die weite, offene Landschaft, wo Sie sich an die vielen guten Dinge des Lebens erinnern können. Das Rauschen des Meeres, der Duft des Waldes, die Ruhe – das alles ist immer für Sie da.

Essen oder trinken Sie etwas, das Ihnen guttut. Kräutertee, rohe Früchte und Gemüse oder irgend etwas, das Ihnen das Gefühl gibt, sich selber etwas Gutes zu tun.

Waschen Sie alle trüben Gedanken ab. Nehmen Sie ein warmes Bad, oder duschen Sie und spülen so Ihre ganze Niedergeschlagenheit in den Abfluß.

Kaufen Sie körperliche Berührung. Ganz gleich, ob Sie zur Massage, zur Gesichtsbehandlung oder zur Fußpflege gehen, die heilende Berührung wirkt immer ausgleichend und beruhigend.

Steigern Sie Ihr Selbstwertgefühl. Gehen Sie zum Friseur oder zur Maniküre, melden Sie sich für einen Kurs an, bekennen Sie Ihre Sünden, fassen Sie Beschlüsse, tun Sie irgend etwas, das Ihnen das Gefühl gibt, Veränderungen in Gang zu setzen.

Stellen Sie Ihre Stärken heraus. Was können Sie besonders gut? Kochen, schreiben, Bücher führen, waschen, Schubladen aufräumen, einkaufen – besinnen Sie sich Ihrer besonderen Fähigkeiten, und tun Sie etwas, um sie zur Geltung zu bringen.

Hören Sie ungewohnte Musik. Legen Sie Platten auf, die aufmuntern, auch wenn Sie zuerst empfindlich darauf reagieren. Musik, die

Ihnen so in die Füße fährt, daß Sie tanzen möchten, hellt Ihre Stimmung auf. Vermeiden Sie traurige Musik oder Melodien, die Sie an etwas erinnern, das Sie vergessen möchten. Versuchen Sie es mit klassischer Musik. Sie erinnert Sie selten an traurige Begebenheiten; sie vermittelt Ihnen das Gefühl, klug und stark zu sein.

Suchen Sie Kontakt zum Leben. Holen Sie sich etwas Lebendiges ins Haus. Es benötigt Ihre Fürsorge und bringt Sie in Schwung. Hunde, Katzen, Vögel, Fische oder Pflanzen – sie alle verbinden uns mit dem Leben.

Verschönern Sie Ihre Umgebung. Tun Sie etwas für Ihre Wohnung, stellen Sie Möbel um, streichen Sie einen Gegenstand in einer anderen Farbe, oder hängen Sie ein neues Bild auf. Geben Sie den Dingen, die Sie umgeben, ein bißchen Pfiff – das kann anstekkend wirken.

Lernen Sie etwas Neues. [mache ich bereits] Neue Kenntnisse und Fertigkeiten öffnen Ihnen manche Tür. Tun Sie den ersten Schritt dazu, indem Sie sich zu einem Seminar oder Kurs anmelden oder sich bereit erklären, an einem Projekt mitzuarbeiten. Kaufen Sie sich ein Do-it-yourself-Buch, -Tonband oder -Videoband und benutzen es auch wirklich.

Schaffen Sie Ordnung, wo bisher chaotische Zustände herrschten. Sortieren Sie Ihr Portemonnaie, oder räumen Sie Ihren Schreibtisch oder irgend etwas anderes auf. Äußerliche Ordnung hat manchmal auch emotionale Ordnung zur Folge.

Berühren Sie die Erde. Gartenarbeit kann eine große Hilfe sein, wenn Sie auf dem Wege sind, sich aus einer Depression zu befreien. Sie beschäftigen sich in frischer Luft mit etwas Sinnvollem und noch dazu Erfreulichem. Sie können ganz allein gärtnern, ohne sich einsam zu fühlen. Erde umzugraben ist ebenso heilsam wie das Meer zu beobachten; es ist beinahe wie eine Rückkehr zu kindlichen Schlammspielen. Bauen Sie an, was Ihnen in den Sinn kommt: eine Kürbispflanze, eine Sonnenblume, Erbsen, Stiefmütterchen, Kartoffeln. Formen Sie Terrassen aus Ziegeln; legen Sie Kieselsteine rund um die Melonenhügel. Ziehen Sie Erdbeeren in Blumentöpfen und Tomaten an der Pergola. Ihr Garten sollte aber nur klein sein, damit er nicht zu einer weiteren Belastung für Sie wird.

Vollziehen Sie bestimmte Rituale, um sich innerlich zu befreien. Schreiben Sie das, was Sie bedrückt, auf ein Blatt Papier und jagen es durch den Kamin, lassen Sie es als Boot fortschwimmen, oder werfen Sie es in kochendes Wasser, scheuchen Sie es fort, schicken Sie es ins Nichts. Versuchen Sie, sich davon zu befreien.

Verwöhnen Sie sich. Machen Sie es sich mit einer Decke, einem Teddybären, einem Heizkissen, einer Lieblingsspeise aus Kindertagen bequem. Kaufen Sie sich selbst ein Spielzeug oder ein kleines Geschenk, wie eine wirklich liebevolle Mutter es ihrem kranken Kind geben würde.

Nehmen Sie Urlaub. Es tut gut, einmal allem zu entfliehen. Fahren Sie irgendwohin und bleiben dort über Nacht, oder buchen Sie ein Wochenende an einem Ort, den Sie besonders mögen. Wenn Sie es sich leisten können, sollten Sie in sonnige Regionen fliegen.

Versetzen Sie sich in die Zukunft. Wie werden Ihre Gefühle in zwanzig Jahren sein – oder nächste Woche? Ist das Ganze wirklich so wichtig?

Glücklich wird man nur durch Handeln.

Quellen unserer Trauer: Hilfen zum Leben

Enttäuschung, Schmerz, Verzweiflung und Depression

Ich schaffe nie genug

Jedesmal, wenn Sie etwas tun wollen, das Ihnen Spaß macht, fallen Ihnen all die Dinge ein, die Sie statt dessen eigentlich erledigen sollten. Sie stehen ständig unter einem gewissen Druck, weil Sie das Gefühl haben, mit allem möglichen im Rückstand zu sein. Und das betrifft nicht nur einen bestimmten Tag, sondern zieht sich hin über Jahre Ihres Lebens. Versteckt in Ecken, in Schubladen und im Gedächtnis anderer Menschen findet sich all das, was Sie immer wieder vor sich hergeschoben haben. Man kann beinahe alles hinauszögern: Rechnungen zu bezahlen, den Ausweis zu verlängern, unangenehme Arbeiten zu erledigen, einen Job oder eine Beziehung aufzukündigen, jemanden an die Rückzahlung einer Schuld zu erinnern, zu bügeln, etwas zu reparieren, Glühbirnen auszuwechseln. Manche aufgeschobenen Dinge erledigen sich vielleicht auch im Laufe der Zeit von selbst.

Als wichtigste Symptome treten Schuldgefühle und nervöse Spannungen auf. Entweder erwarten Sie zuviel von sich (Streß), oder Sie sind ein Zauderer. Dinge vor sich herzuschieben ist harte Arbeit. Es höhlt Sie aus.

Der Preis, den Sie für dieses Hinauszögern zahlen, kann hoch sein. Sie leiden unter dem Gefühl, Ihr Leben nicht mehr unter Kontrolle zu haben. Es fällt Ihnen schwer, sich selbst auch einmal etwas Erfreuliches zu gönnen, weil Sie so viele unerledigte Verpflichtungen vor sich herschieben. Die Angewohnheit, alles zu verschleppen, kann Beziehungen zerstören und Karrieren verhindern.

Menschen, die häufig die Erfüllung von Aufgaben hinauszögern, haben sich entweder nicht unter Kontrolle, oder sie unterwerfen sich unbewußten Kontrollmechanismen. Vielleicht quält Sie die tiefsitzende Angst, daß Sie nicht in der Lage sind, Ihr Leben in den Griff zu bekommen. Oder Sie versuchen, den Erwartungen auszuweichen, die andere in Sie setzen. Solche Taktiken können sich in den Begründungen zeigen, mit denen Sie Ihr Verhalten erklären. Wenn Sie die Hintergründe emotional bedingter Verhaltensweisen – zu denen auch das ständige Hinausschieben aller möglichen Dinge gehört – erst einmal durchschauen, dann erleichtert das notwendige Veränderungen. Prüfen Sie, ob einer der folgenden Punkte auf Sie zutrifft.

Abneigung gegen jede Form von Beherrschung: «Niemand kann mich zwingen, das zu tun.» Überprüfen Sie Ihre Familiengeschichte oder Ihre derzeitigen Beziehungen. Werden Sie von irgend jemand beherrscht oder herumgestoßen? Haben Sie sich den Ansprüchen oder Versuchen Ihrer Eltern widersetzt, Sie zu beherrschen? Knirschen Sie mit den Zähnen, wenn Sie daran denken, was alles von Ihnen erwartet wird? Prüfen Sie Ihre körperliche Anspannung. Worauf sind Sie fixiert, oder wogegen wehren Sie sich?

Angst zu versagen: «Ich bin nur nicht rechtzeitig dazu gekommen, es ist also nicht meine Schuld.» Sie setzen wie automatisch einen Entschuldigungsmechanismus in Gang, wenn etwas nicht perfekt ist. Schließlich haben Sie getan, was Sie konnten. Die Neigung, Dinge vor sich herzuschieben, geht oft Hand in Hand mit einem gewissen Perfektionismus. «Ich weiß, daß ich diese Aufgabe nicht fehlerlos lösen kann, also lasse ich gleich die Finger davon.» Überprüfen Sie noch einmal Ihre Erwartungen. Können Sie es akzeptieren, wenn Dinge nicht immer hundertprozentig erledigt werden?

Angst vor Erfolg: «Wer will schon, daß ich das schaffe?» – «Es ist nicht gut, allzuviel Erfolg zu haben, dann mögen mich die anderen nicht mehr.» – «Ich verdiene das gar nicht.» Eine solche Einstellung ist abhängig davon, wieviel Sie sich selbst zugestehen. Wenn Sie mehr erreichen, werden Sie wahrscheinlich Möglichkeiten finden, sich selber zu sabotieren. Kinder, die ständig mit ihren Eltern wetteifern mußten, fürchten als Erwachsene oft den Erfolg. Sie haben Angst, die Liebe der Eltern zu verlieren.

Verantwortung vorsichtig ; aus Angst, es nicht perfekt zu machen.

Angst vor Unabhängigkeit: Wenn Sie erfolgreich sind, müssen Sie Ihr Leben selbst in die Hand nehmen. In engem Zusammenhang mit der Angst zu versagen und der Angst vor Erfolg steht die Angst vor Verantwortung. Es gibt Frauen, die gar nicht für ihr Leben verantwortlich sein möchten. Ihre zögernde Haltung veranlaßt vielleicht jemand anders, für Sie zu sorgen. Blicken Sie wieder in Ihre Kindheit zurück. Haben Sie die Erfahrung gemacht, daß Ihre Mutter Sie gegängelt hat? Durften Sie eine gewisse Unabhängigkeit entwickeln? Ohne Verantwortung zu leben hat einen Vorteil: es bindet andere Menschen an Sie. Weil Sie unfähig sind, für sich selber zu sorgen, vermitteln Sie das Gefühl, umsorgt werden zu müssen.

Ambivalente Gefühle: «Ich bin mir nicht sicher, ob ich das überhaupt wirklich tun will.» Vielleicht wissen Sie nicht genau, was Sie wollen, also tun Sie gar nichts. Viele von uns leben gefangen zwischen den Wünschen und Ansprüchen anderer Menschen und dem eigenen permanenten Widerstand dagegen. Wir können zwar unsere Einstellungen und Einschätzungen bestimmter Dinge ändern, nicht aber unser Leben oder unsere Arbeit. Nach und nach verlieren wir jegliches Interesse, überhaupt etwas zu tun, ohne zu wissen, warum das so ist.

Unzufriedenheit in einer Beziehung oder bei der Arbeit: «Wenn ich meine Arbeit liebte, wäre ich glücklich und könnte alles schaffen.» Das ist die altbekannte Ausrede «wenn nur – dann». Die Dinge liegen nun einmal nicht immer so, wie ich es mir wünsche, genausowenig wie ich selbst immer diejenige bin, die ich gerne sein möchte. Alles ist abhängig von sich ständig verändernden Menschen und Umständen.

Lust am Nervenkitzel: «Ich habe eine Eins bekommen, obwohl ich nur am Abend vorher etwas dafür getan habe.» Sie lassen gerne alles auf die letzte Minute kommen und lieben das Gefühl, irgend etwas gerade noch zu schaffen. Wenn dieses Verhalten in Ihrer Familie üblich ist, wird Ihnen ein Leben ohne solche «Höhepunkte» wahrscheinlich langweilig vorkommen. Im übrigen können Sie sich immer damit brüsten, daß Sie auf diese Art mit weit weniger Einsatz oder Interesse mehr erreichen als die meisten Menschen.

Rachegefühle: «Es bringt meinen Mann zur Weißglut!» Genausogut können Sie Ihre Eltern, Kinder, Kollegen und Angestellten zur Weißglut bringen, falls Sie nicht das tun, was von Ihnen erwartet wird.

Wenn Sie sich weigern, so zu handeln, wie es andere von Ihnen verlangen, ist immer eine gewisse Aggressivität mit im Spiel. Es ist ein mühsames Unterfangen, im Tauziehen um eine beherrschende Stellung zu siegen, weil sich das Ganze so indifferent und indirekt abspielt. Entweder gewinnen Sie, weil der andere klein beigibt, oder Ihr Leben wird derart unerfreulich, daß Sie schließlich kapitulieren.

Rachegefühle, die Neigung, alles hinauszuzögern, und das Verlangen nach Vorherrschaft sind verbunden mit der Angst um die eigene Sicherheit. Manchmal ist ein solches Verhalten die Folge von sexuellen Mißhandlungen in der Kindheit oder von Alkoholmißbrauch in der Familie.

Geheime Macht: Wenn Sie durch Autorität erdrückt zu werden drohen, können Sie sich schützen, indem Sie gewisse Dinge verschleppen. Sie vergessen einfach, anzurufen oder einen Auftrag zu erledigen. Später entschuldigen Sie sich und behalten die Macht weiterhin in der Hand.

Depressive Verstimmung: Wenn Sie «down» sind, verändert sich die Ihnen zur Verfügung stehende Energiemenge, und Sie setzen andere Prioritäten. Dinge, die Sie vorher ganz automatisch erledigt haben, scheinen Ihnen nun zu schwer, weil all Ihre Kraft nach innen gerichtet ist, um eine Lösung für Ihre Probleme zu finden.

Gesellschaftliche Einflüsse: Die Neigung, Dinge zu verschleppen, wird durch gesellschaftliche Einflüsse verstärkt, die alle nach 1950 Geborenen betreffen. Vor dieser Zeit war Selbstdisziplin eine Notwendigkeit, um zu überleben. Als das Überleben für viele Menschen einfacher wurde, änderten sich auch die Lebensauffassungen: «Wenn du etwas magst, dann tue es.» Das herrliche Gefühl, sanft und passiv zu sein, wurde in Liedern besungen, und eine ganze Gesellschaft legte sich Hängematten zu. Es entstand eine völlig neue Vorstellung davon, was «Lebensqualität» bedeutet.

In den achtziger Jahren wurde dann deutlich, daß Passivität zwar manchmal als Ausgleich eine gute Sache ist, daß sie uns aber nicht viel weiterbringt, ob wir nun gemütlich im Bett liegenbleiben, uns vom Fernsehen berieseln lassen oder unter irgendeine Droge setzen. Glücklichsein erfordert Handeln – Ihr Handeln. Akzeptieren Sie, daß es in Ihnen einander widersprechende Stimmen gibt, und arbeiten Sie weiter daran, sich um mehr Aktivität zu bemühen. Sie würden ja auch versuchen, irgendeine andere Angewohnheit abzulegen, die Ihnen nicht weiterhilft.

Was Sie tun können

Beurteilen Sie realistisch, wieviel Zeit ein bestimmtes Vorhaben beanspruchen wird. Zauderer und Perfektionisten unterschätzen oft zeitlichen Aufwand und Ablauf einer Aufgabe und nehmen mehr Termine in ihren ohnehin überfüllten Kalender auf, als sie schaffen können.

Zwingen Sie sich nicht dazu, unter Bedingungen zu arbeiten, die Ihrer Natur widerstreben. Stellen Sie fest, welche Arbeitsgewohnheiten Ihnen am besten liegen, und arbeiten Sie mit und nicht gegen Ihren Lebensrhythmus.

Seien Sie darauf gefaßt, daß der Ablauf Ihrer Arbeit immer wieder unterbrochen werden kann, ob durch andere Personen oder unerwartete Probleme. Erhöhen Sie Ihre Toleranzgrenze gegenüber Frustrationen, dann geraten Sie gar nicht in Versuchung, ärgerlich zu werden und die Arbeit hinzuwerfen. Äußern Sie gegebenenfalls ein entschiedenes «Nein», dann sind Sie auch nicht mit Verpflichtungen überlastet.

Lernen Sie, Ihre Zeit zu nutzen, und wenn es stückchenweise ist. Ohne Störungen hintereinander arbeiten zu können, wie es optimal wäre, wird Ihnen vielleicht nicht möglich sein.

Welche Arbeit Sie auch im Augenblick erledigen müssen, Sie sollten versuchen, sie in ganz kleine Schritte zu zerlegen, so klein, daß es schon fast lächerlich erscheint. Dadurch wird Ihr Widerstand abgebaut. Wenn Sie einen schwierigen Brief schreiben müssen, könnten Sie z. B. nach folgendem Muster schrittweise vorgehen:

1. Tag: Nehmen Sie einen Umschlag, und schreiben Sie die Adresse.
2. Tag: Versehen Sie ihn mit einer Briefmarke, auch wenn Sie extra deswegen zur Post gehen müssen.
3. Tag: Nehmen Sie ein Blatt Papier, und schreiben Sie die Anrede: «Lieber Herr Soundso».
4. Tag: Schreiben Sie einen Absatz.
5. Tag: Fügen Sie den mittleren Teil des Briefes hinzu.
6. Tag: Beenden und unterzeichnen Sie den Brief, falten Sie ihn zusammen.

7. Tag: Stecken Sie ihn in den Umschlag und legen ihn sich zurecht, um ihn am nächsten Tag einzuwerfen.
8. Tag: Werfen Sie ihn in den Briefkasten, und gönnen Sie sich als Belohnung irgend etwas, das Ihnen Spaß macht.

Lassen Sie sich Zeit herauszufinden, was für Sie wichtig ist. Am besten können Sie Ihre Neigung, die Dinge zu verschleppen, dadurch bekämpfen, daß Sie versuchen, Ihre eigenen Belange und Ziele vorrangig vor denen irgendeines anderen Menschen zu verwirklichen.

Daran sollten Sie denken

Für den Fall, daß Sie bei einem anderen Menschen, besonders bei Ihrem Partner, die Neigung feststellen, ständig alles vor sich herzuschieben, kann das unangenehm für Sie werden. Versuchen Sie, Ihren eigenen Lebensstil zu bewahren, ohne sich über den anderen aufzuregen. Wenn Sie das Gefühl haben, dazu nicht in der Lage zu sein, sprechen Sie Ihre Bedürfnisse deutlich aus, diskutieren mit Ihrem Partner das Problem und überlegen sich gemeinsam mit ihm eine Lösung, die Sie beide akzeptieren können.

Nehmen Sie Ihre Neigung, die Dinge vor sich herzuschieben, und all die damit verbundenen leidvollen Erfahrungen und Frustrationen nicht einfach nach dem Motto hin: «So bin ich nun mal.» Es handelt sich dabei um erlernte Verhaltensweisen, die auf früheren Überlebensstrategien basieren. Sie können auch wieder abgelegt werden.

Meinen Sie nicht, schon zur Gruppe der Zauderer zu gehören, nur weil Sie nicht jederzeit in der Lage sind, alles zu tun, was von Ihnen erwartet wird. Das grenzt schon an ein «Überfrau»-Syndrom. Wahrscheinlich sind die Erwartungen, die Sie an sich selbst stellen, unrealistisch.

Sie sind liebenswert und tüchtig.

Ich langweile mich

Eines Tages fangen Sie an, ziellos im Haus herumzutrödeln, ohne recht zu wissen, was Sie anfangen sollen. Sie langweilen sich – wie ein kleines Kind. Dieser Zustand ist leicht zu erkennen – Lustlosigkeit, Apathie, Interesselosigkeit –, das Leben ist ermüdend, langweilig, leer. Sie sind unzufrieden. Auch Bücher langweilen Sie. «Ist das alles, was es gibt?»

Früher galt Langeweile als ein Leiden, das dem Adel oder den sehr Reichen vorbehalten war. Für Frauen wurde sie nur selten zum Problem. Sie waren zu sehr damit beschäftigt, ständig auf jedermanns Wink und Ruf hin umherzuhasten. In der heutigen Zeit aber kommt es vor, daß eine Frau psychisch nicht ausgelastet ist.

Langeweile verdeckt manchmal etwas anderes. Ehe wir uns mit ihr als echtem Problem auseinandersetzen, müssen wir deshalb die Möglichkeit ausschließen, daß es sich in Wirklichkeit um irgendein anderes Gefühl handelt. In erster Linie kommt dabei die depressive Verstimmung in Frage. Wenn Sie nur für ein paar Stunden oder ein Wochenende unter Langeweile leiden, dann hat das weiter keine Bedeutung. Wenn Langeweile jedoch offensichtlich ein fester Bestandteil Ihres Lebens ist, dann handelt es sich unter Umständen um das Symptom einer leichten Depression.

Langeweile kann Gefühle oder Schmerzen verdecken, die Sie sich nicht eingestehen wollen. Vielleicht haben Sie in der Vergangenheit Schmerzliches erlebt, oder Sie haben ein regelrechtes System entwickelt, Gefühle zu verdrängen. Leben ist für Sie zwar ständig ohne Glanz, aber das ist immer noch besser, als sich Ihren wahren Gefühlen auszusetzen.

Hinter Langeweile kann sich auch schlicht Müdigkeit verbergen. Sie gönnen sich keine Erholung, aber Sie sind zu müde, um irgend etwas zu tun oder Interesse für eine Sache zu entwickeln. Probieren Sie einmal die eine oder andere Entspannungstechnik aus (Meditation, ein warmes Bad, ein Nickerchen) und beobachten, ob das Gefühl der Langeweile vergeht.

Eine weitere Möglichkeit ist, daß Sie einfach ausgebrannt sind. Sie haben sich zu sehr verausgabt. Damit verbunden ist häufig eine Einbuße an Individualität. Wenn Sie sich aber nicht als einzigartig empfinden, warum sollten Sie sich dann die Mühe machen, an irgend etwas anderem interessiert zu sein.

Auch Enttäuschung führt häufig zu Langeweile. Aus irgendeinem Grund (Wetter, geänderte Pläne, ein wenig kooperativer Partner, Geld) sind Sie nicht in der Lage, das zu tun, was Sie möchten; also lehnen Sie es auch ab, für irgend etwas anderes Interesse zu zeigen. Junge Menschen geraten oft in diese Art rebellischer Langeweile. Wenn sie nicht tun können, was sie wollen, lehnen sie es ab, überhaupt etwas zu tun.

Wenn Sie die bisher angeführten Möglichkeiten «durchprobiert» haben und feststellen, daß Sie eigentlich nur ganz gewöhnliche Langeweile plagt, dann helfen Ihnen vielleicht die folgenden Ratschläge:

Was Sie tun können

Akzeptieren Sie Ihre Empfindungen. Manchmal kann Langeweile ein Glück für Sie sein. Zumindest passiert in dem Augenblick nichts Unangenehmes. In einer Episode des Comics «Garfield, der Kater», wacht Garfield morgens auf und findet alles langweilig. Er jammert und klagt herum und geht schließlich zur Haustür hinaus. Draußen wird er von einem Hund angefallen. Übel zugerichtet und ganz gebrochen schleppt er sich ins Haus zurück und murmelt vor sich hin: «Manchmal ist Langeweile doch besser.»

Lassen Sie sich eine Zeitlang treiben. Versuchen Sie, das Nichtstun als meditative Übung zu sehen. Akzeptieren Sie die Langeweile als zeitlich begrenzten Mangel an Energie und starren einfach die Wand an oder schlafen. Nutzen Sie die Zeit, um sich einmal wieder darüber klarzuwerden, was Sie eigentlich aus Ihrem Leben machen.

Gehen Sie innerlich auf Reisen. Kehren Sie in Gedanken zurück in eine Zeit, in der Sie sich zufrieden, angeregt, interessiert fühlten. Warum war damals alles anders? Welche Möglichkeiten haben Sie, diese Gefühle heute wiederzuerwecken?

Helfen Sie einem anderen Menschen. Gehen Sie auf jemanden zu, der vielleicht glücklich ist, wenn er sich langweilen kann. Bieten Sie sich als Babysitter an; gehen Sie mit jemandem einkaufen; arbeiten Sie ehrenamtlich bei einem Projekt Ihrer Gemeinde mit; führen Sie einen Hund spazieren. Geben Sie Ihre Langeweile an irgend jemand anders weiter.

Machen Sie sich klar, daß es an der Zeit ist, etwas zu ändern. Wir langweilen uns, weil wir uns auf Dinge konzentrieren, die uns nicht interessieren. Vielleicht sind Sie allzu bequem und sollten sich einmal wieder auf ein Wagnis einlassen. Nehmen Sie die Zeitung und schauen nach, was für Angebote es gibt, die Sie noch nie ausprobiert haben. Dabei ist es letzten Endes gleichgültig, ob Sie diese Aktivität mögen oder nicht – Sie langweilen sich ja sowieso. Langeweile kann auch Sehnsucht nach einem Bereich Ihres Wesens sein, der sich bisher noch nie entfalten konnte. Versuchen Sie etwas Neues.

Führen Sie eine Kartei. Wenn Sie so oft unter Langeweile leiden, daß es Sie stört, aber nicht häufig genug, um den Dingen auf den Grund zu gehen, dann sollten Sie sich eine Kartei zulegen. Halten Sie darin in normalen Zeiten alles fest, für das Sie gerne Zeit hätten. Falls Sie sich dann einmal langweilen, finden Sie vielleicht irgend etwas in der Kartei, das Sie interessiert.

Manchmal ist Langeweile eine «göttliche Unzufriedenheit» (Alene Moris), und Sie müssen lernen, eine Weile mit ihr zu leben. Es gibt Phasen in unserem Leben, wo es wichtig für uns ist, innezuhalten und zurückzublicken. Langeweile signalisiert, daß es Zeit ist, Prioritäten neu zu setzen, Wertvorstellungen zu überprüfen und herauszufinden, was wichtig ist und Freude und intensive Empfindungen in unser Leben bringt.

Persönlichkeitsentwicklung ist immer auch mit Kampf verbunden, und manchmal zeigt Langeweile an, daß Sie innerlich kämpfen. Wenn Sie beschließen, sich selbst in stärkerem Maße als bisher zu fordern, dann wird Langeweile kaum mehr ein Problem für Sie sein.

Daran sollten Sie denken

Versuchen Sie nicht, einen anderen Menschen mit Ihrer Langeweile anzustecken; Trübsal liebt Gesellschaft. Suchen Sie die Nähe eines Menschen, aber verderben Sie ihm nicht die Stimmung.

Erliegen Sie nicht dem Irrtum, daß Langeweile ein Problem der anderen sei. Wenn Ihre ganze Umgebung sich scheinbar langweilt, dann liegt das Problem höchstwahrscheinlich bei Ihnen selbst und nicht bei den anderen.

Versuchen Sie nicht, Langeweile durch Katastrophen zu vertreiben. Dadurch, daß Sie einen Streit mit jemandem vom Zaun brechen, unangemessene Forderungen stellen oder sich betrinken, lösen Sie das Problem nicht, sondern bringen sich nur in neue Schwierigkeiten. Manche Menschen begeben sich in selbstzerstörerische Situationen, nur um keine Langeweile aufkommen zu lassen.

Warten Sie nicht darauf, daß eine Eingebung von oben Licht in Ihre Schwierigkeiten bringt. Es könnte sein, daß Sie bis ans Ende Ihrer Tage vergeblich warten.

Alles, was wir brauchen, tragen wir in uns.

Ich habe keine Lust, abends nach Hause zu gehen

Ihr Arbeitstag ist vorbei, und Sie bummeln unschlüssig herum. Sie haben keine Lust, nach Hause zu gehen. Der Übergang fällt Ihnen schwer: Es ist verlockend, noch ein bißchen am Arbeitsplatz herumzutrödeln, ein paar Besorgungen zu machen, vielleicht noch irgendwo mit Freunden ein Bier zu trinken, auf jeden Fall aber den Augenblick hinauszuzögern, in dem Sie in die Garageneinfahrt einbiegen oder vor der Haustür ankommen.

Sie bilden sich ein, während der Arbeitszeit sei manches unerledigt geblieben, das Sie nicht einfach so liegenlassen können, und nehmen deshalb ständig Arbeit aus dem Büro, dem Geschäft oder der Schule mit nach Hause. Es ist Ihnen klar, daß Sie wahrscheinlich zu Hause nichts daran tun und sich sogar noch Schuldgefühle einhandeln werden. Aber Sie verweigern es sich selber, einen bequemen und erfreulichen Ort aufzusuchen. Diese Gefühle beherrschen Sie, selbst wenn Sie Ihr Heim oder den Menschen, der dort auf Sie wartet, lieben.

Bei allein lebenden Menschen hängen solche Empfindungen oft damit zusammen, daß sie am Abend niemand zu Hause erwartet. Sie sind versucht weiterzuarbeiten, weil Arbeit für sie etwas Vertrautes und Angenehmes ist, oder um zu vermeiden, daß sie sich mit sich selbst beschäftigen müssen.

Eltern fürchten oft das Chaos, das sie erwartet: Probleme, Anforderungen und Arbeit, die sie weit weniger steuern können als ihre beruflichen Aufgaben.

Sind Sie ganztägig zu Hause, dann sehen Sie vielleicht besorgt der Rückkehr Ihres Partners entgegen. Sie freuen sich zwar darauf, aber das Gefühl, die Dinge bestimmen zu können und verantwortlich zu sein, das Sie den Tag über begleitet hat, scheint verschwunden zu sein, und Sie sind nicht sicher, wie der Abend ausklingen wird. Sie haben das Empfinden, daß Sie nun den Ansprüchen einer weiteren Person genügen müssen.

Bei einer Lesung erzählte mir eine Frau, daß, ganz gleich was sie tat, immer sie diejenige war, die als erste von der Arbeit nach Hause kam. Sie und ihr Mann hatten etwa zur gleichen Zeit Dienstschluß, aber sie war immer zuerst zu Hause, auch wenn sie das gar nicht wollte. Eines Abends beschloß sie, auf ihn zu warten, und wollte noch einmal um den Block herumgehen. Wen aber traf sie? Ihren Mann, der ebenfalls noch eine Runde um den Block machte!

Sie lachten beide, und er erklärte sein Handeln damit, daß immer derjenige, der zuerst zu Hause war, mit dem Babysitter sprechen, Ordnung schaffen, das Essen vorbereiten, den Hund füttern und den Kindern zuhören mußte. Wer als zweiter kam, durfte die Zeitung lesen. Sie einigten sich, daß sie sich abends abwechseln wollten, bis die Kinder größer wären. Später wollten sie dann gemeinsam nach Hause kommen.

Männer haben mir gesagt, daß sie durch die Gleichberechtigung ihr Heim als Schutzburg verloren haben, oder doch zumindest die Illusion, daß es eine Schutzburg gibt, in die sie sich flüchten können. Frauen stellen sich gelegentlich vor, daß es andere Frauen gibt, denen es abends vergönnt ist, die Füße hochzulegen und sanfte Musik zu hören.

Ganz gleich, ob Sie allein leben, Hausfrau sind oder wie Ihr Mann einem Beruf nachgehen, in jedem Fall ist es wichtig, diese Umstellungsschwierigkeiten zu durchschauen. Um in der Arbeitswelt überleben zu können, benötigen Sie andere Gefühle und Fertigkeiten, als zur Erhaltung einer Beziehung oder eines Heims notwendig sind. Viele Berufstätige möchten, daß ihr Tag abends beendet ist. Für Menschen, die tagsüber zu Hause waren, besonders, wenn sie kleine Kinder zu versorgen hatten, scheint das Leben aber oft erst mit der Rückkehr des Partners zu beginnen. Pierre Mornell beschreibt dieses Problem in seinem Buch *Thank God It's Monday* (Gott sei Dank ist heute Montag):

«Arbeit und Liebe sind fast immer Gegenpole. Arbeit betrifft den Kopf, Liebe das Herz. Arbeit ist rational, Liebe irrational. Arbeit erfordert Denken, Liebe Fühlen. Arbeit bedeutet, sich hinter einer Maske zu verstecken und Schutzwälle zu errichten. Liebe bedeutet, die Maske fallen zu lassen und sich wehrlos auszuliefern. Arbeit erfordert Disziplin und Logik. Liebe braucht Spiel, Leidenschaft und Unlogik.»

Männer scheuen davor zurück, sich am Ende eines Tages noch auf persönliche Beziehungen einzulassen, weil das für sie zusätzliche Verantwortung und Leistung bedeutet. Frauen haben andere Ängste, die mehr ihrem Sicherheitsbedürfnis entspringen; sie fürchten das Alleinsein. Deshalb möchten Frauen am Ende eines Tages, daß der Mann sie liebt und ihnen zuhört, Männer dagegen ziehen es vor, einen ruhigen und ungestörten Abend zu verbringen. Verschiedenar-

tige Bedürfnisse zur gleichen Zeit können jedoch zu einer gereizten Stimmung führen, und das Ganze endet damit, daß wir stumm auf dem Flur aneinander vorbeilaufen, wenn wir zu Bett gehen wollen.
Männer scheuen auch allzu große Nähe, und die können sie dadurch vermeiden, daß sie länger am Arbeitsplatz bleiben. Sie fühlen sich sicher, wenn sie geistreiche Bemerkungen machen, mit Kunden verhandeln oder Patienten untersuchen. Dann haben sie alles unter Kontrolle. Zu Hause können sie sich nicht hinter ihrer Professionalität verschanzen; sie können nicht so leicht kontrollieren, was andere vorhaben, sagen werden oder von ihnen wollen. Möglicherweise haben Sie am Ende eines Tages den Wunsch, dem Mann, mit dem Sie zusammenleben, etwas zu erzählen und ihm besonders nahe zu sein, er aber möchte am liebsten arbeiten, bis Sie eingeschlafen sind.

Was Sie tun können
Überlegen Sie, was Sie auf dem Weg zwischen Wohnung und Arbeitsstelle oder nach Ihrer Rückkehr zu Hause tun. Könnten diese Tätigkeiten ein Versuch sein, die Umstellung zu erleichtern? (Lesen, fernsehen, Musik hören, sich körperlich betätigen, Besorgungen machen, putzen, die Kleidung wechseln, etwas trinken.) Manche Hausfrauen nehmen ein Bad oder decken den Tisch, um auf diese Weise umzuschalten. Ich habe mich früher oft mit der Zeitung im Badezimmer verkrochen.
Was hilft Ihnen? Versuchen Sie, sich eine optimale Umstellungsmöglichkeit vorzustellen. Für mich ist das ein ruhiges Plätzchen, an dem ich die Tageszeitung von vorne bis hinten durchlese. Dabei kann ich sogar im Auto sitzen, oder ich halte mir die entsprechende Zeit frei, wenn ich nach Hause komme.
Mornell empfiehlt, sich die Art und Weise, in der man zwischen Arbeit und Zuhause umschaltet, bewußt zu machen.

> Stellen Sie Einzelheiten zusammen, und diskutieren Sie sie mit anderen. – Machen Sie anderen unmißverständlich klar, daß Sie eine gewisse Intimsphäre und Ruhe brauchen. – Seien Sie sich bewußt, daß Sie an verschiedenen Tagen unterschiedliche Bedürfnisse haben. – Erkennen Sie, daß Umschalten auch Kooperation erfor-

> dert. – Betrachten Sie die Zeit, in der Sie sich umstellen, als eine Chance für mehr persönliche Nähe. – Vermeiden Sie passives Abschalten. Seien Sie lieber aktiv.

Barbara Mackoff, Autorin des Buches *Leaving the Office Behind* (Das Büro hinter sich lassen), schlägt vor, sich eine festgelegte Zeremonie anzugewöhnen, um umzuschalten und Abstand zu gewinnen. Dabei kann es sich um so etwas ganz Simples handeln wie das Erstellen einer Liste oder einer Vorstellung dessen, was Sie morgen im Dienst erledigen wollen. Sie können sich innerlich eine kurze Verschnaufpause gönnen, die Ihre Gedanken von der Arbeit ablenkt und auf Ihr Zuhause richtet. Schießen Sie alle Fehler und Probleme des Tages mit einer imaginären Rakete ins Weltall, oder befördern Sie sie in den Papierkorb. Werfen Sie alle in ein Schubfach oder einen Schrank, und schließen Sie die Tür.

Entwickeln Sie wieder ein Gefühl für Ihren Körper, indem Sie sich nach der Arbeit bewegen oder einen Spaziergang machen. Bleiben Sie stehen, betrachten Sie den Sonnenuntergang, und denken Sie über die Schönheit der Welt nach, in der Sie leben. Machen Sie in einer Kirche halt und sprechen Sie ein Gebet. Stellen Sie sich die Gesichter der Menschen vor, die zu Hause auf Sie warten. Überlegen Sie, wie deren Tag wohl verlaufen ist. Nehmen Sie sich vor, sie danach zu fragen. Stellen Sie sich den Platz in Ihrer Wohnung vor, der am besten zum Entspannen geeignet ist. Lassen Sie Musik durch Ihre Seele klingen. Würzen Sie das Ganze noch mit einer Prise Humor und machen sich über den Tag ein bißchen lustig, das hilft Ihnen, Abstand zu gewinnen.

Überlegen Sie, wie physisch und psychisch der Weg zwischen Ihren beiden Welten verläuft. Wir alle müssen uns umstellen, entweder am Ende unserer Arbeit, unterwegs oder nachdem wir nach Hause gekommen sind. Es ist ein ganz entscheidender Wechsel im Tagesablauf (oder freitags im Verlauf der Woche). Planen Sie ihn, verhandeln Sie über ihn, genießen Sie ihn.

Daran sollten Sie denken

Versuchen Sie nicht, anderen die Schuld daran zu geben, daß Sie keine Lust haben, nach Hause zu gehen.

Vermeiden Sie durch Umstellungsschwierigkeiten bedingte Streitereien, wenn Sie zur Arbeit gehen, nach Hause kommen oder in den Urlaub fahren.
Ertränken Sie Ihre Umstellungsschwierigkeiten nicht in Alkohol, Sie verschieben sie dadurch nur bis zum nächsten Morgen.
Steigern Sie sich auf der Fahrt nach Hause nicht noch mehr in Ihren Streß hinein, Sie knirschen sonst unterwegs vor lauter Hektik mit den Zähnen und sind völlig verspannt, wenn Sie den Schlüssel in das Haustürschloß stecken.

> *Die kürzeste emotionale Entfernung zwischen zwei Punkten ist nicht unbedingt eine Gerade.*

Ich wünsche mir ihr Geld, ihren Status und ihre Sicherheit

Vor einiger Zeit hatte man mich gebeten, bei einem Treffen erfolgreicher Männer und ihrer Ehefrauen zu sprechen. Es handelte sich um hochdotierte Direktoren einer Aktiengesellschaft. Das Thema, das sie mir gestellt hatten, lautete: «Selbstachtung im Dschungel». Als ich das Fünfsternehotel betrat, vorbei an Mercedes, BMWs und einem Rolls Royce, war ich etwas erstaunt über dieses Thema.
In dem eleganten Konferenzraum fragte ich sie: «Was meinen Sie mit dem Begriff Dschungel?» Sie antworteten: «Den Dschungel der Konzerne und Gesellschaften.» Lauerten denn in den Gängen, Sitzungssälen, Aufzügen oder auf den Parkplätzen Gefahren? Wenn ich mir einen Dschungel vorstelle, dann denke ich an Gefahr und wilde Tiere, daran, daß ich keine schützende Unterkunft finde und nicht weiß, wo ich die nächste Mahlzeit herbekommen soll. Mir kommt dabei bestimmt nicht der Sitzungssaal einer Direktorenkonferenz in den Sinn.
Manchmal leben wir heute so weit entfernt von echten Überlebensfragen, daß wir uns Ersatzprobleme schaffen. Wir fühlen uns bedroht; wir bilden uns ein, in Gefahr zu sein. Wenn man wirkliche Armut niemals kennengelernt hat, dann erscheint es subjektiv oft notwendig, das Gefühl, sich im Lebenskampf zu bewähren, eben selber zu schaffen – anderenfalls wäre die ständige Jagd nach dem Geld sinnlos. Es ist, als ob die Verbindung zur Lebenskraft verlorengeht. Es ist so leicht, diese Spur zu verlieren, ob Sie nun Börsenmakler an der Wallstreet sind oder sich für völlig unbedeutend halten.

Auch Richard Pryors bekannte Feststellung, «Kokain ist ein Zeichen Gottes, daß Sie zuviel Geld verdienen», paßt in diesen Zusammenhang. Wenn wir genug «Stoff», aber zuwenig «Sinn» in unserem Leben haben, sind wir versucht, allem zu entfliehen. Wir fordern Krisen geradezu heraus. Manche benutzen dazu Drogen, andere versuchen es unbewußt durch selbstzerstörerisches Verhalten.

Wenn wir uns ein bißchen verloren fühlen und es mit unserer Selbstachtung nicht zum besten steht, dann können Geld und Besitz scheinbar alle Probleme lösen. Es ist aber wichtig, daß wir uns über den Unterschied zwischen dem, was unserem Leben tatsächlich mehr Qualität gibt, und dem, was diese Qualität mindert, klarwerden. Nehmen Sie sich die Zeit, herauszufinden, was Sie wirklich möchten, ehe Sie auf das neidisch sind, was andere haben.

Besitzen Sie wirklich all das, was Ihnen im Augenblick gehört, oder werden Sie von den Dingen besessen? Wägen Sie ab, wieviel Freude und innere Bereicherung Ihre Besitztümer Ihnen tatsächlich bringen und wieviel Zeit, Sorge und Anstrengung es Sie kostet, sie zu erwerben, festzuhalten, zu bewahren und zu bezahlen. Es gibt reiche Menschen, die zu völlig überarbeiteten Sklaven all der Spielsachen, Apparate, Häuser und gesellschaftlichen Rollen werden, die sie errungen haben.

Neid ist mehr auf Erwerben und Festhalten ausgerichtet als auf Erschaffen und Erfreuen. Wenn Sie feststellen, daß Sie von habgierigen Gedanken und Vorstellungen besessen sind, dann sollten Sie Ihr Privatleben und Ihre berufliche Karriere einer kritischen Prüfung unterziehen. Vielleicht haben Sie versäumt, wirklich lohnende Beziehungen aufzubauen, die bestimmt sehr zu Ihrem Wohlbefinden beitragen würden.

Neid möchte etwas besitzen, das ein anderer hat, ohne zu begreifen, welche Anstrengungen dieser andere auf sich nehmen mußte, um in den Besitz der betreffenden Sache zu gelangen. Vielleicht sind Sie selber Opfer der neidischen Gefühle eines anderen. Vielleicht denken andere Menschen, daß Sie etwas besitzen, das ihnen fehlt, oder aber Sie selber haben derartige Gefühle.

Als ich noch an der Universität lehrte, teilte mir eine begabte junge Studentin eines Tages mit, daß sie in Zukunft doch die gleichen Aufgaben wahrnehmen könnte, die ich jetzt erledigte. Ich stimmte ihr zu und schlug ihr vor, ein entsprechendes Studium zu absolvieren. Sie wies das als unfair zurück; sie wäre in der Lage, diese Aufgabe auch ohne zusätzliche Qualifikation zu übernehmen, da sie genau so klug sei wie ich. Warum sollte sie warten, wenn ich bereits hier tätig war?

Neid will das haben, was die oder der andere hat, und zwar sofort. Neid macht keine Pläne, um irgend etwas mit der Zeit zu erreichen. Wir sind nicht nur auf Dinge neidisch, sondern auch auf Gefühle. «Wenn ich doch nur hätte...» Neid hängt mit Ungeduld, geringem Selbstwertgefühl und kindlichen Entbehrungen zusammen.

Zu träumen ist etwas Wunderbares; sich etwas zu wünschen ist ganz normal; aber «wenn doch nur» zu sagen bedeutet, sich mit «niemals» abzufinden. Ein solches Verhalten ist auf etwas gerichtet, das Ihnen fehlt, andere aber besitzen, und macht es Ihnen dadurch schwer, sich zu so zu nehmen, wie Sie sind.

«Wenn doch nur» zu denken ist immer ein Zeichen dafür, daß wir auf der Stelle treten und nicht recht wissen, wie es weitergehen soll. Wir wollen einfach nur «mehr» haben.

Was Sie tun können

Wenn Sie sich gründlich mit Ihren persönlichen Sicherheitsbedürfnissen auseinandergesetzt haben und sich darüber klargeworden sind, daß mehr Geld und Ansehen Ihre Lebensqualität deutlich verbessern würden, dann sollten Sie die Konsequenzen ziehen. Legen Sie fest, was Sie verdienen und welche Aufgaben Sie übernehmen möchten, verschaffen Sie sich einen Überblick über die Einschränkungen, die Sie sich in Zukunft für Ihre Ziele auferlegen müssen (Zeit, Beziehungen, andere Aktivitäten, persönliche Veränderungen), und stellen Sie einen Plan auf. Lesen Sie, lernen Sie, stellen Sie Fragen und beginnen Sie zu sparen. Anstatt irgend etwas zu kaufen, das Sie zwar haben möchten, aber nicht unbedingt brauchen, sollten Sie ein Aktiendepot eröffnen.

Nehmen Sie sich Zeit, sich all das auszumalen, was Sie wollen, was Sie in Zukunft mit mehr Geld kaufen und im Leben erreichen können.

Nehmen Sie sich vor, es wirklich allein zu schaffen. Erwarten Sie keine Hilfe von Männern, und unterstellen Sie nicht, daß andere Frauen glücklich über männliche Unterstützung sind. Viele Männer meinen, daß Frauen sie als Ernährer auf Lebenszeit ansehen, und auf

"so tolles Kind, du machst das alles so toll." Ich möchte dem nachkommen, scheitere aber vor diesem hohen Anspruch, der mir gerade wurde.

manche Frauen trifft das auch zu. Das Einkommen eines Mannes ist schon oft ein ganz wesentlicher Faktor für den Heiratsentschluß einer Frau gewesen. Viele Frauen sind auch heute noch gezwungen, sich in finanzieller Hinsicht dem Mann unterzuordnen.

Bei berufstätigen Paaren mag die Aufteilung des Geldes leichter sein – jeder hat sein eigenes Einkommen –, aber es gibt nur einen Weg, unangenehme Streitereien über Geld oder Gedanken wie «Wenn ich doch nur jemanden geheiratet hätte, der mehr verdient», zu vermeiden: Sie müssen begreifen, daß die einzige sichere Quelle für mehr Einkommen Ihre eigene, ganz persönliche Leistung ist.

Geld oder Ansehen, das Sie durch andere (Männer oder Frauen) erhalten, gängelt Sie und verlangt Zugeständnisse von Ihnen. Frauen, mit Ausnahme von Müttern kleiner Kinder, haben heute nicht mehr automatisch Anspruch darauf, von Männern unterstützt zu werden.

Daran sollten Sie denken

Vergleichen Sie nicht Ihr eigenes Glück mit dem Glück anderer Menschen. Sie kennen ja nicht deren wirkliche Gefühle.

Sie werden niemals zufrieden sein, wenn Sie Ihr Leben mit dem Leben anderer vergleichen. Wenn wir in bezug auf Gefühle und materielle Besitztümer mit jemandem konkurrieren, dann bedeutet das lauter kleine Todeswünsche für ihn. Sie können im Leben nur gewinnen, indem Sie eigene Maßstäbe setzen. Hören Sie auf Ihren eigenen Rhythmus. Messen Sie Ihr Glück an Ihrem eigenen Herzschlag.

Opfern Sie Ihr Leben nicht dem Erfolg anderer. Bewahren Sie es für sich selbst.

Ich liebe dich so, wie du bist.

Ich kaufe so gerne ein

Manche Menschen träumen nur davon, alles zu besitzen. Vielleicht gehören Sie aber zu denjenigen, die losgehen, alles mögliche einkaufen und damit in ihrem Budget und in ihrem Leben ein erhebliches Chaos verursachen. Bei diesem Verhalten handelt es sich um eine verbreitete Erscheinung, für die es in den USA bereits besondere Selbsthilfegruppen gibt, die «Shopaholics» (Kaufsüchtigen) und «Spendermenders» (Verschwender).

Frauen haben Geld gegenüber ambivalente Gefühle. Geld bedeutet

Macht, und machtbesessene Frauen gelten allgemein als nicht feminin. Geld wird im Rahmen einer Beziehung oft als Machtfaktor gesehen. «Ich werde die Finanzen verwalten», oder «Ich kann besser mit Geld umgehen als du». Männer und Frauen haben Geld gegenüber oft ganz unterschiedliche Einstellungen.
Für viele Männer ist Geld, genau wie Macht, ein Wert an sich. Wenn man Geld ausgibt, braucht man es aber nicht mehr zu sichern und anzulegen. Was es bedeutet, Geld um seiner selbst willen anzuhäufen und deshalb nie genug zu haben, wird in der Figur des Dagobert Duck deutlich.
Die meisten Frauen denken bei Geld an das, was sie dafür kaufen können. Manche beginnen vielleicht inzwischen zu überlegen, ob sie Wertpapiere als Rücklage für die Zukunft kaufen sollen, aber der überwiegenden Mehrzahl ist es noch wichtiger, etwas «fürs Leben» zu kaufen, als zu sparen. Wir vertrauen darauf, daß schon irgend jemand für uns sorgen wird.
Auch wenn sie nicht so denken, können Frauen Armut besser ertragen als Männer. Für sie ist Lebensqualität auch noch auf Säcken und mit Hilfe von Essenmarken sozialer Organisationen möglich. Für Männer ist es sehr schwierig, mit derartigen Kompromissen zu leben.
Wenn Sie sich einen neuen Kühlschrank wünschen, dann denken Sie an die Verbesserung Ihrer Lebensqualität. Ihr Mann aber denkt vielleicht daran, wieviel Zinsen der Kaufpreis in zehn Jahren bringen würde. Wenn er es ausgibt, ist es weg. Und was kann er dann dafür vorzeigen? Ausnahmen von dieser Regel sind möglich, wenn z. B. Geld für eine Demonstration der Stärke ausgegeben wird, besonders für Autos.
Wer auch immer zuviel Geld ausgibt, der Grund dafür ist fast stets in einer ambivalenten Haltung Geld gegenüber oder in mangelnder Verfügungsgewalt über Geld zu suchen. Wenn jemand anfängt, wahllos alles mögliche zu kaufen, ist er nicht mehr in der Lage, sein Verhalten zu kontrollieren. Er oder sie gerät in einen regelrechten Kaufrausch, der allerdings bald von Angst- und Schuldgefühlen begleitet wird, nur immer neue Käufe können dann das Abgleiten in die Depression verhindern.

Was Sie tun können

Führen Sie Buch. Tragen Sie immer ein Notizbuch bei sich, und schreiben Sie jeden Tag auf, was Sie ausgeben.

Machen Sie sich Ihre «schwachen» Zeiten bewußt. Wenn Sie verletzt oder müde sind, Streit mit einem Freund hatten oder beruflich eine schwierige Arbeit geschafft haben, dann sind Sie gefährdet. Der Drang, sich selber etwas Gutes zu tun, wird übermächtig. Prüfen Sie, welche Alternativen es gibt – womit könnten Sie sich das gleiche Gefühl verschaffen? Irgend etwas säubern, so daß es wie neu aussieht? Den Schrank und die Kleider ordnen, bügeln und ausbessern? Die Möbel umstellen oder irgend etwas herstellen? Nehmen Sie ein warmes Bad, damit Sie sich wohler fühlen. Wenn Sie voller Rachegelüste sind, dann schreiben Sie einen bösen Brief, aber schicken Sie ihn nicht ab.

Machen Sie sich eine Einkaufsliste. Wenn Sie das Kaufen nicht lassen können, sollten Sie sich strikt an eine Liste mit den Dingen halten, die Sie wirklich brauchen. Verlassen Sie nie das Haus ohne eine solche Liste, auch wenn Sie nur unbedeutende Kleinigkeiten enthält. Führen Sie jeden Einzelposten so genau wie möglich auf, dann kommen Sie auch nicht mit Dingen nach Hause, die Sie gar nicht haben wollen.

Suchen Sie sich eine Freundin oder einen Freund. Eine solche Beziehung wird beruhigend für Sie sein und Ihr Befinden verbessern. Ein befreundeter Mensch kann eine Alternative zum Einkaufen sein, Ihre Stimmung heben oder Ihnen helfen, Ihre Kaufwut in Grenzen zu halten.

Überdenken Sie Ihre Einkäufe. In vielen Kaufhäusern gibt es Cafés, Restaurants oder sonstige Möglichkeiten, sich hinzusetzen. Bitten Sie den Verkäufer, Ihnen die ausgewählte Ware zurückzulegen, und überlegen Sie sich den Kauf noch einmal.

Verzichten Sie auf Kreditkarten. Das wird Ihnen schwerfallen, ermöglicht Ihnen aber eine bessere Kontrolle. Vielleicht können Sie auch Ihr Scheckheft zurückgeben und Rechnungen durch Überweisungen bezahlen. Auf keinen Fall sollten Sie mehr als eine Kreditkarte besitzen, damit Sie nicht Gefahr laufen, Ihr Konto durch mehrere Karten unkontrolliert zu überziehen.

Geben Sie Ihren Kindern nicht unüberlegt Geld. Wir fühlen uns alle unseren Kindern gegenüber schuldig und bereiten ihnen nur allzu

gerne mit allen möglichen Dingen eine Freude. Kinder spüren aber genau, wenn Sie lediglich etwas für sie kaufen, weil Sie ihnen sonst nichts geben können.
Informieren Sie sich über finanzielle Fragen. Männer kaufen ein Haus, um es wieder zu verkaufen. Frauen kaufen ein Haus, um darin zu leben. Versuchen Sie, sich von Vorurteilen über weibliche Stärken und Schwächen frei zu machen, und lernen Sie, wie man Geld einteilt und anlegt.
Hüten Sie sich vor Feiertagen. Wir verwechseln teure Geschenke oft mit positiven Gefühlen. Halten Sie sich zurück, und versuchen Sie nicht, Ihre trübe Stimmung dadurch zu heben, daß Sie Geld ausgeben.

Was Sie gemeinsam mit Ihrem Partner tun können

Wenn Sie in einer Gütergemeinschaft leben, dann sollten Sie wissen, was mit dem Geld geschieht, an dem Sie Anteil haben. Frauen können nicht länger verweigern, sich über finanzielle Fragen zu informieren und Verantwortung zu übernehmen. Sie können aber heute auch nicht mehr Ihr Einkommen als frei verfügbares «Nadelgeld» beanspruchen.
Setzen Sie gemeinsam Prioritäten fest. Einigen Sie sich auf einen Haushaltsplan, und stellen Sie eine Liste auf mit allem, was Sie gerne kaufen oder wofür Sie sparen möchten. Wenn Sie sich nicht einigen können (neues Augo gegen Urlaub), dann sollten Sie ein System ausarbeiten, nach dem entweder wechselnde Prioritäten gesetzt werden oder zunächst einmal für beides gespart wird.
Besprechen Sie regelmäßig alle finanziellen Fragen miteinander. Informieren Sie sich wenigstens einmal in der Woche gegenseitig über Ihre finanzielle Lage. Planen Sie z. B. samstags nachmittags eine regelmäßige kurze Besprechung ein, bei der Sie über alle finanziellen Punkte sprechen können, die Sie gemeinsam betreffen oder die nur jeweils einen von Ihnen angehen.
Machen Sie sich klar, daß Sie in bezug auf Geld unterschiedliche Fähigkeiten und Interessen haben. Wenn einer von Ihnen besser mit Geld umgehen kann, dann sollte der- oder diejenige alle finanziellen Dinge in die Hand nehmen, Sie aber weiterhin laufend informieren. Der andere Partner sollte immer ein eigenes Bankkonto behalten und nicht um Geld bitten müssen.

Einkäufe, die eine bestimmte Summe überschreiten, sollten Sie miteinander besprechen. Die Höhe Ihres Einkommens bestimmt, von welchem Wert an ein Kauf vorher zwischen beiden Partnern abgesprochen werden sollte.

Erweitern Sie gemeinsam Ihr Wissen über mögliche Kapitalanlagen. Das Unbehagen, das wir Geld gegenüber empfinden, erschwert es uns, die Beschäftigung mit finanziellen Dingen anderen Fähigkeiten, die eine Ausbildung erfordern, gleichzusetzen.

Geld kann in unserem Leben und in unseren Beziehungen einerseits die größte Quelle für Konflikte sein, andererseits aber auch ein Instrument, dessen Einsatz wir selber bestimmen können. Geld an sich ist neutral; erst Sie selber machen daraus eine positive oder negative Macht.

Daran sollten Sie denken

Sorgen Sie dafür, daß Sie ohne fremde Hilfe überleben können. Abhängigkeit führt durch die Ängste der abhängigen Person immer zu Konflikten und Manipulationen. Sie sollten einen Zusammenbruch vollständig und aus eigener Kraft überwinden können.

Nur sehr wenige Dinge im Leben sind wirklich wichtig.

Streß bestimmt mein Leben

Sie kennen diese Empfindungen: Ihr ganzer Körper ist verspannt; Nacken und Schultern schmerzen; Sie sind nervös. Geist und Gefühle sind gereizt und angespannt. Manchmal fühlen Sie sich völlig erschöpft, obwohl Sie gar nicht viel geleistet haben. Streß ist eine wesentliche Quelle für Depressionen. Folgende Symptome zeigen an, daß der Streß bei Ihnen ein kontrollierbares Maß übersteigt.

> PHYSISCHE SYMPTOME
> Herzklopfen, flaches, schnelles Atmen, Zähneknirschen, hoher Blutdruck, Schwindel, Schweißausbrüche, Schmerzen und körperliche Beschwerden, Hautausschläge, häufige Erkältungen, Krankheiten, anormale Eßgewohnheiten

EMOTIONALE SYMPTOME
Nichts scheint in Ordnung zu sein, Sie glauben, härter zu arbeiten als andere, Depressionen, Unruhe, ein Gefühl von Wehrlosigkeit, Gereiztheit

SYMPTOMATISCHE VERHALTENSWEISEN
Mikrowellengeräte erscheinen Ihnen langsam. – Es fällt Ihnen schwer, bei Rot an einer Ampel zu halten. – Sie führen die Sätze anderer Leute zu Ende. – Sie sind häufig ungeduldig. – Sie versuchen oft, wenigstens zwei, nach Möglichkeit sogar drei Dinge gleichzeitig zu erledigen. – Wenn Sie sich mit jemandem unterhalten, denken Sie dabei an etwas ganz anderes. – Langsamer, ungleichmäßiger oder dichter Verkehr macht Sie nervös. – Da es Ihnen zuviel Mühe macht, nach Kleingeld zu suchen, zahlen Sie mit Scheinen. – Sie erledigen alles in Eile, es fällt Ihnen schwer, sich zu entspannen. – Sich immer noch mehr vorzunehmen fällt Ihnen leichter, als Abstriche von Ihren Plänen zu machen. – Sie hängen beim Telefonieren den Hörer schon nach dreimaligem Läuten wieder auf.

Streß ist die Antwort Ihres Körpers auf physische oder emotionale Anforderungen. Der Mensch braucht ein gewisses Maß an Streß, um überhaupt leben zu können. Entscheidend ist, daß das Gleichgewicht stimmt. Wenn Sie es ablehnen, auf Ihren Körper zu hören, dann wird er irgend etwas unternehmen, um Ihre Aufmerksamkeit auf sich zu lenken. Dauerstreß wirkt tödlich, ohne daß Sie es merken. Sie können sich auf ihn einstellen, ihn akzeptieren, ohne je zu begreifen, was Sie diese Belastung letzten Endes kostet.
Streß tötet Sie nicht direkt oder macht Sie unmittelbar anfälliger für Krankheiten, er kann zunächst Ihr Leben auf andere Weise ruinieren. Wenn Ihre Gesundheit untergraben ist, leiden auch Ihre Arbeit, Ihre Vergnügungen und Ihre Beziehungen zu anderen Menschen darunter. Streß belastet Ihre Freundschaften und Ihr Liebesleben, weil Sie ständig zu gereizt, zu beschäftigt oder zu unglücklich sind, um zu lieben

oder geliebt zu werden. Sie machen Fehler, sind in Unfälle verwickelt und fühlen sich bedrückt.
All das wissen Sie, warum unternehmen Sie dann nichts dagegen?
- Weil Sie weiterhin Streß ausgesetzt sein möchten: Sie lieben dieses Gefühl. Es läßt Sie bedeutend erscheinen. Es zeigt, daß Sie sehr hart arbeiten und eine Menge schaffen, und es macht Eindruck auf andere. Falsch!
- Weil Sie dadurch beruflicher und privater Verantwortung ausweichen können: Jeder kann sehen, daß Sie auf keinen Fall in der Lage sind, noch mehr Arbeit zu bewältigen.
- Weil Sie die Möglichkeit haben, sich Beziehungen zu entziehen, die Märtyrerin zu spielen und gereizt zu sein: Was kann man von jemandem, der so beschäftigt ist wie Sie, denn darüber hinaus noch erwarten?
- Weil Sie sich selbst einreden, daß Ihre Bedürfnisse und Ihre Zeit wichtiger sind als die aller anderen Menschen. Nur sehr wenige Menschen werden Sie nach Ihrem Weggehen vermissen.

Heute haben wir wesentlich mehr Möglichkeiten, Zeit und Aufmerksamkeit zu investieren, als je zuvor. Wir sind durch eine Flut von Informationen und Angeboten übersättigt. Wir müssen lernen, mit diesem breiten Angebot an Möglichkeiten umzugehen, oder wir tragen am Ende seelisch schwere Schäden davon.
In den meisten Fällen fühlen wir uns erschöpft, weil wir immer wieder versuchen, zuviel zu schaffen. Sie erwarten viel mehr von sich selbst, als Sie leisten können: das Super-Frau-Syndrom. Sie versuchen, sowohl traditionell gebundene als auch moderne Frau zu sein. Da Sie nicht genau sagen können, was eine «erfolgreiche Frau» eigentlich ist, tun Sie möglichst alles.
Werfen Sie zum Spaß einmal einen kritischen Blick auf einige Frauenzeitschriften. Welches Frauenideal wird dort als Vorbild propagiert?

«Nun, es stimmt schon, ich bin sehr beschäftigt, aber dabei so glücklich. Morgens um fünf stehe ich auf und schreibe Gedichte, ehe ich dreißig Minuten Aerobic mache. Anschließend bereite ich für meine Familie ein richtig gutes Frühstück zu und lese Zeitungen, um informiert zu sein.
Als nächstes setze ich die Waschmaschine in Gang, stelle die Speisen-

folge für das Abendessen zusammen, bringe die Kinder zur Schule und beginne meine Arbeit als Rechtsanwältin. In der Mittagspause findet normalerweise eine freiwillige Beratung statt. Sonst gehe ich zur Nagelpflege oder kaufe mir schnell ein modisches Kleid.
Es macht viel Spaß, im Anschluß an den Nachmittagsunterricht der Kinder gemeinsam mit ihnen etwas zu unternehmen, ehe ich ein paar Zutaten fürs Abendessen besorge und mich für meinen Mann hübsch mache. Anschließend bleibt noch viel Zeit, um sich die Probleme der Kinder anzuhören, das Haus aufzuräumen und die neuesten Bücher zu lesen.
Ich koche gerne Spezialitäten – so richtig nach Feinschmeckerart, aber es muß natürlich schnell gehen – und liebe einen schön gedeckten Tisch, selbstverständlich immer mit frischen Blumen. Nach dem Essen besuche ich Kurse, gehe zu Verabredungen, arbeite Akten und meine Korrespondenz auf und verbringe einen langen romantischen Abend mit meinem Mann.
An den Wochenenden komme ich endlich zum Faulenzen, treffe mich mit Freunden, gehe zu ein oder zwei Einladungen, nähe, arbeite im Garten, male, baue die Küche um und gehe ins Theater oder Kino. Es ist ein herrliches Leben.»

Diese Beschreibung ist natürlich stark übertrieben, aber sie ist doch nicht allzuweit entfernt von den Erwartungen, die Sie im tiefsten Inneren an sich selbst richten und die dazu führen, daß Sie ständig das Gefühl haben, nicht genug zu tun. Viele Frauen ertappen sich dabei, daß sie noch kurz vor Mitternacht Geschirr spülen oder staubsaugen. Sie meinen, daß ihre Müdigkeit der Preis ist, den sie für ihr gutes Leben zahlen müssen, oder daß andere Frauen ihr Leben irgendwie besser organisieren können als sie selbst.
Die Darstellungen in den Medien und auch die Schilderungen, die oft zwischen Freunden und Bekannten ausgetauscht werden, sind in der Regel alles andere als ehrlich. Sie zeigen nicht die Frauen, die in ihrem Wagen hinter geschlossenen Fenstern ihre Anspannung herausschreien oder die weinend unter der Dusche stehen. Überprüfen Sie, bis zu welchem Grad Sie Konkurrenzdruck ertragen können und wie groß Ihre Leidensfähigkeit ist. Wie häufig geben Sie nur vor, daß es Ihnen gutgeht, sogar sich selber gegenüber? Viele Frauen haben Angst zuzugeben, wie erschöpft sie sind.

Schlüssel zu einem vernünftigen Maß an Streß sind Wissen, Management und Vorbeugung. Sie müssen wissen, wie hoch Ihre Streßbelastung ist, was Sie bewältigen können, ohne sich selber zu schaden, wie Sie Streß verringern und ihm vorbeugen können. Überprüfen Sie Ihre Streßbelastung:

Stufe 1
Physische Symptome: Ihr Körper gibt Ihnen Zeichen. Vielleicht entscheiden Sie, daß es ganz normal ist, derartige Empfindungen zu haben, und kümmern sich nicht darum. Manche Menschen entspannen sich nicht gerne, weil sie sich dann wie abgeschaltet fühlen. Sie lieben den Zustand starker Erregung, der zum Streß gehört. Symptome, die sich auf dieser Stufe zeigen, sind Müdigkeit, häufige Krankheit, Kopf- und Rückenschmerzen, übermäßiges Essen, Schlafprobleme, Einnahme von Medikamenten, erhöhter Alkoholkonsum.

Stufe 2
Soziale Symptome: Menschen fallen Ihnen auf die Nerven. Sie sind reizbar und reagieren oft schroff. Schließlich haben Sie überhaupt keine Zeit mehr für andere Menschen und wimmeln sie nach Möglichkeit ab.
Besonders gestreßte Angestellte finden Wege, um sich Kollegen fernzuhalten. Sie blicken nicht auf, wenn andere durch ihr Büro gehen, weil Augenkontakt meist auch zu einem Gespräch führt. Wenn eine völlig gestreßte Frau auf der Straße eine Freundin kommen sieht, geht sie in eine andere Richtung, um einem spontanen kurzen Gespräch aus dem Weg zu gehen.

Stufe 3
Mentale oder intellektuelle Symptome: Sie können sich nicht auf Ihre Arbeit konzentrieren. Sie fahren nach Hause und können sich nicht erinnern, welchen Weg Sie genommen haben. Das Leben erscheint Ihnen langweilig; Sie schieben alles vor sich her. Selbst unbedeutende Probleme und Enttäuschungen bringen Sie aus dem Gleichgewicht. Das Leben macht Ihnen insgesamt keinen rechten Spaß mehr.

Stufe 4
Emotionale Symptome: Alles scheint seinen Wert für Sie verloren zu haben. Das Leben ist nicht fair Ihnen gegenüber. Sie sind fixiert auf Ihre eigenen Unzulänglichkeiten und auf die aller anderen Menschen. Sie finden, daß andere viel weniger arbeiten als Sie selbst. Sie fühlen sich fremd unter Menschen und verstecken sich häufig vor ihnen. Sie suchen bei jedem nach Fehlern, einschließlich bei sich selbst.

Stufe 5
Geistige Symptome: Das ist die schlimmste Stufe. Sie haben das Gefühl, Ihre Einmaligkeit als Individuum einzubüßen. Sie sind nur ein Rädchen im Getriebe, bewegen sich in eingefahrenen Gleisen. Nichts ist wichtig, weil Sie sich um nichts kümmern. «Ich bin bedeutungslos, und das ganze Leben ist bedeutungslos.» Sie haben das Gefühl, in einer Falle zu sitzen. Vielleicht leiden Sie sogar unter einer ernsten Depression.

Möglicherweise haben Sie so wenig Verbindung zu Ihrem Körper, daß Sie gar nicht wissen, wie Sie sich fühlen. Es gibt Menschen, die selbst dann noch bestreiten, unter Streß zu stehen, oder behaupten, mit ihm fertig werden zu können, wenn sie schon Stufe fünf erreicht haben. Können Sie sich selbst richtig einschätzen?

Wie fühlen Sie sich?

Wie lange haben Sie schon derartige Empfindungen?

Wie bewußt sind Sie sich der streßauslösenden Faktoren, denen Sie in Ihrer Umgebung ausgesetzt sind? Das bezieht sich z. B. auf Wetter, Lärmbelästigung, häufiges Reisen, Bedingungen am Arbeitsplatz, Geborgenheit, Nachbarschaftsverhältnis, Rauch- und Staubbelästigung, Lichtintensität, Luftdruck, drohendes Verhalten anderer, Geruchsbelästigung, weltweite und lokale Ereignisse.

Wodurch fühlen Sie sich gestreßt? Streß entsteht oft dadurch, daß Sie zuviel von sich selbst und anderen erwarten. Aber auch Veränderungen, unvorhersehbare Ereignisse, mangelnde Kontrolle über bestimmte Situationen und persönliche Konflikte bringen Streß mit sich.

Was Sie tun können

Unterziehen Sie Ihr Leben einer Prüfung, und stellen Sie die Ursachen für Ihren Streß zusammen, angefangen bei ganz kleinen Veränderungen in Ihrem Leben bis hin zu gewichtigen Problemen, mit denen Sie sich auseinandersetzen müssen oder unter denen Sie leiden. Nehmen Sie jede Quelle, die möglicherweise Spannungen verursacht, mit in Ihre Liste auf. Ordnen Sie diese Liste vom schwerwiegendsten Problem bis hin zur harmlosesten Störung, das verschafft Ihnen einen guten Überblick. Machen Sie sich vertraut mit dem System von Streßfaktoren, dem Sie ausgesetzt sind.

Was sind Sie bereit zu unternehmen, um Ihren Streß zu reduzieren? Wie erfindungsreich sind Sie bei Streßfaktoren, die schwer beeinflußbar sind (kleine Kinder, Geldsorgen, Krankheit)? Haben Sie unkonventionelle Strategien mit in Ihre Überlegungen einbezogen? Sind Sie auf der Suche nach einer Lösung, oder befinden Sie sich gerade in einer Sackgasse? Nachfolgend sind einige Experten-Tips aufgelistet:

> Reduzieren oder vermeiden Sie Koffein. – Geben Sie das Rauchen auf. – Treiben Sie Sport. – Machen Sie Entspannungsübungen. – Begrenzen Sie Ihren Zuckerverbrauch. – Trinken Sie mehr Wasser. – Schränken Sie Ihren Alkoholkonsum ein. – Sprechen Sie über Ihre Probleme. – Arbeiten Sie sich Ihren Ärger von der Seele. – Erledigen Sie immer nur eine Sache auf einmal. – Verringern Sie Ihre Verpflichtungen. – Machen Sie Urlaub. – Planen Sie Erholungsphasen ein. – Nehmen Sie Kritik nicht so schwer. – Behalten Sie Ihren Sinn für Humor. – Überprüfen Sie Ihre Prioritäten. – Frühstücken Sie regelmäßig. – Sorgen Sie für viel Schlaf. – Nehmen Sie viel Vitamine zu sich. – Stellen Sie sich angenehme Dinge vor. – Lassen Sie sich massieren. – Wenden Sie Wärme an.

Selbst wenn wir wissen, daß all das helfen würde, können wir manche Barrieren nur schwer überwinden. Prüfen Sie, ob eine der nachfolgend beschriebenen Verhaltensweisen auf Sie zutrifft:

Konkurrenzdenken: Sie sind derart erpicht darauf, Erfolg zu haben, daß Sie deswegen sogar Ihr Leben ruinieren würden.
Arbeitssucht: Arbeit, Arbeit und noch einmal Arbeit, das ist das einzige, was bei Ihnen zählt. Früher wurden Menschen, die sich zu Tode gearbeitet hatten, mit Ehren überhäuft. Heute halten wir sie für Narren. Wissenschaftler haben herausgefunden, daß «Workaholics» nicht mehr schaffen als andere Menschen; sie lieben es nur, pausenlos tätig zu sein. Dadurch, daß ihre gesamte Zeit mit Routinearbeiten, Patienten, Papierkram oder Kunden ausgefüllt ist, können sie sich allen Gefühlen und jeder Intimität anderen gegenüber entziehen. Wenn sie nach Hause gehen, müssen sie sich mit menschlichen Beziehungen auseinandersetzen. Sie leben lieber unter starkem Streß, als daß sie sich der Gefahr aussetzen, eine engere Bindung zu einem anderen Menschen einzugehen.
Perfektionismus: Alles muß perfekt sein, und ehe das nicht erreicht ist, können Sie sich nicht entspannen. Da Perfektion aber eine Illusion ist, kommen Sie und auch die Menschen in Ihrer Umgebung nie dazu, sich zu entspannen.
Märtyrertum: Sie leiden gerne und glauben, daß es sich letzten Endes auszahlt. Ehe Sie am Abend das Haus betreten, nehmen Sie eine völlig erschöpfte, jämmerliche Haltung ein, nach dem Motto «Nun seht doch, was die böse Welt mir angetan hat», so daß jeder den Wunsch verspürt, Ihnen zu helfen. Sind Sie dann zu Hause, opfern Sie sich geradezu auf, damit die anderen sich schuldig fühlen, erkennen, wie gestreßt Sie sind, und sich Sorgen um Sie machen. «Sie werden es schon merken, wenn ich zusammenbreche. Dann wird es ihnen leid tun.» Wenn Sie nicht gestreßt sind, wie wollen Sie dann je irgendwelche Aufmerksamkeit auf sich ziehen?
Frauen verwechseln oft Aufopferung mit Fraulichkeit. Sie glauben weiblicher zu sein, wenn sie bis zur Erschöpfung anderen dienen. Sie haben zu oft gehört, wie die ideale Mutter in Liedern und Geschichten besungen wurde. Streßbewältigung war früher eine Überlebenstechnik, durch die Frauen ihren Wert für die Familie bewiesen. Heute ist es für unsere Familie wichtiger, wenn wir ausgeglichen sind.
Warten, daß andere etwas ändern: Ich kann gar nichts unternehmen, bis die Kinder groß sind, mein Mann sich ändert, ich einen neuen Job finde usw. Sie werden ewig warten.
Verhandeln: In unserer Welt ist es nur möglich zu gewinnen, wenn

ein anderer Mensch verliert. Deshalb laufen Sie ständig Gefahr zu verlieren. Wenn Sie gewinnen und sich über andere erheben, dann werden die so wütend sein, daß sie alles dransetzen, um Ihren Gewinn zu sabotieren. Wenn Sie selbst aber verlieren, dann werden Sie dafür sorgen, daß die anderen auch verlieren. Kompromisse zu schließen fällt Ihnen schwerer, als Streß zu ertragen.

Unrealistische Erwartungen: Sie meinen, weit mehr tun zu können, als eigentlich zumutbar ist. Deshalb überarbeiten Sie sich ständig und kritisieren sich selbst, weil Sie nicht in der Lage sind, noch mehr zu schaffen. Andere, vor allem Kinder, halten Sie zu der gleichen Einstellung an.

Anspruch auf Gerechtigkeit: Man sollte davon ausgehen können, daß es fair in der Welt zugeht, und meine Version von Gerechtigkeit ist ausschlaggebend. Anderenfalls gerate ich in Rage.

Eingefahrene Verhaltensweisen: Sie versuchen, Probleme immer wieder nach dem gleichen Muster zu lösen, auch wenn es nicht klappt. «Ich habe es dir doch schon früher gesagt», «Ich habe es dir schon tausendmal gesagt.»

Geringes Selbstwertgefühl: Ich verdiene es nicht, mich besser zu fühlen. Ich bin ein Dummkopf, und Dummköpfe sind eben gestreßt.

Ambivalente Gefühle: Sie wissen nicht recht, was Sie wollen, deshalb haben Sie immer das Gefühl, daß Ihnen irgend etwas fehlt. Wenn Sie etwas bekommen, dann verwandelt es sich unversehens in etwas, das Sie gar nicht möchten.

Streben nach Anerkennung: Sie könnten mit weniger Streß mehr schaffen, wenn Sie sich nicht ständig Gedanken darüber machten, wer Ihnen Anerkennung für Ihre Mühe zollt. Das Verlangen, bemerkt und für alles belohnt zu werden, hängt mit Konkurrenzdenken und geringem Selbstwertgefühl zusammen. Versuchen Sie, davon loszukommen. Wenn es sich um etwas Wichtiges handelt, wird Ihnen schon Anerkennung zuteil werden, und bis dahin sollten Sie einfach selber Spaß an Ihrer Leistung haben.

Anerzogene Haltungen: Ich verdiene es nicht, mich besser zu fühlen. Ich bereite jemandem Ärger, wenn ich mich ändere. Ich habe gar keine andere Wahl. Es ist alles zu spät. Ich bin unfähig, mich zu ändern.

Abhängigkeit: Sie sind der Meinung, irgend jemand anders sollte sich um Sie kümmern. Mutter, Vater, Ehepartner, Schwester, Freund

oder Freundin müßten Ihre Probleme erkennen und die Last von Ihren Schultern nehmen, da Sie ja nicht in der Lage sind, sich selbst zu helfen.
Wenn irgendeine dieser Verhaltensweisen auf Sie zutrifft, dann sollten Sie versuchen herauszufinden, warum Sie so empfinden. Wo liegt der Ursprung Ihrer Gefühle? Können Sie davon loskommen? Dann sollten Sie beginnen, Änderungen für die Zukunft zu planen.
Verhaltensmuster und Gewohnheiten können Sie nur schwer ändern, wenn Sie nicht vorwärts blicken. Brennt es erst an allzu vielen Ecken, dann entsteht leicht der Eindruck, daß es zu spät ist.
Fertigen Sie sich Ihren ganz persönlichen Kalender an. Verschaffen Sie sich einen Überblick darüber, wie Sie jede Woche verbringen. Entwickeln Sie ein Gefühl für Ihre Aktivitäten. Greifen Sie einen Monat heraus, in dem Sie täglich Tagebuch geführt haben, und unterstreichen Sie in einer Farbe alles, woran Sie Freude gehabt haben, und in einer anderen Farbe alles, was Sie ungern getan haben. Neutrale Aktivitäten werden nicht unterstrichen. Sie können dann, farblich hervorgehoben, genau sehen, wie Sie Ihre Zeit verbringen.
Versuchen Sie, durch Veränderungen die Anzahl der negativen Posten in Ihrer Zusammenstellung zu verringern und die der positiven zu erhöhen. Ist das möglich? Haben Sie eine Entschuldigung dafür, daß Sie bestimmte negative Aktivitäten nicht vermeiden können? Wenn es sich um berufliche Dinge handelt, können Veränderungen längere Zeit benötigen, als wenn es um ein Hobby geht, zu dem Sie nur plötzlich keine Lust mehr haben.
Achten Sie vorausschauend auf Aktivitäten oder Ereignisse, die zu Streß führen könnten, und planen Sie entsprechend. Passen Sie besonders gut auf sich auf, wenn Sie wissen, daß Ihre Arbeitsbelastung demnächst größer werden wird. Schaffen Sie sich einen Fundus an Freude, von dem Sie später zehren können. Versuchen Sie, Ihren Streß mit Hilfe der Anregungen im nächsten Abschnitt zu verringern.

Streßbrecher

Wenn Sie täglich im Verkehrsstau fahren müssen, dann sollten Sie einfach eine kurze Erholungspause daraus machen. Deponieren Sie Musik- oder Sprachkassetten, etwas zu essen, einen Notizblock und eine Thermosflasche im Wagen. Veranstalten Sie ein Picknick, planen

Sie Ihren nächsten Urlaub, oder hören Sie sich ein unterhaltsames Hörspiel an, während Sie immer wieder anhalten und anfahren. Die problematische Verkehrssituation wird schneller vorbei sein, als es Ihnen lieb ist.

Beginnen und beenden Sie den Tag mit positiven Gefühlen. Bevor Sie zu Bett gehen, sollten Sie an irgend etwas Schönes denken, das Sie beim Erwachen erwartet. Schaffen Sie sich für die Nacht und den Morgen feste Gewohnheiten, die mit angenehmen Empfindungen verbunden sind. Paare lesen manchmal abends noch im Bett und unterhalten sich, ehe sie einschlafen. Morgens trinken sie dann gemeinsam im Bett Kaffee und lesen die Zeitung, ehe jeder an seine Arbeit geht. Führen Sie eine Regelung ein, die Sie als angenehm empfinden.

Lassen Sie sich beim Aufwachen mehr Zeit, damit Sie nicht mit einem Kopfsprung in den neuen Tag starten müssen. Nehmen Sie sich genügend Zeit für ein ausgiebiges Mittag- oder Abendessen. Planen Sie bei Verabredungen und Fahrten ausreichend Spielraum für unvorhersehbare Ereignisse ein.

Konzentrieren Sie sich auf das, was Sie gerade tun; vermeiden Sie, sich mit zwei Dingen gleichzeitig zu beschäftigen, es sei denn, es macht Ihnen Spaß (z. B. häkeln und fernsehen). Wenn Sie innerlich mit anderen Plänen beschäftigt sind oder sich weiter an anderen Gesprächen beteiligen, während Sie versuchen, irgend etwas zu erledigen oder jemandem etwas zu sagen, dann erhöht sich Ihre Streßbelastung deutlich.

Fragen Sie nach, ob das, worüber Sie sich aufregen, wirklich so schlimm ist. Früher erhielt ich von meinem Büro häufig die Nachricht «Sehr wichtig, rufen Sie bitte sofort an». Ich geriet fast in Panik, weil ich glaubte, etwas Schreckliches sei geschehen. Wenn ich gerade mitten in der Sendung war, konnte ich nicht sofort anrufen, oder aber die Leitung war besetzt. War die Verbindung dann schließlich hergestellt, handelte es sich in der Regel um relativ unwichtige Angelegenheiten. Heute benutzt meine Sekretärin das Wort «wichtig» höchstens noch, wenn das Haus brennt oder jemand im Sterben liegt. Der Satz, den sie am häufigsten zur Antwort gibt, wenn ich hereinkomme und frage, ob es etwas Wichtiges gibt, lautet: «Nichts, das nicht warten könnte.» Sie hat recht, und ich kann mich entspannen.

Überprüfen Sie Ihr Verhalten. Nicht die Situation, sondern Ihre Reaktion bestimmt, wie hoch Ihre Streßbelastung ist. Es liegt bei Ihnen, sich für Frieden statt für Konflikte zu entscheiden.
Sie sitzen in einem Restaurant beim Essen, und die Kellnerin, die ihrer Aufgabe überhaupt nicht gewachsen ist, verschüttet Suppe über Ihr Kleid. Sie ärgern sich, nehmen die Ungeschicklichkeit persönlich und kochen während der ganzen Mahlzeit innerlich vor Wut. Eine andere mögliche Reaktion wäre, sich vorzustellen, daß der Ehemann dieser Kellnerin gerade mit deren bester Freundin auf und davon gegangen ist und sie diesen Schlag nur schwer verwinden kann. Sie brauchen in einem solchen Fall kein Trinkgeld zu geben, aber Sie können freundlich sein, bis die Mahlzeit beendet ist, und dann entscheiden, ob Sie hier noch einmal essen wollen.
Halten Sie in Gedanken oder in Ihrer Tasche eine Liste mit den Erfolgen der letzten Zeit bereit. Wenn Sie das Gefühl haben, verspannt zu sein, dann erinnern Sie sich selbst daran, daß Sie sich in der Regel schon richtig verhalten. Das wird Ihnen helfen, auch in diesem Fall mit der Situation fertig zu werden.
Fragen Sie sich, was das Schlimmste ist, das Ihnen passieren könnte, und wie Sie das überleben würden. Sie wollen gerade eine Ansprache halten. Ihnen ist kalt, und Sie können kaum ein Wort herausbringen. Viele Zuhörer stehen auf und verlassen den Raum, während Sie reden. Sie machen sich vor Angst in die Hose. Das alles ist kein Verbrechen. Sie werden es überstehen – und dieser schlimmste Fall tritt wahrscheinlich ja nie ein. Machen Sie sich selbst durch solche Vorstellungen unempfindlicher. Spielen Sie im Geist derartige Katastrophen wieder und wieder durch, bis Sie darüber lachen können.
Stellen Sie sich vor, daß Sie im Begriff sind, Stadtstreicherin zu werden, und überlegen Sie, was Sie alles in Ihrem Handwagen haben möchten. Sie brauchen einen Umhang, eine warme Decke, eine Thermosflasche und einen Ausweis für die Bibliothek. Seien Sie vorbereitet, und Sie werden zumindest eine völlig entspannte Stadtstreicherin sein. Stellen Sie sich in Gedanken das Schlimmste vor, meistern Sie die Situation, und spüren Sie, wie Ihr Streß verschwindet.
Werden Sie aktiv. Wenn Ihnen etwas ungerecht erscheint oder Ihrer Meinung nach geändert werden sollte, dann kämpfen Sie: Mit diplomatischen Waffen gegen eine Firma, bürokratische Auswüchse oder Ihre Familie zu streiten kann die Atmosphäre reinigen, die Situation

verbessern und Streß abbauen. Zumindest haben Sie das Gefühl, daß Sie gewisse Veränderungen in Gang setzen.
Beschränken Sie sich auf die wenigen Bereiche, die Sie wirklich kontrollieren können, und vernachlässigen Sie dafür andere. Es ist unmöglich, Platz für alles zu haben und jedem Ding seinen festen Ort zuzuweisen.
Sie selber müssen entscheiden, was wichtig für Sie ist. Sich gut zu fühlen sollte dabei oberstes Gebot sein. Werden Sie sich darüber klar, wie absurd manche Ihrer Erwartungen sind. Setzen Sie Prioritäten, wobei Gesundheit, positive Gefühle und gute menschliche Beziehungen die Grundlage bilden sollten, und vergessen Sie den dummen Ehrgeiz, daß man von Ihrem Fußboden essen können muß. Wenn dieser Punkt für Sie von so überragender Bedeutung ist, gut – dann müssen Sie eben etwas anderes aufgeben.
Falls Sie kleine Kinder haben, sollten Sie sich um eine Hilfskraft bemühen. Auch wenn es nur eine Studentin ist, die zweimal in der Woche nachmittags kommt und ein paar Mark kostet. Wenn Sie knapp bei Kasse sind, dann handeln Sie eine Lösung mit einer Freundin aus oder schließen sich einer Elterngruppe an. Die neuen Möbel, für die Sie das Geld zurücklegen, werden niemals die Freuden wettmachen, die Ihnen entgehen, weil Sie zu müde sind, um überhaupt etwas zu empfinden.
Geben Sie manchmal nach. Es tut Ihnen nicht weh, wenn Sie andere gelegentlich gewinnen lassen, die dann vielleicht überrascht und dankbar sind. Lassen Sie einen anderen Menschen auch einmal in einer Situation dominieren oder entscheiden, was geschehen soll.
Wenn Ihnen im Augenblick alles zuviel wird, sollten Sie sich eine Ausweichmöglichkeit schaffen. Träumen Sie gelegentlich, oder stellen Sie sich etwas Wunderbares vor. Nehmen Sie einen Kurzurlaub, oder machen Sie länger Ferien. Verlassen Sie für ein paar Tage die Stadt, oder verlassen Sie für eine Minute Ihren Körper. Gehen Sie in eine Kunstgalerie, eine Kirche oder ein Gewächshaus, und finden Sie dort eine ganz andere Atmosphäre.
Vergessen Sie einmal Ihre eigenen Probleme, und beschäftigen Sie sich mit denen eines anderen Menschen. Das Gefühl, helfen zu können, wird Ihnen guttun. Sie werden Ihre eigenen Sorgen mit anderen Augen sehen und neue Anregungen erhalten, wie Sie Ihre Probleme besser in den Griff bekommen.

Vergessen Sie die Superfrau. Das ist nur eine andere Bezeichnung dafür, daß Sie sich zu Tode arbeiten. Die Superfrau in den Comics hat keine Kinder, keinen Ehemann. Sie verfügt über übermenschliche Kräfte und Assistenten. Im Leben einer Superfrau gibt es keinen Ruhm, nur Erschöpfung. Wenn Sie versuchen, alles zu schaffen, sind Sie Ihren Kindern ein schlechtes Vorbild und geben anderen Frauen das Gefühl, minderwertig zu sein.

Überprüfen Sie Ihre Beziehungen. Fühlen Sie sich geborgen, finden Sie Unterstützung? Lassen Sie Freundschaften wieder aufleben, die Sie vernachlässigt haben. Seien Sie herzlicher zu Menschen, mit denen Sie zusammenarbeiten oder geschäftlich zu tun haben. Lächeln Sie Fremden im Vorbeigehen zu; wünschen Sie dem Busfahrer einen guten Morgen.

Schalten Sie um, indem Sie Ihre kreativen Fähigkeiten entwickeln. Schließen Sie sich einem Chor an, spielen Sie ein Instrument, gestalten Sie Ihren Garten, malen Sie; alles, wozu Sie Ihre Hände benötigen, entspannt Ihre Seele.

Feiern Sie den Abschluß einer Arbeit, ehe Sie sich der nächsten Aufgabe zuwenden.

Berühren Sie etwas Lebendiges. Das wirkt sehr beruhigend. Handauflegen kann heilen. Lassen Sie sich massieren, oder gehen Sie zur Gesichtspflege. Umarmen Sie Ihre Freunde, streicheln Sie Ihren Hund oder Ihre Katze.

Suchen Sie nach Möglichkeiten zu lachen.

Schaffen Sie sich ein Schlüsselwort. Nehmen Sie einen Satz, der Sie daran erinnert, Ihre Streßbelastung zu verringern, und wiederholen Sie ihn so lange, bis Sie sich ruhiger fühlen. Ich verwende dazu den Satz: «Ich fühle mich geborgen.» Er ermahnt mich, nicht zurück in meine Kindheit zu fliehen.

Halten Sie sich Zeit frei, um allein zu sein. Verbringen Sie jeden Tag einige Minuten allein, und versuchen Sie sich in dieser Zeit über wichtige Entwicklungen klarzuwerden. Verbringen Sie so oft wie möglich einen Tag allein; planen Sie wenigstens zweimal jährlich ein Wochenende ein, an dem Sie allein sind, sich über die Richtung, die Ihr Leben nimmt, klarwerden können und Muße haben, auf Ihr Herz zu hören.

Erkennen Sie, wann es Zeit ist, sich an einen Therapeuten zu wenden. Wenn die physischen und emotionalen Symptome trotz aller Bemühungen nicht verschwinden, dann ist es Zeit, sich um Hilfe zu bemühen. Streß muß genau so ernst genommen werden wie irgendein anderes medizinisches Problem.

Daran sollten Sie denken
Gewöhnen Sie sich nicht an, mit Streß zu leben. Sie haben Anspruch darauf, sich besser zu fühlen.
Versuchen Sie nicht, die Schuld für Ihren Streß irgendeinem anderen Menschen oder bestimmten Umständen zuzuschieben.
Machen Sie sich wenigstens einmal am Tag von allen Belastungen frei, dadurch können Sie sich immer wieder erinnern, welch gutes Gefühl das ist und wie man es erreicht.

Zum Leben gehört mehr, als nur ständig das Tempo zu erhöhen.

Ich bin total erschöpft
Totale Erschöpfung kann sich einstellen, wenn Streß und bestimmte Berufe zusammentreffen (z. B. bei Lehrern, Therapeuten, Richtern, Fluglotsen, Eltern) oder wenn die Belastung durch die Arbeit an einem großen Projekt bedingt ist. Sie macht sich sowohl psychisch als auch physisch bemerkbar. Es ist, als ob der Streß Sie vollständig und endgültig umklammert hält. Sie zweifeln an Ihrem eigenen Wertesystem und stehen anderen Menschen und ihren Absichten voller Mißtrauen gegenüber. Sie sind überzeugt, daß Sie viel härter arbeiten als alle anderen. Nur durch drastische Veränderungen glauben Sie, dieser Situation entfliehen zu können (Scheidung, eine neue Stellung, Umzug). Sie fühlen sich als Opfer, wissen aber nicht genau, wovon.
Fragen Sie sich selbst, warum Sie eigentlich Ihre augenblickliche Tätigkeit ausüben. Aus welchem Grund haben Sie gerade diesen Beruf gewählt?
Wenn die Antwort Ihnen nicht gefällt, dann wird es Zeit, sich eine befriedigendere Tätigkeit zu suchen. Sollten Sie aber entgegnen: «Mir bleibt keine andere Wahl», dann ist das ein deutliches Zeichen dafür, daß Sie bereits völlig erschöpft sind.

Was Sie tun können
Fragen Sie sich selber, warum Sie in diesem Zustand der Erschöpfung nicht mehr für sich tun.

> Ich leide gerne. – Die anderen machen es unmöglich. – Ich habe mein Urteilsvermögen verloren. – Es ist mir nicht ganz geheuer, wenn ich glücklich bin. – Mir fehlt die Zeit. – Ich werde etwas ändern, wenn ich die Möglichkeit dazu habe. – Ich kann es mir nicht leisten. – Das ist eben mein Job. – Wenn ich zusammenbreche, muß jemand anders meine Arbeit übernehmen. – Die Arbeit muß getan werden. – Ich weiß nicht, was ich sonst tun könnte. – Wer soll die Arbeit erledigen, wenn ich es nicht tue?

Stellen Sie sich auch die Frage: «Was bin ich bereit gegen meine Erschöpfung zu unternehmen?»

> Ruhephasen einzuhalten – in den Urlaub zu fahren – Sport zu treiben – eine Hilfskraft zu beschäftigen – mein Selbstwertgefühl zu stärken – meine Lebensperspektiven zu überprüfen – meine Erwartungen zu ändern – meine Stellung zu wechseln – meine Ernährung umzustellen

Gehen Sie nach und nach all Ihre Lebensperspektiven und Erwartungen durch. Versuchen Sie, die Lasten des Lebens abzuwerfen, indem Sie sich daran erinnern, daß Sie mehr sind als die Summe Ihrer Erfolge. Sagen Sie sich immer wieder: «Ich kann die Gedanken und Handlungen anderer Menschen nicht ändern.»
Legen Sie den Schwerpunkt Ihrer Bemühungen auf das Fortschreiten Ihres Entwicklungsprozesses, nicht auf das Ziel, das Sie erreichen wollen. Stecken Sie Ihre gesamte Energie in den Augenblick, und denken Sie nicht an einen Lohn, der Ihnen erst Wochen oder Monate später winkt. Messen Sie Erfolg oder Mißerfolg mit innerem, nicht mit äußerlichem Maß.
Wenn die Art und Weise, in der Sie etwas tun, nicht weiterführt, dann versteifen Sie sich nicht darauf. Lassen Sie sie fallen, und versuchen Sie, auf einem anderen Weg weiterzukommen.
Die Probleme werden sich nicht einfach von selbst erledigen, nur weil

Sie entspannt sind. Aber denken Sie daran, daß Sie alles, was Sie tun, für sich selbst tun und nicht für irgendeinen anderen. Sie mögen vielleicht anderen Menschen helfen, aber Sie tun es, weil diese Tat Ihnen selbst ein gutes Gefühl vermittelt. Wann auch immer Sie sich intensiver auf etwas einlassen, tun Sie es aus freien Stücken.
Bringen Sie sich selbst gegenüber etwas mehr Mitleid und Toleranz auf. Ihre Fähigkeit, sich selbst liebevolle Gefühle entgegenzubringen, ist nicht nur die Grundlage für Ihre eigene innere Harmonie, sondern besonders auch für Ihre Fähigkeit, anderen zu helfen. Spüren Sie Ihren Gefühlen nach, dann kommt es gar nicht soweit, daß Sie ständig Ihre eigenen Emotionen unterdrücken, um andere zu schonen. Den Stoiker oder Märtyrer zu spielen führt mit Sicherheit zu einem Zustand völliger Erschöpfung. Fragen Sie Ihre Freunde um Rat, und hören Sie auf die Meinung Außenstehender, die Ihre Situation weniger subjektiv sehen.
Sie sollten damit rechnen, daß jede Therapie und jeder längerfristige Reifungsprozeß auch ambivalente und paradoxe Gefühle mit sich bringen.
Finden Sie heraus, warum Sie sich selbst so gering einschätzen, und bemühen Sie sich weiter darum, diesen Zustand zu ändern.

Daran sollten Sie denken

Wenn Sie sich selbst überall nur noch mühsam hinschleppen, dann ist das nicht normal. Hören Sie endlich auf, sich schuldig zu fühlen, weil Sie nicht alles schaffen können. Entschuldigen Sie sich nicht damit, daß Sie dieses Leben nur noch so lange führen werden, bis die Kinder älter sind, das Haus fertiggestellt ist, Sie das Studium beendet oder einen neuen Job gefunden haben.
Treiben Sie sich nicht selber in Krankheiten oder einen Nervenzusammenbruch, nur damit jemand anders die Verantwortung für Ihr Wohlergehen übernehmen muß.
Hoffen Sie nicht darauf, die Aufmerksamkeit anderer Menschen dadurch auf sich zu lenken, daß Sie nach Luft ringen, kollabieren oder ein Magengeschwür entwickeln.
Versuchen Sie nicht, besonders herauszustreichen, wie total erschöpft Sie sind. Es ist schwierig, etwas aufzugeben, worin wir unserer Meinung nach Meister sind.
Hören Sie auf Ihren Magen.

Ich kann meinen Körper nicht ausstehen

Schrecklich! Sieh dir diesen Körper an! Zellulitis, Knoten, zu kurz, zu lang, zu dünn, zu dick, zu hell, zu dunkel, zu glatt, zu lockig – HILFE! Es sind nicht nur angeborene Eigenschaften oder die Tatsache, daß ich nicht genug Sport treibe. Werde ich jemals glücklich sein mit meinem Körper und meinem Aussehen?

Es gab eine Zeit, in der Erwachsene bewußt Kinder herabsetzten aus Angst, sie könnten eingebildet werden. Innerhalb der Familie machte man sich über körperliche Merkmale lustig: «Sieh dir diese Nase an, hoffentlich kann das übrige Gesicht diesen Vorsprung noch aufholen.» Wir lernten, Komplimente zurückzuweisen: «Ach, diese alten Klamotten!» Heranwachsende Kinder waren sich ihrer negativen Seiten sehr bewußt, kannten aber kaum ihre positiven – oder waren zumindest bereit, sie mit einem Achselzucken abzutun.

Mädchen waren anderen Botschaften ausgesetzt, z. B. daß kluge Frauen häuslich, dumme aber häufiger schön sind, oder daß Gott nicht jedem Menschen alles gibt. Das Schönheitsideal war jeweils genau festgelegt und änderte sich mit der Mode. Auf klein folgte groß als Ideal, volle Brüste und Hüften gerieten aus der Mode, und dünn zu sein wie ein Strohhalm war «in»; Blondinen waren Königinnen, bis man Brünette für besonders sexy hielt. Als schön galten Hände, die nichts taten, und von Frauen wurde erwartet, daß sie nicht schwitzten. Die Zeitschrift *Cosmopolitan* veröffentlichte einmal einen Artikel über die Frage, wie man sich Schweißdrüsen entfernen lassen kann, und einen anderen, der sich damit beschäftigte, bei welchen sexuellen Positionen die wenigsten körperlichen Mängel offenbar werden – flach auf dem Rücken liegend oder gegen die Wand gelehnt, niemals obenauf, weil dann die Vorderseite schlaff herunterhängt. Die Arme sollten Sie seitlich lassen, dann können die Brüste nicht in die Achselhöhlen wegrutschen.

Der Wert einer Frau ist so lange über ihre äußere Schönheit definiert worden, daß Frauen nur selten Schönheit in sich selbst entdecken. Irgend etwas gibt es immer, das mit uns nicht stimmt.

Wie klar können Sie sich selbst sehen? Blicken Sie immer durch die Brille irgendeines Kritikers?

Was Sie tun können

Stellen Sie sich bekleidet vor einen großen Spiegel. Schreiben Sie auf, was Ihnen an Ihrer Erscheinung alles nicht gefällt, und notieren Sie in einer weiteren Liste, was Sie an sich mögen. Überlegen Sie genau, ob Sie die jeweiligen Entscheidungen wirklich aus eigener Überzeugung treffen oder ob Sie Vorstellungen folgen, die Ihnen als Kind anerzogen wurden. Auffassungen können sich ändern.

> Das farblose Haar, das ich als Kind gehabt haben soll, hat in Wirklichkeit einen hübschen, warmen Blondton. – Meine Füße sind nicht mehr zu groß. – Ich bin gar nicht so lang, wie ich angeblich gewesen sein soll. – Mein übriges Gesicht hat den Vorsprung, den meine Nase hatte, durchaus aufgeholt.

Unterteilen Sie die Liste der Negativa in Dinge, die Sie ändern können, wenn Sie wollen (Haarfarbe, Nase, Gewicht), und solche, bei denen das nicht möglich ist oder für deren Abänderung Sie nicht bereit sind, zu zahlen oder zu leiden.

> **DAS WILL ICH ÄNDERN**
> Gewicht – Beweglichkeit – äußeres Erscheinungsbild – Ernährung – Zustand der Muskeln – Stil der Kleidung

> **DAS KANN ICH NICHT ÄNDERN**
> Alter – dicke Knie – Sehkraft – schiefe Lippen – schielende Augen – Schuhgröße

> **DAS WERDE ICH WAHRSCHEINLICH NICHT ÄNDERN**
> Nase – Zellulitis – Erschlafftes Hinterteil – Zähne – Falten – Nägel / Hände

DAS FINDE ICH ZUR ZEIT GUT AN MIR
Größe – Haut – Füße – Brüste – Nabel – Lächeln – Lachen – Nacken – Knöchel – Form der Nägel – Haarfarbe – Ohrläppchen – Stimme

Nehmen Sie sich die Liste «Das will ich ändern» vor, und unternehmen Sie etwas in all den Fällen, in denen Sie Veränderungen erreichen können oder wollen. Wenn Sie es nicht innerhalb weniger Monate schaffen, dann notieren Sie diesen Punkt unter «Das kann ich nicht ändern».
Ich selbst habe folgendes getan: Ich habe einen neuen Friseur gefunden, der mir zu einer Frisur verholfen hat, die trotz meiner Ungeschicklichkeit gut aussieht. Ich bin meine Garderobe durchgegangen und habe mir überlegt, in welchen Sachen ich mich wohl fühle. Außerdem habe ich mich beraten lassen, was mir am besten steht. Ich habe mich von allen Kleidern getrennt, die besonders viel Pflege benötigen. Ich versuche, viel Sport zu treiben, mich vernünftig zu ernähren und mich zu entspannen. Jeder Mensch ist attraktiver, wenn er entspannt ist.
Nun werfen Sie einen Blick auf die andere Liste, und versuchen Sie, die Realität und Ihre Möglichkeiten aufeinander abzustimmen. Meine Nägel z. B. halte ich lediglich sauber. Sie zu lackieren ist mir die Mühe nicht wert, also werde ich in Zukunft auch nicht mehr bemängeln, daß sie nicht fehlerlos und leuchtend rot sind.
Nehmen Sie sich Punkt für Punkt vor, was Sie ändern wollen oder nicht ändern können. Stellen Sie sich vor den Spiegel und schließen Sie mit jedem Teil Ihres Körpers Frieden. Warum sollen Sie Feinde mit in Ihr zukünftiges Leben nehmen? Alles, was Sie hassen, sollte entweder in Ordnung gebracht werden, oder ihr zwei solltet eure Differenzen beilegen.
Am besten ist es, wenn der Wunsch, Ihren Körper zu akzeptieren und gut zu behandeln, von innen kommt. Manchmal warten wir, bis gesundheitliche Schwierigkeiten, eine drohende Scheidung, Mangel an Liebe, berufliche Belastungen oder eine erstrebenswerte neue Liebesbeziehung uns zu Veränderungen zwingen. Jede Motivation, etwas zu ändern, ist gut, am wirkungsvollsten aber ist sie, wenn sie der Eigenliebe entspringt.

Es dauert vielleicht eine Weile, bis Sie Ihre alten, eingespielten Werturteile in sich zum Schweigen bringen. Es wird noch Zweifel und Fehlentscheidungen geben, aber erinnern Sie sich jedesmal daran, daß Sie sich selbst akzeptieren müssen, damit andere sich entspannen und Ihrer Führung folgen können. Falls Ihnen ein Fehler unterläuft, sollten Sie das lediglich zur Kenntnis nehmen und zur Tagesordnung übergehen. Überlegen Sie, ob Sie nicht fachliche Hilfe für Farbenwahl, Aussehen und Stil in Anspruch nehmen sollten. Mit jedem Jahr werden Sie Ihrer selbst sicherer sein. Legen Sie ein Album an, in dem Sie lauter Anregungen und Stilrichtungen sammeln, von denen Sie meinen, daß sie zu *Ihnen* passen, nicht zu irgendeiner Idealfigur. Ehe Sie einkaufen gehen oder eine neue Frisur ausprobieren, sollten Sie sich alles, was Sie inzwischen gelernt haben, ins Gedächtnis zurückrufen. Achten Sie darauf, welche Meinungen und Komplimente andere Menschen Ihnen gegenüber äußern.

Denken Sie daran, daß niemand vollkommen ist. Wir können noch nicht einmal genau bestimmen, was das eigentlich ist. In Wirklichkeit ist etwas nur schön, weil das Auge des Betrachtenden es als schön empfindet. Wir alle haben unsere Besonderheiten. Es mag nicht sehr hilfreich für uns sein, wenn *Vogue* bildschöne Models bittet, offen über ihre Mängel zu sprechen, aber es wird dabei doch etwas Wichtiges deutlich: Alle Models waren überzeugt davon, daß dünnes Haar, Zahnlücken, ungleichmäßige Lippen oder eine besonders auffallende Nase ihrer Karriere nicht geschadet hatten. Ihrer Meinung nach war der Gesamteindruck entscheidend. Wenn Sie selbst mit Ihrem Aussehen zufrieden sind, werden es andere auch sein.

Passen Sie auf, daß Freunde, Familienangehörige, Kinder oder Ehepartner Ihre Bemühungen nicht sabotieren. Oft sind sie gar nicht damit einverstanden, daß Sie das Image, das sie Ihnen gegeben haben, nun abstreifen. Manchmal fühlen sich andere Menschen auch bedroht und unter Konkurrenzdruck gesetzt. Vielleicht tun sie Ihre Veränderungen voller Geringschätzung ab, fragen Sie, ob Sie neuerdings zum Narzißmus neigen, halten Ihnen vor, daß reifere Frauen Beige tragen und nicht Feuerrot, oder machen Ihnen auf andere Weise klar, daß Sie die Frau bleiben sollten, die Sie bisher waren.

Hüten Sie sich vor Ihrer eigenen Aufsässigkeit. «Es ist doch völlig gleich, wie ich aussehe. Die anderen sollen mein wahres Ich lieben, selbst wenn sie und ich nicht genau sagen können, was das eigentlich

ist.» Achten Sie darauf, welche körperlichen Mittel Sie einsetzen, um andere Menschen auf Abstand zu halten. Ein nachlässiges, ungepflegtes und unvorteilhaftes Aussehen kann ein Bollwerk sein, das zu überwinden niemand den Wunsch verspürt. Auch Fett ist ein Schutzschild.
Ein anderer Teil Ihrer Aufsässigkeit bezieht sich auf die Macht gewohnter Verhaltensmuster. «So habe ich immer ausgesehen. Nimm mich, wie ich bin, oder laß es eben.» Wir haben uns an irgend etwas gewöhnt (z. B. Jeans und Sweatshirts), das uns durch schwere Zeiten begleitet hat, und haben es zu einer Uniform auf Lebenszeit gemacht. Falls Sie sich für das Richtige entschieden haben (Katherine Hepburn hat fast ihr ganzes Leben lang Hosen mit Bügelfalten und weiße Blusen getragen und sah großartig darin aus), dann ist alles in Ordnung. Falls Ihre Entscheidung sich aber als falsch erweist (ich habe jahrelang Overalls getragen und liebe sie immer noch, aber sie sind in meinem Beruf unpassend), dann haben Sie sich diese Uniform vielleicht nur zugelegt, um nicht in sich selbst investieren zu müssen. Haben Sie einen blinden Fleck gebildet, anstatt Ihren eigenen einmaligen Stil zu entwickeln?
Viele Jahre lang habe ich gar nicht erst versucht, gut auszusehen. Ich hatte Angst, daß der Versuch fehlschlagen würde. Falls ich es probierte und trotzdem noch unattraktiv aussah, würde jeder – auch ich selber – wissen, daß es mir unmöglich war, gut auszusehen. Gar nicht erst den Versuch zu machen war eine Möglichkeit, Enttäuschungen zu vermeiden und mir die Illusion zu schaffen, daß ich könnte, wenn ich nur wirklich wollte. Als ich dann schließlich begann, meinen eigenen Stil zu entwickeln, war das zwar mit gewissen Ängsten verbunden, aber wunderbar.
Freunden Sie sich auf jede nur mögliche Art und Weise mit Ihrem Körper an. Sport ist dazu besonders gut geeignet. Sie zwei müssen sich kennenlernen. Sicher, das wird eine schwierige Auseinandersetzung, aber Ihr Körper hat lange Zeit darauf gewartet, daß Sie sich für ihn interessieren.
Geben Sie Ihre Abneigung gegen sportliche Betätigung auf, und denken Sie an all die Argumente, die für mehr Bewegung sprechen, selbst wenn Sie sich dazu überwinden müssen.

> Ich kann mehr essen. – Ich werde mich rundum besser fühlen. – Ich werde dabei glücklich sein, selbst wenn ich es im übrigen nicht bin. – Ich werde weniger oft krank sein. – Ich werde besser aussehen. – Ich werde das Gefühl haben, mein Leben besser steuern zu können. – Ich werde mich mein Leben lang leichter bewegen können. – Mein Körper wird besser in Form sein. – Sex wird befriedigender und leichter sein. – Ich werde mich schneller aus gefährlichen Situationen retten können. – Ich werde beruflich erfolgreicher sein. – Ich werde nicht mehr an den Kindern herumnörgeln. – Ich werde weniger unter Streß leiden. – Entscheidungen werden mir leichter fallen. – Ich werde stärker sein. – Ich werde mich freier fühlen.

Fitneß wirkt aufhellend bei depressiven Verstimmungen, weil Sie sich besser in der Hand haben. Sie haben das Empfinden, weniger unter Streß zu stehen, entwickeln ein ausgeprägteres Selbstwertgefühl und können sich besser beherrschen. Sie sind kein schlapper Trottel, den man leicht hereinlegen kann. Sie sind eine Persönlichkeit, die dafür sorgt, daß sie seelisch und körperlich in Form ist.

Daran sollten Sie denken
Geben Sie nicht auf. Ganz gleich, wie viele Übungspläne Sie schon ohne Erfolg ausprobiert haben, es lohnt immer, einen weiteren Versuch zu starten.
Falls Sie wegen Arbeitsbelastung, Urlaub oder Krankheit einmal ins Hintertreffen geraten, hören Sie nicht ganz auf. Fangen Sie wieder an zu trainieren. Es wird Ihnen leichter fallen als beim erstenmal.
Imitieren Sie nicht das Aussehen irgendeines anderen Menschen. Ihr Stil muß zu Ihnen passen. Folgen Sie anfangs ruhig einem Vorbild, wenn Ihnen das hilft, aber ändern Sie es so ab, daß es zu Ihnen paßt. Ihr Aussehen entspricht den Gefühlen, die Sie sich selbst gegenüber empfinden. Das Bild, das andere Menschen sich von Ihnen machen, bestimmen Sie selbst.

Niemand kann Sie ohne Ihr Einverständnis dazu bringen, sich minderwertig zu fühlen.

Ich war zu lange allein

Ohne es zu merken, haben Sie sich angewöhnt, dauernd für sich zu sein. Selbst bei der Arbeit haben Sie kaum echte Kontakte zu anderen Menschen, sondern tauschen gerade nur die üblichen Höflichkeiten aus. Sie haben das Gefühl, beiseite zu stehen, irgendwie anders zu sein. Anzeigen und Fernsehprogramme, die ein fröhliches, geselliges Leben zeigen, sind für andere gedacht, nicht für Sie.

Es kann sein, daß Ihre Neigung, für sich zu bleiben, Sie Ihr Leben lang begleitet, sie kann sich aber auch nach und nach durch zerbrochene Beziehungen und leidvolle Erfahrungen entwickeln.

Verwechseln Sie nicht Alleinsein mit Einsamkeit. Wenn Sie allein sind, sind Sie mit jemandem zusammen, den Sie lieben, an dem Sie Freude haben und mit dem Sie sich gut unterhalten können. Einsamkeit bedeutet, daß Sie mit jemandem zusammen sind, den Sie nicht leiden können und mit dem Sie nichts anzufangen wissen. Entscheidend ist die Person, mit der Sie zusammen sind – nämlich Sie selber.

Manche Menschen sehnen sich danach, allein zu sein. Sie haben ein reiches Innenleben und brauchen viel Zeit für sich. Andere wiederum sind in geselliger Umgebung aufgewachsen und finden es ungewohnt und störend, allein zu sein. Überdenken Sie Ihre familiäre und gesellschaftliche Situation, die Erfahrungen, die Sie im Leben gemacht haben, und geben Sie sich selber Punkte für Ihr Bedürfnis, lieber allein oder in Gesellschaft zu sein. Das eine Ende der Skala bedeutet, sehr gesellig zu sein, jedes Alleinsein zu hassen, selbst beim Schlafen. Das andere Extrem bedeutet, wie ein Einsiedler zu leben; Sie müssen sich regelrecht dazu zwingen, Kontakt zu anderen Menschen aufzunehmen.

Ihre Position auf dieser Skala ändert sich von Zeit zu Zeit. Wie sind Sie bisher in Ihrem Leben mit dem Alleinsein umgegangen? Was ist in Ihrer augenblicklichen Situation schwer für Sie? Sind Sie freiwillig allein, oder haben Sie das Gefühl, daß andere über Ihr Leben bestimmen? Wenn Alleinsein neu für Sie ist, dann trägt vielleicht einer der folgenden Faktoren zu Ihrer Einsamkeit bei:

Sie sind neu in der Stadt: Die meisten Menschen benötigen ein Jahr, um sich in einer neuen Stadt einzugewöhnen und nicht mehr einsam zu fühlen.

Sie sind geschieden oder haben eine gescheiterte Beziehung hinter

sich: Kummer führt immer dazu, daß wir uns einsam fühlen. Niemand anders kann nachempfinden, wie sehr der Verlust schmerzt. Wir sehnen uns nur nach dem Menschen, den wir verloren haben, und fühlen uns folglich mit jedem anderen einsam.
Sie leiden unter Streß: Wenn wir gestreßt sind, verlieren wir unsere Zukunftsperspektive und möchten uns am liebsten von allem fernhalten.
Sie sind verletzt: Wenn Ihr Vertrauen, Ihr Zuhause, Ihr Körper oder ein beliebiger Teil Ihres Lebens in irgendeiner Weise attackiert wird, fühlen Sie sich unsicher, verängstigt und sehr allein gelassen. Sie sehnen sich nach einem Menschen, der sich um Sie kümmert.
Sie haben einen Verlust erlitten: Jeder Verlust, selbst ein ganz unbedeutender, verursacht Kummer und ein Gefühl von Einsamkeit.
Lebensumstände haben sich geändert: Jemand, mit dem Sie früher oft zusammen waren, ist weggezogen, oder Sie sprechen seltener als früher mit ihm. Ihre berufliche Belastung hat sich verringert, so daß Sie mehr Zeit für sich selber haben. Ihre Katze oder Ihr Hund leidet an Altersschwäche. Die Kinder sind aus dem Haus. Ihre Kollegin ist auf Geschäftsreise. Es braucht Zeit, neue Beziehungen aufzubauen.
Falls einer der genannten Umstände auf Sie zutrifft, dann sollten Sie etwas unternehmen, um eine Änderung herbeizuführen. Eine andere Möglichkeit ist, Ihre derzeitigen Gefühle zu akzeptieren, sie zu verstehen, mit sich selber Geduld zu haben und sich so durchzulavieren. Das tun die meisten von uns.
Im Grunde sind wir soziale Wesen, und wir alle brauchen Kontakt zu Menschen, Tieren, Pflanzen, dem Wetter und den Jahreszeiten. Nur Sie selbst können entscheiden, was für Sie wichtig ist.
Werden Sie sich über Ihre Vorlieben und Verhaltensweisen klar. Entwickeln Sie Gewohnheiten, die Ihren Bedürfnissen entsprechen. Seien Sie auf zeitweilige Einsamkeitsgefühle vorbereitet. Machen Sie sich klar, daß es uns alle gelegentlich trifft, stellen Sie die wahrscheinliche Ursache fest, und überlegen Sie sich schnell wirkende Gegenmittel. Meine Vorschläge sehen etwa folgendermaßen aus.

> Lesen Sie und versetzen sich dabei in eine andere Welt. –
> Rufen Sie eine Freundin an und verabreden sich mit ihr. –

Gehen Sie spazieren. – Realisieren Sie ein Vorhaben (Blumen pflanzen, mit Kunst beschäftigen, putzen, etwas ordnen, handarbeiten, die Buchführung in Ordnung bringen). – Besuchen Sie eine Versammlung oder eine öffentliche Veranstaltung. – Trainieren Sie in einem Sportverein. – Sprechen Sie mit Ihrem Hund. – Schreiben Sie einen Brief. – Nehmen Sie ein Bad. – Stellen Sie das Fernsehgerät ein und sehen sich eine Show an. – Übernehmen Sie eine ehrenamtliche Tätigkeit. – Helfen Sie einem anderen Menschen.

Langfristiges Alleinsein

Wenn Sie Ihr ganzes Leben lang viel allein gewesen sind, wenn Sie – außer zu Ihren Eltern – nie eine enge Beziehung zu einem anderen Menschen entwickelt haben, wenn Sie Angst haben, mit anderen Menschen in Berührung zu kommen, dann ist dieses Verhalten eine Art Überlebensstrategie, durch die Sie sich davor schützen wollen, daß andere Sie mißbrauchen oder willkürlich zurückweisen. Sie haben sich schon früh in sich selbst zurückgezogen oder waren nicht in der Lage, kindliche Scheu und Ängste zu überwinden. Vielleicht brauchen Sie therapeutischen Rat, um das Gefühl von Sicherheit zu entwickeln, das Sie benötigen, um auf andere zuzugehen. Lesen Sie das Kapitel über Selbstwertgefühl.

Manche Frauen sind eines Tages allein, ohne recht zu wissen, wie es eigentlich dazu kam. Früher waren wir geselliger. Wir hatten uns ein solches Leben weder vorgestellt, noch war es geplant, aber irgendwie sind wir dahin gelangt, wo wir heute stehen. Entwicklungen geschehen eben. Vielleicht hat einer der folgenden Umstände auslösend gewirkt:

Der Verlust eines Menschen, der für uns Verbindung zur Außenwelt bedeutete, durch Tod oder Scheidung – selbstzerstörerisches Verhalten (Drogen, Alkohol) – wirtschaftliche Sorgen (Verlust des Arbeitsplatzes, dauernde Arbeitslosigkeit, Armut) – Verantwortung für andere, die uns für sich beanspruchen (kranke Eltern, kleine Kinder) – seelische Probleme, die uns irgendwann

> einmal von der Realität trennten und uns nun die Rückkehr zu einem normalen Verhältnis erschweren – Ablehnung durch andere, weil wir uns irgendwie von ihnen unterscheiden – Zugehörigkeit zu einer sich absondernden religiösen Gruppe, die ihre Mitglieder von der Allgemeinheit isoliert – kindliches Leid, das es uns schwermacht, irgend etwas für uns selbst oder von anderen Menschen zu erwarten – ein physischer Schock, ein Unfall oder eine Krankheit, die es uns unmöglich machen, wie bisher zu leben, und uns dadurch isolieren – persönliche Erfahrungen, die uns den Kontakt zu Menschen ohne ähnliche Erlebnisse erschweren (Krieg, Verlust eines Kindes)

Tief in Ihrem Inneren gibt es vielleicht noch andere Ursachen. Wenn das Alleinsein bei Ihnen ein Dauerzustand ist, auch wenn das auslösende Ereignis längst der Vergangenheit angehört, dann sollten Sie sich um fachkundigen Rat bemühen, um zurückzuverfolgen, wie es dazu kam, daß Sie heute so allein sind.
Falls Sie die Ursachen zu kennen glauben und bereit sind, wenigstens ein geringes Wagnis einzugehen, um Verbindungen zu anderen Menschen zu knüpfen, dann finden Sie anschließend ein paar Vorschläge.

Was Sie tun können
Suchen Sie sich auf freiwilliger Basis eine Tätigkeit, bei der Sie sich geborgen fühlen. Helfen Sie in einem Kaufhaus aus, indem Sie dort Regale füllen, saubermachen oder Ware aufbauen. Sie werden Leute kennenlernen, die offen auf Sie zugehen, und Sie können sich die Arbeit so einteilen, wie Sie es möchten.
Schließen Sie sich einer Gruppe an, die Ihre Interessen teilt. Zwingen Sie sich dazu, regelmäßig an den Zusammenkünften teilzunehmen, auch wenn Sie einmal keine Lust dazu haben.
Fragen Sie Menschen, mit denen Sie außerhalb Ihres Berufes zu tun haben, nach ihrem Befinden. Lassen Sie sich etwas länger Zeit, um ein paar freundliche Worte zu wechseln. Versuchen Sie, mehr über die Menschen, zu denen Sie Kontakt haben, zu erfahren.

Greifen Sie auf frühere, inzwischen eingeschlafene Beziehungen zurück (Verwandte, Schulfreundinnen).
Besuchen Sie öffentliche Veranstaltungen, die einen geselligen Charakter haben, z. B. Vernissagen, Wohltätigkeitsbasare oder kommunale Veranstaltungen.
Lächeln Sie im Vorübergehen Ihren Nachbarn zu, und wenn es sich so ergibt, auch Fremden.
Besuchen Sie stets dieselben Geschäfte und Restaurants, bis man Sie dort kennt und Sie sich ganz zu Hause fühlen.
Umgeben Sie sich mit Leben. Jeder hat seine eigenen Vorlieben, aber Sie sollten vor allem lebendige Dinge lieben, selbst wenn Sie aus totem Material sind. Sie können Ihr Haus anfüllen mit Vögeln, Pflanzen, Tieren, Springbrunnen, Farben, Düften, glänzenden Dingen, Kristallgegenständen, Mobiles, Fischen, Bildern, Handarbeiten, gläsernen Briefbeschwerern, Kugeln, in denen es schneit, wenn Sie sie schütteln, Kaleidoskopen, Büchern, farbigem Glas – und ein paar Spinnen, die ihre Netze weben.
Versenken Sie sich tiefer in sich selbst. Dazu sind Meditation, das Lesen von Selbsthilfebüchern und Romanen, Therapie in ihren verschiedenen Formen, Wochenendseminare und Kurse hilfreich.
Entwickeln Sie Ihre kreative Seite. Formen, entwerfen, malen, nähen Sie etwas. Gestalten Sie den Garten rund um Ihr Haus. Ich habe z. B. einen Sandkasten zum Spielen. Musik kann – genauso wie Blumen – das ganze Haus füllen.
Werden Sie sich Ihrer spirituellen Bindungen bewußt. Widmen Sie sich religiösen Fragen, die über Ihre Person hinaus nach dem Sinn des Lebens forschen.
Suchen Sie Kontakt zur Welt. Verschenken Sie etwas von sich. Schließen Sie sich einer Organisation an, seien Sie aktiv, schreiben Sie Briefe, sammeln Sie Geld, organisieren Sie Veranstaltungen. Kümmern Sie sich um alles Lebendige.
Behandeln Sie sich selbst so, wie Sie gerne von einer Freundin oder einem Liebhaber behandelt werden würden. Es ist eine gute Übung für den Fall, daß jemand auftaucht, und macht viel Spaß, wenn keiner kommt. Wir können unsere eigenen perfekten Liebhaber sein, weil wir unsere Wünsche selbst am besten kennen.
Keiner dieser Schritte wird Ihnen leichtfallen. Sie werden sich oft unbehaglich fühlen und Angst haben, zurückgewiesen zu werden.

Sie können noch zahlreiche weitere Möglichkeiten finden, entscheidend aber ist, daß Sie Ihre Vorhaben auch durchführen. Sie haben bisher erfolgreich Kontakte zu anderen Menschen vermieden, und nun müssen Sie sich nach und nach ändern. Machen Sie es sich zur Regel, wenigstens einmal am Tag etwas in Gemeinschaft mit anderen zu tun, was Sie bisher nicht gemacht haben, und wenigstens einmal pro Woche zu irgendeiner Veranstaltung zu gehen, bei der Sie Menschen treffen. Entwöhnen Sie sich selbst in kleinen, abgesicherten Schritten von Ihrem bisherigen Alleinsein.
Wenn Sie die kleinen Wagnisse, Kontakte zu Menschen aufzunehmen, erfolgreich bestanden haben, dann sollten Sie das Kapitel über Freundschaft lesen, um sich zunehmend auch an ein intimeres Verhältnis zu anderen Menschen heranzuwagen.

Für sich allein leben

Falls keiner der oben beschriebenen Vorschläge Ihnen zusagt, dann kann es sein, daß Sie – ohne sich dessen bewußt zu sein – tatsächlich vorziehen, für sich allein zu leben. In diesem Fall sollten Sie einsehen, daß es Zeit für Sie wird, die Freundschaft mit Ihrer inneren Gefährtin zu pflegen. Mit zunehmendem Alter stellen selbst die tatkräftigsten Extrovertierten fest, daß sie sich mehr und mehr nach innen orientieren und daß sie es gerne tun.
Sie werden sich selbst und Ihre inneren Werte besser kennenlernen, und das wird Ihnen helfen, Entscheidungen zu fällen, Ihre Lebensqualität zu verbessern und Frieden zu finden. Alleinsein hilft uns, zur Ruhe zu kommen, uns in uns selbst zu versenken und klarer zu denken. Wir werden klüger.
Es ist auch leichter, bestimmte Vorhaben und Ernährungsformen unter Kontrolle zu halten, wenn Sie sich dabei nicht in Gesellschaft befinden. Ihre Umwelt wird Ihnen reicher und schöner erscheinen, weil Sie klarer sehen und deutlicher hören. Alleinsein macht alle Ihre Sinne schärfer und genauer.
Ein Geschenk des Alters ist die Weisheit, zu der wir im Laufe der Zeit gelangen. Nehmen Sie das Alleinsein an, es ist ein Gefühl, von dem Sie bis an Ihr Ende zehren können. Ohne dieses Gefühl erscheint das Alter als Bedrohung, als eine Zeit, in der wir für immer einsam sein werden. Opfern Sie jetzt ein wenig Energie, um sich die warme Decke des Alleinseins um die Schultern zu ziehen.

Daran sollten Sie denken

Meinen Sie nicht, Ihr Alleinsein sei falsch, nur weil die Gesellschaft uns ständig einredet, wir müßten gesellig sein.
Sie sind nicht die einzige, die allein ist. Nicht alle Frauen besuchen ständig in seidenen Roben irgendwelche Partys.
Finden Sie sich nicht mit der ständigen Qual einer Einsamkeit ab, die kein Ende zu nehmen scheint.
Versuchen Sie, so lange Ihr Alleinsein nicht als gegeben hinzunehmen, wie Sie nicht wissen, was Sie wollen und was Ihnen Frieden bringt. Kämpfen Sie darum, das zu bekommen, was Sie sich wünschen.
Sorgen Sie dafür, daß aus einem Verlust oder einem vorübergehenden Problem kein Verhalten entsteht, das Ihr ganzes weiteres Leben bestimmt.
Lehnen Sie sich nicht selbst ab, und akzeptieren Sie keine Zurückweisung durch andere. Es gibt Millionen von Menschen, mit denen Sie Kontakt aufnehmen können.
Ich treffe meine Entscheidungen selbst.

Ich mache mir ständig Sorgen

Angst bringt Sie körperlich und seelisch völlig aus dem Gleichgewicht. Es kann sein, daß Sie unter Atemnot, Herzklopfen, Magenschmerzen, Übelkeit, Schweißausbrüchen, Nervosität und Schwächeanfällen leiden. Eine nicht genau zu benennende Furcht überkommt Sie, ein starkes Gefühl, bedroht zu sein. Sie leiden unter einer unbestimmten Anspannung, meinen, irgend etwas sei nicht in Ordnung, oder werden von regelrechten Angstattacken überfallen.
Falls Sie gerade nicht beschäftigt sind, fallen Ihnen dann sofort alle möglichen Sorgen ein? Wenn Sie sich kurz ausruhen, sich hinsetzen, um eine Tasse Kaffee zu trinken, nach dem Aufwachen noch eine Weile im Bett liegen, im Garten sitzen oder ein Buch lesen, können Sie das dann einfach genießen? Oder schleichen sich in dem Augenblick, in dem Ihr Körper zur Ruhe kommt, gleich lauter kleine nagende Gedanken und Ängste ein?
Eine Frau, die ständig mit irgend etwas beschäftigt ist, läuft oft vor ihren eigenen Ängsten davon. Sie müßte sich ja mit lauter Dämonen auseinandersetzen, wenn sie zu lange zur Ruhe käme.
Menschen, die sich dauernd Sorgen machen, legen ein ganz bestimm-

tes Verhalten an den Tag. Sie regen sich völlig unnötig auf und erwarten immer das Schlimmste. Die Fahrt zum Kino wird zu lang und das Restaurant zu voll sein; es wird nichts mehr zu kaufen geben; jemand wird sicher zu spät oder zu früh kommen. Solche Menschen werden überall von einer erdrückenden Last kleinerer und größerer Ängste verfolgt (z. B. die Angst vor einem Atomkrieg). Oft sind das die einzigen Themen, über die sie reden wollen. Diese Haltung prägt ihr gesamtes Leben.
Sich um alles Sorgen zu machen ist ein Verhalten, das oft innerhalb einer Familie weitergegeben wird. Ein Mädchen lernt von seiner Mutter, eine gute Frau sei dadurch gekennzeichnet, daß sie sich um andere sorgt. «Meine Mutter machte sich immer Sorgen um uns.» Mit anderen Worten, sie sorgte für uns. Überprüfen Sie, welches Bild der sorgenden Frau Ihnen vermittelt wurde.
Einigen Menschen bereitet es Freude, sich zu sorgen, weil sie nur dieses Verhalten kennen. Beobachten Sie Ihre familiären Verhaltensmuster und Ihr eigenes Leben, und stellen Sie fest, welchen Stellenwert Sorgen und Ängste bei Ihnen haben. Vielleicht haben Sie einmal eine Erfahrung gemacht, durch die sich Angstgefühle für den Rest Ihres Lebens festgesetzt haben. Eine Depression führt bei vielen Betroffenen zu dauernden Ängsten. Manche Menschen sind vor jeder Abreise voller Unruhe, weil sie einmal eine Fähre oder ein Flugzeug verpaßt haben. Es ist auch möglich, daß Sie die Reaktionen und Gefühle anderer Menschen imitieren und an Ihre Kinder weitergeben. Gehört es zu Ihrer Vorstellung von Sicherheit, daß Sie sich Sorgen machen, quasi als Schutzschild gegen die tatsächlichen Probleme des Lebens?
Überprüfen Sie Ihre Einstellung zum Märtyrertum. Neigen Sie dazu? Kommt Ihnen öfter das Wort *Opfer* in den Sinn, wenn Sie sich den Tag über mit allen möglichen Dingen herumschlagen? Vielleicht hoffen Sie auf himmlischen Lohn, wenn Sie sich zu Tode sorgen, oder doch zumindest darauf, daß jeder bemerkt, was Sie alles tun. Die anderen denken nicht daran!
Sich sorgen kann eine beherrschende Kraft in Ihrem Leben sein; sie hält Sie auf Trab, sorgt für menschliche Kontakte, ist eine ständige Quelle für Gespräche, bindet Menschen an Sie, erfüllt Sie innerlich und bewahrt Sie davor, wirklich über das nachzudenken, was sich für Sie selbst an Möglichkeiten bietet. Sie können sich so der Verantwor-

tung für Ihr eigenes Leben und den Zwängen, glücklich sein zu müssen, entziehen.

Was Sie tun können

Bestimmen Sie genauer, was Ihnen Sorgen bereitet. Verschaffen Sie sich einen Überblick über Ihre Ängste, indem Sie sie in eine gewisse Ordnung bringen. Stellen Sie einen Karteikasten auf Ihren Schreibtisch oder in die Küche. Ordnen Sie Ihre Sorgen bestimmten Kategorien zu, indem Sie für jede Sorge eine Karte anlegen. Sie werden Ihre eigene Einteilung finden, aber die folgenden Vorschläge können Ihnen vielleicht Anregungen geben:

Ereignisse, die nur sehr selten eintreten: Das Haus brennt nieder, jemand erkrankt tödlich, ein Meteor trifft das Haus, ein Kind wird entführt oder von einem Auto überfahren.

Dinge, die nicht zu ändern sind: Entscheidungen, die früher einmal getroffen worden sind, Größe, Hautfarbe, erste Heirat, Kinderlosigkeit, versäumte Schulbildung, all die Jahre, in denen ich geraucht habe.

Fehlinterpretationen im Hinblick auf die Gefühle anderer Menschen: Warum hat er mich so angesehen? (Sein Magen ist nicht in Ordnung.) Warum hat sie nicht angerufen? (Sie ist beruflich überlastet.) Beachten sie mich überhaupt nicht mehr?

Gesundheit: Ich frage mich, wie lange ich wohl noch leben werde; ist dieses Muttermal oder dieser Knoten bösartig; ich habe so ein seltsames Gefühl im Bauch; meine Venen erscheinen ganz blau; ich bin dauernd müde.

Berechtigte Überlegungen: über Geld, Kinder, Ehe, Freundschaft, Haushalt, Beruf, Dienstleistungen, persönliche Vorsorge, Ernährung, sportliche Betätigung.

Achten Sie auf Ihre Gedanken, werten Sie Ihre Reaktionen aus, und bringen Sie Ihre Sorgen in eine Rangfolge, bis Sie die zwanzig wichtigsten herausgefunden haben. Ordnen Sie für jede eine Karte in einen Kasten ein, und nehmen Sie sich vor, sich über nichts anderes mehr zu sorgen, bis diese wichtigsten zwanzig Ängste aufgearbeitet sind. Falls eine nicht zugelassene Sorge übermächtig wird, können Sie sie anstelle einer anderen in Ihre Hauptkartei einordnen. Alle anderen sollten Sie erst einmal unberücksichtigt lassen.

Entscheiden Sie jedesmal, wenn ein neues Problem auftaucht («Müßte

ich nicht das Wohnzimmer streichen?»), ob es anstelle eines anderen in Ihre Hauptkartei wandert oder ob es der Ersatzgruppe («Darüber mache ich mir später Gedanken») zugeordnet wird.
Halten Sie sich täglich eine bestimmte Zeit frei, in der Sie sich konzentriert Ihren zwanzig wichtigsten Sorgen widmen. Blättern Sie zu Beginn die Karten durch, und entscheiden Sie, mit welchem Problem Sie sich an diesem Tag beschäftigen wollen. Nutzen Sie die Zeit, um über mögliche Lösungen Ihrer Sorgen nachzudenken, und schreiben Sie Ihre Einfälle auf die Karte. Wenn Sie glauben, das Problem gelöst zu haben, ordnen Sie die Karte unter dem Stichwort «Erledigte Probleme» ein. Es ist wichtig, alte Karten aufzuheben, damit Sie sehen, was Sie alles schon geschafft haben und mit wie vielen Problemen Sie fertig werden können.
Denken Sie über Ihre Wertvorstellungen nach: Was ist wirklich für Sie persönlich wichtig, und was ist lediglich wichtig für andere Menschen, deren Einfluß Sie vielleicht ausgesetzt sind?
Lassen Sie eine Karte so lange in Ihrem Kasten, bis Sie mit einem Lösungsvorschlag zufrieden sind. Entscheidend bei dieser Arbeit ist, daß Sie Ihre Energie einsetzen, um etwas zu tun, statt sich lediglich Gefühlen zu überlassen. Beschäftigen Sie sich während Ihrer täglichen «Sorgenzeit» mit Lösungen und nicht einfach mit unbestimmten Ängsten.
So könnte eine Sammelkarte aussehen:

Angst, verlassen zu werden: Was ist, wenn mein Mann mich verläßt?

Lösung: Ich könnte Tag und Nacht demonstrieren, daß ich eine unersetzliche Hausfrau, eine außergewöhnlich leidenschaftliche Geliebte und eine perfekte Hausfrau bin. Ich könnte Bücher über die Faszination der Weiblichkeit lesen und figurbetonende Kleider tragen. Ich könnte ihn zu jeder gesellschaftlichen Veranstaltung begleiten.
Lösung: Ich könnte etwas für meine eigene wirtschaftliche, soziale und persönliche Unabhängigkeit tun. Dann würde ich mein Leben als Persönlichkeit meistern, und mein Mann hätte gar nicht den Wunsch, mich zu verlassen. Wenn er es dennoch täte, würde ich das überleben.
Lösung: Ich könnte mich um ein paar Grundelemente für unser gemeinsames Glück bemühen, z. B. für mich selbst Verantwortung

übernehmen, ihn freundlich behandeln, Sexualität und Intimität besondere Priorität einräumen und ihn niemals als etwas Selbstverständliches hinnehmen.
Lösung: Ich könnte grundsätzlich auf die Ehe verzichten, dann brauchte ich mir keine Gedanken über jemanden zu machen, der mich liebt.
Lösung: Ich könnte es ihm unmöglich machen, mich zu verlassen, indem ich unser Geld und unseren Besitz festlege, die Kinder emotional an mich binde und noch mit einigen weiteren Schikanen drohe.

Voraussetzung dafür, daß dieses System funktioniert, ist folgendes:
- Gehen Sie davon aus, daß wir alle unter Ängsten und Sorgen leiden.
- Konzentrieren Sie Ihre Sorgen jeweils auf eine bestimmte Tageszeit, führen Sie notfalls besondere Sitzungen ein.
- Hören Sie auf, sich in der übrigen Zeit Sorgen zu machen, indem Sie sich selber daran erinnern, daß Sie sich ja später während der festgelegten Zeit Ihren Ängsten widmen können.
- Konzentrieren Sie sich jeweils so lange auf mögliche Lösungen, bis Ihnen schließlich eine richtig zu sein scheint.

Unbestimmte Ängste

Die meisten von uns leiden mehr oder weniger unter einer undefinierbaren Angst, einem Gefühl, bedroht zu sein. Dieses Gefühl kann sehr intensiv empfunden werden, wir können es aber auch nur als einen leichten Schmerz spüren, der unsere Freude oder Entspannung trübt.
Wenn es keinen konkreten Grund für unsere Sorgen gibt, sondern wir nur allgemein von einem starken Angstgefühl überwältigt werden, dann kann sich daraus eine Phobie entwickeln. Vielleicht kanalisieren Sie Ihre starke, unbestimmte Lebensangst, indem Sie sie auf ein bestimmtes Objekt oder einen Vorgang lenken (Hunde, Fliegen, Höhe, Wasser, Menschenmengen). Es ist wesentlich leichter, die Angst vor etwas ganz Bestimmtem zu bekämpfen, als ein Gefühl der Bedrohung zu verstehen, das derart allgegenwärtig ist.
Für Streß sind Einflüsse Ihrer Umgebung und Ihre jeweilige Reaktion

darauf verantwortlich. Angst entsteht aus dem Bemühen, das zu kontrollieren, was Sie tief innerlich bewegt.
Wahrscheinlich wird es unmöglich sein, die Quellen einer solchen Angst zu identifizieren, weil sie überaus tief in gesellschaftlichen Einflüssen und kindlichen Erfahrungen verwurzelt ist. In vielen Gesellschaften werden Beklemmungen und Lebensangst auch durch Religion und Glaubensdogmen ausgelöst.
Auch persönliche Schlachtfelder schaffen «namenlose Furcht». Eltern oder andere einflußreiche Erwachsene können Kindern durch ständige Warnungen regelrecht Lebensangst anerziehen. «Man weiß nie, was auf einen zukommt.» – «Das kann schlimm ausgehen.» – «Es wird dir leid tun.» Daraus entwickelt sich wie ein Teufelskreis ein bestimmtes Denkmuster mit entsprechenden physischen Reaktionen. Es wird Teil des gesamten Lebensgefühls.
Kinder, die nie die Möglichkeit erhalten, ihre wachsenden Kräfte zu erproben, sind häufig ängstlich. Sie sind überzeugt, daß sie den Anforderungen, die auf sie zukommen, nicht gewachsen sind, und fürchten, an einem bestimmten Punkt könnte ihr gesamtes Sicherheitssystem zusammenbrechen.
Intensive Empfindungen undefinierbarer Angst entstehen auch durch schwerwiegendere Übergriffe Erwachsener gegenüber Kindern. Unvorhersehbare physische und psychische Gewalt vermittelt sehr realistisch den Eindruck, daß das Leben gefährlich ist. Inzest und sexuelle Belästigung zeigen den betroffenen Kindern, daß sie noch nicht einmal über ihre intimsten Bereiche selber verfügen können. Die Folgen, die inneren Einstellungen, bleiben erhalten; das Gefühl, daß sie sich doch nicht selber schützen können, ist tief in ihnen verankert.
Überprüfen Sie Ihre Familie, die gesellschaftlichen Einflüsse, denen Sie ausgesetzt sind, und Ihre Lebenserfahrungen. Befragen und beobachten Sie Familienmitglieder, vor allem Ihre Eltern, und versuchen Sie, bestimmte Verhaltensmuster im Hinblick auf Ängste und Sorgen zu erkennen. Lesen Sie Zeitungen aus der Zeit Ihrer Kindheit. Was lag damals in der Luft; welche Informationen und Erfahrungen könnten Sie beeinflußt haben?
Kümmern Sie sich um Ihre persönliche Geschichte. Wir entwickeln entsprechend der Umwelt, die uns umgibt, schon früh bestimmte Überlebensstrategien. Viele von uns vergessen, sich von diesen alten

Strategien zu trennen, wenn die Umstände sich ändern und wir als Erwachsene wesentlich mehr Macht haben, Kontrolle auszuüben. Als Alternative können Sie lernen, mit einem gewissen Maß an unbestimmten Ängsten zu leben. Benennen Sie sie, lernen Sie sie kennen, treffen Sie Vorsorge. Akzeptieren Sie, daß Sie niemals alle Quellen Ihrer Ängste kennen werden. Einige können sich sogar als ein nützlicher Ansporn im Leben erweisen. Wenn Angst Sie überkommt, dann tun Sie etwas:

> Treiben Sie Sport. Damit können Sie immer die Klammern Ihrer Angst aufbrechen. – Vermeiden Sie Koffein und andere Anregungsmittel. – Schalten Sie jeglichen Alkohol aus. Nach dem anfänglichen «Push» werden Ihre Angstgefühle anschließend nur noch stärker. – Denken Sie über Ihre Familie, Ihre Freundschaften und Ihre Berufsarbeit nach. Stellen Sie fest, wie erfolgreich Sie jeweils in einzelnen Bereichen sind, und entscheiden Sie, ob irgend etwas geändert werden sollte. – Sorgen Sie für Situationen inneren Friedens. Stellen Sie sich das Bild eines Gartens vor; erinnern Sie sich an einen besonders schönen Ort; planen Sie eine Urlaubsreise. – Begeben Sie sich in andere Welten. Lesen Sie einen Roman, gehen Sie ins Kino, sehen Sie sich eine Fernsehsendung an (ohne Gewaltszenen), hören Sie Musik. – Gebrauchen Sie Ihre Hände. Säubern, befestigen, häkeln, graben, ordnen, formen Sie etwas. – Hören Sie Texte von Tonbändern. Auf Band gesprochene Bücher sind etwas Wunderbares: Theater ganz für Sie allein. – Sprechen Sie mit einer Freundin. Teilen Sie Ihre Gefühle mit ihr. – Nehmen Sie Tiere in den Arm. Berühren Sie etwas Lebendiges.

Anfälle von panischer Angst

Furcht und Besorgnis können in Panik übergehen, in die intensiv empfundene Angst, keine Kontrolle mehr über sich selbst zu haben, den Verstand zu verlieren. Wir wissen nicht, wozu wir unter Umständen fähig sind – schreien, uns die Kleider vom Leib reißen, einen

anderen Menschen angreifen. Die physischen Symptome in uns sind durchaus ernst zu nehmen.
Falls Sie unter derartigen Anfällen von Panik leiden, sollten Sie sich beraten lassen und Techniken erlernen, mit deren Hilfe Sie den besonderen Druck, unter dem Sie stehen, begreifen und mildern können. Bei extremen Angstgefühlen sind vielleicht die folgenden Maßnahmen hilfreich:

- Atmen Sie tief durch. Wenn Sie flach atmen, mobilisiert der Körper alle seine Kräfte. Tiefes Atmen dagegen wirkt sofort beruhigend auf seine Notreaktionen.
- Die Anspannung, die Sie spüren, baut sich durch einen biochemischen Abwehrprozeß auf, mit dem der Körper auf die Signale reagiert, die Sie ihm übermitteln. Jede Art körperlicher Aktivität (spazierengehen, recken, springen) verringert die Spannung und setzt die aufgestaute Energie frei.
- Setzen Sie sich mit einer Freundin in Verbindung, die Ihnen Beistand leisten kann – selbst wenn es nur telefonisch ist. Panikattakken dauern meist nur kurz – normalerweise etwa zwanzig Minuten – und eine Person, die beruhigend mit Ihnen spricht oder Sie berührt, kann helfen, einen solchen Anfall zu überwinden.
- Wenn Sie schon früher eine derartige Attacke durchgemacht haben, dann sollten Sie einen Krisenplan ausarbeiten und ihn im Geist immer wieder durchgehen. Arbeiten Sie jede Phase der Attacke bis hin zur Überwindung der Angst innerlich durch, bis Sie spüren, daß Sie wieder entspannt sind. Lernen Sie, Sicherheitsvorkehrungen gegen Angst zu treffen und in derartigen Situationen richtig zu reagieren. Sie treffen ja auch Vorkehrungen, um sich gegen ein eventuelles Feuer zu schützen. Rechnen Sie mit einer solchen Attacke, und seien Sie auf sie vorbereitet.
- In Zeiten, in denen wir Schicksalsschläge und großes Leid bewältigen müssen, sind Ängste und Sorgen etwas ganz Natürliches. Oft steigt unkontrollierbare Angst mitten in der Nacht in uns auf; im Schlaf oder Halbschlaf sind wir besonders verletzlich. Wenn Sie wach werden, sollten Sie sich gleich die Realität vor Augen führen. Sie befinden sich in Sicherheit.
- Ihre Sensibilität im Hinblick auf Sicherheit kann man auch als besonders hohen Bewußtseinsgrad ansehen. Sie haben früh im Leben gelernt, Signale aufzufangen, sie zu bewerten und entsprechende

Überlebensstrategien zu entwickeln; Ihre Besorgnis ist ein Zeichen Ihrer Lebendigkeit.

Daran sollten Sie denken
Wir sind immer versucht, das Leben so hinzunehmen, «wie es eben ist», und ein zerstörerisches Abwehrsystem oder -verhalten beizubehalten, weil es einfacher zu sein scheint. Tun Sie das nicht!
Es kann soweit kommen, daß Ihr gesamter Kontakt zu anderen Menschen aus Aufregen, Jammern und ängstlichem Besorgtsein besteht. Lassen Sie nicht zu, daß Ihr Leben dadurch bestimmt wird. Versuchen Sie, sich stundenweise weniger aufzuregen, bis dieses neue Verhalten zur Gewohnheit geworden ist.
Gehen Sie nicht mit Alkohol, Medikamenten, Überaktivität oder Schlaf gegen Ihre Ängste an. Früher oder später werden sie Sie in Form von Krankheit, Streßsymptomen oder Depressionen doch wieder einholen.

Nur selten liegt die Quelle unseres Unbehagens dort, wo wir sie vermuten.

Konkurrenzkampf verursacht mir Unbehagen
Bei Stimmungstiefs, die durch Konkurrenzdruck ausgelöst werden, zeigt sich merkwürdigerweise, daß viele sehr ehrgeizige Frauen sich selber gar nicht für ehrgeizig halten. Sie mögen weder das Wort noch das Gefühl. Frauen empfinden direkten Konkurrenzkampf als kalt, hart, gemein, unfair und sehr unweiblich.
Im traditionellen Konkurrenzkampf ging es für Frauen stets darum, sich den richtigen Mann zu «angeln». Zwischen sechzehn und fünfundzwanzig spielten sie sich oft schon um einer schwachen Hoffnung willen rücksichtslos gegeneinander aus. Für eine Frau war das der wichtigste Wettbewerb überhaupt, weil sein Ergebnis ihre soziale Stellung und ihre finanziellen Verhältnisse für das ganze Leben bestimmte. Was immer sie selber noch außerdem zustande brachte, ihre gesellschaftliche Position leitete sich nur vom Erfolg ihres Mannes ab. War man erst einmal verheiratet, dann verlagerte sich der Ehrgeiz auf die Kinder, auf die Einrichtung des Hauses und auf das Kochen. Der weiblichen Bildung waren damals enge Grenzen gesetzt.
Es war nicht leicht, angesichts solcher direkter und lebenswichtiger Konkurrenzkämpfe schwesterliche Gefühle zu wahren. Das hat sich

Gott sei Dank inzwischen geändert. Aber selbst heute, wo uns viele unterschiedliche Wege zu Erfolg und sozialer Sicherheit offenstehen, gibt es immer noch einige Frauen, die einander argwöhnisch beobachten. Geschiedene spüren gelegentlich Mißtrauen seitens ihrer verheirateten Freundinnen. Andere Frauen kämpfen auch heute noch um jeden Ehekandidaten, weil sie glauben, daß gute Männer Mangelware sind.
Besonders ehrgeizige Menschen sehen das Leben oft als Zerrbild. Die Überzeugung, daß sie von einem bedrohlichen «Dschungel» umgeben sind, führt zu Streß, Feindseligkeiten, Gereiztheit, Perfektionismus, schlechter Laune und Depressionen.
Die folgenden Beispiele zeigen, in welchen Bereichen wir auch heute noch unter Konkurrenzdruck stehen.
Aufmerksamkeit: Schon als Babys glaubten wir, unser Überleben sei davon abhängig, daß wir mehr Aufmerksamkeit auf uns lenkten als das Nachbarbaby. Wir betreten einen Raum und sind voller Erwartung, wer uns wohl beachtet. Manche Frauen kultivieren einen Stil, der alle anderen beiseite schiebt, sei es durch Kleidung, Konversation oder dominierendes Auftreten.
Männer: Der Kampf um sie durchzieht unser gesamtes Leben. Frauen, die Männer immer noch als die erstrebenswerteste Beute betrachten, sind bereit, sich selbst, ihre Kinder und ihre Freunde zu kompromittieren, nur um einen Mann zu bekommen. Wenn Sie Männer vorrangig unter diesem Blickwinkel sehen, sind alle anderen Frauen natürlich potentielle Feinde.
Die besten Kinder: Da die Versorgung von Heim und Kindern früher die einzige Aufgabe, der einzige Beruf einer Frau war, ist es nicht überraschend, daß wir auch heute noch der Versuchung erliegen, unser Leben durch unsere Kinder zu leben, mit ständigem Vergleichen und unüberhörbarem Punktesammeln. «Sagen Sie, spricht Ihr Sohn schon?» Kinder, die ein Gespür für diese Art von Wettstreit besitzen, werden Sie oft eher in eine peinliche Lage bringen, als sich schikanieren zu lassen.
Der Status am Arbeitsplatz: Der Eintritt in die Arbeitswelt mit dem Ziel, Karriere zu machen, bedeutet nicht Unterwerfung unter männliche Spielregeln. Viele Frauen glauben das. Sie konkurrieren um Geld, Ansehen, Beziehungen und Aufgaben.
Die Furcht vor jedem Wettbewerb kann ebenso viele Probleme verur-

sachen wie ein übersteigertes Konkurrenzstreben. Vielleicht lassen Sie bei Dingen, die Ihnen wichtig sind, Erfolgschancen ungenutzt, aus lauter Angst, daß Sie mißverstanden werden, nicht mehr beliebt sind, Freunde verlieren, nicht gewinnen, unweiblich erscheinen.
Nehmen Sie sich die Zeit, Ihr eigenes Verhalten und Ihre Auffassung von Wettbewerb zu durchdenken. Ihre Gefühle beeinflussen Ihre gesamten Beziehungen. Prüfen Sie die Verhaltensmuster Ihrer Eltern oder der Gesellschaft, in der Sie leben. Fördern Sie die Auffassung, daß das Leben nur ein begrenzter Kuchen ist, oder gehen Sie davon aus, daß es unerschöpflich ist?

Im Leben zu kurz zu kommen
Menschen, die befürchten, dauernd im Leben zu kurz zu kommen, gehen davon aus, daß nicht genug für alle da ist. Sie kaufen bei Schlußverkäufen in Warenhäusern wahllos zusammen, was angeboten wird, planen alles im voraus und fürchten ständig, daß sie nicht zu ihrem Recht kommen. Einige dieser Verhaltensweisen gehen auf Entbehrungen in der Kindheit zurück und auf Eltern, die unter großem Mangel gelitten haben. Solche Menschen haben die Erfahrung gemacht, daß das Leben nicht unbegrenzt Wohltaten bereithält und daß man sich sein Stück des Kuchens sichern muß, wenn man nicht Gefahr laufen will, es zu verlieren.
Ihre Freundin Kathy schaut bei Ihnen vorbei und erzählt, daß der letzte Monat ihr eine erstaunliche Serie von Erfolgen beschert hat. «Du wirst es kaum glauben», sagt sie, «aber ich habe eben 10 000,- DM im Lotto gewonnen. Anschließend habe ich erfahren, daß ich im Büro den höheren Posten bekommen werde, auf den wir beide hingearbeitet haben. Ich weiß, daß du dich für mich freust. Gleichzeitig erhielt meine Tochter ein Stipendium. Vor lauter Aufregung habe ich in den letzten Wochen 10 Pfund abgenommen und außerdem noch diesen tollen neuen Mann kennengelernt. Was sagst du dazu?»
Ja, was sagen Sie dazu? «Ich freue mich so für dich, Kathy.» Sie lächeln, während Ihr Magen revoltiert. Sie fühlen sich, als hätten Sie einen Tritt bekommen. Irgendwie haben Sie etwas verloren – nicht die ersehnte Beförderung, sondern etwas Wichtigeres. Selbst wenn Sie nicht in direktem Konkurrenzkampf stehen, kann der Erfolg eines anderen Menschen Sie verletzen. Sie haben das Gefühl, daß Ihr Stück des Kuchens kleiner ist.

Selbst wenn Sie seit Jahren glücklich verheiratet sind, fragen Sie sich, ob es im Leben anderer Frauen wohl mehr Romantik gibt. Das ist eine engstirnige und belastende Art, das Leben zu sehen. Individueller Konkurrenzkampf kann in mancher Hinsicht charakteristische Züge eines Krieges annehmen.

Leben als etwas Unerschöpfliches
Sie gehen davon aus, daß es genug von allem gibt, um über die Runden zu kommen. Die Aufteilung des Kuchens ist die gleiche, weil wir alle im Zentrum zusammenhängen, aber nach außen gibt es keine Begrenzung. Wenn Kathy all ihre Erfolge verkündet, vergrößert sich zwar ihr Stück nach außen, beeinträchtigt aber in keiner Weise das anderer Menschen. Wir alle haben Kraftreserven und Möglichkeiten, sie einzusetzen.
Durch den Erfolg eines anderen lernen wir etwas und erhalten neue Energie. «Das könnte ich auch!» statt «Warum sie und nicht ich?» Die Menschen unserer Umgebung werden zu Kraftquellen, nicht zu Personen, deren Punktestand wir genau im Auge behalten müssen.
Sobald Sie durchschauen, mit welchen Gefühlen Sie auf Konkurrenzsituationen reagieren, sollten Sie versuchen, Ihren eigenen Erfolg richtig einzuschätzen. Reichtum, Schönheit, Ansehen, Beliebtheit, Rechtschaffenheit sind äußerliche Maßstäbe, die Ihnen einen gewissen Grad von Sicherheit geben können, aber ohne andere Qualitäten werden Sie sich letzten Endes doch unsicher fühlen.
Was halte ich von mir selbst, bin ich ein warmherziger Mensch? Das sind z. B. innerliche Maßstäbe. Habe ich das, was ich in Wirklichkeit besitzen möchte? Welche Werte trage ich in mir? Welche Fähigkeiten habe ich? Kann ich für mich selbst und andere sorgen? Worüber freue ich mich? Gönne ich mir diese Freude? Lebe ich mit mir im Einklang? Bin ich ehrlich in bezug auf meine eigenen Werte? Gibt es irgend etwas in oder an mir, das andere zum Wettstreit herausfordert? Kann ich meinen Wert ohne fremde Hilfe halten?

Was Sie tun können
Geben Sie zu, daß Sie ehrgeizig sind. Die meisten von uns sind es, und es ist besser, die Symptome in uns selbst zu erkennen, als sie bei allen anderen auszumachen. Ihre Aufgabe besteht nun darin herauszufinden, ob Ihr Ehrgeiz für Sie ein Problem darstellt.

Akzeptieren Sie die Tatsache, daß niemand immer die Nummer eins ist. Es wird stets andere geben, die in diesem oder jenem Bereich besser sind. Der Sieger wechselt ständig.
Wetteifern Sie mit Ihren eigenen hohen Anforderungen, nicht mit jemand anderem. Versuchen Sie etwas ganz Privates zu tun, das nur Sie betrifft. Gewöhnen Sie sich an, sich selber zu erfreuen anstatt Horden anonymer Mitmenschen. Es hängt nur von Ihnen selbst ab, ob Sie Ihr Bestes geben.
Hören Sie auf, die Bedeutung bestimmter Dinge zu überschätzen. Lassen Sie es langsam gehen, und setzen Sie sich nicht unter Druck. Die beste Arbeit ist oft die, die man sorgfältig, ohne Zeitdruck, konzentriert und gründlich erledigt. Es handelt sich ja nicht jedesmal um einen Notfall. Sie hinken in Ihrem Leben nicht hinter den anderen her.
Stellen Sie in einer Liste zusammen, was Sie alles ohne jeden Konkurrenzdruck tun können: lesen, angeln, entspannen, nähen, im Garten arbeiten, Musik hören, sich mit Freunden oder der Familie unterhalten, reisen, kochen, die Umgebung oder etwas anderes genießen. Widerstehen Sie dem Wunsch, solche Beschäftigungen in Wettstreit ausarten zu lassen. Genießen Sie sie für sich ganz alleine.
Gehen Sie Ihren Ängsten auf den Grund. Arbeiten Sie daran, Ihre Feindseligkeit und Aggressivität in Konkurrenzsituationen abzubauen. Überprüfen Sie überkommene Vorstellungen und Unsicherheiten, um herauszufinden, welche falschen Vorstellungen Sie sich immer noch machen. Sehen Sie sich auch heute noch als Konkurrentin einer Schwester, die Ihre Mutter Ihnen vorzog, oder einer Frau, um derentwillen ein geliebter Mann Sie verließ? Machen Sie Ihre Hausaufgaben!
Lernen Sie von Ihren Konkurrentinnen. Ganz gleich, ob eine Konkurrenzsituation sich bei der Arbeit oder zu Hause ergibt, Sie können in jedem Fall die dabei aufkommenden Gefühle für Ihren persönlichen Reifungsprozeß nutzen. Beobachten Sie, was die anderen tun und wie sie es tun. Werden Sie Kolleginnen oder Freundinnen, und eignen Sie sich die Fähigkeiten an, die Sie bei anderen bewundern.
Bemühen Sie sich, unbekümmert zu sein, wenn sich eine Konkurrenzsituation nicht vermeiden läßt. Stellen Sie sich darauf ein, und entwickeln Sie ein Gespür dafür, wenn andere Sie aufgrund ihrer eigenen Probleme im Konkurrenzkampf schwächen wollen. Seien Sie

offen und bestimmt. Vermeiden Sie abfällige Bemerkungen, auch wenn es Sie manchmal reizt.
Überprüfen Sie, aus welchen Quellen Ihre Definition von Erfolg stammt. Vielleicht haben Sie Maßstäbe von Ihren Eltern übernommen, die für Sie oder die Zeit, in der Sie leben, nicht stimmen. Viele Frauen streben nach etwas, das sich als bedeutungslos erweist, sobald es erreicht ist. Diesem Ehrgeiz aber fallen dann oft Freundschaften, Ehe und Kinder, ja sogar ethische Überzeugungen zum Opfer.
Ich erinnere mich, welche Qualen mir in der 3. Klasse die Konkurrenzsituation beim Buchstabieren bereitet hat. Damals wurde eine Leine mit Papierflugzeugen rund um den Klassenraum gespannt. Jedes Kind hatte ein Flugzeug, auf dem sein Name stand. Gestartet wurde vom Flughafen Spokane, Ziel war New York. Je besser man freitags beim Buchstabieren von Wörtern abschnitt, desto mehr «Treibstoff» gab es, mit dem man möglichst als erster am Ziel sein wollte.
Ich hielt mich irgendwo in der Mitte auf. Einige besonders Fixe lagen ganz vorne, und George war immer der letzte. Sein Flugzeug schaffte ebenso wie die einiger anderer Kinder noch nicht einmal die Hälfte des Weges. Eines Tages riß George sein Flugzeug von der Leine herunter und warf es weg.
Heute können wir selber wählen, wofür sich der Wettstreit mit anderen lohnt.

Daran sollten Sie denken

Glauben Sie nicht, daß Sie zurückbleiben, wenn Sie die Leiter nicht weiter hinaufklettern. Vielleicht mögen Sie das, was Sie oben erwartet, gar nicht. Das Leben ist kein Wettkampf, bei dem nur wenige gewinnen; es entwickelt sich von Augenblick zu Augenblick. Es besteht aus Gefühlen, die Sie dauernd empfinden, nicht nur, wenn Sie am Ziel angelangt sind.
Versuchen Sie auszuweichen, wenn irgend jemand den Köder des Konkurrenzdenkens auswirft. Kollegen, Verwandte, Freunde und Arbeitgeber versuchen vielleicht, Sie zu drängen oder anzustacheln. Lächeln Sie und bleiben Sie entspannt, wenn Sie die anderen durchschauen.
Versuchen Sie nicht, Ihren Kindern Konkurrenzdenken aufzuzwingen. Helfen Sie ihnen, an sich selbst hohe persönliche Anforderun-

gen zu stellen, aber ihre Erfolge nicht mit Hilfe von Vergleichen zu beurteilen. Vergleichen Sie sie auch nicht untereinander, mit anderen Kindern ihrer Bezugsgruppe oder mit Ihnen selbst als Kind. Belohnen Sie sie, wenn sie positiv mit Fehlern umgehen, mit Anstand verlieren und mit Einsatz, aber gleichzeitig auch mit Rücksichtnahme gewinnen.

Wir sind viel mehr als die Summe all dessen, was wir schaffen.

O Gott, schon wieder ein Feiertag

Festtage stehen allgemein in dem Ruf, eine Zeit der Freude und des Zusammengehörigkeitsgefühls zu sein, warum fühlen wir uns dann aber derart gestreßt und niedergeschlagen? Die Ursache dafür liegt in der Illusion, alles könne perfekt sein. Wir neigen dazu, an ein Ideal zu glauben; wir versuchen es zu erreichen, aber irgendwie gelangen wir trotz aller Vorbereitungen, Aktivitäten und Gefühle nicht an dieses Ziel. Wir erwarten so viel, daß wir uns am Ende verloren und enttäuscht fühlen. Und ganz tief im Herzen glauben wir, der Fehler liege bei uns selber.

Festtage bedeuten, daß Familie und Freunde sich aus einem Gefühl der Liebe und Verpflichtung heraus zusammenfinden. An einem solchen Tag scheint kein Platz zu sein für all das, was das Jahr hindurch zwischen uns steht. Wir hoffen, daß die Menschen ein paar Tage lang nicht sie selbst sind. Einige schaffen es. Aber die meisten fallen nach dem ersten Glas wieder in die normale Realität zurück.

Nun, nicht alles ist nur Enttäuschung. Manchmal kommen wir im Verlauf der gemeinsam verbrachten Festtage tatsächlich einer Freundin oder Verwandten etwas näher. Durch einige Bräuche wird tatsächlich eine friedliche und freudige Stimmung verbreitet. Aber das trifft natürlich nicht auf alle zu.

Zunächst einmal sollten Sie akzeptieren, daß Liebe und Freude zur Realität unseres Lebens gehören. Es gibt keine perfekten Familien. Kennen Sie das Bild des amerikanischen Malers Norman Rockwell vom Erntedankfest? Alle sitzen lächelnd um einen üppig gedeckten Tisch. Mutter bringt gerade den gebratenen Truthahn; die Kinder haben alle Apfelbäckchen, und keines von ihnen hat zuviel getrunken. Sie können die Normalität, die Rechtschaffenheit, die diese Familie und ihre Feier ausstrahlen, fast mit Händen greifen.

Nicht zu hören aber ist die Unterhaltung. «Mam, wenn du den Truthahn rechtzeitig in den Ofen geschoben hättest, dann wäre Onkel John jetzt nicht betrunken.» – «Sagen Sie, meine Liebe, ich weiß, daß Sie in Ihrer neuen Stelle sehr beschäftigt sind, aber macht der kleine Paul immer noch ins Bett?» – «Warum geben Sie sich soviel Mühe mit den heißen Kartoffeln, niemand mag die Art, in der Sie sie zubereiten.» – «Haben Sie die Pasteten selbst gemacht?»
Wir alle verhalten uns an Feiertagen nicht anders als sonst auch. Ich erinnere mich an ein Erntedankfest, an dem ich mit viel Liebe gekocht, das ganze Haus geputzt und geschmückt, den siebzehn Verwandten alles so gemütlich wie möglich gemacht hatte – und schließlich an der Festtafel zusammenbrach. Die ersten Worte meiner Mutter nach dem Essen waren: «Jennifer, die Toilettenschüssel im oberen Bad hat einen Schmutzring. Ich habe dir doch schon einmal gesagt, daß so etwas mit ein bißchen Sandpapier leicht wegzubekommen ist.»

Was Sie tun können
Folgende Vorschläge und Verhaltensregeln können Ihnen vielleicht beim nächsten gemeinsamen Feiertag eine Hilfe sein:
Betrachten Sie das Ganze als Spiel. Wenn Sie in Ihrer Familie immer wieder in alte ungeliebte Rollen zurückfallen, dann versuchen Sie doch einmal die Rolle eines Zuschauers einzunehmen. Betrachten Sie sich als Publikum, das ein Theaterstück verfolgt; lösen Sie sich so weit von dem ganzen Drama, daß es Ihnen Spaß macht zuzusehen. Sie können sogar registrieren, wie oft Vater kritische Bemerkungen macht oder Ihre Schwägerin Vergleiche zieht. Sie könnten auch liebevolle Gesten zusammenzählen.
Denken Sie daran, daß Sie die Möglichkeit haben, sich anders zu entscheiden. Sie hätten genausogut beschließen können, den Tag irgendwo anders zu verbringen. Ich habe Feiertage schon ganz allein verbracht, nur mit Freunden, mit flüchtigen Bekannten und mit der Familie in unterschiedlichster Zusammensetzung. Die Art Ihrer Gefühle an einem solchen Feiertag zeigt Ihnen, was Sie beim nächsten Mal am liebsten tun würden. Beugen Sie sich nicht der Familientradition, wenn sie Ihnen nichts bedeutet; finden Sie wenigstens einen Kompromiß.
Erwarten Sie nicht zu viel Freude. Lassen Sie es gar nicht zu Enttäu-

schungen kommen. Stellen Sie sich einen Feiertag vor, den Sie genießen können, achten Sie aber darauf, daß Ihre Vorstellung im Bereich des Möglichen liegt. Rechnen Sie nicht damit, daß irgend jemand außer Ihnen selbst in der Lage ist, sich zu ändern. Versuchen Sie, anstelle eines wunderbaren einfach einen netten Tag zu verleben. Wenn Ihre Erwartungen im Rahmen bleiben, wird es Ihnen und anderen auch möglich sein, sich zu entspannen. Sie werden keine Enttäuschung erleben und vielleicht mehr Spaß bekommen, als Sie erwartet haben.

Stellen Sie sich das perfekte Fest vor. Lassen Sie Ihrer Phantasie freien Lauf und wählen dann das aus, was Ihnen am wichtigsten ist. Wenn Sie gemeinsam feiern wollen, sollten Sie jeden Beteiligten fragen, welcher Teil des Festes für ihn oder sie die größte Bedeutung hat. Dann können Sie Ihre Energie auf das Wesentliche konzentrieren und alles andere vernachlässigen.

Halten Sie Rückschau. Was ist Ihnen gelungen und was nicht? Es hat keinen Zweck, schlechte Erfahrungen zu wiederholen. Die Macht der Gewohnheit mag an Ihnen zerren, aber Sie können sich ihr entziehen.

Schaffen Sie neue Traditionen. Ein Ritual ist sinnlos, wenn es Sie unglücklich macht oder innerlich nicht anrührt. Sie können durchaus auch eigene Traditionen entwerfen und beginnen.

Versuchen Sie, mit Ihren Verwandten auszukommen. Sie gehören zu Ihnen, und diese Tatsache macht sie zu etwas Besonderem, ob Sie sie nun mögen oder nicht. Jahr für Jahr werden sie wieder dasein, deshalb sollten Sie einen Weg finden, Frieden zu schließen, zuvorkommend zu sein oder aber wegzubleiben. Beschließen Sie, jedes neu auftauchende Familienmitglied (Schwäger und Schwägerinnen, Stiefkinder, zweite Ehepartner) zu akzeptieren, ohne sie in Dazugehörige und Nichtdazugehörige aufzuteilen. Nehmen Sie alle freundlich auf, besonders die Kinder.

Lassen Sie es langsam gehen. Denken Sie daran, auch Gottes Mühlen mahlen langsam. Tun Sie weniger und genießen es dafür mehr. Vor allem Kinder möchten gerne in ruhiger und liebevoller Atmosphäre mit Ihnen Weihnachten feiern und nicht von hektischen Aktivitäten umgeben sein.

Tun Sie etwas alleine. Besuchen Sie einen Gottesdienst oder ein Konzert. Setzen Sie sich im Dunkeln hin und hören sich eine Platte von

Pavarotti an. Machen Sie einen Bummel durch die Stadt und schauen sich die Lichter und Dekorationen an, ohne etwas zu kaufen.
Essen Sie gemeinsam mit einem Freund. Wählen Sie einen ganz besonderen Menschen aus und veranstalten mit ihm ein Festessen. Verleihen Sie der Wärme und Liebe dieser Zeit unmittelbaren Ausdruck.
Schließen Sie mit jemandem Frieden. Diese Zeit ist dazu besonders geeignet. Wählen Sie eine Person, die Sie frustriert oder geärgert hat, und versuchen Sie, Ihre Differenzen beizulegen.
Finden Sie einen Weg, etwas Soziales zu tun. Sie können Geld für Wohltätigkeitszwecke geben, Zeit, Kleidung oder Spielzeug. Tun Sie es im Rahmen der Familie oder aus Ihrem Freundeskreis heraus, aber tun Sie es. Schenken Sie nicht nur denen etwas, die es gar nicht nötig haben.
Verschenken Sie etwas, das selbstgemacht ist und wirklich von Herzen kommt. Backen Sie etwas und erfüllen das ganze Haus mit köstlichen Gerüchen.
Gehen Sie auf eine «Duftreise». Nehmen Sie bewußt den Duft von Plätzchen, Tannenzweigen, Kerzen, Weihrauch und anderen Festtagsgerüchen wahr. Bringen Sie einen Freund mit, und riechen Sie sich gemeinsam eine Stunde lang durch all die Düfte.

Was aber, wenn ganz klar ist, daß der Festtag ein Reinfall werden wird? Sie kennen die Antwort. Ist das Fest wichtig für Sie selbst, oder wurde es Ihnen nur von anderen aufgezwungen? Wie schaffen Sie es, Ihre besten Gefühle und Festbräuche zu bewahren und alle anderen fallenzulassen? Wer trifft darüber die Entscheidungen? Sie selber!

> *Positiv ist*
> wenn Sie etwas für sich selber tun: Sie sollten lesen, Körperpflege betreiben, sich ausruhen, baden, spielen; – wenn Sie Musik hören, die Sie aufmuntert; – wenn Sie ein Feuer anzünden, Popcorn rösten, einen Freund anrufen oder ihm schreiben; – wenn Sie entscheiden, was Sie am nächsten Feiertag machen wollen; – wenn Sie die normale Feiertagsroutine verlassen: Gehen Sie mit

einem Freund in die Wälder oder in die Berge; – wenn Sie einen Scheck für eine Wohltätigkeitsorganisation ausschreiben.

Negativ ist
wenn Sie darüber nachdenken, was irgend jemand anders gerade tut, und sich vorstellen, daß der oder die Betreffende dabei sehr glücklich ist; – wenn Sie Musik hören, die schmerzliche Erinnerungen wachruft; – wenn Sie mit jemandem ausgehen, den Sie nicht mögen; – wenn Sie über all das nachdenken, was Sie im Leben schon falsch gemacht haben; – wenn Sie daran denken, was Sie gerne täten, wenn er oder sie jetzt bei Ihnen wäre.

Daran sollten Sie denken
Ich weiß nicht, wie viele vollkommene oder wenigstens annehmbare Festtage jedem von uns im Verlauf seines Lebens beschieden sind. Ich bin aber sicher, daß Sie viele davon realisieren können, wenn Sie allein sind.
Alles liegt bei Ihnen selber.

Ich möchte, daß alles vollkommen ist

Enttäuschung, Verbitterung, Unduldsamkeit, Wut – der Wunsch nach Kontrolle. Schon als Kinder erleben wir die schrecklichen Gefühle, die unkontrollierbare Ereignisse, Situationen und Umstände in uns auslösen können.
Kindern von Alkoholikern und Sexualtätern hat es sich in die Seele gebrannt: der unvorhersehbare Griff oder Schlag, das zerbrochene Glas, das zur Katastrophe wird.
Sie möchten, daß bei Ihnen alles anders ist. Aber was immer Sie versuchen, wie überlegt Sie auch handeln mögen, Sie können niemals Ihren Ehepartner, Ihre Kinder oder Freunde kontrollieren. Sie verzehren sich vor Angst und Frustration. Ein kleiner Einschnitt am straffgespannten Seil kann alles zum Einsturz bringen, und Sie sind wieder das ertappte Kind von früher.

Ihr Traum ist, daß alles im Leben einen Platz hat und daß jedes Ding sich an seinem Platz befindet.
Ständiges Kritisieren führt zu der Überzeugung, daß Liebe und Zuneigung nur dem Vollkommenen zuteil werden. Menschen, die das glauben, erkranken schließlich an einem Leiden, das Perfektionismus heißt. Sie meinen, daß sie nur geliebt werden, wenn sie in jeder Beziehung absolute Ordnung und Kontrolle erreicht haben. Da eine derartige Vollkommenheit aber unmöglich ist, sind sie ständig enttäuscht und frustriert.
Die Perfektionistin möchte, daß das Haus aussieht, als ob keiner darin wohne. Sie kann nicht begreifen, daß das Leben ein fortschreitender Prozeß ist, der ständigen Veränderungen unterliegt. Ihr wäre es am liebsten, wenn die anderen Familienmitglieder sich in hübsche Möbelstücke verwandelten, die als Ausstellungsobjekte dienen könnten. Die Perfektionistin möchte auch, daß Garten, Auto, Hund und Arbeitsplatz vollkommen sind. Sie regt sich darüber auf, in welchem Zustand sich der Rasen des Nachbarn befindet.
«Vollkommen» kann man nur sein, wenn man vergleicht. Deshalb lebt der Perfektionismus von der Kritik an anderen. In einer Ehe wirkt das dann so, als ob Sie mit einem Locher lauter Löcher in das Zentrum Ihrer Beziehung stanzen. Es dauert eine Weile, aber schließlich zerbricht die Liebe.
Für Perfektionisten ist die Ordnung wichtiger als die Menschen. Ihr Selbstwertgefühl können sie nur dadurch erhalten, daß sie versuchen, alles zu kontrollieren und Pluspunkte zu sammeln. Solche Menschen leben dafür, es der Welt und natürlich ihren ewig unzufriedenen Eltern endlich einmal zeigen zu können.
Eltern, die offensichtlich nie mit den Leistungen ihrer Kinder zufrieden sind, erziehen Kinder, die nie mit sich selber zufrieden und ständig von der Angst getrieben sind, nicht akzeptiert zu werden.
Das gesunde Streben nach herausragenden Leistungen, das ursprüngliche Vergnügen, hohe Ziele anzustreben, wird fälschlicherweise oft für Perfektionismus gehalten. Aber Perfektionismus beruht auf der schmerzlichen Illusion persönlicher Vollkommenheit, Menschen werden ausschließlich nach dem, was sie schaffen und leisten, bewertet. Bestimmte herausragende Leistungen dagegen sind erreichbar. Und wenn ein Vorhaben, das lange Zeit beansprucht hat, endlich vollendet ist, stellt sich ein Gefühl der Zufriedenheit ein.

Was Sie tun können

Entdecken Sie sich wieder selbst. Sie sind mehr als die Summe dessen, was Sie tun und schaffen. Wo liegt Ihr eigentlicher Wert? Welche Leistungen verschaffen Ihnen ein gutes Gefühl sich selbst gegenüber? Machen Sie sich klar, daß Vollkommenheit eine unerreichbare Illusion ist und keine mögliche oder auch nur wünschenswerte menschliche Lebensform.

Streben Sie nach dem Besonderen. Wenn Sie etwas Sinnvolles tun, dann seien Sie sich dessen bewußt und genießen es. Gönnen Sie sich eine ausreichende Pause, um den Abschluß Ihrer Arbeit zu feiern, und seien Sie nicht mit sich unzufrieden, weil Sie es nicht schneller geschafft haben.

Stellen Sie vor sich selbst Ihre Leistungen ins rechte Licht. Hören Sie nicht länger auf diesen ewig fordernden und nie zufriedenen Richter in Ihrem Inneren.

Stellen Sie sich vor, daß Sie irgend etwas nicht perfekt tun. Welche äußeren Folgen hat das (nicht Ihre innerlichen Reaktionen)? Wenn keine zu erwarten sind (und das ist wahrscheinlich), dann machen Sie sich klar, wie selbstzerstörerisch Ihr Perfektionismus ist. Sind die Anforderungen, die Sie an sich stellen, wirklich alle so wichtig?

Vermeiden Sie es, sich den hochgesteckten Anforderungen anderer zu unterwerfen. Wenn Ihre Eltern nie mit Ihren Leistungen zufrieden sind, dann sollten Sie sich klarmachen, daß es ihnen ein Bedürfnis ist, unzufrieden zu sein. Es bedeutet nicht, daß Sie selbst niemals etwas von Bedeutung geleistet haben.

Enthalten Sie sich jeglicher Selbstkritik. Versuchen Sie, alle negativen Selbstgespräche, seien sie innerlich oder laut, zu unterbinden. Gehen Sie scharfer Kritik anderer Menschen aus dem Weg. Reden Sie sich nicht ein, diese Kritik sei konstruktiv. Versuchen Sie nicht, Ihren Perfektionismus auf Ihre Kinder zu übertragen. Machen Sie ihnen und damit sich selber das Leben leichter.

Lachen Sie. Behalten Sie die spaßige Seite all der Fehler, Unzulänglichkeiten und Absurditäten im Blick, die nun einmal zum Leben gehören.

Falls dieses Problem nicht Sie selbst betrifft, Sie aber mit einem Perfektionisten zusammenleben, sollten Sie lernen, sich das Gefühl für einen gewissen Ausgleich zu erhalten. Lassen Sie nicht zu, daß er

Ihnen suggeriert, Sie seien ebenfalls eine Perfektionistin. Wenn er Kritik übt, sollten Sie ihm freundlich den Vorschlag machen, die betreffende Arbeit doch selber zu erledigen, eine Hilfskraft einzustellen oder sich zu entspannen. Machen Sie Gebrauch von den Vorschlägen in den folgenden Abschnitten.
Bieten Sie ihm an, das, was ihm besonders wichtig ist, so gut wie möglich zu machen. Bitten Sie ihn, Prioritäten zu setzen. Stellen Sie sich ruhig ein bißchen dumm an, wenn es darum geht, übertrieben ordentlich zu sein, aber versuchen Sie, nach besten Kräften einen Kompromiß zu finden, wo es sinnvoll ist.
Zeigen Sie ihm, daß Sie ihn wunderbar finden. Geben Sie ihm Sicherheit. Versuchen Sie gemeinsam mit ihm herauszufinden, aus welchen Wurzeln sich sein Perfektionismus entwickelt hat. Erinnern Sie ihn bei jedem Streit daran, daß es bestimmte Dinge gibt, die auch für Sie wichtig und notwendig sind. Stellen Sie klar, daß Sie nicht bereit sind, sich irgendeinem anderen Menschen zuliebe unter Druck setzen zu lassen.

Aber für mich ist es wichtig, recht zu haben

Eng verwandt mit dem Perfektionismus ist das Bedürfnis, immer recht zu haben. Dieses Bedürfnis entspringt in der Regel dem Wunsch nach einem stärkeren Selbstwertgefühl. Sie sind ständig bemüht, Ihren Wert auf Kosten anderer zu beweisen.
Eine Entscheidung steht an. Möchten Sie lieber recht haben oder glücklich sein? Sie können nur eins von beiden. Vielleicht fragen Sie nun: «Wie kann ich glücklich sein, wenn ich nicht recht habe?»
Zunächst möchte ich klarstellen, daß hier nicht so wesentliche Dinge gemeint sind wie die Belastbarkeit einer Brücke, der Inhalt eines bestimmten Gesetzes oder die Frage, ob Sie jemanden erschießen sollen oder nicht. Derartige Entscheidungen machen in unserem Leben nur einen verschwindend geringen Anteil aller zu fassenden Entschlüsse aus. Hier ist die Rede von den anderen Entscheidungssituationen, bei denen es nicht nur unerheblich ist, recht zu haben, sondern bei denen auch noch schwer abzuschätzen ist, wer im Recht ist und wer nicht. Und trotzdem streiten wir darüber. Prüfen Sie sich. In welchen Fällen wollen Sie unbedingt recht behalten?
Es gibt Menschen, die streiten über die richtige Art, Socken zusammenzulegen. Nach zwanzig Jahren voller Meinungsverschiedenhei-

ten nörgeln sie immer noch am anderen herum. Man kann Socken auf vielerlei Art zusammenlegen. Es gibt Roller, Falter, Menschen, die das Bündchen umschlagen, und andere, die das nicht tun. Manche machen einen Knoten in die Socken, manche kaufen Luxussocken, die sich von selbst zusammenrollen, und manche werfen sie einfach in die Schublade. Es gibt sogar zwei Arten von Werfern: solche, die die Socken in die Schublade befördern und verteilen, damit die Schublade sich gut schließen läßt, und andere, die sie nur einfach hineinwerfen und die Schublade mit Gewalt schließen.

Wer hat nun recht? Nun, Sie haben von irgendeinem Menschen gelernt, wie man es richtig macht. Diesem Menschen wurde vorher das gleiche beigebracht. Aber es gibt keinen absolut richtigen Weg. Es gibt nur Ihre persönliche Vorliebe für etwas, eine Vorliebe, die wiederum auf der Vorliebe eines anderen Menschen beruht (wen auch immer Sie nachgeahmt haben).

Eine meiner Freundinnen geriet in ein schreckliches Dilemma. Sie war eine Rollerin und ihr Mann ein Werfer. Sie hatte jahrelang an ihm herumkritisiert. Dann kam ihre Mutter zu Besuch – dieselbe Mutter, die ihr beigebracht hatte, die Socken fest zusammenzurollen. Sie half ihr, die Wäsche wegzuräumen, und sie warf die Socken in einem völlig ungeordneten Knäuel in die Schublade. Auf die erstaunte Frage der Tochter sagte sie nur: «Oh, das mache ich jetzt schon jahrelang anders.»

Ist bei Ihnen in letzter Zeit Familienstreit über die Frage entstanden, ob die Gabeln mit den Zinken nach oben oder nach unten in die Spülmaschine gehören? Es gibt keinen einleuchtenden Grund für oben oder unten, entscheidend ist nur, was Sie persönlich vorziehen. Wenn Sie Ihre Familie bitten, es richtig zu machen, werden sie die Gabeln falsch herum einordnen, nur um Sie zu ärgern. Sagen Sie aber zu ihnen: «Ich schlafe nachts besser, wenn die Gabeln mit den Zinken nach oben in der Spülmaschine stehen, das ist so eine Marotte von mir», dann werden sie Ihnen wahrscheinlich den Gefallen tun, und Sie brauchen in Zukunft keine spitzen Bemerkungen mehr zu machen.

Als Erwachsener verwechseln wir oft unsere speziellen Vorlieben, auf die jeder ja durchaus ein Anrecht hat, mit der «richtigen» Art und Weise, etwas zu tun. Kinder sind dadurch oft irritiert. Wir sagen: «Mach es richtig», und schimpfen mit ihnen, wenn sie nicht genau

nach unseren Vorstellungen handeln. Da Kinder der Welt aber noch aufgeschlossen gegenüberstehen, sehen sie zahlreiche andere Möglichkeiten, etwas zu erledigen.
Während einer Hörfunksendung rief mich einmal ein Junge an. Er mähte gerade den Rasen. Seine Mutter hatte ihm gesagt: «Mäh den Rasen richtig.» Er mähte den Rasen auf seine Art, sie aber wollte, daß er ihn ihrer Vorstellung entsprechend mähte. Sie wiederholte: «Mäh den Rasen auf die richtige Art und Weise», und schon begannen sie sich zu streiten. Er hielt ihr vor: «Es gibt viele verschiedene Möglichkeiten, einen Rasen zu mähen. Man kann ihn diagonal mähen, kann von außen nach innen oder etappenweise vorgehen. Es gibt wirklich viele Möglichkeiten, einen Rasen zu mähen.» Sein Denken war noch nicht in ein Schema gepreßt, das ihm nur einen einzigen richtigen Weg erlaubte.
Angenommen, seine Mutter hätte gesagt: «John, bitte mäh doch den Rasen auf diese bestimmte Art, mein Vater hat das früher auch so gemacht, und ich fühle mich dann einfach sicherer.» Wahrscheinlich hätte der Junge ihr gerne den Gefallen getan. So aber sagte sie: «Mach es richtig», und das forderte seinen Sinn für Logik heraus. Bestehen Sie auf Ihren Marotten, wenn Sie unbedingt möchten. Sie brauchen noch nicht einmal Erklärungen dafür abzugeben. Aber bestehen Sie nicht darauf, daß Sie recht haben.
Wie viele Fehler haben Sie diese Woche schon gemacht? Wenn Sie all Ihre kreativen Möglichkeiten ausschöpfen wollen, dann bringt ein derart reiches Leben auch Tausende von Fehlern mit sich.
Prüfen Sie, wie offen Sie sich Fehlern gegenüber verhalten. Können Sie sie ertragen? Können Sie darüber lachen? Schrecken Sie davor zurück, Dinge zu tun, die Sie vielleicht nicht gut bewältigen können? Lachen Sie über Menschen, die ungeschickt oder naiv sind? Knirschen Sie mit den Zähnen, wenn jemand, den Sie lieben, einen Fehler macht? Verfolgt Sie die Vorstellung, daß alle Welt Sie beobachtet und bewertet?
Zählen Sie in Zukunft täglich Ihre Fehler und versuchen Sie, die Fehlerquote um etwa zehn Prozent zu steigern. Das wird dazu führen, daß Sie sich innerlich entwickeln und wachsen. Gehen Sie Risiken ein. Seien Sie tolerant sich selber und anderen gegenüber.
Beglückwünschen Sie andere zu den Risiken, die sie eingehen. Bewundern Sie ihren Mut. Sie werden mehr Spaß haben und dem, was

Sie sein wollen, näherkommen. Fehler gehören nun einmal zu einem guten und erfüllten Leben.
Es ist unmöglich, etwas zu erreichen, zu erleben oder sich weiterzuentwickeln, wenn Sie zuviel Kontrolle über den Ausgang der Dinge verlangen. Üben Sie, andere recht haben zu lassen. Finden Sie heraus, warum Sie unsicher sind und recht haben müssen, um sich sicher zu fühlen. Es ist möglich, einem hohen Anspruchsniveau auch ohne Perfektionismus gerecht zu werden.

Daran sollten Sie denken

Versuchen Sie, Ihr Leben nicht mit Streitereien über belanglose Dinge zu vergeuden.
Verbrauchen Sie nicht all Ihre Kraft dadurch, daß Sie, nur um Ihre eigenen Bedürfnisse oder die anderer Menschen zu befriedigen, Ihr gesamtes Denken um seelenlose Nebensächlichkeiten kreisen lassen.

Sie können recht haben – oder glücklich sein.

Ich lebe allein in einer Welt voller Paare

«Mein Leben wäre soviel schöner, wenn ich verheiratet wäre oder wenigstens in einer festen Beziehung lebte.»
«Ich möchte lieben und geliebt werden.»
«Ich bin einsam. Alles scheint für Paare eingerichtet zu sein. Ich habe es satt, auf mich allein gestellt zu leben; ich wünsche mir jemanden, der für mich sorgt, an den ich mich anlehnen kann.»
«Ich möchte mein Leben und die ganze Welt mit einem Menschen teilen, der zu mir gehört.»
«Ich werde kein erfülltes, erfolgreiches Leben führen können, wenn ich diese besondere, lebenslange Beziehung nicht finde.»
Alleinstehende gelten bei uns immer noch als Außenseiter, ‹normale› Menschen sind verheiratet. Das aber ist ein Legende. Vierzig Prozent der erwachsenen Frauen in Amerika sind unverheiratet (verwitwet, geschieden, nie verheiratet gewesen, lesbisch). Wir sind immer noch der Vergangenheit verhaftet. Fortpflanzung und wirtschaftliche Umstände machten die Ehe über derart lange Zeiträume unserer Geschichte zu einer notwendigen Institution, daß sie bei uns zur idealen Lebensform der Frau erhoben wurde und wir es stets vermieden haben, die Realität allzu genau zur Kenntnis zu nehmen.

Tatsächlich aber scheinen viele Frauen als Single glücklicher zu leben als ihre verheirateten Geschlechtsgenossinnen. Alleinstehende Frauen rangieren etwa an der Spitze aller Gesundheitsstatistiken, gefolgt von verheirateten Männern, verheirateten Frauen und ganz am Schluß unverheirateten Männern. Verheiratete Frauen klagen ebensooft über Einsamkeit wie alleinstehende, und auch im Hinblick auf Zufriedenheit und Glück gibt es keine Abweichungen.
Die entscheidenden Unterschiede liegen nicht im wirtschaftlichen, medizinischen oder sozialen Bereich; sie betreffen die Meinung, die andere Menschen unserer Ansicht nach von uns haben, und die Art, in der wir uns selber sehen.
Oft denken alleinstehende Frauen, daß Ihnen gar keine andere Wahl blieb, in Wirklichkeit aber haben sie sich selbst dafür entschieden, allein zu bleiben. Theoretisch könnte man für jede Frau einen Mann finden, die Frage ist nur, ob sie diese Wahl auch akzeptieren würde.

Was Sie tun können
Stellen Sie fest, wie wohl Sie sich fühlen. Wie denken Sie wirklich über Ihre Entscheidung? Viele Frauen leiden viel mehr unter dem Image der alleinstehenden Frau als unter den realen Gegebenheiten.
Stellen Sie positive Seiten zusammen. Ich kann alle Entscheidungen selber treffen und frei über meine Zeit verfügen; ich kann leben, essen, putzen, schlafen, wie und wann es mir paßt. Ich kann Freundschaften schließen, reisen, arbeiten ohne jede finanzielle oder zeitliche Verpflichtung einem anderen Menschen gegenüber. Ich muß Elternschaft nicht teilen, zumindest nicht in meinen eigenen vier Wänden. Ich kann mich so annehmen, wie ich bin. Ich habe das Badezimmer und den Fernsehapparat für mich allein. Ich bin weder für die Socken noch für die gesellschaftlichen Verpflichtungen eines Mannes verantwortlich.
Stellen Sie negative Seiten zusammen. Wenn ich gerne jemanden bei mir hätte, ist meist niemand da; wer sorgt für mich, wenn ich krank werde? Wer hilft mir, wenn ich meinen Job verliere? Was ist, wenn ich zu nichts mehr tauge, alt oder häßlich bin? Ich habe keinen Mann, der Gefährte oder Liebhaber ist. Ich fürchte mich vor der Dunkelheit. Was denken die Leute?
Gehen Sie jeden Posten auf Ihrer Negativliste durch. Überlegen Sie,

ob es eine Lösung auch ohne Eheschließung gibt. Denken Sie daran, daß Sie jederzeit heiraten können, wenn Sie wollen (indem Sie z. B. einen Kompromiß schließen). Bitten Sie Ihre besten verheirateten Freundinnen, Ihnen gegenüber ehrlich in bezug auf ihr Eheleben zu sein.
Was ist, wenn ich krank bin und allein zu Hause liege? Treffen Sie eine Abmachung mit einer guten Freundin. Wenn sie krank ist, besuchen Sie sie und bringen ihr Saft und Zeitschriften, und wenn Sie krank sind, tut Ihre Freundin das gleiche für Sie. Zahlen Sie Geld auf ein separates Konto ein und bestreiten davon besondere Dienstleistungen, oder nehmen Sie sich eine Putzfrau, wenn Sie sich nicht wohl fühlen. Schließen Sie eine Versicherung ab für den Fall, daß Sie arbeitsunfähig oder invalide werden; schließen Sie sich einer Selbsthilfegruppe oder einer kirchlichen Gemeinschaft an. Sehen Sie zu, daß Sie auch mit jüngeren Menschen befreundet sind. Es gibt viele Möglichkeiten, soziale Bindungen aufzubauen, auf die Sie sich genau so verlassen können wie auf eine Ehe.
Stellen Sie eine Liste von Männern zusammen, die Sie heiraten könnten oder in der Vergangenheit hätten heiraten können: Würden durch eine Heirat mit einem von ihnen alle negativen Seiten Ihrer gegenwärtigen Situation gegenstandslos, oder ergäben sich vielleicht sogar noch neue Schwierigkeiten? Halt, und was ist mit der Leidenschaft? Wahrscheinlich haben Sie in Ihrem Leben schon mehr Leidenschaft erlebt als viele verheiratete Frauen.
Überlegen Sie, ob Sie nicht mit einem Therapeuten über Ihre Probleme sprechen sollten – vielleicht in ein oder zwei Sitzungen, um Ihre eigene Lage besser zu verstehen und sich darüber klarzuwerden, was Sie in bezug auf einen anderen Menschen oder eine dauerhafte Bindung eigentlich erwarten.
Der wesentliche Unterschied zwischen einer verheirateten und einer alleinstehenden Frau liegt darin, daß alleinstehende Frauen selber für ihre Lebensqualität verantwortlich sind. Verheiratete Frauen schieben diese Verantwortung oft auf ihre Männer und Kinder ab. Sie gestalten Leben für andere, aber nicht immer für sich selbst. Unabhängigkeit bedeutet: das eigene Leben zu leben und nicht der Versuchung zu erliegen, es einer anderen Person sozusagen stellvertretend zu überlassen.
Sie wollen immer noch Ihren Traummann heiraten? Okay, ich wünsche Ihnen viel Erfolg. Auch eine Ehe kann etwas sehr Schönes sein.

Wenn Sie wirklich heiraten möchten, sollten Sie aber anfangen, etwas für sich zu tun.
Sie haben es ja schon gehört: Wenn Sie sich nicht selber lieben, sind Sie auch für andere, die Ihnen vielleicht Liebe entgegenbringen könnten, nicht attraktiv. Wenn Sie sich selber nicht gefallen, werden andere Menschen das spüren, sich in Ihrer Gegenwart unwohl fühlen und Angst haben, sich in Sie zu verlieben.
Ich erinnere mich noch gut an den Frühlingstag, an dem ich begann, mich selbst zu lieben. Ein langer, harter Winter mit einer gescheiterten Liebe und einer lähmenden Depression lag hinter mir. Ich hatte mich bemüht, mich mehr um mich selber zu kümmern, hatte mich besser kennengelernt, hatte akzeptiert, daß ich wahrscheinlich allein bleiben, nicht noch einmal auf diese Art lieben würde.
Ich saß in meinem Garten, in dem ich erst kurz vorher wieder begonnen hatte zu arbeiten. Es war ein herrlicher Tag; die Blumen blühten und dufteten, und plötzlich wurde mir in einem Ansturm von Gefühlen klar, daß ich es wert war, geliebt zu werden, daß ich mit mir selbst in dieser Welt zurechtkommen und ein schönes, glückliches Leben führen konnte. Ich fühlte mich nicht länger gedemütigt. Die Befürchtung, daß alles eben so weiterlaufen würde, daß ich Verabredungen treffen würde, bei denen mir dann doch etwas fehlte, war verschwunden. Ich fühlte, wie mich eine Woge des Glücks durchflutete, und dieses Gefühl hat mich nie mehr verlassen.
Fünf Jahre später heiratete ich, aber die Gewißheit, auch allein ein vollwertiger Mensch zu sein, begleitet mich noch heute. Irgendwann werde ich vielleicht wieder allein leben. Ich weiß aber heute, daß ich nahezu jeden Verlust überleben kann. Vielleicht war es diese Stärke, die meinen Mann angezogen und mir den Glauben an meine Liebesfähigkeit zurückgegeben hat.

Daran sollten Sie denken
Sie brauchen sich im Leben nicht kompromittiert zu fühlen, weil Sie sich gegen die traditionelle Form weiblichen Lebens entschieden haben. Auch früher haben es viele begabte Frauen vorgezogen, allein zu leben.
Sie werden nicht weniger Liebe in Ihrem Leben erfahren als verheiratete Frauen. Vielleicht ist es am Ende sogar mehr.
Liebe ist etwas Lebendiges.

Wir werden alle älter

Wenn ich früher mit den Pfadfinderinnen im Zeltlager war, habe ich abends oft im Bett gelegen und mir vorgestellt, daß ich mit zwanzig wohl wüßte, wie mein Leben weitergehen würde.

Mit einundzwanzig war ich ganz sicher, daß ich das Leben verstehen würde, wenn ich erst fünfundzwanzig wäre. Das erschien mir schon ziemlich alt; ich müßte ein Dummkopf sein, wenn ich bis dahin keinen Durchblick hätte.

Mit dreißig behauptete ich: «So ist das Leben. Ich denke, jetzt verstehe ich es.»

Mit dreiunddreißig sang ich ständig voller Seelenschmerz das Lied «Was soll das alles, Alfie» vor mich hin.

Mit fünfunddreißig fühlte ich mich etabliert; das mußte es nun wohl sein. Aber mit neununddreißig warf ich alles, was ich zu wissen geglaubt hatte, wieder über den Haufen.

Nun, mit fast vierzig, weiß ich mit Sicherheit, wann ich das Leben endlich ganz verstehen werde. Es wird im letzten Augenblick sein, wenn ich über neunzig bin, meine letzten Atemzüge tue und zu mir sage: «Oh, das war es also.»

In dieser Woche werde ich vierzig – beinahe Halbzeit, körperlich gesehen, ganz am Anfang, philosophisch und geistig gesehen. Ich fühle mich mit mir im reinen, bis die kommende Woche mich wieder verändert. Ich beginne gerade, das Leben zu verstehen.

Vielleicht gelingt es mir mit fünfzig?

Zu altern ist ein schmerzlicher Prozeß, in dessen Verlauf es Gewinne und Kompromisse, aber auch Verluste gibt. Wenn wir das verdrängen, können wir unerwartet in ein Stimmungstief geraten. In unserer Gesellschaft zählen nur Jugend und Schönheit, und es ist unwahrscheinlich, daß sich das in absehbarer Zeit ändert.

Dieser harten Wahrheit stehen aber die vielen Freuden gegenüber, die mit der durch lange Lebenserfahrung wachsenden Tiefe unserer Persönlichkeit verbunden sind. Selbsterkenntnis, ausgeprägteres Wertbewußtsein, persönliches Ehrgefühl, richtige Einschätzung der eigenen Fähigkeiten, Unabhängigkeit, Freiheit von Konkurrenzdenken, eine eigene Identität, losgelöst von Männern und Familie – das alles sind Wunder, die man erst mit zunehmendem Alter erlebt.

Forschungen über das Glücklichsein haben ergeben, daß – eine gute

Gesundheit vorausgesetzt – Frauen die Jahre zwischen sechzig und achtzig als ihre glücklichsten angeben. Es werden viele Gründe dafür genannt, der herausragende aber ist, daß es niemanden mehr gibt, der herumkommandiert. Manche Frauen werden sechzig, bevor sie das Gefühl haben, wirklich ein eigenes Leben zu führen.
Genau hier liegt der Schlüssel zu allem – ein eigenes Leben zu führen. Wenn Sie weiterhin nach den Vorstellungen anderer oder nach gesellschaftlichen Wertsetzungen leben, wird das Altern eine Hölle für Sie sein. «Das Alter ist nichts für Schwächlinge.»

Was Sie tun können
Zwingen Sie sich alle zehn Jahre zu einem umfassenden Rückblick auf Ihr Leben. Erinnern Sie sich daran, wo Sie waren, und legen Sie fest, wohin Sie wollen. Wenn Sie für zehn Jahre im voraus ein Bild von sich entwerfen, dann werden diese zehn Jahre voller Möglichkeiten sein statt voller Verluste.
Jedes Jahr sollten Sie um Ihren Geburtstag herum einen Tag allein verbringen und darüber nachdenken, wo Sie jetzt stehen. Außerdem sollten Sie sich fragen (und die Antworten konkret durchspielen), wie Sie in zehn Jahren leben wollen. Wie möchten Sie dann aussehen? Wo würden Sie gerne leben? Mit wem möchten Sie zusammenleben? Was würden Sie gerne tun? Wie möchten Sie empfinden?
Um diese Fragen zu beantworten, müssen Sie sich Empfindungen und Bilder vorstellen, die Ihnen ein Gefühl der Zufriedenheit geben. Anschließend sollten Sie alle Schritte auflisten, die nötig sind, um die gesteckten Ziele zu erreichen.
Ich möchte schlank, gepflegt und gesund sein, möchte bequeme und lässige Kleidung tragen, Schmuck interessiert mich wenig, aber ich liebe qualitativ hochwertige Stoffe aus Naturfasern. Ich möchte meinen eigenen Stil haben. Ich habe ein klares Bild von mir selbst, und ich mag das, was ich da sehe. Um meine Vorstellung zu realisieren, muß ich jedes Jahr ein Pfund abnehmen, muß auf meine Gesundheit achten und Streß abbauen. All das ist möglich; ich werde es hoffentlich schaffen.
Ich möchte in Seattle leben. Ich liebe diese Stadt, all ihre Schönheiten und ihre verschiedenen Jahreszeiten. In der regnerischsten Zeit würde ich gerne einen Monat in wärmeren Regionen verbringen.

Mein augenblickliches Zuhause gefällt mir, und ich kann mir vorstellen, wie die Gärten älter und üppiger werden. Alte Gärten besitzen eine ganz besondere Patina.
Meine augenblickliche Beziehung ist gut. Ich kann mir vorstellen, daß wir auch in zehn Jahren noch zusammenleben, vielleicht mit ein bißchen mehr Zeit, um miteinander zu reden und gemeinsam etwas zu unternehmen. Das bedeutet, daß wir heute unsere Liebe pflegen müssen, damit sie auch dann noch lebendig ist. Es wäre schön, unsere Kinder in der Nähe zu haben und die Enkelkinder verwöhnen zu können. Das heißt, daß wir ihnen Liebe und Achtung entgegenbringen müssen und jedem, mit dem sie zusammenleben und den sie lieben, bedingungslos unsere Freundschaft anbieten sollten.
Ich würde gerne mit der Weisheit des Alters und mit mehr Geduld in der Gemeinde arbeiten. Das heißt, daß ich in enger Verbindung zu meiner Gemeinde bleiben muß, damit auch später eine Zusammenarbeit möglich ist. Schreiben macht mir Freude, deshalb wird es immer Teil meiner Arbeit sein.
Ich möchte intensiv empfinden und in Frieden leben können. Die Entscheidungen, die ich heute im Hinblick auf meine Wertvorstellungen, meinen Platz in der Gesellschaft, meine menschlichen Beziehungen und meine finanzielle Sicherheit treffe, werden meine zukünftigen Möglichkeiten bestimmen. Ich versuche, sowohl kurzfristig zu denken (indem ich den Augenblick genieße), als auch langfristig zu planen. Ich fühle mich sicher.
Das scheint eine ganz leicht zu erstellende Liste, ein ganz einfacher Rückblick zu sein. Versuchen Sie es, und Sie werden entdecken, was Sie über sich selbst und Ihre Zukunft wissen sollten. Wenn Sie den geplanten Kurs einhalten, verlieren die Unwägbarkeiten des Alters an Schrecken. Dafür treten die positiven Seiten deutlicher hervor.
Soweit wie möglich müssen Sie auch das vorausplanen, was Sie noch nicht wissen. Wie würden sich Ihre Vorstellungen verändern, und wie würden Sie reagieren, wenn folgendes geschähe:

> Sie bleiben unverheiratet oder leben mit niemandem zusammen. – Ihr Mann verläßt Sie oder stirbt. – Ihre Kinder wenden sich von Ihnen ab. – Sie haben keine Enkel. – Ihnen fehlt das nötige Geld zur Verwirklichung Ihrer

> Pläne. – Ihr Gesundheitszustand ist schlecht. – Sie verlieren Ihr Zuhause. – Sie sind gezwungen, in eine andere Stadt oder ein anderes Land zu ziehen.

Spielen Sie für jede dieser Eventualitäten sinnvolle Reaktionsweisen durch. Das wird Sie immer wieder daran erinnern, wieviel innere Kraft Sie besitzen, und Ihnen in schweren Zeiten eine Hilfe sein. Viele Frauen geraten nach dem fünfzigsten Lebensjahr in ein Tief, völlig unvorbereitet, wie sie dem begegnen sollen. Falls Sie dann keine Alternative sehen, können Schmerz, Betroffensein und Niedergeschlagenheit Sie geradezu überwältigen.

Falls Sie bereit sind, die volle Verantwortung für Ihr Leben zu übernehmen, hat es noch nie in der Geschichte eine bessere Zeit für «Senioren» gegeben als die heutige. Senioren sind in Nordamerika und Europa die am schnellsten wachsende und größte Bevölkerungsgruppe. Wir alle werden unter vielen Möglichkeiten wählen können. Wir werden gesünder, abgesicherter und glücklicher sein, als das jemals früher der Fall war.

Die folgende Liste zeigt, wie Sie durch das, was Sie tun, selber bestimmen können, ob Sie jenseits der Sechzig zu den Verlierern oder zu den Gewinnern gehören:

Übernehmen Sie selber die Verantwortung für Ihr Leben. Wenn Sie zu einer Generation gehören, die es gewohnt war, eingebettet in Familie und Nachbarschaft zu leben, wird das ein schwieriger Schritt für Sie sein. Was können Sie tun, wenn Sie Ihre Nachbarn nicht kennen und Ihre Familie weit entfernt lebt? Sie können umziehen, um Ihnen näher zu sein, oder Sie können sich ein eigenes Leben rund um Ihre Interessen und Freunde aufbauen. Die meisten von uns versuchen, einen Kompromiß zwischen beidem zu finden.

Planen Sie heute mit Blick auf Ihre Interessen und Talente das Leben, das Sie später führen möchten. Treffen Sie Ihre eigenen Vorbereitungen für dieses Leben, und machen Sie Ihren Kindern klar, was Sie wollen. Überlegen Sie es sich sehr sorgfältig, ehe Sie irgendeine Verantwortung für Ihr Leben erwachsenen Kindern oder sonst irgend jemandem übertragen. Ich habe vor, in meinem eigenen Haus zu bleiben und mich dort versorgen zu lassen. Ich werde auch rechtzeitig klären, daß mein Besitz an eine von mir besonders geschätzte Wohl-

fahrtseinrichtung fällt, falls ich in ein Heim eingewiesen werde, bevor es unbedingt notwendig ist.
Finden Sie heraus, was für Sie am besten ist. Treffen Sie Ihre Vorbereitungen, und seien Sie stark. Verlassen Sie sich niemals darauf, daß Ihre erwachsenen Kinder Ihnen helfen werden oder Ihnen anbieten, zu ihnen zu ziehen. Vielleicht tun sie es, das könnte wunderbar sein, aber Sie müssen eine Alternative haben. Informieren Sie sich frühzeitig über alle Hilfsmöglichkeiten, die es gibt (vielleicht dadurch, daß Sie Ihren Eltern dabei helfen), z. B. über Versicherungen, Sozialhilfe, Seniorenzentren.
Halten Sie sich körperlich fit. Versuchen Sie, bis zu Ihrem Lebensende aktiv zu bleiben. Körperliche Bewegung, gesunde Ernährung, Vorsorgemaßnahmen, all das steht Ihnen in jedem Lebensalter zur Verfügung. Wir können unseren Körper nicht hundertprozentig kontrollieren, aber wir können sehr viel mehr tun als bisher. Wenn Ihr Gesundheitszustand sich verschlechtert, versuchen Sie, sich nicht ständig damit zu befassen. Bei manchen Menschen dreht sich das ganze Leben nur um ihre Krankheiten. Antworten Sie auf direkte Fragen, aber erzählen Sie den Leuten nicht alle Einzelheiten. Lenken Sie das Gespräch möglichst auf ein erfreulicheres Thema.
Organisieren Sie ein Hilfssystem. Es ist wichtig, daß Sie von Freunden umgeben sind, denen Sie geholfen haben und die Ihre Großzügigkeit erwidern möchten. Sie benötigen professionelle Hilfe (einen Arzt, Anwalt, Steuerberater, Helfer), auf die Sie sich verlassen können.
Die Kirche, zu der Sie gehören, andere Organisationen, denen Sie Ihre Zeit gewidmet haben, werden sich an Ihre Wohltaten erinnern und sie gerne zurückzahlen. Die großzügigen alten Damen, die ich gekannt habe, waren stets von Menschen umgeben, die sich um sie kümmerten. Planen Sie voraus.
Sorgen Sie für finanzielle Sicherheit. Wie auch immer Ihre finanzielle Lage heute sein mag, verlassen Sie sich nicht darauf, daß irgend jemand anders Ihre Rechnungen bezahlen wird. Gehen Sie nicht davon aus, daß die Sozialhilfe oder die Rentenversicherung Ihnen helfen wird. Legen Sie etwas für Ihren Ruhestand zurück; schließen Sie ausreichende Krankenversicherungen ab; sorgen Sie für eventuelle Notfälle vor. Die Beteuerungen anderer, daß doch für alles gesorgt sei, können sich im Ernstfall als wenig hilfreich erweisen.

Sorgen Sie für Ihre persönliche Sicherheit. In jedem Alter müssen wir Verantwortung für unsere Sicherheit tragen, das fällt uns jedoch schwerer, wenn wir uns nicht mehr so stark fühlen. Achten Sie auf häusliche Sicherheit (Schlösser, Alarmanlagen, Vorkehrungen zur Verhütung von Unfällen). Informieren Sie sich über Betrügereien und Gaunermethoden, dann können Sie solchen Tricks nicht zum Opfer fallen. Beherzigen Sie die Ratschläge der Polizei im Hinblick auf das Aufbewahren und Mitführen von Geld oder für den Fall, daß Sie allein verreisen.
Finden Sie heraus, wie Sie sich das Leben schön machen können. Legen Sie eine Kartei an für die «Goldenen Jahre», in die Sie all das eintragen, was Sie gerne tun möchten. Das können Reiseziele sein, Pläne, die Sie realisieren, Themen, über die Sie schreiben, Aufgaben, mit denen Sie sich beschäftigen, und Bücher, die Sie lesen möchten. Lernen Sie, sich allein wohl zu fühlen, aber denken Sie daran, daß Ihnen auch andere Möglichkeiten offenstehen. Bewahren Sie sich Ihren Sinn für Humor und Ihre positive Sicht der Dinge. Genießen Sie das Leben. Eine lustige alte Dame ist etwas Herrliches. Alle meine Freundinnen wollen später ruhig ein bißchen exzentrisch sein.
Sie sollten begreifen, daß Ihr Leben begrenzt ist. Eines Tages werden Sie sterben. Keiner kann dem Tod entrinnen. Es ist ein Gedanke, der uns frösteln läßt, aber es kann ein befreiendes Gefühl sein, den Tatsachen ins Auge zu blicken. Machen Sie sich ein Bild davon, wieviel Zeit Ihnen noch bleibt. Schreiben Sie auf eine Linie links Ihr Geburtsjahr. Rechts notieren Sie die Jahreszahl, die sich ergibt, wenn Sie dem Alter, das Ihr ältester Blutsverwandter erreicht hat, noch fünf Jahre für moderne Errungenschaften hinzuzählen. So lange werden Sie leben (83 + 5 = 88).
1948..........................40..........................2036
Nun markieren Sie auf der Linie Ihren gegenwärtigen Standort. Ich bin vierzig, habe in dem vorliegenden Beispiel also fast die Hälfte erreicht. Wozu bleibt mir keine Zeit mehr? Zu streiten, beruflich etwas zu tun, das ich hasse, mit Menschen zusammenzusein, in deren Gegenwart ich mich nicht wohl fühle, meine Empfindungen verletzen zu lassen. Was sollte ich noch schnell in Angriff nehmen, ehe ich zu alt werde? Basketball spielen, Bergtouren unternehmen, mit meiner Mutter Gespräche führen. Wie würden Sie antworten?
Das Bewußtsein, sterblich zu sein, bringt Ihnen den Vorteil, daß Sie

die Ihnen noch verbleibende Zeit bewußter leben. Sie messen ihr einen höheren Wert zu. Sie hören auf, Dinge, die Sie lieben, wegzuwerfen; Sie festigen Beziehungen, verfolgen eigene Interessen. Es ist das Spiel «Was wäre, wenn du nur noch einen Tag, einen Monat, ein Jahr zu leben hättest?» Was würden Sie tun?
Die einzige Angst, die wir vor dem Sterben haben, ist die, vielleicht niemals wirklich gelebt zu haben.

Daran sollten Sie denken
Kämpfen Sie gegen die Verbitterung an. Sie ist das Schlimmste, was Ihnen passieren kann.
Warten Sie nicht ergeben auf das Ende. Freuen Sie sich lieber des Lebens.
Erfolg bedeutet nicht, ein Ziel zu erreichen: Was zählt, ist die Qualität der Reise.

Ich brauche dringend Schlaf
Wenn man sich in einem seelischen Tief befindet, stellen sich oft Schlafstörungen ein.
Ohne Zweifel brauchen Sie Ihren Schlaf, aber ebenso wichtig ist der Glaube, daß Sie schlafen *können*. Wenn Sie zur Ruhe kommen möchten und es nicht schaffen, dann überkommt Sie Angst. Ihr Körper leidet, Sie fühlen sich erschöpft, und Sie verlieren das Vertrauen in die wichtigste Kraftquelle, die wir im Leben besitzen. Es ist unmöglich, sich zum Schlafen zu zwingen.
Sie stehen mit diesem Problem nicht allein. Viele Frauen leiden unter Schlafstörungen, wachen mitten in der Nacht auf oder haben periodisch auftretende Schlafprobleme.
Ehe Sie Ihre Schwierigkeiten allzu ernst nehmen, sollten Sie die folgenden Möglichkeiten prüfen:
Streß: Ihr Körper und Ihr Geist kommen nicht zur Ruhe, sind ständig bereit zu reagieren. In dem Augenblick, in dem Sie sich zur Ruhe legen, überfallen Sie häufig all die Gedanken, die Sie vorher durch Ihre Geschäftigkeit hatten verdrängen können.
Anspannung: Muskelanspannung kann daher rühren, daß Sie kurz vor dem Schlafengehen zu aktiv sind. Nehmen Sie sich Zeit, um sich abzureagieren.
Ernährung: Koffein, Alkohol, ein überfüllter oder leerer Magen,

Schokolade oder Magenschmerzen nach zu stark gewürzten Speisen können Sie am Einschlafen hindern.
Traumatische Erlebnisse: Nach einem Gewaltverbrechen, dessen Opfer Sie waren, ist Ihr Gefühl für Sicherheit gestört. Vergewaltigung, Einbruch, Körperverletzung, Mißhandlungen in der Familie können sich über Monate, ja sogar Jahre auf Ihre Fähigkeit, sich sicher zu fühlen und schlafen zu können, auswirken.
Medikamente: Viele verschreibungspflichtige Medikamente wirken sich auf den Schlaf aus, und möglicherweise kennt Ihr Arzt Ihre ganz speziellen Reaktionen nicht. Auch rezeptfreie Medikamente können Auswirkungen auf Ihre Schlaffähigkeit haben. Alkohol in Verbindung mit Medikamenten kann die beabsichtigte Wirkung verändern, und auch Zigaretten oder andere Rauchwaren können zu Schlafstörungen führen.
Wechseljahre: Die Forschung erhärtet, was viele Frauen schon seit Jahren behauptet haben: Schlaflosigkeit ist oft eine auffallende Begleiterscheinung der hormonellen Umstellung und der altersbedingten Veränderungen im Leben einer Frau.
Alter: Mit zunehmendem Alter verändert sich unser Schlafbedürfnis, in der Regel brauchen wir weniger Schlaf. Der Versuch, an früheren Schlafgewohnheiten festzuhalten, führt leicht dazu, daß wir das Gefühl haben, unter Schlaflosigkeit zu leiden.
Krankheit: Suchen Sie bei Schlafstörungen einen Spezialisten auf, nicht einen Arzt für Allgemeinmedizin. Es handelt sich um ein schwieriges Gebiet, und die Erfahrung Ihres Arztes könnte von großer Bedeutung für Sie sein. Es gibt eine ganze Reihe von Krankheiten, die den Schlaf beeinträchtigen. Außerdem können viele Krankheiten Ihren Schlaf beeinflussen, auch wenn sie vielleicht gar nicht als schlafstörend eingestuft werden.
Nicht immer sind wir in der Lage, die Gründe für unsere Schlaflosigkeit herauszufinden, aber Sie sollten es wenigstens versuchen, vor allem, wenn Ihre Schwierigkeiten schon lange andauern. Ständige Schlafstörungen haben fast immer eine neurologische Ursache. Vorübergehende Störungen beruhen im allgemeinen auf seelischem Streß.

Was Sie tun können

Es gibt viele Hilfsmittel, die bei Schlafstörungen empfohlen werden, vom Schäfchenzählen bis zur heißen Milch. Vielleicht hilft Ihnen einer der folgenden Vorschläge, entweder allein oder in Kombination mit anderen:

Benutzen Sie Ihr Bett ausschließlich zum Schlafen oder Lieben. Es ist wichtig, daß Ihr Unterbewußtsein den Raum und das Bett mit erholsamem Schlaf in Verbindung bringt. Wenn Sie im Bett Überweisungen ausschreiben, streiten oder essen, werden andere Vorstellungsmuster aufgebaut.

Schaffen Sie eine anheimelnde Atmosphäre im Schlafzimmer. Sanfte Farben, weiche Stoffe, heitere Kunstwerke, gedämpfes Licht, Schutz vor Lärm. Sie können damit erreichen, daß Sie sich ganz eingelullt fühlen. Sorgen Sie für ein bequemes Bett und die für Sie richtige Temperatur. Die meisten Menschen schlafen in einem kühlen Raum besser.

Benutzen Sie Schlafhilfen wie Ohrstöpsel, Schlafmasken und Verdunklungen an den Fenstern, wenn Sie dadurch Ihre Schlafumgebung besser in den Griff bekommen.

Entspannen Sie sich, ehe Sie zu Bett gehen. Sehen Sie nicht fern. Nachrichten, Schauspiele, Werbespots versetzen Sie in einen Zustand der Spannung. Sogar ein an sich langweiliges Programm kann stimulierend wirken, wenn zwischen der eigentlichen Sendung, verschiedenen Werbespots und Kurznachrichten hin und her gesprungen wird. Überlegen Sie, ob Sie das Fernsehen nicht ganz aus dem Schlafzimmer verbannen.

Wenn Sie sich abends noch körperlich betätigen, dann sollten Sie sich vor dem Zubettgehen eine Stunde Zeit gönnen, in der Sie zur Ruhe kommen können.

Schaffen Sie bestimmte Rituale, um sich auf den Schlaf vorzubereiten. Erinnern Sie sich daran, was wir alle als Kinder liebten: Kuscheltiere, ein Glas Wasser, in die Decke einmummeln, beten oder was immer Sie für sich als angenehm empfinden.

Schlafen Sie allein. Sich im Bett zusammenzukuscheln ist herrlich, aber gemeinsames Schlafen stört auch oft den Schlaf. Wenn Ihr Partner unruhig schläft oder schnarcht, können Sie Schwierigkeiten bekommen.

Wenden Sie Entspannungstechniken an, wenn Sie im Bett liegen.

Eine davon besteht darin, jedes Glied des Körpers ganz langsam zu strecken. Stellen Sie sich eine wundervolle ruhige Landschaft vor, planen Sie einen Garten oder den nächsten Urlaub. Solche Bilder wecken positive Gefühle in Ihnen. Vielleicht hilft es Ihnen auch, wenn Sie Schafe oder Bäume zählen. Monotone Tätigkeiten beruhigen.
Ein warmes Bad, Massage, Bücher, sanfte Musik, Kräutertee, den Hund streicheln – das alles sind gute Hilfsmittel, um zu entspannen.
Vermeiden Sie es, tagsüber kurz einzunicken. Die Versuchung ist groß, versäumten Schlaf bei Gelegenheit nachholen zu wollen, aber dadurch verlängern Sie nur die Zeitspanne, in der Sie keine Nacht durchschlafen können.
Versuchen Sie, sich nicht über Ihre Schlafschwierigkeiten zu ärgern, wenn Sie im Bett liegen. Gehen Sie niemals zu Bett, wenn Sie nicht wirklich müde sind. Sollten Sie nach zwanzig Minuten noch nicht eingeschlafen sein, dann stehen Sie besser auf und tun etwas anderes.
Machen Sie sich einen Zeitplan. Planen Sie das, was noch zu erledigen ist, so, daß Sie ein und dieselbe Sache immer zur gleichen Zeit und auf die gleiche Art und Weise erledigen. Dadurch können Körper und Geist sich auf einen bestimmten Rhythmus einstellen, sich unter Kontrolle fühlen. Etwas im voraus zu wissen schafft ein Gefühl der Sicherheit.
Schaffen Sie sich immer einen Anreiz, um morgens besser aus dem Bett zu kommen. Ihren Lieblingskaffee und Kekse, eine Zeitung, eine Nachrichtensendung, einen Ort, den Sie besuchen, ein Vorhaben, das Sie realisieren wollen. Sie schlafen nachts besser, wenn Sie am Morgen etwas Erfreuliches erwartet.
Versuchen Sie, die Ursachen für Ihr Wachliegen aufzuschreiben. Ziehen Sie auch den kleinsten möglichen Schritt in Betracht, der zu einer Lösung Ihres Problems führen könnte, und entschließen Sie sich, ihn zu tun, falls Sie wach werden. Bevor Sie sich wieder zu Bett legen, können Sie einiges erledigen, z. B. einen Brief schreiben oder eine angefangene Arbeit fertigstellen.
Vielleicht nagt aber auch irgend etwas innerlich an Ihnen, dessen Bedeutung für Ihren Seelenfrieden Ihnen gar nicht bewußt ist. Durchleuchten Sie Ihr Leben, und stellen Sie fest, ob Sie in Frieden mit sich

und der Welt leben. Achten Sie darauf, bei welchen Gelegenheiten sich Ihr Magen zusammenzieht, und benutzen Sie diese Beschwerden als Schlüssel.

Besprechen Sie Ihre Probleme mit einem guten Freund, vielleicht kennt er oder sie sich ein bißchen aus. Überlegen Sie, ob Sie nicht eine Beratungsstelle aufsuchen sollten, um sich selber besser verstehen zu lernen. Viele Großstädte haben Zentren für Schlafstörungen. Erkundigen Sie sich bei öffentlichen Informationsstellen danach.

Mitten in der Nacht

Wenn Sie wach werden, sollten Sie nicht davon ausgehen, daß Sie eigentlich schlafen müßten. Sie sollten vielmehr akzeptieren, daß Sie wahrscheinlich nicht so schnell wieder einschlafen, und entsprechende Vorkehrungen treffen. Kämpfen Sie nicht gegen Ihre Schlaflosigkeit an, überlassen Sie sich ihr für eine Weile. Es ist unmöglich, Schlaf herbeizuzwingen. Versuchen Sie bewußt, zur Ruhe zu kommen, damit Sie bei dem Gedanken an Ihre morgendliche Müdigkeit nicht in Panik geraten.

Während einer monatelangen depressiven Phase verlor ich die Fähigkeit zu schlafen. Mitten in der Nacht verbrachte ich viele Stunden damit, den Inhalt von Schubladen, Kästen und Regalen zu ordnen, das Haus zu putzen und die Wäsche zu flicken. Ich wuselte so lange herum, bis ich wieder einschlafen konnte. Als Resultat hatte ich ein blitzsauberes Haus. Die Ordnung um mich herum half mir, mit der Unordnung in meinem Inneren besser fertig zu werden. Wenn ich heute eine unaufgeräumte Schublade sehe, dann weiß ich, daß ich nicht depressiv bin.

Die Mitte der Nacht, die Stunden vor Beginn der Dämmerung sind von besonderer Bedeutung für uns. Manchmal wird diese Zeit «die Stunde des Wolfes» genannt, in der überall Gefahr lauert. Die Seele ist schutzlos, und alle möglichen Gedanken können sich einschleichen. Möglicherweise befinden Sie sich geistig-seelisch in einem Entwicklungsprozeß, der Sie aus dem Gleichgewicht gebracht hat. Dann hilft Ihnen vielleicht, wenn Sie lesen, was andere zu den Fragen, mit denen Sie sich gerade beschäftigen, geschrieben haben. Sie werden bestätigt finden, daß Sie in einem schwierigen Reifungsprozeß begriffen sind und diese Erfahrungen mit anderen teilen.

Beruhigen Sie sich damit, daß der Körper sich schließlich sein Recht auf Schlaf schon nehmen wird. Sie sollten sich einfach Ihren Gedanken überlassen und den natürlichen Schlafrhythmus nicht dadurch stören, daß Sie tagsüber den versäumten Schlaf nachzuholen versuchen oder Medikamente nehmen.

Daran sollten Sie denken

Zu Medikamenten oder Schlafhilfen sollten Sie höchstens gelegentlich oder aus medizinischen Gründen greifen. Sie stören Ihren natürlichen Rhythmus und nehmen Ihnen unwiderruflich jede Chance, einen normalen, erholsamen Schlaf zu finden.
Versuchen Sie nicht, sich zum Schlafen zu zwingen: das ist unmöglich. Wenn Sie sich unruhig im Bett hin und her wälzen, dann stehen Sie lieber auf und tun irgend etwas Sinnvolles.
Um Frieden zu finden, muß man sich von Konflikten befreien.

Ich möchte verstehen, warum ich weine

Ich weine, wenn mir ein Hut heruntergefallen ist. – Du bist zu sentimental. – Sei keine Heulsuse. – Du bist zu empfindlich. – Ich weine nie. – Na komm, nun weine doch nicht. – Mir ist, als könnte ich nie mehr aufhören zu weinen. – Ich werde noch eine Pfütze auf dem Fußboden hinterlassen. – Ich bin so glücklich, daß ich weinen könnte.

Tränen sind wirklich etwas sehr Ambivalentes. Weinen kann bedeuten, daß wir gewonnen oder verloren haben, es kann gut oder schlecht sein. Einmal sollen wir den Tränen freien Lauf lassen, ein anderes Mal sollen wir sie zurückhalten. Wir fürchten uns – ausgenommen als kleine Kinder – vor Tränen, weil wir Angst vor Emotionen haben.
Tränen sind Ausdruck tiefempfundener Gefühle, die wir nicht in Worte fassen können. Sie sind eine Form der Kommunikation mit anderen und mit uns selber. In welchem Maße wir zu Tränen neigen und uns durch Weinen erleichtern können, hängt von familiären Verhaltensmustern und gesellschaftlicher Akzeptanz ab. In einigen Kulturen ist es üblicher, Gefühle zu zeigen, als in anderen. Wir erwarten

geradezu, daß Italiener ohne Hemmungen lachen und weinen; wir sind überrascht, wenn Russen sich so verhalten.

Unsere Gefühle sind unterschiedlich, je nachdem, ob das Weinen Männer oder Frauen betrifft. Da von Frauen erwartet wird, daß sie lieben, fühlen, hegen und pflegen, gelten Tränen als weiblich und weich. Männer sollen beschützen und diszipliniert sein, Tränen werden bei ihnen dementsprechend eingestuft. Männer müssen stark und hart sein. Es ist nicht gut möglich, zu weinen, während man eine Antilope schießt. In einer solchen Situation ist man gezwungen, sich zu konzentrieren. Von Männern wird erwartet, daß sie ständig bereit sind, uns zu schützen, und daß sie alles, was gefährlich werden könnte, unter Kontrolle haben.

Es gibt hormonelle Gründe dafür, daß Männer und Frauen sich im Hinblick auf das Weinen unterschiedlich verhalten. Gefühlsbedingte Tränen enthalten bestimmte Mengen von Streßhormonen. Man nimmt an, daß durch das Weinen die chemischen Begleiterscheinungen von Streß quasi weggespült werden. Eines dieser Hormone, Prolaktin, stimuliert auch die mütterliche Milchproduktion nach der Geburt eines Kindes. Bei Frauen ist dieses Hormon in größerer Menge vorhanden als bei Männern, es leuchtet deshalb ein, daß sie auch häufiger weinen.

Weder bei Männern noch bei Frauen werden Tränen durch emotionale Schwäche ausgelöst, Ursache ist vielmehr eine Kombination aus gesellschaftlichen Faktoren, familiären Verhaltensmustern, tiefempfundenen Gefühlen und hormonellen Einflüssen.

Wenn Sie bei traurigen Filmen oder vor Freude weinen, dann sollten Sie akzeptieren, daß Sie Ihre Gefühle nicht verbergen können. Das ist etwas durchaus Positives. Es bedeutet intensiveres Empfinden, mehr Verbundenheit mit dem Leben. Wenn es die Menschen in Ihrer Umgebung stört, erklären Sie in scherzhafter Form, das sei eben Ihre Art, mit überwältigenden Gefühlen umzugehen, und sie werden nicht weiter beunruhigt sein. Selbst Ihre Kinder werden lernen, bei solchen Gelegenheiten einfach zu sagen: «Mami hat mal wieder zu nahe am Wasser gebaut.» Sie werden mit der Überzeugung aufwachsen, daß es völlig normal ist, Gefühle zu zeigen.

Tränen, die ehrlichen Gefühlen entspringen, reinigen Körper und Seele. Sie machen Streß erträglicher. Tränen, mit denen Sie lediglich etwas erreichen wollen, haben diese Wirkung nicht. Wenn Sie z. B.

versuchen, durch Tränen eine Diskussion zu beenden oder Sympathie zu wecken, dann verlieren Sie möglicherweise Ihre wahren Gefühle aus den Augen und verärgern darüber hinaus auch noch die Menschen in Ihrer Umgebung. Eine «Heulsuse» ist meist nicht gerne gesehen, weil andere Menschen sich durch die Tränen unter Druck gesetzt fühlen.
Überprüfen Sie, bei welchen Gelegenheiten Sie und Menschen, die Ihnen nahestehen, weinen. Versuchen Sie, sich selber gegenüber ehrlich zu sein. Wenn Sie diejenige sind, die manipuliert werden soll, dann lernen Sie, ein Gespräch fortzusetzen, selbst wenn Ihr Gesprächspartner weint oder weggeht.
Was empfinden Sie, wenn jemand in Ihrer Gegenwart weint? Wie reagieren Sie auf Tränen bei Männern? Frauen fürchten und ersehnen gleichermaßen Tränen bei Männern. Wenn Sie wirklich geliebt werden möchten, dann suchen Sie nach einem Mann, der weinen kann, wenn er innerlich angerührt ist.
Für den Fall, daß ein Mann weint, sollten Sie all Ihre alten Vorurteile beiseite schieben. Sie sind ein eigenständiger Mensch, deshalb braucht er nicht vorzugeben, nichts zu empfinden. Notfalls kann jeder von Ihnen beiden dem anderen zur Seite stehen.
Im Beruf haben Tränen nichts zu suchen. Die Geschäftswelt ist von Natur aus logisch und materialistisch. Gefühle sind etwas Schönes, aber hier sollten sie nicht die Oberhand gewinnen, es sei denn, aus ethischen Gründen. Gewöhnen Sie sich an, bei der Arbeit nüchtern und sachlich zu bleiben, dann werden Sie durch Ablehnung, Fehler oder Streß auch nicht aus der Fassung gebracht. Schaffen Sie sich ein wirksames Ventil, wenn Ihre Gefühle Sie zu überwältigen drohen. Atmen Sie tief durch, machen Sie ein paar gymnastische Übungen, gehen Sie spazieren, legen Sie eine Pause ein. Verschieben Sie das Weinen auf später. Wenn Sie die Tränen nicht zurückhalten können, dann gehen Sie irgendwohin, wo Sie allein sein können, oder suchen Sie eine Freundin auf, bei der Sie sich geborgen fühlen.

Was Sie tun können
Lernen Sie sich selber kennen. Finden Sie heraus, welche Gefühle oder Situationen Sie am ehesten zum Weinen bringen; notieren Sie Ihre Beobachtungen. Sie sollten stets ein Notizbuch zur Hand haben

und aufschreiben, was gerade geschieht, wenn Sie einen Kloß im Hals oder Tränen in den Augen spüren.
Versuchen Sie nach einigen Wochen, gewisse Gesetzmäßigkeiten zu erkennen. Beeinflußt Sie die Tageszeit, der Mensch, mit dem Sie gerade zusammen sind, Stimmungsschwankungen während der Menstruation? Weinen Sie aus Wut oder Liebe? Bringen Menschen Sie zum Weinen oder vielleicht Musik? Was Sie zum Weinen bringt, ist vielleicht etwas, über das Sie mehr wissen möchten oder woran Sie gefühlsmäßig stark beteiligt sind.
Wir weinen, wenn wir uns körperlich oder seelisch verletzt fühlen, wenn wir müde sind, wenn Erinnerungen oder Empfindlichkeiten im Spiel sind. Wehmut, innige Gefühle, Leidenschaft, Demütigung, Überschwang – all das löst Tränen aus. Wenn Sie wissen, warum Sie weinen, können Sie Ihren Tränen besser freien Lauf lassen. Lassen Sie zu, daß der Kloß in Ihrem Hals sich in Tränen auflöst. Das wird Ihnen tieferes Empfinden ermöglichen, und Sie werden sich erleichtert und wunderbar fühlen. Manchmal haben wir Angst davor, hemmungslos zu weinen. Wir fürchten, wenn wir erst einmal anfangen, dann können wir nicht mehr aufhören. Aber irgendwann werden Sie immer aufhören, sei es, um sich auszuruhen oder weil die Heilung einsetzt. Weinen ist ein Läuterungsprozeß, der notwendig ist, um reifer zu werden.
Sehen Sie Weinen als etwas ganz Normales an. Falls Freunde Sie zu trösten versuchen, sollten Sie sie daran erinnern, daß es ganz normal ist, zu weinen. Sprechen Sie in vertrauter Umgebung über den Grund Ihrer Trauer, und lassen Sie Ihren Tränen freien Lauf. Sie zurückzuhalten bedeutet, daß Sie sich selbst zurückhalten. Gönnen Sie sich soviel Ruhe wie möglich, nehmen Sie öfter ein Bad, um die Spuren vergossener Tränen zu beseitigen.
Wir weinen, wenn uns der Schmerz überwältigt. Wir leiden, weil wir ungerecht behandelt werden. Wir spüren den Verlust von Selbstachtung. Wir fühlen uns bedroht. Wir sind nicht mehr in der Lage, unsere Welt zu kontrollieren. Wir weinen, um unsere Angst zu besiegen.
Einmal unterrichtete ich in einer 5. Klasse und bat die Kinder, mir grundlegende Unterschiede zwischen Mädchen und Jungen zu nennen. Ein Mädchen sagte: «Jungen weinen nicht.» Darauf antwortete ein Junge ganz impulsiv: «Wenn sie normal sind, weinen sie wohl.

Als mein kleiner Bruder starb, weinten wir alle, außer meinem Vater. Uns ging es bald besser, aber meinem Vater immer schlechter, bis er sogar krank wurde. Schließlich lernte er zu weinen, und dann ging es ihm auch besser.»

Suchen Sie Hilfe. Wenn Sie feststellen, daß Sie wochenlang immer wieder anfangen zu weinen, dann sollten Sie nicht den Stoiker spielen oder sich aus Ihrem Freundeskreis zurückziehen. Das Verlangen, sich zu verstecken, ist ein Zeichen dafür, daß Sie sich nach Hilfe umsehen sollten. Tun Sie es.

Weinen Sie nach Ihrer eigenen Einschätzung aus nichtigen Anlässen und besonders häufig, dann sollten Sie die Sache nicht auf sich beruhen lassen. Suchen Sie Rat, lesen Sie Literatur über Streß, Ärger und Selbstachtung, sprechen Sie mit jemandem über Ihre Probleme.

Daran sollten Sie denken

Ihre Tränen sind Maßstab für die Tiefe Ihres Empfindens. Sie sind die Stimme Ihres Herzens.

Jedes Problem hält ein Geschenk in Händen. (Richard Bach)

Der Schmerz ist unerträglich

Es ist im Leben ganz wichtig, sich nach Art eines Philosophen vom Augenblick distanzieren zu können.

Wenn Depressionen, Kummer oder Streß Sie zu überwältigen drohen, meinen Sie nicht, so sei das ganze Leben. Es ist nicht so.

Dieser Augenblick wird vorübergehen.

Trauer ist die natürliche Reaktion auf einen schweren Verlust. Wir lehnen uns gegen sie auf, weil der Schmerz uns unnatürlich erscheint, es ist schwer, den damit verbundenen Heilungsprozeß zu spüren. Trauer überfällt uns unvorbereitet, wir versuchen zunächst, sie in Grenzen zu halten, werden dann aber doch von ihr überwältigt.

Trauer zeigt alle körperlichen Symptome von Streß und Krankheit: Erschöpfung, Atemlosigkeit, die Unfähigkeit, zu essen oder zu schlafen; die Kehle ist wie zugeschnürt, das Gesicht tut weh, die Augen sind geschwollen, der Kopf schmerzt. Sie fühlen sich am ganzen Körper wie zerschlagen und haben das Gefühl, daß dieser Zustand ewig dauern wird.

Nahezu jeder Verlust löst einen Prozeß des Trauerns aus. Dessen Intensität hängt von dem jeweiligen Ereignis und dem Grad Ihrer Betroffenheit ab. Der Verlust einer Arbeitsstelle, eines Freundes, einer Sache, eines Haustieres, eines Teiles Ihrer selbst (seelisch oder körperlich), Ihres Heims, der Heimat, eines Ehepartners, Kindes oder Geliebten – all das stürzt uns in einen Prozeß der Trauer. Der Unterschied liegt in der Bedeutung, die dieser Verlust für uns hat, und in seinem Ausmaß.

Eines Sommers beschäftigte ich einen Kambodschaner bei mir im Garten. Er war auf einem Boot geflohen und hatte alles verloren. Er sprach kaum Englisch und hatte auf den Armen Zahlen und Buchstaben eintätowiert. In seinen Augen konnte ich den Schmerz über den Verlust seiner Familie, seiner Heimat und seiner Sprache lesen. Das überraschte mich nicht. Aber erst als er davon sprach, daß ihm die vertrauten Vögel, die Nahrung, mit der er aufgewachsen war, die Düfte, die die Luft durchzogen, das Wetter und die Blumen fehlten, begann ich zu verstehen.

Ich habe einen Teich mit Seerosen, und er erzählte mir, wie sehr er die Lotosblumen vermißte, die in seinem Land wild wuchsen. Ich bestellte eine Pflanze, wir setzten sie ein und beobachteten gemeinsam, wie sie erblühte. Manche Dinge kann man ersetzen, andere nicht.

Stadien der Trauer

Besonders intensive Trauergefühle empfinden wir beim Verlust eines Ehepartners, Kindes oder Geliebten. Am heftigsten ist der Schmerz, wenn es keine Vorwarnung gab, wenn keine Möglichkeit bestand, sich auf die Tragödie vorzubereiten. Es trifft Sie, während Sie gerade Pläne schmieden, die alle noch darauf warten, realisiert zu werden. Es gibt keine Möglichkeit mehr, Frieden zu schließen, Abschied zu nehmen.

Selbst wenn wir vorgewarnt waren, fühlen wir Reue und Schmerz. Was hätten wir tun oder sagen können? Da ist immer der quälende Gedanke, daß ein anderes Verhalten, eine Wende des Schicksals den Tod hätte verhindern können.

Wir fühlen uns so einsam und isoliert, daß wir überzeugt sind, vor uns habe kein Mensch je etwas Derartiges empfunden. Wir fürchten um unser zukünftiges Leben. Aber es ist beruhigend zu wissen, daß Sie nicht allein sind, daß Sie diese Phase Ihres Lebens durchstehen und sich eines Tages wieder besser fühlen werden. Es ist immer noch möglich, glücklich zu sein. Durch den Trauerprozeß wird Ihr Leben an Tiefe gewinnen. Schmerz ist stets ein großer Lehrmeister.

Nach Elisabeth Kübler-Ross und anderen verläuft Trauer in folgenden Stadien:

Verweigerung: Automatisch weichen Herz und Verstand Schmerzen aus, indem sie versuchen, die Realität zu verändern. Wir halten an vertrauten familiären Gewohnheiten fest, um uns vorzugaukeln, alles sei beim alten. Versuchen Sie nach Möglichkeit, die Leiche zu sehen, berühren Sie sie und sagen Sie das, was Sie sagen wollten, als er oder sie noch am Leben waren.

In anderen Ländern waschen Mitglieder der Familie den Leichnam und kleiden ihn an; damit stellen sie sich dem Tod und erweisen dem Toten die letzten Liebesdienste. Wir neigen dazu, uns gegen die Realität des Todes abzuschirmen. Dadurch können wir leichter verdrängen, daß wir tatsächlich einen Verlust erlitten haben. Der erste Schritt zur Genesung besteht darin, sich selbst gegenüber den Verlust einzugestehen. Er ist Realität.

Ohnmächtiger Zorn: Verlust erzeugt Furcht, und Furcht führt zu Zorn. Wir sind zornig, daß wir so verletzt worden sind. Wir fragen: «Warum?» Wir wollen einen Sinn in diesem Verlust sehen, wenn wir schon keine Erklärung für ihn haben. Wir suchen nach einem Schuldigen, nach einem Zeichen, das das Schreckliche hätte ankündigen können. Unsere Bemühungen bleiben erfolglos, aber das ändert nichts an unseren Gefühlen. Uns hat der Verlust getroffen, und wir werden niemals erfahren, warum.

Manchmal wendet sich unser Zorn gegen andere, die unserer Meinung nach genausogut hätten sterben können, oder wir geben dem Verstorbenen die Schuld. Warum konnte er oder sie nicht besser aufpassen? Wir führen unseren Kindern vor Augen, welchen Kummer sie uns zufügen können, wenn sie nicht vorsichtig sind.

Machen Sie Ihrem Zorn Luft, so gut es geht. Zerschmettern Sie irgend etwas, schreien Sie jemanden an, treiben Sie bis zur Erschöpfung Sport. Befreien Sie sich von dem Zorn, den Sie sich selber gegenüber empfinden, und verzeihen Sie sich selbst all die Versäumnisse, die Sie bereuen. Vielleicht können Sie auch mit dem Verstorbenen ein Gespräch führen oder ihm einen Brief schreiben. Sagen Sie

alles, was Sie möchten, und dann verbrennen Sie den Brief im Kamin oder überlassen ihn draußen dem Wind.
Handeln: Wenn es immer schwerer wird, die Endgültigkeit des Verlustes zu leugnen, dann könnten Sie versucht sein zu handeln. «Nimm mich und nicht ihn.» Wenn Sie wissen, daß der geliebte Mensch sehr krank ist, bitten Sie vielleicht, er oder sie möge wenigstens noch bis Weihnachten oder bis zum Examen Ihrer Tochter leben. Sie sind bereit, Ihre Seele zu opfern, um ihn vor dem Tod zu bewahren. Der Sterbende seinerseits bittet Sie vielleicht, bestimmte Versprechen zu geben.
Annehmen: Irgendwann werden Ihnen die Realität des Todes und der damit verbundene Verlust unausweichlich in ihrer vollen Tragweite bewußt werden. Das kann Stunden, Wochen oder sogar Jahre nach dem Augenblick geschehen, in dem Sie erfahren, daß jemand gestorben ist. Endgültig kann niemand diesem Bewußtwerden und diesem Schmerz entrinnen. Dieser Zeitpunkt ist der Beginn des eigentlichen Trauerprozesses und damit letzten Endes auch der Genesung.
Unsere Gesellschaft empfindet Trauer gegenüber häufig ein gewisses Unbehagen. In anderen Kulturen lebt ein Wissen darüber, daß Klagen notwendig ist, um die Seele zu befreien. Überlassen Sie sich Ihren Gefühlen. Sie werden nicht ewig weinen. Lassen Sie zu, daß der Schmerz Sie immer wieder in Wellen überflutet, Sie meinen, das Herz müßte Ihnen brechen, aber Sie werden überleben. Der Schmerz bedeutet Erlösung.
Andere Menschen versuchen vielleicht, Sie zu trösten oder von Ihrem Schmerz abzulenken. Eines Tages wird Ihnen das auch guttun. Sie werden wissen, wann es soweit ist. Zunächst aber sollten Sie ohne Rücksicht auf das Unbehagen anderer weinen oder sich dorthin zurückziehen, wo Sie sich ungestört Ihren Erinnerungen hingeben und Ihren Gefühlen freien Lauf lassen können. Trauer hat ihre eigene Schönheit.
Kummer kann frustrierend sein, weil in dieser Zeit so viele Impulse, Aktivitäten und Gewohnheiten brachliegen. Sie fangen an, etwas zu tun, und schon finden Sie alles wieder sinnlos. Akzeptieren Sie den Schmerz, spüren Sie die Wunden; es wird nicht immer so bleiben.
Genesung: Eines Tages werden Sie feststellen, daß Sie sich für Augenblicke glücklich fühlen. Das wird Sie überraschen, und Sie werden sich fragen, ob das in Ordnung ist. Sie fangen an, wieder ein wenig in

die Zukunft zu blicken und vorsichtig Pläne zu schmieden. Nach und nach werden Sie aus Ihrer Erstarrung erwachen und wieder schmecken, riechen und fühlen. Sie sind nicht allein. Wir alle haben schon Verluste erlitten.

Was Sie tun können

Es gibt ein ganz besonderes kleines Buch: *How to Survive the Loss of a Love* (Wie man den Verlust eines geliebten Menschen überlebt), von Melba Colgrove, Harold H. Bloomfield und Peter Mc. Williams. Die ersten sechs der folgenden Ratschläge stammen aus diesem Buch.

Glauben Sie daran, daß Sie überleben. Die Natur steht auf Ihrer Seite, und sie ist eine mächtige Verbündete. Eines Tages wird es Ihnen bessergehen. Daran besteht kein Zweifel.

Lassen Sie sich Zeit für die Genesung. Je größer der Verlust, desto länger wird es dauern. Aber Sie werden gesund werden. Die Genesung wird nicht gradlinig fortschreiten. Es wird große Sprünge und erschreckende Rückschläge geben. Aber der Prozeß ist im Gang.

Gönnen Sie sich möglichst viel Ruhe. Seien Sie fürsorglich zu sich selbst. Hetzen Sie sich nicht ab. Ihr Körper braucht Energie für die Gesundung.

Führen Sie Ihr Leben wie gewohnt weiter. Arbeiten Sie weiter. Machen Sie sich einen Plan, wechseln Sie zwischen Entspannungs- und Aktivitätsphasen. Behalten Sie die gewohnte Ordnung bei. Sie brauchen etwas, das Ihnen Halt gibt.

Lassen Sie die entstandenen Wunden völlig ausheilen. Halten Sie sich von Vorhaben oder Beziehungen fern, die nur Ihren Schmerz blockieren sollen. Lassen Sie dem Heilungsprozeß ungestört seinen Lauf.

Erwarten Sie einen positiven Ausgang. Aus Ihrer Trauer können Sie wesentliche Erfahrungen schöpfen. Anhaltende Verzweiflung ist kein Zeichen von Liebe.

Stellen Sie sich auf Rückschläge ein. Während Ihrer Genesung wird es oft so aussehen, als ob Sie erneut in tiefe Depressionen zurückgeworfen werden. Erinnerungen werden Sie überwältigen und niederdrücken, ohne daß Sie sich dagegen wehren können. Besondere Tage und Orte werden einige Jahre lang schwer für Sie zu ertragen sein.

Schreiben Sie einen Brief, oder besprechen Sie ein Tonband. Sagen

Sie alles, was Sie dem Menschen, den Sie verloren haben, zu Lebzeiten gerne gesagt hätten. Erfinden Sie einen Dialog, um Ihnen beiden zu innerem Frieden zu verhelfen. Verbannen Sie alle Schuldgefühle, die Sie im Hinblick auf Gesagtes und Unausgesprochenes vielleicht empfinden. Wie schnell oder langsam Sie den Verlust eines geliebten Menschen überwinden, hängt oft unmittelbar davon ab, wie schuldig Sie sich ihm gegenüber fühlen.

Gehen Sie nicht zu bald eine neue Beziehung ein. Nach dem Verlust eines geliebten Menschen brauchen Sie wenigstens zwei Jahre Zeit, um Trauerarbeit zu leisten und sich zu erholen. Erst dann sind Sie in der Lage, einem neuen Partner wirklich als Individuum einen Platz in Ihrem Leben einzuräumen und ihn nicht nur als Ersatz anzusehen. Wenn Sie sich weniger Zeit lassen, besteht die Gefahr, daß Sie den neuen Partner mit dem verlorenen vergleichen. Die neue Beziehung könnte daran zerbrechen, und sie würden noch zusätzlich unter dem Gedanken leiden, daß Sie einen Fehler begangen haben.

Vermeiden Sie Schuldzuweisungen. Verbannen Sie jeden Gedanken, der mit den Worten beginnt: «Wenn doch nur...» Geben Sie niemandem die Schuld für etwas, das geschehen oder nicht geschehen ist. Wichtig ist, daß Sie vergeben.

Denken Sie daran, daß bei Frauen, die allein zurückbleiben, Angst und Schmerz ineinanderfließen. Vielleicht müssen Sie Ihre Arbeit wiederaufnehmen, für Kinder sorgen und sich nach außen stärker geben, als Sie sich in Wirklichkeit fühlen. Wenn die meisten Ihrer Freunde als Paare zusammenleben, stehen Sie nun am Rande, und das erinnert Sie immer wieder schmerzlich an Ihren Verlust.

Versuchen Sie Ihren Zorn zu verstehen. Sie sind aufgebracht, weil Sie zurückgelassen wurden, und fühlen sich irgendwie schuldig, weil Sie noch leben. Solange Sie an diesen Schuldgefühlen festhalten und es nicht fertigbringen, ihm oder sich selbst zu vergeben, werden Sie es immer wieder verschieben, in die Normalität zurückzukehren und die Verantwortung für Ihr weiteres Leben selbst zu übernehmen. Diesen Schritt können Sie nicht tun, solange Sie ihm und sich immer weiter wechselseitig Schuld zuweisen für all die Dinge, die Sie getan oder unterlassen haben.

Hüten Sie sich vor Phantasievorstellungen. Eine andere Möglichkeit, den normalen Ablauf der Dinge zu verzerren, besteht darin, daß Sie Ihren verstorbenen Partner idealisieren. Er wird zum vollkommen

Mann, dem einzigen, der für Sie in Frage kommt, zur ganz großen, lebenslangen Liebe, statt daß Sie sich an den Gefährten erinnern, mit dem Sie so viele Kompromisse geschlossen haben. Wenn Sie ihn als einen Heiligen betrachten, werden Sie zeit Ihres Lebens einer Illusion nachtrauern. Kein anderer Mann wird je eine Chance bei Ihnen haben, und andere Frauen werden es bald leid sein, sich Ihre Phantasievorstellungen anzuhören.
Lösen Sie sich von seinen Interessen, Hobbys und von seiner Art, sich zu kleiden, es sei denn, Sie fanden sie genauso begeisternd wie er. Setzen Sie sich eigene Ziele, um mit den alten Gewohnheiten, die Sie immer noch festhalten möchten, endgültig zu brechen.
Finden Sie Ihre eigene Identität. Wenn ein großer Teil Ihrer Persönlichkeit durch den Beruf oder Status Ihres Mannes geprägt war, müssen Sie sich darauf einrichten, alleine zu bleiben. Ein anderer wird die Position Ihres Mannes einnehmen, und nahezu alle Menschen, mit denen er zu tun hatte, werden Sie vergessen. Sie können in dieser Situation praktisch nichts tun, es sei denn, Sie sehen darin eine gute Gelegenheit, endlich Ihre eigene Identität zu finden.
Schützen Sie sich. Nehmen Sie sich vor den Ehemännern Ihrer Freundinnen in acht, die plötzlich auftauchen und Sie trösten möchten. Hüten Sie sich vor intimen Beziehungen, bis Sie nicht mehr so verletzlich sind. Lockerer Sex wird Sie viel eher in Depressionen stürzen als Enthaltsamkeit.

Daran sollten Sie denken
Bitten Sie Freunde oder Fachleute um Hilfe, das ist ganz normal. Es gibt viele Selbsthilfegruppen, die Ihnen oder jemandem, den Sie betreuen, durch die Trauerphase hindurchhelfen.
Frauen lieben von Natur aus besonders intensiv. Diese Fähigkeit ist aus der Erfahrung zu erklären, die wir durch die Pflege von Kindern und die Sorge für den Lebensunterhalt der Familie gewinnen sowie aus unserem traditionellen Bedürfnis nach Sicherheit, nach irgendeiner Person oder Sache, auf die wir uns verlassen können.
Pflegen Sie die Tiefe und Leidenschaft Ihrer Gefühle, streben Sie nach Unabhängigkeit, und sehen Sie sich selbst als eine Frau, die wirklich für sich selbst sorgen kann, koste es, was es wolle. Sie sind ein besserer Mensch, weil Sie fähig sind zu lieben.
Die Flicken auf unserem Herzen machen uns stärker.

Diese Qual scheint nie enden zu wollen – Depressionen

Wir haben ein unendliches Bedürfnis, geliebt zu werden. Falls dieser Hunger nicht in frühen Jahren gestillt wird (z. B. durch die Eltern), fürchten wir zeit unseres Lebens, nicht genug Liebe zu erhalten. Unerwartet überfällt uns von Zeit zu Zeit eine tiefe Dunkelheit und Leere, die uns den Atem abschnürt.

Dieses Loch, in das wir stürzen, wird verursacht durch die Illusion, daß es bedingungslose Liebe gibt, durch die Unfähigkeit, sich mit der Liebe zu begnügen, die uns entgegengebracht wird, und durch den Versuch, Unersetzliches zu ersetzen.

Erinnern Sie sich in Ihrem Schmerz an die Stadien der Trauer – Trauer um etwas, das es nie gab –, und räumen Sie der Liebe in Ihrem Leben einen gebührenden Platz ein. Das ist alles, was Sie tun können. Aber es ist genug.

Sie sind nicht allein. Jeder erlebt einmal depressive Stimmungen, und viele Menschen verbringen einen beträchtlichen Teil ihres Lebens mehr oder weniger stark depressiv verstimmt. Zu Depressionen neigende Menschen sind tiefer Gefühle fähig, und solche Empfindungen sind eben manchmal traurig und manchmal wunderbar. Falls Sie unter depressiven Stimmungen leiden, sind Sie ein Mensch mit echten Emotionen, ein Mensch, der sich Gedanken um Dinge und Menschen macht und entsprechend reagiert.

Das mag ein schwacher Trost sein, wenn Sie gerade Qualen ausstehen. Viele von uns würden gerne einen Teil ihrer Erlebnisfähigkeit opfern, wenn sie dafür weniger zu leiden hätten. Aber das ist ein schlechter Handel. Versuchen Sie vielmehr, die Ursachen für Ihre Depressionen zu ergründen, und überlegen Sie, wie Sie sie erträglicher machen können. Manchmal können wir nur unter Schmerzen die Erfahrungen machen, die wir brauchen, um Frieden zu finden.

Versuchen Sie, die folgenden Gedanken in sich aufzunehmen:

- Seelisches Leid erzeugen wir in uns selbst.
- Wir können das ändern.
- Es steht uns frei, wie wir uns entscheiden.
- Wir können eine Alternative schaffen.
- Die Natur wartet nur darauf, uns zu helfen.
- Liebe und Selbstwertgefühl hängen zusammen.

Der Unterschied zwischen einer Depression und Frustrationen, trüben Tagen und Gefühlen der Trauer, die Thema dieses Buches sind, ist ein gradueller. Eine Depression ist ein fundamentales Gefühl von Trauer und Verlust. Sie kann mit einem spezifischen Verlust zusammenhängen, kann aber auch ohne jeden Anlaß auftreten. Der Schmerz erfaßt unser gesamtes Inneres und kann von einem leichten Stechen bis zur Unfähigkeit zu atmen reichen. Die meisten Menschen wissen, wann sie depressiv sind, und spüren, wenn es ernst wird. Die Dauer einer Depression kann in vielen Fällen ein Schlüssel zu ihrem Verständnis sein. Ich habe Depressionen nach dem Grad ihrer Schwere in normale, mittelschwere und schwere eingeteilt. Diese Einteilung ist zwar willkürlich, aber immerhin eine Basis, auf der Sie aufbauen können.

NORMALE DEPRESSIVE VERSTIMMUNGEN
Selbstmitleid – Traurigkeit – Mangel an Selbstvertrauen – Schwierigkeiten, morgens aufzustehen – Müdigkeit – Unfähigkeit zu produktivem Arbeiten – Schmerzen – Verlust von Kreativität und Initiative – ausgedehnte Tagträume – Apathie, mangelnde Zielstrebigkeit – Ärger, Verstimmung, Auseinandersetzungen und Frustration – Beziehungsprobleme mit der Familie, Freunden und Kollegen – sexuelle Probleme

MITTELSCHWERE DEPRESSIONEN
mangelndes Selbstwertgefühl – Appetitmangel – Schlafstörungen – Verlust des Sexualtriebs – selbstzerstörerische Verhaltensweisen (im Hinblick auf Ernährung, Medikamente, Beziehungen) – ständige Sorge um körperliches Wohlbefinden – mangelnde Konzentrationsfähigkeit – Unruhe, Nervosität, Rastlosigkeit – Tränen – Unfähigkeit, Entscheidungen zu treffen – Angst vor der Zukunft – Angst vor Einsamkeit – Rachegefühle – Verwirrung im Hinblick auf Abhängigkeit und Unabhängigkeit – Konflikte mit der Familie, mit Freunden und Kollegen – unerwartete Lebenskrisen, die ausweglos erscheinen

SCHWERE DEPRESSIONEN
Typisch sind immer wieder auftretende extreme Stimmungsschwankungen, die schwer beeinflußbar sind.

Das Gefühl, neben sich zu stehen (und sich selbst zu beobachten) – Vernachlässigung der eigenen Person – Abhängigkeiten (unkontrollierbare Gewohnheiten) – Nahrungsverweigerung – Schlaflosigkeit (Aufwachen um 4 Uhr früh) – Unfähigkeit, sich der Umwelt gegenüber vernünftig zu verhalten – Ablehnung, sich an irgend etwas zu freuen (lesen, fernsehen, soziale Aktivitäten) – Isolation (Unfähigkeit, eine Beziehung zu anderen Menschen herzustellen) – widerspruchslose Hinnahme von Demütigungen – Hoffnungslosigkeit – Hilflosigkeit – das Gefühl, verrückt zu werden – Angst, einen anderen Menschen zu verletzen – Auftreten von Phobien (Angst vor dem Reisen, Autofahren, Telefonieren) – erdrückende Schuldgefühle – Verschenken von Besitztümern – Ordnen und Beenden von Geschäften – die Angst, ausgenutzt und abgelehnt zu werden, verbunden mit einem Gefühl der Wertlosigkeit – erheblicher Drogenkonsum (Alkohol, Medikamente) – seltsame Gefühle des Persönlichkeitsverlustes («Ich werde immer kleiner.» – «Ich kam mir vor wie eine Fensterscheibe, durchsichtig und kurz vor dem Zerspringen.») – Weinen und Schreien vor seelischen Schmerzen und Verlustängsten – Selbstmorddrohungen – Selbstmordpläne – Selbstmordversuche

Wenn Sie irgendwelche Symptome bei sich feststellen, die unter der Rubrik «schwere Depressionen» aufgelistet sind, dann sollten Sie sich sofort um Hilfe bemühen. Sie brauchen sich nicht so zu quälen. Es gibt durchaus Möglichkeiten zu helfen. Ihr Leiden ist ein Signal, ein Hilfeschrei Ihrer Seele und Ihres Körpers. Suchen Sie *unverzüglich* Hilfe. Das ist das einzig Vernünftige, das Sie tun können. *Ihr Leben ist wertvoll.*

Wenn Sie mitten in der Nacht das Gefühl haben, diese Qual nicht länger ertragen zu können, dann sollten Sie – bis Sie Hilfe erhalten und nicht mehr allein sind – folgendes tun:
- Rufen Sie einen Freund an und bitten Sie ihn, zu kommen und bei Ihnen zu bleiben oder Sie zu sich zu holen. Sagen Sie ihm, daß Sie Angst haben, sich selbst zu verletzen.
- Rufen Sie Ihren Therapeuten an (falls Sie einen haben) und bitten ihn um sofortige Hilfe. Therapeuten wollen gerade in Notfällen für Sie dasein. Scheuen Sie sich nicht anzurufen, weil Sie Ihre Situation als peinlich empfinden.
- Rufen Sie die Telefonseelsorge an. Sie finden die Nummer in jedem Telefonbuch, weil so viele Menschen gerade diese Art von Hilfe mitten in der Nacht brauchen. *Sie sind nicht die einzige.* Viele der Mitarbeiter sind selber schon einmal in einer ähnlichen Lage gewesen wie Sie. Wenn Sie beim ersten Versuch keine Hilfe finden, rufen Sie noch einmal an und bitten um einen anderen Gesprächspartner. Diese Anlaufstelle ist da, um Ihnen zu helfen. Verschweigen Sie deshalb nicht Ihre Selbstmordgedanken.
- Rufen Sie ein Taxi und lassen sich zur Unfallaufnahme des nächsten Krankenhauses bringen. Sagen Sie, daß Sie nicht in der Lage seien, sich selbst gegen Ihre schmerzlichen Empfindungen zu schützen. Stellen Sie klar, daß Sie nicht ins Krankenhaus eingeliefert werden möchten, sondern nur Hilfe benötigen, um mit Ihren Gefühlen fertig zu werden. Wenn man Ihnen eine Einweisung vorschlägt, weigern Sie sich so lange zu unterschreiben, bis Sie sich ausgeruht und mit dem Therapeuten Ihres Vertrauens gesprochen haben.
- Bleiben Sie so lange in telefonischem Kontakt mit der Außenwelt, bis Sie die Krise überwunden haben oder jemand anders die Verantwortung für Sie übernimmt.
- Nehmen Sie keine weiteren Medikamente oder Alkohol zu sich, Sie können sonst nicht mehr klar denken und verlieren die Kontrolle.
- Gehen Sie nicht davon aus, daß diese Qual ewig dauert – sie wird es nicht!
- Unterstellen Sie nicht, daß Sie allein sind. Sie sind es nicht! Ich bin auch schon an diesem Punkt gewesen. Ich sorge mich um Sie. Diese Empfindungen gehen vorbei. Sie werden diese Nacht mit Sicherheit überleben.
- Unternehmen Sie etwas, um Hilfe zu bekommen. Verschlimmern

Sie nicht Ihren Schmerz, indem Sie zu Dingen greifen, mit deren Hilfe Sie sich verletzen können (Medikamente, Waffen, Gift, Autoschlüssel).

- Verlassen Sie nicht den Schutz Ihrer Wohnung, es sei denn mit einem Menschen, dem Sie trauen können. *Diese Empfindungen werden vorübergehen.* Wenn Sie diese Nacht überstanden haben, sollten Sie sich mit Hilfe eines Freundes oder der Telefonseelsorge sofort um einen Termin bei einem Therapeuten bemühen.

Entscheiden Sie gemeinsam mit Ihrem Therapeuten, ob Sie selber für Ihren Schutz sorgen können, vorübergehend zu Freunden oder Verwandten ziehen sollten oder ob die Einweisung in ein Krankenhaus das beste für Sie wäre. Überlassen Sie zu diesem Zeitpunkt dem Therapeuten die Entscheidung. Planen Sie, wie Sie die nächste Krise – wann auch immer sie kommt – meistern können. Später, wenn Sie sich sicherer fühlen, versuchen Sie all das, was geschehen ist, zu verstehen.

Selbstmordgedanken sind eine Art Angriff gegen sich selbst. Sie sind frustriert und verletzt durch enormen persönlichen Streß, und Sie sehen die Ursachen für Ihre Probleme in sich selbst. Sie möchten diese Ursachen, Ihr Selbst, zerstören, anstatt die Probleme aufzuarbeiten. Sie gaukeln sich Phantasievorstellungen von Frieden und Freiheit vor, während Sie den Tod herausfordern. Frieden und Freiheit erfordern bewußtes Leben: der Tod bedeutet das Ende jeglichen Bewußtseins.

Vielleicht wollen Sie in Wirklichkeit auch gar nicht sterben, sondern nur Ihr Leiden verringern. Der Wunsch nach Linderung Ihrer Qual kann Sie so verwirren, daß Sie einen tragischen Fehler begehen.

In der schlimmsten Phase meiner eigenen Depression erfüllte mich ein Gefühl absoluter Verlassenheit. Ich hatte den Wunsch, mich selbst zu verlassen. Meine Eltern hatten mich auf die verschiedenste Art und Weise zurückgestoßen. Der Mann, den ich liebte, hatte mich abgewiesen, und jetzt war ich versucht, mich selber abzulehnen. Ich fühlte mich absolut wertlos und vollständig außer Kontrolle.

Ich weiß heute noch nicht genau, was mich vom Abgrund zurückzog: der Wunsch zu leben, die Verantwortung für mein Kind oder das Bewußtsein, daß ich dem Schlimmsten ins Auge geblickt hatte. Irgendwie begann ich in kleinen Schritten wieder die Kontrolle über mein Leben zu gewinnen. Ich erhielt Hilfe. Ich säuberte mein Inneres von allem Unrat, ich putzte mein Haus, ich klärte meine Verantwortlichkeiten und geschäftlichen Dinge. Und schließlich fand ich Stückchen für Stückchen zu meiner eigenen Identität zurück. Ich hatte überlebt. In der Zeit der Depression führte ich ein Tagebuch, um mein Bewußtsein für das zu schärfen, was mit mir geschah. Die folgenden Auszüge machen deutlich, wie stark Gefühle sich ändern können.

Januar
Mein Aufstieg aus der Talsohle ist lang und beschwerlich gewesen. Irgendwann im letzten Jahr begann es mit mir bergab zu gehen. Ich konnte nicht mehr schreiben. Ich wurde immer weniger, bis ich fast nicht mehr vorhanden war. Es gab Zeiten, in denen ich glaubte, vor Schmerzen sterben zu müssen. Nachts, wenn ich nicht schlafen konnte, schrie ich wie ein Tier, das in der Falle sitzt. Auf Händen und Knien rutschte ich um das Kopfende meines Bettes herum. Ich dachte, ich könnte überhaupt nicht mehr aufhören zu weinen. Ich nahm mir fest vor, nicht noch einen weiteren Sommer zu vergeuden, bis zum Frühjahr wieder gesund zu sein. Dieses Jahr werde ich einen Garten anlegen, das letzte war völlig verloren.

April
Heute abend habe ich mich in mich selbst verliebt. In Wirklichkeit ist es so, daß ich schon eine ganze Weile geübt habe, mich in mich selbst zu verlieben. Wenn Sie glauben, sich in einen anderen Menschen zu verlieben sei etwas Herrliches, dann kann ich nur sagen, dieses Gefühl ist noch viel besser. Wirklich!

Was Sie tun können
Sie können sich natürlich immer für Selbstmord als letzten Ausweg entscheiden. Aber gerade heute gibt es so viele andere Lösungsmöglichkeiten. Wenn Sie Ihre Gefühle einigermaßen kontrollieren können und wenn Ihnen fachliche Unterstützung zur Verfügung steht, dann helfen Ihnen vielleicht die folgenden Vorschläge.
Feste Gewohnheiten: Schaffen Sie sich einen stützenden Rahmen, indem Sie eine überschaubare tägliche Routine festsetzen, die Sie kontrollieren können. Frühstücken Sie, erledigen Sie eine leichte Arbeit. Loben Sie sich selbst am Ende des Tages für das, was Sie geschafft haben. Sie leben!

Ernährung: Bevorzugen Sie gesunde Nahrungsmittel (Kräutertee, Vollkornerzeugnisse, Joghurt). Das gibt Ihnen das Gefühl, etwas für sich zu tun.
Schlaf: Finden Sie sich damit ab, daß Sie oft schon früh aufwachen, und stellen Sie sich darauf ein. Versuchen Sie nicht, sich zum Schlafen zu zwingen.
Umgebung: Es ist schwer, gleichzeitig für sich selbst und den Haushalt zu sorgen. Deshalb sollten Sie sich nur überschaubare Aufgaben vornehmen. Vermeiden Sie unnötige Arbeiten rund ums Haus, aber vergessen Sie nicht, die Blumen zu gießen. (Für mich war das jeden Tag ein Ziel: die Blumen zu gießen und zu pflegen, damit sie nicht eingingen.) Nehmen Sie sich eine Hilfe, wenn Sie es sich leisten können, oder bitten Sie eine Freundin, Ihnen zu helfen. (Ich hatte eine Frau, die zweimal wöchentlich nachmittags für zwei Stunden kam, um Ordnung zu schaffen, mir Gesellschaft zu leisten und Essen zu bringen.) Einmal am Tag sollten Sie nach draußen gehen und einen Spaziergang um den Block machen.
Vergnügen: Nehmen Sie sich nur vor zu überleben, aber lehnen Sie es nicht ab, gelegentlich ein bißchen Freude zu empfinden. Wenn wir einen Menschen betrauern, dann meinen wir manchmal, daß wir uns auch nicht für eine Minute wohl fühlen dürfen. In gewisser Weise trauern Sie in dieser Situation um sich selbst, um den Schmerz, den Sie aushalten mußten.
Legen Sie ein Sammelalbum für zukünftige Zeiten an oder einen Ordner mit Ideen (Modetips aus Zeitschriften, Verbesserungsideen für das Haus, Gartenpläne), die Sie realisieren möchten, wenn es Ihnen bessergeht.
Führen Sie Tagebuch, damit Sie verfolgen können, daß Sie sich täglich besser fühlen oder zumindest unterschiedlich an verschiedenen Tagen. Versuchen Sie, sich an kleinen Dingen zu erfreuen, aquarellieren Sie, entwerfen Sie Muster mit Filzstiften (häkeln Sie, stricken Sie oder setzen Sie Puzzles zusammen). Schmusen Sie mit Ihrem Haustier, wenn sie eins haben. Sehen Sie sich Fernsehsendungen an, die Sie besonders mögen. Lesen Sie Bücher noch einmal, die Sie besonders lieben. Versuchen Sie, jeden Tag wenigstens einmal das Haus zu verlassen, und wenn es nur zum Einkaufen ist.
Isolation: Verlassen Sie einmal in der Woche das Haus, um einen Ort aufzusuchen, an dem Sie andere Menschen treffen können. Überle-

gen Sie, ob Sie nicht Lust haben, Verantwortung für ein Haustier zu übernehmen, wenn Sie noch keins haben. Rufen Sie die Freunde an, mit denen Sie am vertrautesten sind. Schreiben Sie Briefe.

Hoffnungslosigkeit: Sprechen Sie sich als eine Art Litanei immer wieder bestimmte Sätze vor: «Diese Gefühle werden vorbeigehen», «Es wird mir bessergehen». Wenn Gedanken an die Vergangenheit oder die Zukunft Sie stören, sollten Sie sich in dieser Zeit nur mit der Gegenwart beschäftigen.

Sorgen Sie dafür, daß Sie stets einige Alternativen zu Ihrem Schutz zur Verfügung haben (eine Freundin, die bei Ihnen bleiben kann oder Sie aufnimmt; die Möglichkeit, in ein Krankenhaus zu gehen oder eine Tagespflege in Anspruch zu nehmen).

Gehen Sie jeder Gefahr aus dem Weg, die zu einem Rückfall führen könnte (Medikamentenmißbrauch usw.).

Denken Sie immer daran, daß Sie nicht allein sind.

Hilflosigkeit: Sie haben das Gefühl, nicht mehr Herr Ihres Lebens zu sein, und können nichts daran ändern. Das wird nicht so bleiben. Sie können in ganz kleinen Schritten die Kontrolle zurückgewinnen. Schon die Tatsache, daß Sie sich heute selbständig anziehen, ist ein solcher Schritt. Nach Ihrer Genesung werden Sie stärker, unabhängiger und besser in der Lage sein, die emotionale Seite Ihres Lebens zu kontrollieren, als je zuvor.

Sie sind müde, weil in Ihnen emotional so ungeheuer viel vorgeht. Äußerlich bringen Sie Ihrer Meinung nach nichts zustande; Ihre Apathie stürzt Sie in Schuldgefühle. Führen Sie sich immer wieder vor Augen, daß Sie im Augenblick die wichtigste Aufgabe Ihres Lebens bewältigen. Es spielt keine Rolle, wenn andere das nicht spüren, solange Sie sich nur selber dieser Tatsache bewußt sind.

Verrücktheit: Sie sind verrückt, wenn Sie nichts empfinden. Sie sind sich der Dinge bewußt, wenn Sie etwas fühlen. Es geht hier nicht um «Verrücktsein». Inneres Wachsen, Verwirrung und ambivalente Gefühle sind etwas Normales. Sie werden es schon schaffen.

Schuld- und Selbstwertgefühle: Anständige Menschen scheinen am ehesten unter Schuldgefühlen zu leiden. Denken Sie an die Vergebung. Sie sind es wert, daß man Ihnen vergibt. Sie würden einem anderen Menschen auch schnell vergeben. Eine der Hauptursachen dafür, daß Sie in einer depressiven Phase so leiden, ist der Verlust von Selbstwertgefühl.

Stellen Sie in einer Liste alle Ihre guten Eigenschaften zusammen, lassen Sie Ihre schlechten unberücksichtigt. Greifen Sie sich heraus, wie Sie gerne sein möchten, und bekräftigen Sie es sich selbst: «Ich bin liebenswert und tüchtig.»
Suchen Sie sich eine Teilzeitbeschäftigung, die Sie bewältigen können, oder helfen Sie einem Mitmenschen.
Stellen Sie sich selbst als ausgeräumten Geschirrschrank vor, Sie müssen vorsichtig vorgehen, wenn Sie die einzelnen Teile wieder in die Fächer einräumen.
Gehen Sie Menschen aus dem Weg, die Sie verletzen, kritisieren oder in irgendeiner Weise Ihr Selbstbewußtsein gefährden. Verschieben Sie Kontakte zu ihnen auf später, wenn Sie wieder stärker sind.
Sicherheit: Seien Sie vorsichtig, in einer depressiven Phase sind Sie langsamer. Ihre Reaktionszeit ist länger als sonst. Vermeiden Sie es, Auto zu fahren, oder seien Sie zumindest besonders vorsichtig.
Weinen: Sie dürfen jammern und klagen. Das tun wir alle.

Auch wenn Sie sich besser fühlen, sollten Sie darauf vorbereitet sein, daß unerwartet wieder Selbstmordgedanken auftauchen.
Wenn wir einen heftigen Aggressionsschub gegen uns selbst überstanden haben, zeigen sich oft gewisse Nachwirkungen. Vielleicht fühlen Sie sich eine Zeitlang geradezu euphorisch vor lauter Erleichterung. Sie glauben, über den Berg zu sein. Seien Sie vorsichtig, manchmal folgt diesem Hoch ohne Vorwarnung ein neues Tief. Es wird nur kurz sein, aber Sie müssen sich dagegen wappnen. Es ist, als ob Sie plötzlich die Kraft hätten, sich etwas anzutun, wozu Sie vorher durch Ihre tiefe Depression nicht in der Lage waren.
Wir alle können Geschichten über unsere Eltern erzählen. Sie mögen vielleicht nicht immer genau stimmen, aber sie entspringen den tiefsten Bereichen unseres Gefühlslebens. Ich kann nicht über dieses Thema schreiben, noch mir selbst und anderen aus Depressionen heraushelfen, ohne meinen Vater zu erwähnen.
Die Vorfahren meines Vaters waren über Generationen walisische Bergarbeiter. Er war ein hervorragender Sportler, der in seiner Heimat Rugby und Cricket spielte und boxte. Mit sechzehn begann er im Bergwerk zu arbeiten, und er zeigte mir oft den Kohlenstaub, der sich an einigen Stellen unter seiner Haut abgesetzt und blaue Pünktchen wie bei Tätowierungen hinterlassen hatte.

Er war charmant, beliebt bei Männern wie bei Frauen und hatte einen wunderbaren Tenor. Er war einer der Lokalhelden, höflich, großzügig und wild. Er unterrichtete in der Sonntagsschule und hatte einen starken Hang zur Gewalttätigkeit.
Es würde zu weit führen, an dieser Stelle seine ganze Familie zu analysieren, gesagt sei nur, daß seine Mutter mit erstaunlicher Kraft und Bestimmtheit versuchte, ihn und seine Schwestern an sich zu binden. Mit fünfundzwanzig floh er nach London. Seine Mutter hatte versucht, ihn an seinen sportlichen Aktivitäten zu hindern, hatte seine Boxhandschuhe vergraben und jede Frau schikaniert, für die er sich interessierte.
Er war mit der Rugby-Mannschaft, die in seiner Grafschaft die Meisterschaft gewonnen hatte, nach London gefahren und lernte in einem Pub ein paar Polizisten kennen. Sein Charme und seine erstaunliche Geschicklichkeit im Darts-Spielen ließen ihn in ihren Augen als besonders geeignet für den Polizeidienst erscheinen. Nach Wales zurückgekehrt, beschloß er, endgültig nach London zu gehen und dort die Polizeischule zu besuchen. Er wurde Kriminalbeamter bei Scotland Yard und gewann schließlich die Meisterschaft im Mittelgewicht (Boxen) der Londoner Polizei. Meine Mutter war eine Polizistin, die ihm an Charme und Anziehungskraft nicht nachstand; sie heirateten, trotz der Einwände beider Familien, nur aus einem einzigen zwingenden Grund – aus Leidenschaft. Darin waren sich meine Eltern einig. Sie hatten nichts Gemeinsames außer einer ungeheuren sexuellen Anziehungskraft. Sie stammte aus einer britischen Aristokratenfamilie mit allen damit verbundenen Ansprüchen und Wünschen, war aber mittellos.
Nach dem Zweiten Weltkrieg beschloß meine Mutter, in die Vereinigten Staaten auszuwandern. In England gab es wenig Hoffnung auf finanziellen Aufstieg, und ihre Ansprüche waren höher. Vater liebte seinen Dienst bei der Polizei, und er liebte sein Land, kam aber trotzdem vier Monate nachdem wir anderen im östlichen Washington angekommen waren, nach.
Es gab viele Kämpfe, Pläne, nach England zurückzukehren, und eine Menge Jobs. Eine Zeitlang war er Kaufhaus-Detektiv. Er fand das demütigend, aber man konnte sich erst bei der Polizei bewerben, wenn man amerikanischer Staatsbürger war. Als er dann schließlich die Staatsbürgerschaft hatte, war er zu alt für den Polizeidienst.

Vater arbeitete als Schlachter in einer Fleischwarenfabrik, als Stahlarbeiter und, nachdem seine Hand bei einem Unfall im Walzwerk zerquetscht worden war, als Immobilienmakler. Sein Charme kam ihm dabei sehr zugute. Die Menschen hörten ihm gerne zu, mit seinem Akzent, seinem Humor und seinen herrlichen Geschichten aus der Welt der Minen und des Polizeidienstes.

Er vermißte die Polizeiarbeit und das Gefühl von Kompetenz und Gemeinschaft, das sie ihm vermittelt hatte. In der Gemeinde gewann er durch vielerlei kleine Aktivitäten Ansehen. (Bei seiner Beerdigung stellten wir fest, wie vielen Menschen er geholfen hatte. Ich wußte davon überhaupt nichts. Wir hatten nie darüber gesprochen.) Einmal sagte er, daß er davon träume, in sein Dorf in Wales zurückzukehren, bekleidet mit einem seidenen Anzug.

Geld war nie genug vorhanden. Mit dem Verdienst meiner Mutter wurde oft die Miete bezahlt, und er wußte es. Es gab lange Phasen, in denen er hemmungslos trank. Als Grundschulkind fand ich ihn abends oft zusammengebrochen in der Auffahrt liegen. Er war so schwer, daß ich ihn nicht bewegen konnte, deshalb legte ich ihm ein Kissen unter den Kopf und deckte ihn mit einer Decke zu. Mutter sagte, das seien Ohnmachtsanfälle, die von einer alten Verletzung in der Mine herrührten. Erst im Alter von vierzig Jahren wurde mir klar, daß er bis zum Umfallen getrunken hatte.

Während all der Jahre, in denen ich heranwuchs, sprachen wir nie miteinander. Er sang wundervolle Lieder, die meine Mutter auf dem Klavier begleitete, sah endlos Sportsendungen im Fernsehen, besonders die Wettkämpfe freitags abends, arbeitete, trank und wurde manchmal uns allen gegenüber gewalttätig. Ich konnte die Kraft, die von ihm ausging, nie richtig verstehen.

Für mich war er immer viel wichtiger als meine Mutter. Ich spürte, daß er charakterlich tiefer veranlagt, leidenschaftlicher und stärkerer Gefühle fähig war als irgend jemand sonst, den ich kannte, aber wir sprachen nie miteinander. Einmal kam er und besuchte mich zum Vatertag im College. Er bezauberte meine sämtlichen Freundinnen mit seinem Charme, und alle wünschten sich einen Vater wie ihn. Sogar da empfand ich das Ganze als schlechten Scherz auf unsere Kosten und als etwas, womit ich nichts zu tun haben wollte.

Ich entfernte mich mit meinem eigenen Leben und meinen Problemen von ihm, aber er folgte mir emotional wie ein Schatten. Er

hatte geschäftlich mehr Erfolg, versuchte einmal, sich von meiner Mutter zu trennen, testete seine Männlichkeit auf verschiedene Weise (Frauen, Cricketspielen in der Lokal-Liga, Gewalttätigkeit), trat wieder in die Kirche ein und beschloß, Wales zu besuchen.
Mit 55 kehrte er in sein Dorf zurück (seine Eltern waren beide tot), bekleidet mit einem seidenen Anzug. Es war das erste Mal, daß er allein gereist war, und es hatte ihm scheinbar gefallen. Wir sprachen allerdings nie darüber.
Damals wußte ich es noch nicht, aber nach seiner Rückkehr wurde er immer gewalttätiger. In ihrer Verzweiflung hatte meine Mutter seinen Arzt überredet, ihm Medikamente zu geben, in der Hoffnung, irgend etwas zu finden, das ihm helfen würde. Der Arzt sagte ihr, daß er praktisch nur von seiner Mutter spreche. Er lehnte jeden Therapeuten ab. Manchmal mußte meine Mutter bei Freunden bleiben, weil es mit ihm zu Hause zu gefährlich war.
Einmal rief er mich spätabends von einer Bar aus an. Er war tief deprimiert. Er klagte, daß er sein Leben lang nur für die Erwartungen anderer gelebt habe und nie für seine eigenen. «Ich weiß weder, wer ich bin, noch was ich will, und jetzt ist alles zu spät.» Ich wußte nicht, was ich ihm sagen sollte. Er war 1500 Meilen weit weg, und ich kämpfte selber um mein Überleben. Ich hatte wirklich keine Vorstellung, wie ich ihm helfen konnte. Ich beruhigte ihn, es sei nicht zu spät, und er habe durchaus noch die Möglichkeit, sein Leben so zu leben, wie er es sich vorstelle. Er sagte, er wünschte, England nie verlassen zu haben. Dann unterhielten wir uns über Winston Churchill. Vater war sechsundfünfzig.
Nach unserem Gespräch ging er nach Hause; meine Mutter hielt sich bei Freunden auf, weil er gedroht hatte, sie zu töten. Er suchte alle Bilder zusammen, die es von ihm im Haus gab, steckte sie in den Ofen und verbrannte sie.
Vater zog seinen Schlafanzug an, nahm die gesamten Beruhigungstabletten, die der Arzt ihm verschrieben hatte, trank einen fünften Scotch und starb. Mutter fand ihn, als sie zurückkam, um sich zur Arbeit umzuziehen.
Er stammte aus einer anderen Zeit, gehörte einer anderen Generation an. Er hielt nichts davon, über Gefühle oder sich selber zu reden. Seiner Ansicht nach waren Therapeuten Spinner, und wer zu ihnen ging, mußte verrückt sein. Für ihn gab es im Leben keinerlei Alterna-

tiven; was immer man begonnen hatte, mußte man auch durchstehen.

Ich brauchte Jahre, um ganz zu erkennen, welches Erbe und welches Geschenk er mir mitgegeben hatte. Das Erbe bestand aus Leidenschaft und Schmerzen. Mir wurde nach meiner eigenen Depression klar, daß ich mich würde vorsehen müssen, wenn ich nicht in seine Fußstapfen treten wollte – ich meine nicht seinen Lebensstil, sondern seinen Selbstmord. Ich merkte auch, daß er mir etwas von seinem Charme mitgegeben hatte, ein bißchen von seinem Ehrgefühl, seinem Gemeinschaftssinn, seinem Humor, seinem leidenschaftlichen, tiefen Empfinden – und seine braunen Augen, die außer ihm und mir niemand in der Familie hatte.

Länger dauerte es, bis ich verstand, welche Gabe ich ihm verdankte. Sie veränderte mein Leben und führte dazu, daß ich meine Universitätskarriere aufgab. Mir wurde klar, daß ich, wenn ich nicht meinem Herzen folgen und meine wahren Wünsche herausfinden würde, eines Tages eines meiner Kinder anrufen und ihm das Herz brechen könnte.

Damals hatte ich nicht gewußt, was ich ihm sagen sollte. Ich wollte sicherstellen, daß ich wenigstens meine eigenen Fragen beantworten konnte. Denken Sie immer daran, wie wichtig es ist, sich Fragen zu stellen und auf die Antworten zu hören, die aus Ihrem tiefsten Inneren kommen.

- Finden Sie heraus, was Sie wollen.
- Verschaffen Sie es sich.
- Sie haben Anspruch darauf.
- Sie haben Anspruch auf Unterstützung – bitten Sie um Hilfe.

Daran sollten Sie denken

Halten Sie das ein, was Sie sich in Ihrer tiefsten Depression vorgenommen haben. Lassen Sie nicht in Ihren Bemühungen nach, durch all Ihre Schmerzen zur anderen Seite durchzustoßen.

Auch die schmerzlichsten Gefühle gehen einmal vorüber.

Ich brauche mehr Hilfe: Was ist eine Depression, was kann ich tun?

Depressionen können auf zahlreichen Ursachen beruhen. Je nach individueller Physis und Persönlichkeitsstruktur reagiert jeder Mensch anders. Drei Bereiche, auf die man ein besonderes Augenmerk richten sollte, sind organisch-körperlich bedingte Depressionen, Depressionen durch Anpassungsschwierigkeiten und Streß sowie Depressionen, die durch großes Leid verursacht werden.

Depressionen mit organisch-körperlichen Ursachen
Verschiedene organische Störungen können Gehirnfunktionen beeinträchtigen und eine Gemütsverfassung begünstigen, die zu depressiver Verstimmung und Selbstmordgedanken führt. Die meisten dieser Stimmungen sind vorübergehender Natur. Manche zeigen allerdings auch das Bild einer lang anhaltenden mentalen Störung. Die Symptome reichen von einem Gefühl der Leere, dem Empfinden, daß irgend etwas mit Ihnen nicht stimmt, bis zu vollständigem Realitätsverlust und der Unfähigkeit, den eigenen Körper unter Kontrolle zu halten.
Beispiele für derartige organische Ursachen sind:
- hormonelle Störungen durch verschriebene Medikamente oder unerlaubte Drogen, durch Anti-Baby-Pillen, Krankheit, Veränderungen nach einer Entbindung, Infektionen, postoperativen Streß
- Müdigkeit als Folge von Streß, Krankheit, Verletzung, Infektion, Medikamenteneinnahme oder -mißbrauch
- Das Klimakterium mit all seinen physischen und psychischen Veränderungen
- Das prämenstruelle Syndrom (PMS)
- Unausgewogene Ernährung (Du bist, was du ißt)
- Störungen des Gehirns und des zentralen Nervensystems durch die Alzheimersche Krankheit, Schizophrenie, Drogenabhängigkeit, manisch-depressive Phasen oder andere chronische Leiden

Suchen Sie Hilfe bei einem Arzt, der sich auf organisch bedingte Depressionen spezialisiert hat. Nur wenige Therapeuten und Ärzte wissen über diese Probleme wirklich Bescheid, deshalb sollten Sie besondere Mühe darauf verwenden, einen kompetenten Facharzt zu finden.
Verschaffen Sie sich Informationen, indem Sie soviel wie möglich lesen, erkundigen Sie sich bei Experten für Ernährungsfragen, endokrine (hormonelle) Probleme, PMS, klimakterische Beschwerden.

Lassen Sie sich von einem Spezialisten helfen, aber fühlen Sie sich auch selbst für Ihre Heilung verantwortlich, oder erarbeiten Sie Strategien, mit deren Hilfe Sie sich in Ihrer Situation besser zurechtfinden.
Medikamentöse Behandlung kann bei allen Formen von Depressionen helfen. Sie brauchen dazu aber einen Arzt, der Sie berät, einen Psychiater, der Erfahrung im Einsatz von Psychopharmaka besitzt. Nehmen Sie nicht einfach jedes verordnete Medikament. Erkundigen Sie sich nach Nebenwirkungen (physischen und psychischen) und nach der Gefahr, süchtig zu werden. Wenn Sie keine Antworten auf Ihre Fragen erhalten, sollten Sie lieber zu einem anderen Arzt gehen. Viele medizinische Notfälle bei Depressionen gehen auf den unsachgemäßen Gebrauch von Psychopharmaka zurück.
Erkundigen Sie sich in Ihrer Stadt nach einem Frauenzentrum, wo Sie Informationen, Empfehlungen und Ratschläge ohne überkommene Vorurteile erhalten.

Depressionen durch Anpassungsschwierigkeiten und Streß

Diese Form der Depression steht oft im Zusammenhang mit bestimmten Charaktereigenschaften. Sie mißachten Ihre persönlichen Leistungsgrenzen, verlieren Ihre Spannkraft und sind Belastungen des Lebens nicht mehr gewachsen. Diese Erscheinung entspricht dem «Nervenzusammenbruch» früherer Generationen.
Unter körperlicher und seelischer Erschöpfung leiden Frauen, denen Arbeit und Verantwortung (Versorgung kleiner Kinder, finanzielle Probleme usw.) über den Kopf wachsen und die zuviel von sich selbst verlangen. Perfektionisten, die alles unter Kontrolle haben müssen, um sich sicher und selbstbewußt zu fühlen, geraten am Ende oft aus der Bahn.
Die Intensität solcher Gefühle variiert von alltäglichem Kummer und Frustrationen bis hin zu Selbstmordgedanken. Diejenigen von uns, die unter einem Gefühl der Unzulänglichkeit leiden, sich zu sehr bedrängt fühlen und sich für unfähig halten, in sie gesetzte Erwartungen zu erfüllen, fangen an, den Glauben an sich selbst zu verlieren.

Durch Leid verursachte Depressionen

Eine weitere Art von Depressionen wird durch ein besonderes Ereignis oder durch einen Verlust verursacht. Dabei kann es sich um einen schweren Verlust handeln, wie den Tod eines geliebten Menschen, oder auch nur um das Verpassen einer Chance. Der Verlust des Arbeitsplatzes oder einer Aufstiegsmöglichkeit, das Verpassen einer günstigen Gelegenheit, Zurückweisungen in verschiedenster Form, Verlassenwerden, Pensionierung, Verlust der Heimat (Flüchtlinge), Trennung von der Familie oder von Freunden, der Verlust einer Aufgabe, Unfähigkeit, Ortswechsel (der immer auch einen Verlust vertrauter Dinge zur Folge hat), Feuer, Diebstahl, Zerstörung, Ungerechtigkeit, unfaire Behandlung – all das kann möglicherweise eine Depression auslösen.

Wir alle müssen im Leben Verluste hinnehmen. Ein paar Stunden oder ein Leben lang empfinden wir ein Gefühl der Leere, meinen, neben uns selbst zu stehen, und spüren, daß etwas fehlt. Wir müssen den Schmerz akzeptieren. Seelischer Schmerz, der angenommen wird, kann seine Schärfe verlieren. Sie haben Grund zu trauern. Ihre Niedergeschlagenheit ist verständlich.

Was Sie tun können

Die meisten von uns greifen zur Selbsthilfe, wenn es um durch Streß oder Leid verursachte Depressionen geht, und das kann unter Umständen auch genügen. Versuchen Sie es mit Ruhe, gesunder Ernährung und der Hilfe Ihrer Freunde oder anderer Menschen, die ähnliche Erfahrungen hinter sich haben. Es gibt viele Möglichkeiten, Hilfe und ein ruhiges Plätzchen zu finden.

Sie können Kontakt mit irgendeinem Menschen aufnehmen, der Ihr Problem kennt, und versuchen, mit ihm darüber zu reden. Schon der Versuch auszusprechen, wie Sie sich fühlen, kann die Situation verändern.

Beschaffen Sie sich Bücher zu dem Thema, das Sie beschäftigt, oder ganz allgemein zum Thema Depression. Rufen Sie bei einer Beratungsstelle an, die sich auf die Art von Hilfe spezialisiert hat, die Sie brauchen. In den meisten Städten gibt es Beratungsstellen für Scheidungen, Krebserkrankungen, Tod eines Ehepartners, häusliche Gewalt, Alkohol- und Drogenprobleme.

Versuchen Sie herauszufinden, ob es sich nur um zeitweilige Anpassungsschwierigkeiten handelt oder um ein längerfristiges Verhaltensmuster. Schon das Auflisten von Streßsituationen und Verpflichtungen, die Ihnen über den Kopf wachsen, kann die Last verringern. Überprüfen Sie genau Ihre Gedanken und Ihre fortschreitende Genesung. Bitten Sie um mehr Hilfe, wenn Sie mehrere Tage lang ein Gefühl der Hoffnungslosigkeit empfinden oder keine Kontrolle mehr über sich zu haben glauben. Sie haben hart daran gearbeitet, Ihre Depression in den Griff zu bekommen, und Sie haben es verdient, Fortschritte zu machen und gesund zu werden.

Wenn Sie den Eindruck haben, daß Ihre Depression immer wieder auftritt, dann müssen Sie den Teufelskreis durchbrechen. Eine ganze Serie von Krisen, eine Reihe ähnlich verlaufender Beziehungen, zu viele verlorene oder unbefriedigende Jobs, zuviel Ärger, zu viele Schikanen, ein länger andauernder Mangel an Selbstwertgefühl erfordern Verständnis und Veränderungen. Falls Freunde Ihr Verhalten unangemessen finden, sollten Sie ihnen zuhören. Sie machen sich Sorgen um Sie. Folgende Möglichkeiten, intensive Hilfe und weitere Informationen zu erhalten, bieten sich:

Selbsthilfegruppen

Wenn sich bei Ihnen Symptome zeigen, die auf eine mittlere bis schwere Depression schließen lassen, dann brauchen Sie Führung, die Ihnen hilft, einen besseren Weg zu finden. Vielleicht finden Sie entsprechenden Rat in einer Selbsthilfegruppe oder bei einem Therapeuten.

Es gibt Selbsthilfegruppen für alle möglichen Lebenskrisen, die Depressionen verursachen können: Verlust eines Ehepartners, Scheidung, Tod eines Kindes, Krankheit (Krebs, Multiple Sklerose, Alzheimersche Krankheit usw.), Operationsfolgen (Brustamputation, Kolostomie usw.), Einsamkeit, häusliche Gewalt, Mißhandlung (sexueller Mißbrauch, sexuelle Gewalt). Solche Gruppen vermitteln Informationen, geben praktische Ratschläge, haben Verständnis für Ihre Probleme und stärken Ihr seelisches Gleichgewicht. Man kann sie über Krankenhäuser, kommunale Informationsstellen, Notdienste und soziale Einrichtungen finden. Es gibt Gruppen für bestimmte Probleme und solche, die keinen spezifischen Schwerpunkt haben. Ich selbst war 15 Jahre lang Mitglied einer Freundschaftsgruppe. Wir trafen uns einmal monatlich und besprachen alles, was uns wichtig erschien. Ich lernte dadurch, die Welt auch einmal aus anderen Blickwinkeln zu sehen, und machte die Erfahrung, daß ich anderen Menschen nicht gleichgültig war. Solche Freundschaftsgruppen können Sie in eigener Regie bilden, aber auch über Frauenorganisationen oder kirchliche Gruppen. Wenn Sie keiner informellen Gruppe angehören, dann rufen Sie doch eine ins Leben, oder suchen Sie so lange, bis Sie eine finden, die Ihnen gefällt. Die Verpflichtungen, die Sie eingehen, sind kaum der Rede wert, Sie können austreten, wann Sie wollen. Die Unterstützung, die Sie in einer solchen Gruppe finden, kann Ihnen in Ihrer Depression eine große Hilfe sein.

Gruppentherapie
Therapiegruppen haben eine andere Zielsetzung, da sie von einem Therapeuten geleitet werden. Sie können sowohl während einer Depression Hilfe bieten als auch das soziale Umfeld schaffen, das Ihnen die Möglichkeit bietet, gesund zu werden und sich selber besser verstehen zu lernen. Eine solche Therapiegruppe kann sowohl von Ihrem eigenen Therapeuten als auch von einer kommunalen Gesundheitseinrichtung, einem Krankenhaus oder einer kirchlichen oder freien Organisation angeboten werden. Ihre Wahl sollten Sie erst nach sorgfältiger Prüfung treffen. Die anschließend aufgeführten Anhaltspunkte können Ihnen dabei helfen.
Das wichtigste bei jeder Gruppe ist, daß Sie sich geborgen, umsorgt, sicher fühlen und daß Sie lernen, durch Ihre Depression und Ihren Schmerz innerlich zu wachsen.

Frauenhäuser
In zahlreichen Krisensituationen bieten auch Frauenhäuser Hilfe an, z. B. bei Vergewaltigung und Belästigung, Selbstmordgefahr, Schwangerschaft, Abtreibung und häuslicher Gewalt. Ihre Anschriften sind im Telefonbuch zu finden, können aber auch über kommunale Informationsstellen, die Polizei, Notfallstationen oder Krankenhäuser erfragt werden.

Therapeuten
Therapeuten, die privat praktizieren, können Sie über Freunde, andere Ärzte oder im Branchenfernsprechbuch ausfindig machen. Sie können es aber auch über Sozialstationen, Kliniken oder private

Hilfsgruppen versuchen. Wählen Sie aus den gesamten Namen schließlich drei aus, die Ihnen besonders empfohlen wurden, und vereinbaren Sie mit diesen Therapeuten jeweils einen Termin. Viele Therapeuten berechnen diese erste Sitzung überhaupt nicht oder verlangen nur ein ermäßigtes Honorar.

Die besten Therapeuten werden einen vertrauenerweckenden, warmherzigen, nachdenklichen Eindruck auf Sie machen und sich Ihnen gegenüber verständlich äußern. Nachdem Sie die drei ausgewählten Therapeuten aufgesucht haben, sollten Sie entscheiden, welcher Ihnen das Gefühl gibt, wirklich helfen zu wollen, wer Ihnen Vertrauen und Achtung einflößt, eine integre Persönlichkeit zu sein scheint und bei wem Sie innerlich ein gutes Gefühl haben. Seien Sie auf der Hut vor Therapeuten, die aufdringlich sind, Ihnen schnelle Besserung versprechen und gar nicht auf das achten, was Sie sagen.

Nach einigen Wochen sollten Sie versuchen, eine Bilanz Ihrer Fortschritte zu ziehen und mit Ihrem Therapeuten zu besprechen. Sie sollten aber berücksichtigen, daß bei persönlichen Problemen durch die Auseinandersetzung mit schmerzhaften Erlebnissen manchmal erst eine Verschlechterung des Zustandes eintritt, ehe sich die Situation bessert.

Wegen ihrer Bedeutung für den Erfolg einer Therapie möchte ich hier einige Rechte aufführen, die Sie als Patientin bei einer Psychotherapie haben.

Sie haben das Recht:
- Fragen zu allen Einzelheiten der Therapie zu stellen.
- Zu erfahren, ob der Therapeut Zeit für Sie hat, und wenn das nicht der Fall ist, wie lange Sie auf einen Termin warten müßten.
- Informationen über Voraussetzungen zu fordern, die für Ihre Therapie von Bedeutung sein können, wie z. B. über Wertvorstellungen, Background, Haltung und Lebenserfahrung des Therapeuten – und in respektvoller Weise fundierte Antworten zu erhalten.
- Ziele der Therapie zu bestimmen und auszuhandeln und nötigenfalls diese Ziele später erneut zur Diskussion zu stellen.
- Über die Grenzen der Vertraulichkeit bei Therapie-Sitzungen informiert zu werden – mit wem wird der Therapeut Ihren Fall diskutieren?
- In vollem Umfang den Inhalt der begleitenden Berichte zu erfah-

ren, sowohl der schriftlichen Protokolle als auch der Bandaufzeichnungen, und darüber aufgeklärt zu werden, wer Zugang zu diesen Berichten hat.
- Die Diagnose zu kennen (falls der Therapeut sich in der Beziehung festlegt).
- Die voraussichtliche Dauer der Therapie zu erfahren, die nach Meinung des Therapeuten notwendig ist, um zum Ziel zu kommen.
- Über die speziellen Behandlungsmethoden Ihres Therapeuten informiert zu werden (Gespräch, Körperübungen, Hausaufgaben, Einsatz von Medikamenten).
- Die Form der Therapie selber zu wählen (Einzel-, Familien- oder Gruppentherapie).
- Jederzeit Fragen zurückzuweisen.
- Den Therapeuten um eine Beurteilung Ihrer Fortschritte zu bitten.
- Alle Aspekte Ihrer Therapie mit Außenstehenden zu diskutieren, was auch die Konsultation eines anderen Therapeuten einschließt.
- Von Ihrem Therapeuten zu verlangen, daß er mit Ihrer schriftlichen Einwilligung einen Bericht über durchgeführte Maßnahmen an einen anderen qualifizierten Therapeuten oder an eine Organisation schickt.
- Kopien Ihrer Krankenberichte zu verlangen.
- Ihrem Therapeuten die Erlaubnis zur Veröffentlichung von Einzelheiten Ihres Falles entweder zu erteilen oder zu verweigern.
- Über die Kosten der Therapie und die Zahlungsmodalitäten informiert zu werden (einschließlich der Frage, ob die Krankenkasse diese übernimmt).
- Die Bedingungen des Therapeuten im Hinblick auf versäumte Sitzungen, Ferienzeiten, telefonische Beratung außerhalb der Therapiestunden und Versicherungsschutz zu wissen.
- Die Therapie jederzeit zu beenden.
- Sich an die jeweilige Berufsorganisation zu wenden, wenn Sie in bezug auf das Verhalten des Therapeuten Zweifel oder Beschwerden haben.

Probleme während der Therapie

Oft gehen wir zu einem Therapeuten, wenn wir gerade mitten in einer Krise stecken, und haben in dieser Situation gar nicht die Möglichkeit, lange auszuwählen. Vielleicht fühlen Sie sich anschließend verpflichtet, diesem Therapeuten auch weiterhin treu zu bleiben. Sie merken zwar, daß er oder sie nicht gerade das Beste für Sie ist, aber Sie haben Hemmungen, es zu sagen oder auch nur vor sich selber einzugestehen.

Für den Fall, daß Sie den Therapeuten wechseln, brauchen Sie nicht wieder ganz von vorne zu beginnen. Normalerweise haben Sie schon nach einer Sitzung wieder Anschluß gefunden. Alle Therapeuten sind sich darüber im klaren, daß Patienten ihr Recht in Anspruch nehmen, sich nach etwas Besserem umzusehen, wenn sie ihre erste Entscheidung für falsch halten. Nur ein sehr problematischer Therapeut wird versuchen, Sie zum Bleiben zu überreden – es sei denn, die Situation gehört unter die unten beschriebene Kategorie «festgefahren».

Sie sparen Zeit, Geld und Ärger, wenn Sie einen Therapeuten wählen, von dem Sie wissen, daß Sie gut mit ihm zusammenarbeiten können. Ich habe zwei Jahre Therapie bei einem konservativen Therapeuten gemacht, mit dem Erfolg, daß ich immer depressiver wurde. Ich erhielt keinerlei Rückmeldung von ihm, er ließ mich einfach hängen. Ein Freund überredete mich schließlich, zu einem Therapeuten zu wechseln, der stärker lenkend arbeitete, und innerhalb von drei Monaten ging es mir gut, und ich brauchte die Beratungen nicht mehr.

Wenn Sie von einer sozialen Einrichtung beraten werden, versucht man Ihnen unter Umständen einzureden, daß nur ein bestimmter Therapeut in Frage kommt. Das kann vor allem bei der Familienberatung vorkommen. Verlassen Sie sich auf Ihr eigenes Urteil, auch wenn Sie sich gerade in einer Krise befinden, halten Sie sich vor Augen, daß es verschiedene Möglichkeiten gibt, und bestehen Sie höflich auf Ihrem Recht, einen weiteren Therapeuten zu Rate zu ziehen.

Die Situation ist festgefahren. Bei jeder Therapie gibt es Zeiten, in denen wir nicht weiterkommen. Die Erkenntnisse, denen wir ausgesetzt werden, sind zu schmerzlich; wir wollen nicht länger an diesem Problem arbeiten; oder wir sind einfach erschöpft. Wenn Sie derartige Empfindungen haben, sollten Sie mit Ihrem Therapeuten darüber sprechen, ehe Sie sich für einen Abbruch der Sitzungen entscheiden. Wenn Sie länger als einen Monat auf der Stelle treten, dann sollten Sie überlegen, ob Sie nicht zu einem anderen Therapeuten wechseln, der eher in der Lage ist, Ihnen zu einem Durchbruch zu verhelfen.

Es ist Zeit, die Therapie zu beenden. Manche Therapeuten sagen Ihnen, wann es Zeit ist, die Therapie zu beenden, und helfen Ihnen, sich auf eigene Füße zu stellen. Andere versuchen, Sie aus Eigennutz so lange wie möglich zu halten. Wenn Sie das Gefühl haben, daß Ihre Therapie abgeschlossen ist, sollten Sie größere Abstände zwischen den einzelnen Sitzungen vorschlagen und über die Beendigung der Therapie sprechen.

Die Kosten sind zu hoch. Jede Therapie ist für ein Budget, in dem sie nicht vorgesehen war, zu teuer. Die meisten von uns sehen es als selbstverständlich an, daß wir für unseren Strom bezahlen, nicht aber für unsere psychische Gesundheit. Therapeuten in sozialen Einrichtungen, Krankenhäusern oder freien Praxen nehmen sehr unterschiedliche Honorare, und auch die Frage, ob und in welchem Umfang Versicherungen für die Kosten aufkommen, kann nicht einheitlich beantwortet werden.

Oft fällt es nicht leicht, sich von diesem Geld zu trennen, vor allem während einer seelischen Krise. Vielleicht wissen wir auch nicht genau, ob unser Einkommen weiterhin so hoch bleibt wie bisher. Die unangenehme Wahrheit aber ist: Ohne psychische Gesundheit nützt Ihnen alles andere gar nichts.

Manchmal habe ich meine alten Möbel angesehen und mir vorgestellt, daß ich etwas so Konkretes wie einen Eßtisch statt einer zweimonatigen Therapie haben könnte.

Aber dann machte ich mir klar, daß ich diesen Tisch auch später kaufen könnte, wenn ich erst wieder ganz gesund war.

Mein Therapeut macht sexuelle Annäherungsversuche. Sexuelle Kontakte zwischen Ihnen und Ihrem Therapeuten sind, in welcher Form auch immer, destruktiv und unmoralisch. Sie begeben sich seelisch in große Gefahr, wenn Sie irgendwelche sexuelle Intimitäten zulassen. Der Therapeut weiß sehr wohl, daß Sie innerlich abhängig von ihm sind, und seine Annäherungsversuche sind einer Vergewaltigung vergleichbar.

Lassen Sie sich keinesfalls darauf ein; lehnen Sie es ab, ein weiteres

Treffen zu vereinbaren, und ringen Sie sich dazu durch, das Vorgefallene der zuständigen Aufsichtsinstanz zu melden. Vielleicht können Sie dadurch die nächste Patientin, die nicht so stark ist wie Sie, vor den gleichen Belästigungen bewahren.

Mein Therapeut ist Sexist. Einige Therapeuten, vor allem Analytiker und kirchlich gebundene Berater, sind Frauen gegenüber sehr voreingenommen. Sie sind noch alten Wertvorstellungen verhaftet, die Frauen nur begrenzte Möglichkeiten zugestehen. Meiden Sie jeden Therapeuten, bei dem Sie das Gefühl haben, daß er gar nicht begreift, was es heißt, heute eine Frau zu sein.

Es gibt erschreckende Beispiele für solchen Sexismus und die Gefahren, die sich für die betroffenen Frauen aus ihm ergeben können:

Ein Opfer häuslicher Brutalität wird vom zuständigen Geistlichen aufgefordert, nach Hause zu gehen, dem Ehemann zu verzeihen und eine bessere Ehefrau zu werden, dann werde ihr Mann sie auch nicht mehr schlagen. Die Gewalttätigkeiten wiederholen sich, und sie erhält jedesmal wieder den gleichen Rat. Niemand hat ihr je geraten, gerichtlich gegen derartige Tätlichkeiten vorzugehen.

Ein kleines Mädchen soll auf die Knie fallen und den Vater um Vergebung dafür bitten, daß es ihn verführt habe. Es wird weiterhin sexuell mißbraucht, und eine Anzeige gegen den Vater unterbleibt. Der Geistliche wollte vermeiden, daß die Familie in Schwierigkeiten geriet.

Eine depressive Frau, die sich zu Hause einsam und nutzlos fühlt, möchte sich über Schul- und Fortbildungsmöglichkeiten beraten lassen. Der Berater erklärt, daß viele Frauen in ihrem Alter frustriert seien und daß sie sich vielleicht dadurch beschäftigen könne, daß sie Tennisspielen lerne.

Eine Frau, die vergewaltigt wurde, wird von einem Therapeuten gefragt, ob ihr die unzüchtigen Handlungen Spaß gemacht hätten, ob sie zum Orgasmus gekommen sei und ob sie unbewußt anziehend auf ihren Angreifer habe wirken wollen. Sie ist nicht nur ein Opfer der Vergewaltigung, sondern auch des Therapeuten.

Einer jungen Frau mit ausgeprägten lesbischen Neigungen wird geraten, zu heiraten und ein Baby zu bekommen, dann würden ihre lesbischen Gefühle von ganz allein vergehen. Aber was geschieht mit ihr,

ihrem Mann und ihren Kindern, wenn ihre ungelösten sexuellen Probleme wieder aufbrechen?
Bei Eheberatungen stimmt der Therapeut häufig mit dem Ehemann überein, schließt sich dessen Sicht der Dinge und dessen Darstellung des Konflikts an. Sobald die Ehefrau auf ihre Bedürfnisse zu sprechen kommt, ermahnt er sie, an ihre Kinder zu denken.
In der Regel zeigt sich Sexismus in der Therapie auf eine subtilere Art als in diesen Beispielen. Manchmal ist er auch an der Sprache zu erkennen – «Liebling», «Schätzchen», «Mein gutes Mädchen» – oder in anzüglichen Bemerkungen über Ihre Figur und Ihre Attraktivität. Sie werden ein solches Verhalten als Mangel an Verständnis und Unterstützung empfinden. Wechseln Sie den Therapeuten. Allerdings bietet auch eine Therapeutin keine Garantie dafür, daß es im Verlauf der Behandlung keinen Sexismus gibt.
Ich brauche eine «Auffrischung». Die meisten von uns würden gerne ihre Therapie beenden, in der Hoffnung, nie wieder einen Therapeuten aufsuchen zu müssen. Aber das Leben geht weiter, und wir werden reifer, verändern uns und sind Konflikten ausgesetzt. Alle paar Jahre spüren Sie vielleicht, daß eine weitere Therapie nötig ist. Es kann sein, daß Sie lieber einen anderen Therapeuten aufsuchen. Ich suchte Rat, als ich erneut heiraten wollte, und später, als ich meine Stieftochter kennenlernen sollte. Wahrscheinlich werde ich in Zukunft noch weitere «Auffrischungen» nötig haben. Es ist ein gutes Gefühl, wenn man weiß, daß es eine solche Hilfsmöglichkeit gibt. Die meisten Therapeuten sind einfühlsame Menschen, die alles tun werden, um Ihnen zu helfen.
Wenn Sie nichts tun, ist keine Besserung zu erwarten, obwohl Sie sich an eine negative Situation auch gewöhnen können. Wenn Sie aber Ihre Probleme aufarbeiten, wird Ihr Leben immer besser. Die Schmerzen, die den Reifungsprozeß begleiten, lohnen sich.

Daran sollten Sie denken

Versuchen Sie nicht, mit Schmerzen als einem festen Bestandteil Ihres Lebens zu leben. Sie haben Anspruch darauf, sich besser zu fühlen; arbeiten Sie daran.
Ihre Lebensumstände oder Gefühle sind nicht hoffnungslos. Sie stehen nicht allein.

Schämen Sie sich weder Ihrer Persönlichkeit noch Ihrer Taten, noch der Tränen, die Sie in der Therapie weinen. Glauben Sie an sich selbst, und haben Sie den Mut, sich weiterzuentwickeln.

Wenn man genügend Verletzungen erlitten hat, verändert man sich.

Freunde, Kritiker und Liebhaber

Ich brauche einen stützenden Rahmen

Es tut sehr weh, sich einsam zu fühlen. Wenn wir nicht mehr da sind, wem wird das schon etwas ausmachen? Wo sind die legendären, wunderbaren Großfamilien, die sich ständig um jeden kümmern? Es gibt in Film und Fernsehen die Ideale des perfekten Großvaters, der vollkommenen Tante oder Mutter. Vielleicht haben sie irgendwo und irgendwann einmal wirklich existiert, aber nur wenige von uns glauben, mit solch idealen Familienmitgliedern beschenkt worden zu sein.

Jeder Mensch sammelt in seinem Leben Erfahrungen mit drei Familien: diejenige, in die wir hineingeboren werden, diejenige, auf die wir uns als Heranwachsende stützen, um überleben zu können, und diejenige, die wir uns selber aufbauen. Einige Mitglieder dieser Familien sind Blutsverwandte, andere sind es nicht. Die wichtigste dieser Familien ist die, die Sie selber aufbauen.

Die Familie, in die wir hineingeboren werden, hält manchmal zusammen und hilft sich gegenseitig, manchmal tut sie das aber auch nicht. Wir können uns diese Familie nicht aussuchen. Wir werden nie unsere Mitgliedschaft kündigen oder vergessen können, daß diese Gruppe ein Teil unseres Lebens ist.

Mit den ersten sozialen Kontakten, die ein Mensch in seinem Leben aufnimmt, findet er nach und nach Menschen, an die er sich anlehnen oder die er als Freunde betrachten kann. Manchmal gehören diese Menschen zu Ihrer Familie, aber das ist nicht immer der Fall. Wenn Ihre erste Familie für Sie kein schützender Hafen ist, dann werden Sie mehr Energie aufwenden, um andere Menschen zu finden, die Ihnen Halt geben. Das versuchen Sie schon als ganz kleines Kind. Sie spüren, daß Sie eine stützende Gruppe brauchen, um überleben zu können.

Nachbarn, Lehrer, Schulfreunde, Trainer, Gruppenleiter, Schulpsychologen – sie alle können Mitglieder Ihrer zweiten Familie sein. Es ist eine Übergangsfamilie, mit deren Unterstützung Sie Ihre Unabhängigkeit erreichen. Kinder, denen ein richtiges Zuhause fehlt, finden oft Hilfe bei älteren Kindern, Sozialarbeitern, in Jugendtreffs oder Kinderhäusern. Manchmal dauern solche Kontakte nur kurze Zeit, andere halten länger.

Wenn wir allein verreisen, dann suchen wir uns häufig vorübergehend solche stützenden Gruppen, indem wir immer wieder in ein bestimmtes Café gehen und uns dort mit den Stammgästen unterhalten. Vielleicht freunden Sie sich auch mit dem Hotelportier an, um sich vertrauter zu fühlen, wenn Sie ins Hotel zurückkommen. In fremder Umgebung entstehen sehr rasch Freundschaften, weil wir ein starkes Bedürfnis nach einer Gruppe empfinden, die uns kurzfristig Hilfe und Unterstützung bietet. Vor allem junge Leute haben ein besonderes Talent, jemanden in einem Hotel kennenzulernen und innerhalb von einem Tag den Entschluß zu fassen, wochenlang gemeinsam zu reisen. Es ist eben schwer, allein zu sein.

Ihre eigentliche, wichtigste Familie ist die, die Sie nach Ihren eigenen Wünschen und Wertvorstellungen gestalten, die Familie, die Sie jetzt aufbauen, in die Sie Ihre Kraft investieren und mit der Sie für den Rest Ihres Lebens verbunden sind. Sie sollten die Mitglieder deshalb sorgfältig aussuchen. Das ist ein wichtiger Teil Ihres Lebenswerkes.

Was Sie tun können

Welche Art von Menschen wünschen Sie sich für Ihre stützende Gruppe?

Welche Hilfsmöglichkeiten stehen Ihnen im Augenblick zur Verfügung?

> Freunde, Verwandte, Kollegen, Nachbarn, öffentliche Einrichtungen, kirchliche Institutionen, Hilfsdienste (Arzt, Zahnarzt, Anwalt, Kaufmann, Putzfrau, Buchhändler, Wirtschaftsprüfer, Hausmeister, Mechaniker).

Sind Sie im Fall einer Krise versorgt? Wen könnten Sie um Geld bitten? Wen könnten Sie bitten, sich um Sie zu kümmern, falls Sie krank werden sollten? Mit wem haben Sie täglich oder wöchentlich Kontakt?

Jeder von uns hat seinen eigenen Stil, aber ich persönlich ziehe kleine, persönlich geführte Geschäfte vor, zu denen ich eine Beziehung entwickeln kann. Der Kaufmann lächelt mir zu, wenn er mich sieht, erzählt mir den neuesten Klatsch, nimmt meinen Scheck unbesehen an, bestellt spezielle Waren für mich und würde mich notfalls auch nach Ladenschluß bedienen.
Das Lokal um die Ecke schickt mir mein Essen, falls ich mich einmal nicht wohl fühle. Der Tankwart lächelt mich immer an und ist nett zu mir. Wenn jemand wegzieht, versuche ich gleich, seinen Nachfolger kennenzulernen. Jeder Kontakt kann entweder die Stimmung heben, neutral wirken oder Ihnen die Stimmung verderben. Ein höherer Aufwand an Zeit und Geld fällt nicht so ins Gewicht, wenn Sie das Gefühl haben, als Mensch behandelt zu werden.
Freunde können zwar der Mittelpunkt Ihrer stützenden Gruppe sein, aber nicht alles abdecken. Sie sollten auch die anderen Bereiche pflegen und sie beachten. Das Ganze ist dann wie ein Sicherheitsnetz für Sie.
Wechseln Sie Ihren Arzt, Zahnarzt oder Anwalt so lange, bis Sie das Gefühl haben, daß eine Verbindung unter Umständen für den Rest Ihres Lebens hält. Geben Sie sich nicht mit weniger zufrieden. Sie haben es nicht nötig, nur für technisches Können zu zahlen, wenn Sie dieses Können auch in Verbindung mit einem hilfsbereiten Menschen bekommen können. Dasselbe gilt für Ihre Kirche. Falls die Kirche, der Sie angehören, in Ihrer Nähe keine lebendige Gemeinde unterhält, dann gehen Sie woandershin. Suchen Sie sich Nachbarn, die zu Ihnen passen, und machen Sie sich weiter keine Gedanken.
Wenn Sie ein Mitglied Ihrer stützenden Gruppe verlieren, dann sollten Sie das zur Kenntnis nehmen und sich nach Ersatz umsehen. Die besonderen Augenblicke, in denen Sie eine wirkliche Verbindung zu den Menschen finden, mit denen Sie in Kontakt stehen, werden Ihrem Leben unendlich viel Wärme geben.
Sie können morgens das Haus verlassen, Besorgungen machen, arbeiten, einkaufen und trotz allem mit einem wunderbaren Gefühl nach Hause zurückkommen, weil sich alles in einer sicheren, friedlichen, Sie tragenden Umgebung abgespielt hat. Daran ändert auch der unfreundliche Angestellte oder der schimpfende Busfahrer nichts, denen Sie ja nicht immer aus dem Weg gehen können. Eine

solche zwanglose Familie kann man sich in einer Großstadt ebenso wie in einem ländlichen kleinen Ort schaffen.
Sie können sich auch einer fester umrissenen Gruppe anschließen. Es gibt so viele solcher Gruppen, manche basieren auf gemeinsamen Interessen, andere schließen sich mehr aus sozialen Gründen zusammen.

Daran sollten Sie denken
Bilden Sie sich nicht ein, alles allein bewältigen zu können. Das ist vielleicht möglich, solange es Ihnen gutgeht, in schweren Zeiten aber werden Sie doppelt leiden.
Schauen Sie nicht allzusehr auf den Pfennig. Zahlen Sie lieber etwas mehr, kennen dafür aber Ihren Kaufmann, den Mechaniker oder die Frau in der Reinigung – auf Dauer gesehen sparen Sie Geld und Nerven.
An Tagen, an denen Sie niedergeschlagen sind, möchten Sie am liebsten jeden Kontakt vermeiden. Ziehen Sie sich trotzdem nicht in die Anonymität zurück. Raffen Sie sich auf, und lassen Sie sich von einem Menschen, der Sie kennt, anlächeln. Das hilft, selbst die trübste Stimmung aufzuhellen, auch wenn Ihnen in diesem Augenblick der Sinn absolut nicht nach menschlichen Kontakten steht.

Sorgen Sie gut für sich selber, dann können Sie sich auch um all die anderen kümmern.

Mir fällt es schwer, Freundschaften zu schließen
Sie haben den Wunsch, einen besonderen Augenblick mit einem anderen Menschen zu teilen oder ein Ereignis, das Sie berührt, mit jemandem zu besprechen, und Ihnen fällt niemand ein, den Sie anrufen könnten. Freunde, die Sie früher hätten anrufen können, sind weggezogen, umgezogen oder gestorben, oder aber Sie selbst sind umgezogen. Weil eigentlich von jedem Menschen erwartet wird, daß er Freunde hat, machen Sie sich schon Sorgen, ob mit Ihnen etwas nicht stimmt. Sie überlegen, wie Sie neue Freunde gewinnen oder wieder näheren Kontakt zu alten bekommen können.
Ihre Fähigkeit, Freundschaften zu schließen, hängt davon ab, ob Sie Freundschaften einen hohen Stellenwert in Ihrem Leben einräumen. Viele von uns lieben ihre Unabhängigkeit und wollen sich nicht durch andere Menschen einengen lassen – bis uns plötzlich das Gefühl über-

fällt, ganz allein zu sein. Manche Menschen bauen ihr Leben lang nur auf einen einzigen Freund (Eltern, Kind, Ehepartner) und finden das völlig ausreichend. Nur zu einem einzigen Menschen eine enge Beziehung aufzubauen bedeutet aber ein gewisses Risiko. Falls Sie diesen einen Menschen verlieren, sind Sie völlig allein. Sie müssen sich darüber klarwerden, ob Sie wirklich Freunde finden möchten oder, falls das außer Frage steht, ob Sie überhaupt Freunde verdienen.

Das schwerste dabei ist, sich selbst als etwas Besonderes zu akzeptieren. Dazu brauchen Sie vielleicht eine gewisse Zeit, um über Ihr Leben und Ihren Wert nachzudenken. Wenn Sie sich selbst nicht lieben, dann sind Sie auch nicht besonders anziehend für Menschen, die Ihnen sonst vielleicht Liebe entgegenbringen könnten. Wenn Sie sich selbst nicht gefallen, dann werden andere das spüren und sich in Ihrer Gegenwart nicht wohl fühlen.

Falls Sie scheu sind oder sich selbst unattraktiv finden, dann sollten Sie sich bemühen, das zu ändern; versuchen Sie sich ehrenamtlich zu engagieren, dabei können Sie soziales Verhalten in sicherer Umgebung erlernen.

Seien Sie offen, Männer und Frauen kennenzulernen. Treten Sie einem Wanderklub oder einem Sportverein bei. Engagieren Sie sich für irgendein allgemeines oder politisches Problem, das Ihnen wichtig erscheint (Umwelt, Steuern, Kommunalpolitik). Besuchen Sie Kurse. Wenn Sie interessiert und lebendig sind, werden Sie auch neue Freunde finden und mehr über sich selber lernen.

Entscheidende Voraussetzungen, damit aus einer Bekannten eine Freundin und aus einer Freundin eine gute Freundin wird, sind Priorität der Freundschaft, Offenheit, Kontaktbereitschaft, Zuneigung, Loyalität, Unabhängigkeit, gegenseitiges Akzeptieren und die Bereitschaft, aufeinander zuzugehen.

Freundinnen und Freunde kosten Zeit. Sind Sie bereit, an sie zu denken, sie anzurufen und Verabredungen mit ihnen zu treffen, d. h., ein bißchen Mühe zu investieren? Freundschaften schließen das Risiko ein, daß jemand Sie sehr gut kennenlernt. Sind Sie bereit, Offenheit zuzugestehen, ein paar Ihrer Masken fallen zu lassen und einem anderen Menschen Ihr wahres Ich zu zeigen?

So einfache freundschaftliche Bemerkungen wie «Ich mag dich», «Mit dir zusammen macht mir alles soviel Spaß» festigen das Gefühl, sich gegenseitig zu akzeptieren. Eine Freundin zu berühren, ihre

Hand zu ergreifen, den Arm um ihre Schultern zu legen, schafft Nähe. Sagen Sie Ihrer Freundin, daß Sie sich um sie sorgen. Freundschaft braucht auch Loyalität. Vermeiden Sie es, sich anderen gegenüber negativ über Ihre Freundin zu äußern, stehen Sie einer Freundin bei, wenn sie Sie um Hilfe bittet. Lassen Sie keine Verabredung platzen, und schließen Sie eine Freundin oder einen Freund nicht von anderen Bereichen Ihres Lebens aus.

Freundschaft benötigt aber auch Freiheit und Unabhängigkeit. Loyalität bedeutet nicht, daß jemand ausschließlich mit Ihnen befreundet sein muß und keinerlei weitere Beziehungen pflegen darf. Jeder Mensch braucht auch Zeit für sich allein. Machen Sie sich keine Sorgen, wenn einmal eine Woche oder ein Monat verstreicht, ohne daß Sie Kontakt miteinander hatten. Auch in Freundschaften gibt es Ebbe und Flut, je nach Energie, Bedürfnissen, Gefühlen und Zeit. Versuchen Sie nicht, Ihrer beider Leben völlig einander anzugleichen. Ermutigen Sie Ihre Freundinnen und Freunde durchaus auch zu anderen Freundschaften, und schließen Sie sich ihnen an, wenn es sich ergibt.

Freundschaft hat etwas mit Akzeptanz zu tun – da ist ein Mensch, der Sie kennt und trotzdem liebt, der Ihnen zuhört, selbst wenn Sie im Unrecht sind. Vermeiden Sie Kritik, versuchen Sie, den anderen nicht zu manipulieren, um selber bestimmen zu können, was geschieht. Geben Sie soviel wie möglich. Seien Sie bereit zu empfangen.

Seien Sie offen für Veränderungen. In jeder Freundschaft gibt es ein ständiges Auf und Ab; alle Menschen verändern sich. Seien Sie offen für Entscheidungen Ihrer Freunde und tolerieren Sie, nicht immer um Rat gefragt oder in die Überlegungen mit einbezogen zu werden.

Lassen Sie Freundschaften langsam reifen, Schritt für Schritt, genau so, wie Sie Freundschaft mit sich selber schließen und sich selber akzeptieren lernen.

Vermeiden Sie nach Möglichkeit, die Zuneigung anderer auf die Probe zu stellen: «Wenn du mich wirklich liebtest, dann würdest du das tun.»

Überschütten Sie niemanden mit Geschenken und Aufmerksamkeiten; das erzeugt bei dem Betreffenden das Gefühl, Ihren Erwartungen nicht entsprechen zu können.

Hüten Sie sich vor Konkurrenzdenken und Neid.

Wenn das Leben Ihnen besonders hart zusetzt, sollten Sie Ihre Probleme verteilen. Versuchen Sie nicht, alles ausschließlich bei einer Freundin abzuladen – die sich dadurch unter Umständen überfordert fühlt und zurückzieht.
Wenn Sie einmal Streit haben, sollten Sie nicht unbedingt darauf bestehen, «recht» zu haben oder «Gerechtigkeit» zu fordern, die Freundschaft sollte Ihnen wichtiger sein als der Sieg in einem solchen vorübergehenden Streit. Sagen Sie das Ihrer Freundin, und versuchen Sie, gemeinsam einen Weg zu finden, um solche Konflikte zu umgehen.

Ich habe eine Freundin verloren
Sie haben sich mit einer Freundin so heftig zerstritten, daß es Ihnen unmöglich ist, die Freundschaft fortzusetzen. – Sie entfernen sich innerlich von einer engen Freundin und sie sich von Ihnen. – In Ihrem Leben oder in Ihnen selbst hat sich soviel verändert, daß eine Freundschaft dadurch beendet wird. – Sie stellen fest, daß Ihre Wertvorstellungen zu unterschiedlich sind.
Falls Sie sich besonders nahestanden und füreinander sehr wichtig waren, dann ähneln Ihre Gefühle denen, die Sie beim Verlust einer Liebe empfinden. Sie beginnen, sich schuldig zu fühlen. Sind Freundschaften nicht auf Dauer angelegt? Wenn die Entfremdung von der anderen Seite ausgeht, dann fragen Sie sich, was Sie Falsches gesagt oder getan haben oder ob irgend etwas mit Ihnen nicht stimmt.
Freundschaften können aus vielen Gründen auseinandergehen oder sich verändern. Versuchen Sie herauszufinden, was geschehen ist, oder fragen Sie Ihre Freundin danach. Wenn Sie wissen, woran es gelegen hat, werden Sie sich ruhiger fühlen und beim nächsten Mal manches besser machen können. Aus folgenden Gründen können Freundschaften scheitern:
Abschluß eines Projektes: Sie haben gemeinsam an einem Projekt gearbeitet, wodurch es Ihnen leicht wurde, Ihr Leben und Ihre Erlebnisse zu teilen. Als das Projekt beendet war, entfiel das Zentrum Ihrer Freundschaft. Sie versprachen sich zwar gegenseitig, sich auch in Zukunft weiter zu treffen, aber daraus wurde dann doch nichts. Sie haben keine gemeinsamen Interessen mehr.
Räumliche Trennung: Sie haben in einem Gebäude gearbeitet oder Tür an Tür nebeneinander gewohnt. Wenn eine von Ihnen wegzieht,

ist es sehr schwierig, diese Art informeller Freundschaft fortzusetzen. Was sich früher einfach ergab, muß jetzt geplant werden.
Auflösungserscheinungen: Entweder in Ihrem eigenen Leben oder in dem Ihrer Freundin hat sich zuviel verändert.
Verstimmung: Schuld daran können Konflikte sein, die im Untergrund schwelen und denen Sie sich nie gestellt haben. Sie sollten sich vielleicht einmal ordentlich streiten.
Ehe/Scheidung: Die Freundschaft bestand zwischen Paaren, und wenn einer oder eine der Beteiligten plötzlich alleinsteht, ergeben sich Schwierigkeiten. Vielleicht machen Sie sich Sorgen, daß diese Frau eine Gefahr für Ihren Ehemann sein könnte. Oder aber die Betreffende zieht es mehr und mehr vor, mit anderen alleinstehenden Menschen zusammenzusein.
Ihre Karriere verändert Sie: Sie haben kaum noch freie Zeit. Ihre Freundin hat keine Zeit. Die Karriere erweist sich als Hemmschuh für die Freundschaft.
Wertvorstellungen: Sie haben bestimmte Wertvorstellungen für sich selber gefunden und entwickelt, die Ihre Freundin nicht teilen kann. Persönliche Entwicklung bedeutet oft, andere Menschen hinter sich zu lassen, auch wenn es schmerzt. Sich zu entwickeln ist aber etwas ganz Natürliches.
Loyalität: Eine von Ihnen hat sich wenig loyal der anderen gegenüber verhalten, und dadurch ist die Vertrauensbasis zerstört.
Konkurrenzkampf: Sie sind in einer Weise erfolgreich, daß es den Neid Ihrer Freundin weckt. Es wird anderen unangenehm, in Ihrer Nähe zu sein.
Priorität: Die Freundschaft hat keinen allzu hohen Rang in Ihrer Prioritätenliste.

Was Sie tun können

Treffen Sie eine Entscheidung. Vielleicht sind Sie nicht in der Lage, genau zu sagen, was eigentlich geschehen ist, aber Sie können sich entscheiden, was Sie tun wollen.
Sie entscheiden sich, die Freundschaft zu beenden. Wenn Sie sich nach und nach von Ihrer Freundin lösen möchten oder einen aktuellen Konflikt zum Anlaß nehmen wollen, die Freundschaft zu beenden, dann sollten Sie in jedem Fall vorsichtig vorgehen. Vermeiden Sie eine Konfrontation. Bleiben Sie höflich. Denken Sie auch an die

guten Seiten der Frau, die Sie jetzt verlassen wollen. Sie waren schließlich befreundet. Sie sollten sich nur allmählich von ihr lösen und anderen Ihr Interesse zuwenden.

Hüten Sie sich vor Spannungen, die dazu führen könnten, daß Sie in Zukunft alle gemeinsamen Freunde meiden müßten – es sei denn, Sie beabsichtigen, sich aus dem ganzen Freundeskreis zurückzuziehen. Niemand liebt es, offen zurückgewiesen zu werden, deshalb sollten Sie vorsichtig vorgehen, sonst sind Sie beide am Ende völlig verfeindet, obwohl Sie sich doch nur aus der Freundschaft zurückziehen wollten.

Sie entscheiden sich zu bleiben. Falls Sie die Freundschaft nicht aufgeben wollen, es aber einen Konflikt gegeben hat oder Sie sich schuldig fühlen, dann sollten Sie mit Ihrer Freundin darüber reden. Vielleicht müssen Sie noch mehr wissen, um sich klar darüber zu werden, was eigentlich los ist, und zu entscheiden, was Sie tun wollen.

Wenn Sie den Prozeß der Entfremdung stoppen oder den Konflikt lösen wollen, dann sollten Sie das sagen und sollten feststellen, ob auf beiden Seiten noch genügend Interesse vorhanden ist, um die Freundschaft wieder auf die richtige Bahn zu bringen. Wenn es Ihnen schwerfällt, mit Ihrer Freundin darüber zu sprechen, dann können Sie ihr ja einen Brief schreiben. Schalten Sie nicht eine dritte Person als Vermittler ein.

Seien Sie notfalls bereit, für Ihre Freundschaft zu kämpfen. Bringen Sie das auch deutlich zum Ausdruck, und lassen Sie es ruhig auf eine Konfrontation ankommen, um die Atmosphäre zu reinigen und festzustellen, was eigentlich los ist.

Akzeptieren Sie den Verlust. Wenn eine Freundschaft auseinandergegangen ist, dann sollten Sie keine Schuldzuweisungen versuchen. Bei derart einschneidenden Änderungen in einer Beziehung haben wir immer das Gefühl, etwas Wesentliches verloren zu haben. Aber dafür können wir niemanden verantwortlich machen. Machen Sie anderen gegenüber keine abfälligen Äußerungen. Verlangen Sie nicht Ihr Recht. Vielleicht werden Sie beide irgendwann in der Zukunft wieder Freunde werden.

Manchmal verlieren wir einen Freund und erfahren nie, warum. Sie können alle möglichen Gründe in Erwägung ziehen und sogar mit dem Betreffenden darüber reden, trotzdem fühlen Sie sich verunsichert. Sie sind versucht, die Schuld bei sich selber zu suchen, und

vielleicht haben Sie sogar einen gewissen Anteil an der Entwicklung gehabt. In den meisten Fällen ist es jedoch besser, einfach zu akzeptieren, daß Sie den Grund nicht kennen und die Sache auf sich beruhen zu lassen.
Überprüfen Sie, ob Sie gewisse Gesetzmäßigkeiten in Ihren Freundschaften erkennen können. Wählen Sie sich Menschen zu Freunden, die Ihnen unterlegen sind, so daß Sie die dominierende Rolle spielen können? Oder haben Sie eher Freunde, die das Gegenteil von Ihnen selbst sind? Oder solche, die Ihnen ähnlich sind? Ist Ihr Freundeskreis bunt gemischt, oder spiegelt er Ihre eigenen Wertvorstellungen wider? Welche Konflikte ergeben sich, und wie haben Sie sie in der Vergangenheit gelöst? Versuchen Sie, aus Veränderungen zu lernen.

Ich will mir keine Feinde schaffen

Die meisten Frauen sind mit dem Wunsch aufgewachsen, «beliebt» zu sein. Wir haben uns Mühe gegeben und darum gekämpft, für «nett» gehalten zu werden, weil für viele von uns Nettigkeit und Sicherheit zusammengehören. Frauen, die nicht beliebt sind oder keinen Anklang finden, laufen Gefahr, gesellschaftlich geächtet zu werden.
Als es noch zwei Klassen von Frauen gab, hing ihr ganzes Leben davon ab, zu welcher Kategorie sie gehörten. Ihr Schicksal wurde nicht nur durch die gesellschaftliche Klasse bestimmt, sondern auch dadurch, wie andere Frauen sie sahen und unterstützten.
Um «gute» Frauen kümmerte man sich, um «schlechte» nicht. Vielleicht konnten letztere ein paar Jahre lang ein unabhängiges Leben führen, aber die Gesellschaft mied sie, wenn sie jung waren, nahm ihnen ihre Kinder, wenn sie einen schlechten Ruf hatten, und ließ sie im Alter unversorgt.
Aber es gab für unbeliebte Frauen noch größere Gefahren als nur die, nicht zum richtigen Club zugelassen zu werden. Wir haben gelernt, unser Verhalten und unsere Ansichten immer dem Rahmen des Schicklichen anzupassen, sogar noch in einer Zeit, in der die traditionelle Frauenrolle aufgebrochen wird. Eines der typischen heutigen Beispiele dafür ist die erfolgreiche, unabhängige Frau, die von sich selbst sagt: «Ich bin aber keine Feministin.» Sie sind Feministinnen mit Leib und Seele, aber fürchten sich davor, nicht akzeptiert zu werden.

Innerliche Unabhängigkeit befreit eine Frau von der Notwendigkeit, immer verbindlich und sanft sein zu müssen. Falls jedermann Sie liebt, sind Sie garantiert keine interessante Frau und leben Ihre vollen Möglichkeiten nicht aus.
Leben und Leidenschaft verlangen von uns, intensiv zu empfinden und solche Gefühle (in vernünftigem Rahmen) mit anderen zu teilen. Das bedeutet, daß Sie manche Menschen verärgern, andere verletzen und bei Auseinandersetzungen Partei ergreifen müssen. Es beiden Seiten recht machen zu wollen bedeutet, daß Sie nicht bereit sind, sich einer Partei verbindlich anzuschließen, und das ist nur in den seltenen Fällen richtig, in denen Sie wirklich mit Ihrer Meinung in der Mitte stehen.
Menschen, die Angst haben, andere zu verärgern, lassen vieles durchgehen, was letzten Endes ihre eigene Integrität verletzt:

> rassistische, sexistische, antisemitische Äußerungen, destruktiven, gehässigen Klatsch, ethisch nicht vertretbares Verhalten, persönlich verletzende Kritik, Vorstellungen und politische Meinungen, die sie nicht billigen, nur durchschnittliche Wertmaßstäbe, fehlende Loyalität.

Ich meine nicht, daß wir uns zu Richtern aufwerfen sollen, sondern möchte Sie nur daran erinnern, daß eine unabhängige und in sich gefestigte Frau zu sein auch bedeutet, unbeirrt zu seinen Ansichten zu stehen und das auch nach außen zu zeigen. Das heißt nicht, daß Sie ständig kämpfen sollen, es bedeutet aber zumindest, einen engagierten Dialog mit anderen zu führen, sich auf Neues einzulassen und die eigene Meinung so überzeugend wie möglich darzulegen.
Es jedem recht machen zu wollen heißt, in sein eigenes Unglück zu rennen. Ich will Sie nicht unbedingt veranlassen, andere so zu behandeln, daß sie Sie nicht mögen, aber Menschen, die Ihnen feindlich gegenüberstehen, können sehr viel Energien in Ihnen freisetzen, und Sie können an ihnen Ihre Persönlichkeit testen. Denken Sie daran, wieviel Energie ein neuer Feind in Ihnen freisetzt.
Wählen Sie sich starke Menschen zum Feind aus. Lassen Sie sich nicht auf devote Personen oder Menschen ein, deren moralische Vor-

stellungen Ihrem eigenen absolut zuwiderlaufen. Sie sollten Ihre Kräfte nicht mit jemandem messen, den Sie nicht wenigstens in irgendeiner Hinsicht bewundern können.

Lernen Sie von Menschen, denen Sie ein Ärgernis sind, und von solchen, über die Sie selbst sich aufregen. Was geht wirklich vor? Beobachten Sie, wie Sie sich verteidigen und in welchen Situationen Sie am heftigsten reagieren. Genießen Sie es, Energie in heftige Gefühle, Diskussionen, unterschiedliche Meinungen zu investieren, aber lassen Sie noch Kraft übrig für ernsthaftere Differenzen.

Daran sollten Sie denken

Versuchen Sie, sich nicht über einen Feind zu ärgern oder aufzuregen; schöpfen Sie lieber Kraft und Wissen aus Ihren Gefühlen. Verletzen Sie nicht Ihre eigene Integrität, um einen Feind zu «schaffen».

Ziehen Sie einen Freund nicht zu allem heran. Er oder sie ist nicht dazu da, auf alle Ihre Bedürfnisse einzugehen.

Lassen Sie einen Freund, der Sie leicht verletzt hat, nicht einfach fallen. Halten Sie an ihm fest; geben Sie ihm eine zweite und dritte Chance, bevor Sie das Handtuch werfen. Freunde hat man oft nicht für immer, aber es ist etwas sehr Schönes, eine gemeinsame Vergangenheit zu haben.

Es ist viel einfacher, seinen Weg zu finden, wenn mehr als eine Möglichkeit zur Auswahl steht.

Ich fühle mich verletzt, wenn andere über mich klatschen

Klatsch und Tratsch wird es deshalb immer geben, weil wir uns damit auf Kosten Dritter stellvertretend ein Vergnügen verschaffen können, das auf andere Weise kaum erhältlich ist. Außerdem ist es für jede Gesellschaft schwer, ganz ohne den Austausch informeller Informationen über Menschen und Ereignisse auszukommen.

Durch Klatsch können Sie sowohl Vertrauen und Nähe zwischen Freunden entwickeln als auch mehr über sich selber lernen. Wenn wir nur das wüßten, was andere bereit sind, offen und direkt zu sagen, wäre die Möglichkeit, sie zu verstehen und uns entsprechend zu verhalten, sehr viel begrenzter.

Das heißt aber nicht, daß Klatsch nicht auch verletzen könnte. Es ist deshalb wichtig, den Unterschied zwischen harmlosem und bösartigem Klatsch zu verstehen.

Menschen, die harmlosen Klatsch verbreiten, wissen eine Menge, sind aber sorgfältig darauf bedacht, nur Informationen weiterzugeben, die ihnen angemessen erscheinen. Sie sind selten indiskret und bereuen es, wenn sie jemanden unwissentlich verletzt haben. Sie können ein Geheimnis bewahren. Sie wollen immer auf dem laufenden sein, wühlen aber nicht im Schmutz.

Jemand, der behauptet, nie zu klatschen, lügt entweder oder interessiert sich nicht für andere. Lassen Sie sich nicht abhalten, beachten Sie aber die Spielregeln:

> Verfälschen Sie keine Informationen, indem Sie lügen oder übertreiben. – Erzählen sie niemandem etwas, das ihn nach Ihrer Kenntnis der Dinge verletzen könnte. – Halten Sie Ihr Versprechen, bestimmte Informationen für sich zu behalten. – Klatschen Sie nicht dauernd und mit jedem. – Überlegen Sie sich, was Sie sagen, und seien Sie diskret. – Halten Sie sich vor Augen, daß auch über Sie geklatscht wird.

Bedenken Sie, falls niemand über Sie spricht, ist Ihr Leben für andere auch nicht interessant. Wenn häufig über Sie geklatscht wird, sollten Sie sich darüber freuen, daß Sie für soviel Unterhaltung sorgen und so bedeutend sind.

Was Sie tun können

Selten hat es Sinn, nach der Quelle einer Klatschgeschichte zu fahnden oder dagegen anzugehen. Jemand, der Sie unbedingt verletzen will, kann dieses Ziel auf irgendeinem Weg erreichen. Sie sollten gute Miene zum bösen Spiel machen. Um zu verhindern, daß allzuviel gemeiner Klatsch über Sie verbreitet wird, können Sie entweder jedermann alles von sich erzählen (meine Strategie) oder anderen Menschen sowenig wie möglich mitteilen. Ein mittlerer Weg wäre, bei vertrauten Freunden Offenheit zu wagen und den Preis zu zahlen, wenn Sie sich geirrt haben. Wahrscheinlich wird der Spaß das Risiko überwiegen.

Seien Sie besonders vorsichtig, wenn es um Klatsch am Arbeitsplatz geht. Kalkulieren Sie immer ein, daß irgend jemand das Gehörte dem Chef zutragen könnte.

Bei dem Fernsehsender, für den ich arbeitete, waren alle damit beschäftigt, das ganze Haus für den Besuch eines hochstehenden Vertreters der nationalen Rundfunkanstalten auf Hochglanz zu bringen. Es war aufregend, und viele der leitenden Mitarbeiter nahmen die ganze Aktion sehr ernst. Zufällig hörte ich, wie jemand im Scherz sagte, daß man beabsichtige, die Toilettensitze in den Herrentoiletten auszuwechseln, nicht aber die bei den Damen. Als Erklärung wurde angeführt, daß der hohe Herr unsere Toiletten ja nicht zu Gesicht bekäme. Ich erzählte diesen Scherz einigen Kollegen weiter, dachte aber nicht im Traum daran, daß jemand die Geschichte dem Präsidenten der Fernsehgesellschaft weitererzählen würde. Ich wurde zu ihm zitiert, und er ermahnte mich, mich um eine positivere Einstellung zu bemühen. Ich konnte das Lachen kaum unterdrücken, doch mein gesunder Menschenverstand bewog mich, ruhig zu bleiben.

Jemand, der einmal unser Vertrauen enttäuscht hat, wird es wahrscheinlich auch wieder tun. Bitten Sie Ihre Freundinnen, Ihnen böswilligen Katsch, der über Sie in Umlauf ist, nicht zu erzählen. Sagen Sie ihnen, daß Sie das gar nicht missen sollen. Wenn sie Ihnen trotzdem darüber berichten, sind sie wahrscheinlich keine Freundinnen. Vielleicht wollen sie nur Unfrieden zwischen Ihnen und anderen stiften.

Eine Frau, mit der ich zusammenarbeitete, die ich gerne mochte und der ich vertraute, erzählte mir vor Jahren, daß eine andere Frau mich nicht leiden könnte. Sie überbrachte mir zahlreiche Geschichten darüber, wie diese Kollegin unsere Vorhaben sabotierte und sich kritisch über meine Arbeit äußerte. Jahrelang haßte ich diese Frau, obwohl ich sie kaum kannte. Schließlich fand ich das Ganze aber doch ziemlich lächerlich und lud sie zum Mittagessen ein; dabei stellten wir fest, daß man uns beiden Schauergeschichten darüber erzählt hatte, was jeweils die andere angeblich gesagt haben sollte. Unsere ganze Fehde hatte sich aus Bemerkungen entwickelt, die in den Augen anderer lediglich die üblichen Kritteleien einer Konkurrentin und ganz normaler Klatsch waren. Wir stellten fest, daß wir uns sympathisch fanden, lachten und beschlossen, in Zukunft keiner Klatschgeschichte mehr Glauben zu schenken.

Daran sollten Sie denken

Mangelndes Selbstwertgefühl sollte nicht dazu führen, daß Sie Klatsch als ernstzunehmenden Hinweis auf das ansehen, was die Leute von Ihnen denken. Negative Äußerungen können uns manchmal ganz unvernünftig reagieren lassen.
Vermeiden Sie, daß Attacken auf Ihren guten Ruf oder Ihre Familie bei Ihnen zu Zwangsvorstellungen werden. Wenn Sie länger als ein paar Tage das Gefühl haben, durch Klatsch gestreßt zu sein, dann sollten Sie nach einem Ausweg suchen, um Ihre Situation wieder gelassener zu sehen.
Versuchen Sie nie, irgend jemanden anzugreifen, weil Sie bei ihm die Quelle bestimmter Klatschgeschichten vermuten. Sie könnten im Unrecht sein, und der oder die Betreffende wird wahrscheinlich ohnehin alles abstreiten.

Die Gedanken und Handlungen anderer Menschen kann man nicht steuern.

Kritik kann mir den ganzen Tag verderben

Was auch immer Sie tun mögen, alles scheint falsch zu sein. Sie spüren, wie langsam Zweifel an Ihren Fähigkeiten und an Ihrem Wert in Ihnen aufsteigen. Sie fangen an, sich dauernd zu entschuldigen und auf die nächste kritische Bemerkung zu warten.
Es passiert Ihnen überall. Kellner machen kritische Bemerkungen über Ihre Bestellung zum Abendessen. Ihre beste Freundin legt immer wieder den Finger auf Ihre schwachen Stellen. Ihr Partner macht Bemerkungen über Ihr Gewicht und stellt fest, daß er große, schlanke Frauen liebt. Ihre Mutter ruft Sie an und hält Ihnen vor, was Sie alles falsch machen, und Ihr Chef beklagt sich über Sie. Sogar Ihre zehnjährige Tochter erlaubt sich, Ihre Grammatik zu korrigieren und Ihnen eine neue Frisur zu empfehlen.
Ich glaube, daß Menschen, die ständig Kritik an anderen üben, sich durch solche boshaften Bemerkungen von etwas befreien wollen. Sie haben vielleicht als Kind soviel Schlimmes erlebt, daß sie immer noch versuchen, darüber hinwegzukommen. Wenn sie morgens aufstehen, halten sie schon eimerweise Gehässigkeiten bereit, immer auf der Suche nach einem Opfer.
Gegen solche Gehässigkeiten ist schwer anzukommen; sie stechen wie Nadeln, und wenn Sie sie schlucken, machen sie Sie krank.

Kritiker bezeichnen ihre spitzen Bemerkungen oft als «Necken», «auf den Arm nehmen» oder behaupten sogar, sie seien «konstruktiv». Konstruktive Kritik ist lediglich Gehässigkeit, verpackt in einen Smoking. Diejenigen, die solche Gehässigkeiten loslassen, kennen nicht den Unterschied zwischen Kritik und Ermutigung. Sie wollen verletzen, und sie schaffen es auch.
Vielleicht glauben Sie, das Problem liege bei Ihnen, obwohl es ganz woanders zu suchen ist. Menschen, die ständig kritisieren, sind derart besorgt um ihren eigenen Wert, daß sie andere erniedrigen müssen, nur um sich als Sieger fühlen zu können. Kritik ist eine Möglichkeit, andere Menschen zu beherrschen. Folgende Beispiele habe ich im Laufe der Jahre mit Hilfe von Freunden zusammengetragen.

> Diese Art von Hosen, die du da trägst, mag ich sehr, auch die Farbe ist ausgesprochen hübsch. Zu schade, daß du nicht die richtige Figur für Hosen hast. – Du kannst aber auch nie etwas richtig machen. – Das verstehst du doch nicht. – Das tut mir viel weher als dir. – Oh, dieser Ring sieht genauso aus wie der, den er seiner ersten Frau geschenkt hat. – Dein Bruder macht nie solche Schwierigkeiten. – Weißt du, was mit dir nicht stimmt? Du kannst keine Kritik vertragen. – Denkst du jemals über die Gefühle anderer Menschen nach? – Warum reizt du mich auch immer? – Wie hast du das bloß geschafft, so eine kleine Brust zu behalten? – Ich finde dieses Kleid wirklich schön; wenn du es noch ein bißchen aufhebst, wird es wahrscheinlich wieder in Mode kommen. – Ich hoffe, daß sie ein kluges Mädchen ist, ihre Schwester ist nämlich viel niedlicher. – Wir können uns nicht vorstellen, daß er jemals zu irgend etwas taugen wird. – Du bist schon immer ein Problemfall gewesen. – Ich wünschte, ich hätte dich nie geboren.

Wenn Sie einen Kritiker zur Rede stellen, wird der oft abstreiten, Sie kritisiert zu haben. Er wird behaupten, er versuche nur, Ihnen zu helfen. Doch Kritik ist das Gegenteil von Hilfe. Kritik benutzt man, um das Opfer an anderen zu messen, mit anderen zu vergleichen und anzuschwärzen – das Ganze unter dem Vorwand «zu deinem eigenen Besten». Kritik zieht den Menschen zumeist hinunter; Ermutigung baut ihn auf.

Kritik

▪ «Mami, ich habe drei Einser auf dem Zeugnis!»
«Na gut, und was ist mit den anderen Fächern, warum hast du nicht überall eine Eins?»
▪ «Papi, ich habe den Rasen gemäht und sogar den Rasenmäher weggeräumt!»
«Na schön, hast du auch vorher die Messer abgewischt? Ich wette, du hast das wieder vergessen, bei deiner Nachlässigkeit!»
▪ «Sieh, Vati, ich habe mein erstes Modellflugzeug ganz allein zusammengebaut.»
«Das sieht man! So eine Schweinerei. Überall ist Leim verschmiert. Als ich halb so alt war wie du, konnte ich das schon besser.»

Ermutigung

▪ «Mami, ich habe drei Einser auf dem Zeugnis!»
«Das ist ja prima, ich weiß, daß du hart gearbeitet hast.» Ein paar Tage später: «Ich bin sehr stolz auf dich und auf deine Zensuren, sie werden immer besser werden, weil du weißt, wie man arbeiten muß. Möchtest du, daß wir dir helfen, im nächsten Zeugnis vier Einser zu bekommen?»
▪ «Papi, ich habe den Rasen gemäht und sogar den Rasenmäher weggeräumt.»
«Vielen Dank, Sohn, du bist wirklich eine Hilfe für die Familie. Der Rasen sieht toll aus! Ich habe vergessen, dir vorher zu sagen, daß es wichtig ist, die Messer nach dem Mähen immer zu säubern. Komm, wir erledigen das jetzt gemeinsam.»
▪ «Sieh, Dad, ich habe mein erstes Modellflugzeug ganz allein zusammengebaut.»
«Hast du das wirklich alles ohne Hilfe zusammengesetzt? Gratulation. Das ist wirklich ein guter Anfang. Offensichtlich hattest du ein paar Schwierigkeiten mit dem Leim. Damit habe ich mich auch herumgeschlagen, als ich anfing, Modelle zu bauen. Es wird mit jedem Mal besser klappen. Ich zeige dir ein paar von den Tricks, die ich im Laufe der Zeit gelernt habe.»

Für Kinder sind Eltern wie Spiegel. Ihre Gesichter und Bemerkungen sagen uns, was wir wert sind. Ermutigung flößt uns Selbstvertrauen ein, wir fühlen uns okay. Kinder, die ermutigt und unterstützt werden, strengen sich mehr an und sind häufiger erfolgreich. Da sie nicht ständig Angst haben, Fehler zu begehen, tun sie auch mehr.
Denken Sie rückblickend darüber nach, welche Erfahrungen Sie als Kind und junger Mensch gemacht haben. Überlegen Sie, ob es Kritik gab, die noch Jahre später wie ein Stachel in Ihnen saß. Auf dieser persönlichen Basis werden Sie die Macht der Kritik verstehen.
Unser Selbstwertgefühl hängt in hohem Maße damit zusammen, ob wir erfolgreich sind oder nicht. Wenn Sie glauben, nichts wert zu sein, dann erlauben Sie sich unbewußt gar nicht, Erfolg zu haben. Sie gehen immer davon aus, daß Sie jeden Erfolg nur Ihrem Glück verdanken und nicht Ihrer eigenen harten Arbeit. Kinder, die ständiger Kritik ausgesetzt sind und deren Entwicklung durch die Eltern beeinträchtigt wird, setzen auch als Erwachsene oft lebenslang ihre eigenen Leistungen herab. Prüfen Sie sich selbst, hören Sie in sich hinein. Stellen Sie fest, woher Ihre negativen Vorstellungen kommen.
Meine Tante besuchte im Alter von fünfundsiebzig Jahren einen Vortrag, den ich zum Thema Kritik und Selbstwertgefühl hielt. Als wir nach Hause fuhren, hatte sie Tränen in den Augen. Ich fragte sie, was sie derart aus der Fassung gebracht habe. Normalerweise sah man sie nie weinen. Es stellte sich heraus, daß ihr eine Bemerkung wieder eingefallen war, die sie von ihrer Tante Bess im Alter von zehn Jahren zu hören bekommen hatte. «Dorothy sieht so nichtssagend aus», war deren Kommentar damals gewesen. Meine Tante hatte das nie vergessen, und die Wunde war selbst fünfundsechzig Jahre später immer noch nicht verheilt.
Wir kritisieren aus Gewohnheit, aber auch aus dem Wunsch heraus, zu verletzen, zu erniedrigen oder zu beherrschen. Ebenfalls aus Gewohnheit nehmen wir Kritik hin. Vielleicht bemerken Sie die kleinen kritischen Bemerkungen nicht einmal, bis genug zusammengekommen sind und Sie – ohne zu wissen warum – völlig niedergeschlagen sind.
Kritik untergräbt Ihr Gefühl, als Persönlichkeit etwas wert zu sein. Sie wirkt wie Sandpapier: nach und nach wird Ihr Selbstwertgefühl abgeschliffen. Ihr Vertrauen wird zerstört, selbst wenn es zu Beginn der Situation oder Beziehung noch so groß war.

Was Sie tun können

Nehmen Sie Kritik zur Kenntnis. Sie trifft Sie nicht. Entweder sollten Sie sich gar nicht darum kümmern oder mit gleicher Münze heimzahlen. Wenn Sie meinen, die kritischen Bemerkungen träfen alle auf Sie zu, dann hat irgend jemand Ihr Selbstwertgefühl so stark reduziert, daß es Zeit wird, etwas dafür zu tun.

Falls Sie jemanden fragen, warum er Sie so verletzt, reagiert der- oder diejenige unter Umständen sehr ärgerlich. Menschen, die voller Gehässigkeit stecken, sind oft ängstlich. Ihre Angst verbergen sie, indem sie wütend und gereizt reagieren. Manchmal schießen sie dazwischen noch kleine Spitzen ab in der Hoffnung, daß Sie es nicht merken.

Registrieren Sie kritische Bemerkungen ohne weiteren Kommentar. Lassen Sie den oder die Betreffende wissen, daß Sie die Gehässigkeit darin durchaus bemerkt haben. Wenn Sie Ihr Mann oder eine Freundin auf einer Party kritisiert, sagen Sie nur «Oh», als seien Sie verletzt. Dann unterhalten Sie sich weiter. Gehen Sie nicht näher auf die kritische Bemerkung ein. Falls jemand fragt, was los ist, dann antworten Sie, daß Sie nur gerade einen Nadelstich gespürt hätten.

Führen Sie bestimmte Signale ein. Eine Familie unterband kritische Bemerkungen bei Tisch mit Hilfe einer Glocke. Jedesmal, wenn Großvater jemanden kritisierte, wurde die Glocke geläutet. Schließlich begriff er, daß er keine Chance hatte, ungestraft mit seinen kleinen Bosheiten durchzukommen.

Ziehen Sie sich scheinbar die Kritik an. Eine großartige Strategie (vorausgesetzt, Sie besitzen Sinn für Humor) besteht darin, dem Kritiker zuzustimmen. Das nimmt ihm allen Wind aus den Segeln. Folgende Beispiele zeigen das:

Kritiker: «Du hast zugenommen, meine Liebe. Hast du nicht fast zwanzig Pfund Übergewicht?»

Sie: «Ja, das stimmt, aber es sind schon beinahe fünfundzwanzig Pfund. Schrecklich, nicht?»

Kritiker: «Willst du denn gar nichts dagegen unternehmen?»

Sie: «Ich glaube nicht, ... ich werde wohl eine Weile so dick bleiben.»

Stimmen Sie allem zu, bis es der oder dem anderen zu langweilig wird. Nehmen Sie ihnen den Wind aus den Segeln. Kritik wirkt nur, wenn Sie darauf reagieren.

Kritiker: «Dieser Haushalt ist eine Zumutung!»
Sie: «Ja, das stimmt.»
Kritiker: «Willst du das nicht mal ändern?»
Sie: «Ich glaube nicht.»
Kritiker: «Du könntest lernen, eine bessere Hausfrau zu sein.»
Sie: «Nein, ich habe es versucht, und außerdem bin ich der Meinung, daß mir das einfach nicht liegt.»
Kritiker: «Es fällt mir wirklich schwer, auf diese Art und Weise zu leben.»
Sie: «Ja, ich weiß, das tut mir leid für dich. Vielleicht können wir eine Hilfskraft einstellen, oder du könntest helfen, oder deine Mutter könnte gelegentlich vorbeikommen.»
Kritiker: «Es bringt überhaupt nichts, mit dir zu reden.»

Wehren Sie sich. Schreiben Sie jedem Menschen, der Sie kritisiert, einen Brief, und teilen Sie allen mit, daß Sie in Zukunft ihre spitzen Bemerkungen nicht mehr schlucken werden. Teilen Sie Ihren Entschluß auch den Kritikern mit, mit denen Sie zusammenleben. Wenn sie Sie trotzdem weiter kritisieren, dann:

- Fragen Sie sie, warum sie Sie verletzen wollen. Wahrscheinlich werden sie antworten, daß sie das nur zu Ihrem eigenen Guten tun.
- Gehen Sie weg, schließen Sie die Augen, lassen Sie den Kritiker ins Leere laufen.
- Hängen Sie den Telefonhörer ein. Wenn es sich um jemanden handelt, den Sie lieben, dann sagen Sie unmittelbar bevor Sie auflegen: «Ich liebe dich.»

Eine Frau erzählte mir, daß ihr Mann sie nur in der Öffentlichkeit kritisiere. Sie begann, immer ein kleines Handtuch mit sich zu führen. Sie legte es sich über Kopf und Gesicht, sobald er eine verletzende Bemerkung machte. Dadurch geriet er derart in Verlegenheit, daß er aufhörte, sie zu kritisieren.

Führen Sie Buch. Beginnen Sie noch heute, eine Liste anzulegen und zu verfolgen, woher jeweils kritische Bemerkungen kommen. Schreiben Sie sie in ein Notizbuch, und geben Sie ihnen Noten von eins bis zehn. Welche verletzen Sie besonders? Schon beim Niederschreiben sehen Sie viele spitze Bemerkungen in einem anderen Licht.

Schütteln Sie Kritik nach einer gewissen Zeit einfach ab. Manchmal

bemerken Sie erst einige Stunden später, daß jemand sich kritisch über Sie geäußert hat. Dann sollten Sie diese Äußerung einfach abschütteln. Stellen Sie fest, wer solche Bemerkungen über Sie macht, und bitten Sie ihn oder sie, damit aufzuhören. Suchen Sie eine Möglichkeit, diese Kritik abzuwenden, oder halten Sie sich von solchen Kritikern fern. Wenn Sie ihnen nicht aus dem Weg gehen können, dann sollten Sie lernen, zurückzuschlagen.
Wir wiederholen häufig alte Verhaltensmuster. Gefühle und Handlungen, die uns vertraut sind, geben uns Sicherheit, selbst wenn sie negativ sind. Falls Sie als Kind häufig kritisiert worden sind und diese Kritik pflichtschuldigst geschluckt haben, dann werden Sie nach jeder Möglichkeit suchen, um sich wieder wie zu Hause fühlen zu können.
Kritische Beurteilungen im Beruf sind etwas anderes. Ihre Familie und Ihre Freunde aber haben keinerlei Berechtigung, Sie zu kritisieren – auch wenn sie das glauben. Ein Arbeitgeber schließt mit Ihnen einen Vertrag, der ihn gegebenenfalls auch zur Kritik berechtigt. Sie müssen entscheiden, ob Ihnen diese Stellung das wert ist.

Daran sollten Sie denken

Erwidern Sie nicht Kritik mit Gegenkritik, greifen Sie andere nicht an.
Ehepartner oder Eltern zu sein gibt Ihnen nicht die Berechtigung zu kritisieren.
Hören Sie auf zu glauben, daß Kritik konstruktiv ist.
Ermutigen Sie, aber kritisieren Sie nicht.

Ich bin eifersüchtig

Nur wenige Gefühle bereiten uns derartige Qualen wie eine echte Eifersucht, die uns vierundzwanzig Stunden am Tag nicht losläßt. Sie sehen ganz grün aus, weil es Ihnen so schlecht geht. Sie können nicht schlafen; ständig kreisen beunruhigende Bilder in Ihrem Kopf herum. Sie vergleichen sich selbst immer wieder unter brennenden Schmerzen bis in alle Einzelheiten mit einer anderen, von der Sie annehmen, daß er sie Ihnen vorzieht. Ihr Magen rebelliert, und alle Glieder tun Ihnen weh. Sie werden zur Detektivin und sehnen sich verzweifelt nach Sicherheit.
Eifersucht ist nichts anderes als die Angst, daß Sie wertlos und des-

halb der ständigen Gefahr ausgesetzt sind, alles zu verlieren. Eifersucht schweift umher wie ein Leuchtfeuer, immer auf der Suche nach dem einen Beweis – daß andere Ihnen vorgezogen werden und im Leben besser wegkommen. Eifersucht kann brennen wie Feuer, wenn z. B. ein besonders begehrter Mann eine andere erwählt, sie kann aber auch ein lebenslanger dumpfer Zwang sein, sich selbst mit allem und jedem zu vergleichen.

Eifersüchtige Menschen sind häufig in vielen Bereichen ihres Lebens unglücklich. Selbst wenn sie in ihrer Partnerschaft überhaupt nicht glücklich sind, zeigen sie noch Eifersucht. Sie wissen nicht recht, was sie eigentlich möchten, aber sie wissen, daß sie auf keinen Fall irgend etwas verlieren wollen.

Eifersucht quält, weil sie Sie selbst und Ihre Sicherheit in Frage stellt. Wir fürchten den Verlust, und, was noch schlimmer ist, wir beginnen zu glauben, daß uns ganz recht geschieht. Wahrscheinlich ist die andere besser, als ich es bin. «Das ist nicht fair.» – «Wir sind schließlich verheiratet.» – «Er hat mir sein Wort gegeben.» – «Sie war meine Freundin.»

Eifersucht ist deshalb ein derart intensives Gefühl, weil ihre Wurzeln bis in unsere Kindheit reichen. Damals lernten wir, durch die Aufmerksamkeit, die andere uns schenkten, uns selbst und unseren Wert zu definieren. Die meisten Kinder meinen, der einzige Beweis dafür, daß sie geliebt werden, sei die ihnen unmittelbar zugewandte Aufmerksamkeit. Wir glauben, daß sich unser Wert aus der Zuwendung und Liebe ergibt, die uns ein anderer Mensch schenkt. Deshalb leben wir in ständiger Gefahr, diesen Wert zu verlieren.

Männer tendieren genauso zur Eifersucht wie Frauen, aber sie gehen oft anders damit um. Frauen kreisen in Gedanken um sich selbst, stellen ihr gesamtes Selbstwertgefühl in Frage und fragen sich, was sie tun können. Männer werden häufiger aktiv, sie reagieren entweder gewalttätig oder sehen sich nach Ersatz um. Sie finden oft schnell eine andere Frau, die ihr Selbstwertgefühl wieder aufrichtet.

Eifersucht und Macht sind eng miteinander verknüpft. Die Macht liegt jeweils bei dem Partner, der in einer Beziehung emotional und ökonomisch am wenigsten abhängig ist. Wenn Macht ungleich verteilt ist, ergibt sich immer auch die Angst, verletzt zu werden oder nicht mehr über das eigene Leben bestimmen zu können. Aus die-

sem Grund versuchen manche Menschen, andere eifersüchtig zu machen oder vorzutäuschen, daß sie selbst ganz unbeteiligt sind.
Es gibt viele unsinnige Vorstellungen, die sich rund um die Eifersucht entwickelt haben und sie noch verstärken. Es ist sicher hilfreich, sich einmal mit einigen von ihnen auseinanderzusetzen.

Das ist mir schon früher passiert, also wird es auch wieder vorkommen: «Ich habe meinen Vater an meine Mutter, meine Schwester, meinen Bruder oder an eine andere Frau verloren.» Vielleicht sind Sie schon früh verletzt worden, haben in einer entscheidenden Konkurrenzsituation verloren, ehe Sie die Spielregeln verstehen konnten. Nun warten Sie nur darauf, daß sich alles wiederholt.
Eifersucht verursacht so viel Leid, daß manche Menschen sich ändern, nur um diese Gefühle nie wieder erleiden zu müssen. Andere sehen die Bewältigung ihrer Empfindungen als Aufgabe an und gestatten sich eifersüchtige Anwandlungen als Möglichkeit, Erfahrungen zu wiederholen.
Meine Liebe ist immer größer: «Ich liebe dich mehr als du mich.» Das heißt mit anderen Worten: «Ich liebe mich selbst weniger, und ich führe Buch.»
Meine Eifersucht und Tollheit zeigen dir, wie sehr ich dich liebe: Falsch, sie zeigen höchstens, wie groß Ihre Angst ist und wie wenig Kontrolle Sie über sich haben. Sie sind unfähig, den Unterschied zwischen Leidenschaft und Angst, Liebe und Hysterie zu erkennen.
Keine Beziehung wird halten: Sie wollen diese Behauptung durch Tests und Nachforschungen beweisen, statt Vertrauen zu haben. Ihnen fehlt grundsätzlich der Glaube an Beziehungen. Suchen Sie in Ihrer Familie und in der Vergangenheit nach Gründen für diese Einstellung.
Ich verdiene es nicht, geliebt zu werden: Das ist der Grundtenor bei jeder Eifersucht. Ich muß, um genügend Selbstwertgefühl zu entwickeln, jemanden finden, der mich liebt. Aber ich werde nie fähig sein, diesen Menschen zu halten, weil ich ihn nicht verdiene. Wenn Sie glauben, wertlos zu sein, dann gehen Sie davon aus, daß andere Sie früher oder später auch dementsprechend behandeln.
Als Judith ihn kennenlernte, glaubte sie, alle ihre Träume seien wahr geworden. Mit seiner stattlichen Größe von einem Meter achtzig war er groß genug, um sie zu beschützen. Wenn sie nachts mit einem

Mann schlief, der sie mit einer Hand oder einem Blick beherrschen konnte, würden erregende Erinnerungen an ihren Vater aufsteigen. Er verkörperte die Vergangenheit, aber sie konnte damals noch nicht ahnen, welch unerträgliche Schmerzen sie durch ihn erleiden würde.

Er war überall bekannt, und die Menschen sahen zu ihm auf. Sie liebte es, mit einem Mann zusammenzusein, gab sich selbst völlig auf. Eine Zeitlang machte das Spaß, war verwirrend und neu. Sie fand, daß sie durch ihn die Möglichkeit hatte, ganz Frau zu sein und mit Leib und Seele zu lieben.

Dieses Mal würde es halten! Der Wunsch, das glauben, ihren Hunger nach Sicherheit stillen zu können, verführte sie dazu, eine Menge wichtiger Hinweise unbeachtet zu lassen. Es war die klassische Situation: Jeder außer ihr selbst wußte, daß wahre Liebe das letzte war, womit man bei diesem Paar rechnen konnte. Sie beachtete weder die Grausamkeit, die er seinen Kindern gegenüber zeigte, noch seine ständige depressive Stimmung. Er war für sie einfach wunderbar. Sie ignorierte die Signale ihres eigenen Körpers. Sie nahm ab, ließ sich die Ohrläppchen durchstechen und die Haare blond färben, nur um für ihn eine «natürliche» Frau zu sein. Sie hörten gemeinsam Musik, von der sie annahm, daß sie eine tiefe Bedeutung für sie beide hätte. Was sie nicht wußte, war, daß er auch an andere Frauen Duplikate davon verschickt hatte. Sie konnte nicht mehr zum Orgasmus kommen und wachte morgens um vier Uhr todtraurig neben ihm auf.

«Quatsch», dachte sie, «ich muß nur noch mehr geben, muß offener, empfindsamer, liebevoller sein, eben eine richtige Frau.» So kochte sie ihm die Mahlzeiten, machte Besorgungen, vernachlässigte ihre Kinder und ihre Arbeit und nahm mitten in der Nacht, wenn er unterwegs war, Telefongespräche für ihn an.

Dann begann sie, verliebt bis zu den erst kürzlich durchstochenen Ohrläppchen, immer häufiger über andere Frauen zu stolpern: Haushälterinnen, die sie nackt in seinem Bett fand, Ex-Geliebte, die sich immer noch Hoffnungen machten (er sammelte geradezu Frauen), ebenfalls hoffende Sekretärinnen, Frauen und Töchter seiner Freunde. Sie schienen einfach überall zu sein.

Als Judith tiefer in diesem Liebessumpf versank, wurde sie immer unsicherer, bis sie schließlich überhaupt nicht mehr in der Lage war,

die Situation zu durchschauen. Sie versuchte nur, immer noch mehr Liebe zu geben.
Es folgen einige Dialoge, die sie damals durchaus für vernünftig hielt.
Die beiden sitzen zusammen in der Badewanne:
Er: «Du bist doch die Nummer eins, was macht es da, wenn es noch andere gibt?»
Sie: «Nummer eins (geschmeichelt) von wie vielen (entsetzt)?»
Er: «Es besteht kein Grund, dieses Thema weiter zu erörtern.»
Für den Rest des Abends schweigt er dann, ist nur bereit zu sprechen, wenn eine der anderen Frauen anruft. Sie hat ihn verärgert. Als Nummer eins hat sie besondere Spielregeln zu beachten.

Während des Abendessens in einem Restaurant. Die Kellnerin hat ihm gerade ihre Telefonnummer zugesteckt.
Er: «Ich dachte, du glaubst an die Liebe.»
Sie: «Das tue ich doch.»
Er: «Warum willst du mich dann davon abhalten, so viele Frauen wie möglich zu lieben? Warum sollen mich nicht auch andere Frauen haben? Du bist wirklich selbstsüchtig.»
Sie: «Ja, ich gebe es zu, warum eigentlich nicht? Wir können alle geliebt werden; es gibt genug Liebe für uns alle. Ich sollte mir abgewöhnen, die einzige sein zu wollen» (ein scharfer Schmerz).
Ihre Kinder haßten ihn, ihre Freundinnen schienen entweder eingeschüchtert oder beeindruckt, eine Verwandte war ganz hingerissen, weil sie endlich einmal einen Mann hatte, den sie vorzeigen konnte. Judith merkte nicht, daß sie in eine alles verzehrende Eifersucht abglitt. Sie rief ihn mitten in der Nacht an, um zu kontrollieren, ob er wirklich zu Hause war, sie hatte ganz vergessen, daß das sonst immer andere taten, wenn sie mit ihm zusammen war. Sie weinte sich an der Schulter seiner Sekretärin aus, obwohl sie wußte, daß das schon viele vor ihr getan hatten. Sie schlich sich durch dunkle Kleidung getarnt zu seinem Haus, um es zu beobachten. Sie durchwühlte seine Schubladen und belauschte seine Telefongespräche, sie stellte vor aller Öffentlichkeit eine seiner Ex-Geliebten zur Rede und machte ihr eine Szene. Sie ging zu einem Schönheitschirurgen, um zu sehen, ob der sie hübscher machen konnte. Sie verschuldete sich für ihn und vergab wichtige berufliche Chancen.
Wiederholt verletzte sie um seinetwillen ihre Kinder und Freunde.

All das – und noch mehr – hatte sie für ihn getan, bis sie schließlich in meiner Praxis landete. Als er spürte, daß die Therapie ihr half, die ersten Schritte weg von ihrer Eifersucht und hin zu mehr Selbstwertgefühl zu tun, schenkte er ihr einen Diamantring, aber – wie er betonte – wirklich nur als Freundschaftsring. Später forderte er ihn zurück. Judith hielt an ihrer Liebe fest und zerstörte sich selbst immer weiter. Die anderen Frauen fraßen sie auf.

Heiligabend schlief sie mit ihm – schließlich war sie ja die Nummer eins. Spät am Abend teilte er ihr mit, daß er am nächsten Morgen früh aufstehen müsse, weil er mit einer Schauspielerin und deren Familie frühstücken wolle. Nachdem er gegangen war, fand sie in seiner Brieftasche eine Fotografie dieser Frau, die auf dem Bild von lauter gelben Rosen umgeben war. Auf der Rückseite dankte sie ihm für die Blumen. Auch Judith hatte er gelbe Rosen geschickt und ihr erklärt, daß sie «ewige Liebe» bedeuteten.

An diesem Morgen lief sie durch sein ganzes Haus und fand drei Vasen voller gelber Rosen. Sie versuchte, die Visitenkarten zu finden, um feststellen zu können, von wem sie kamen, und dann rief sie mich an, endlich bereit, aufzugeben.

Später bat ich sie, ihre Geschichte veröffentlichen zu dürfen. Als sie die Liste mit all den Peinlichkeiten las, die sie einmal aus Eifersucht ertragen und getan hatte, konnte sie gar nicht wieder aufhören zu lachen. Einige Monate nach jenem Weihnachtsfest hatte er sie noch einmal – und zwar in seiner Hochzeitsnacht – angerufen, aber sie war stark genug gewesen, den Hörer einfach aufzuhängen. Ab dann ging es mit ihr bergauf.

Eifersucht und all die Demütigungen, die immer mit ihr einhergehen, haben ihren Ursprung in einer tiefen persönlichen Unsicherheit. Gehen Sie zunächst einmal dieses Problem an, anschließend können Ihnen dann vielleicht die folgenden Vorschläge weiterhelfen.

Was Sie tun können

Entspannen Sie sich. Verspannte Muskeln führen zu Angstgefühlen. Sie können schon durch einfache Stretching- und Entspannungsübungen erreichen, daß Sie sich besser fühlen. Versuchen Sie, innerlich wenigstens teilweise wieder ins Gleichgewicht zu kommen. Manchmal muß sich erst der Körper von der Eifersucht befreien, bevor die Seele dazu in der Lage ist.

Nehmen Sie sich zusammen, und analysieren Sie die Lage. Eifersucht stellt sich ein, wenn wir fürchten, etwas zu verlieren. Eifersüchtige Menschen sind sehr ängstliche Menschen. Finden Sie heraus, wovor sie Angst haben. Falls Sie diesen Mann verlieren, können Sie den Verlust verwinden? Versuchen Sie, sich selber gegenüber ehrlich zu sein.

Brechen Sie Ihre festgefahrenen Verhaltensmuster auf. Eifersucht erwächst aus bösen Erfahrungen. Vielleicht ist es Ihnen gutgegangen, bis Sie an einen oder zwei Männer oder auch an eine Freundin gerieten, die Sie um eines anderen willen verließen. Wird sich das nun ein Leben lang wiederholen, oder haben Sie nur ein schlechtes Jahr erwischt? Was sind das für Menschen, die Sie lieben und denen Sie vertrauen?

Bemühen Sie sich, Ihr Leben selber zu bestimmen. Entwickeln Sie Unabhängigkeit, die Gewißheit, daß Sie auch alleine überleben können. Bleiben Sie nicht trübsinnig zu Hause, weil er mit einer anderen ausgegangen ist. Nehmen Sie Ihr Leben energisch in die Hand, auch wenn es gerade jetzt schwerfällt. Belegen Sie einen Kurs, starten Sie irgendeine Aktion, machen Sie eine kurze Reise, treiben Sie Sport, rufen Sie Bekannte an; tun Sie irgend etwas für sich selber.

Verhandeln Sie. Bitten Sie Ihren Partner oder Freund, daß er sein Verhalten in gewissen Punkten ändert. Bitten Sie ihn, offener mit Ihnen zu reden, damit Sie ein Vertrauensverhältnis aufbauen können. Stellen Sie fest, welche Situationen Ihnen besonders unangenehm sind, und einigen Sie sich auf einen Kompromiß.

Lernen Sie Ihre Rivalin kennen. Um welche Qualitäten beneiden Sie sie? Konkurrieren Sie mit ihr in denselben oder in unterschiedlichen Bereichen der Beziehung? Ist sie wirklich eine Rivalin? Was könnten Sie noch tun, um das Beste aus sich zu machen? Lohnt sich die Anstrengung Ihrer Ansicht nach?

Planen Sie im voraus. Falls Sie nur in bestimmten Situationen eifersüchtig werden, dann sollten Sie vorher überlegen, wie Sie besser mit ihnen fertig werden; Sie sollten solche Situationen entweder umgehen oder Ihren Partner um mehr Kooperation bitten, oder sich durch irgend etwas anderes ablenken, wenn es kritisch wird. Lesen Sie keine privaten Papiere oder Briefe; belauschen Sie keine Telefongespräche, die nicht für Sie bestimmt sind; fragen Sie keine Freunde oder Freundinnen aus.

Beenden Sie die Beziehung. Falls Sie normalerweise eine recht vernünftige Person sind und nur eine ganz spezielle Beziehung Sie ständig eifersüchtig macht, dann sollten Sie überlegen, ob Sie diese Beziehung nicht besser beenden. Ist dieser Mann wirklich so wunderbar? Ist das, was Sie von dieser Beziehung haben, wirklich die Qualen wert, die Sie leiden? Falls der Partner Ihre Eifersucht auch noch schürt (dadurch, daß er Sie betrügt, flirtet, untreu ist), warum machen Sie dann dem Ganzen nicht ein Ende?
Vergeben Sie sich selber: Eifersucht und Liebe hängen eng zusammen. Sie haben sich der Liebe ausgeliefert; Sie haben zugelassen, daß Sie verletzlich wurden. Sie sind bereit, intensiv zu empfinden, und dazu gehört auch Eifersucht.
Sie haben nur eine Möglichkeit, Ihre Eifersucht auf Dauer in Grenzen zu halten – Sie müssen Ihr Selbstwertgefühl stärken. Wenn Sie sich selbst nicht lieben, werden Sie nie glauben können, daß Sie geliebt werden. Sie werden immer meinen, es handele sich um einen Irrtum oder um einen glücklichen Zufall. Schauen Sie nicht immer auf andere, sondern wenden Sie sich nach innen. Suchen Sie den Ursprung Ihrer Eifersucht; bringen Sie Klarheit in das, was man Ihnen früher gesagt hat und was Sie erlebt und erfahren haben. Stecken Sie Ihre gesamte Energie in den Aufbau Ihrer persönlichen und emotionalen Absicherung.
Dann werden Sie diejenige sein, auf die die anderen eifersüchtig sind; Sie aber können sich an die Qualen erinnern und ihnen die Hand reichen.

Daran sollten Sie denken

Spielen Sie nicht die Detektivin. Spionieren Sie nicht herum und verletzen damit Ihre eigenen Wertvorstellungen.
Tun Sie möglichst nichts, was Sie erniedrigt, nur weil es Ihnen im Augenblick ein Gefühl der Befriedigung gibt.
Leugnen Sie Ihre Eifersucht nicht. Manchmal handelt es sich dabei um ganz vernünftige Gefühle, die Ihnen signalisieren, daß irgend etwas in Ihrer Beziehung geändert werden sollte. Außerdem ist Eifersucht ein Hinweis darauf, daß Sie unbedingt etwas für Ihr Selbstwertgefühl tun sollten.
Sie brauchen nicht zu leiden, um geliebt zu werden.

Ich weiß, daß er mir nicht treu ist

Manche sonst ganz vernünftige Menschen möchten alles haben. Sie wollen sich sowohl als Verheiratete als auch als Singles fühlen. Sie verlangen die Sicherheit einer lebenslangen Bindung und die sexuelle Freiheit, die das Leben ohne Partner bietet.

Doch Bindung beruht auf Vertrauen und Achtung. In den meisten Fällen bedeutet das Treue. In vielen Ehen und langfristigen Beziehungen müssen Sie jedoch auch die Möglichkeit in Betracht ziehen, daß der Mann ein Verhältnis mit einer anderen Frau hat. Vielleicht begehren ja auch Sie einen anderen Mann.

Untreue ist eine der kränkendsten Erfahrungen, die eine Frau im Leben machen kann. Nur wenige Dinge schmerzen so sehr wie Untreue oder das Gefühl, von einem geliebten Menschen verraten worden zu sein. Frauen sind durch ihre Stellung in der Gesellschaft weniger sicher, haben größere Angst, zurückgewiesen zu werden, und neigen mehr zur Monogamie.

Seine Untreue

Anfangs bemerken Sie es kaum, aber schließlich spüren Sie intuitiv, daß Ihr Partner ein intimes Verhältnis mit einer anderen Frau hat. Die Versuchung ist groß, einfach wegzusehen, das Ganze zu ignorieren. Schmerzlichen Erkenntnissen sollte man aus dem Weg gehen. Es ist aber besser, auf die Signale zu hören. Wenn Sie Ihrer Intuition nicht trauen, wird der Schmerz am Ende noch größer sein.

In irgendeiner Form zurückgewiesen zu werden tut weh, aber Sie werden diesen Schmerz überleben, und auch Ihre Beziehung muß nicht notwendigerweise daran zerbrechen. Die folgende Aufstellung enthält die klassischen Anzeichen für Untreue:

> Die Kommunikation zwischen Ihnen nimmt ab. – Sie hören, wie er mit leiser Stimme telefoniert, oder er springt beim ersten Klingeln auf, um den Telefonhörer abzunehmen. – Er besteht darauf, die Post hereinzuholen. – Er kommt später von der Arbeit nach Hause. – Seine Geschäftsreisen dauern länger. – Er will zum Wochenende allein wegfahren. – Geschäftsessen sind später zu Ende. – Er verläßt morgens früher das Haus. – Er

ändert plötzlich den Stil seiner Kleidung. – Er praktiziert neue Sexualtechniken. – Sie spüren unklare körperliche oder seelische Schmerzen. – Es finden keine sexuellen Kontakte mehr statt. – Sie fühlen sich ausgeschlossen oder spüren, daß er ein Geheimnis vor Ihnen verbirgt. – Sie haben ein Gefühl der Distanz Ihrer Beziehung gegenüber.

Das alles addiert sich, und in Ihnen steigt allmählich der Verdacht auf, daß er sich mit einer anderen Frau trifft. Ihr Vertrauen bekommt erste Risse. Sie fangen an, Detektiv zu spielen. Sie untersuchen seine Anzüge und seine Brieftasche. Sie versuchen, ihn zu beobachten und etwas von seinen Telefongesprächen mitzubekommen. Das Ganze ist erniedrigend und demütigend für Sie. Sie sollten nicht versuchen, Detektiv zu spielen. Finden Sie lieber heraus, was wirklich geschieht und was das für Sie bedeutet.
Ist es möglich, daß Sie sich irren? Haben Sie Angst, verlassen zu werden, und könnte diese Angst Ihre Beobachtungen in einem falschen Licht erscheinen lassen? Haben Sie ähnliches früher schon einmal erlebt? Entscheiden Sie im Zweifel zugunsten Ihres Mannes oder Freundes. Versuchen Sie, die Situation in Ruhe zu durchdenken. Klagen Sie niemanden an. Sprechen Sie nicht mit Freunden oder mit den Kindern über Ihren Verdacht. Gibt es irgendeinen stichhaltigen Beweis?
Sprechen Sie mit ihm über Veränderungen, die Ihnen aufgefallen sind, und darüber, daß Ihrem Empfinden nach Liebe und Vertrauen in Ihrer Beziehung abgenommen haben, ohne ihn dabei aber direkt mit Ihrem Verdacht zu konfrontieren. Versuchen Sie aus solchen Gesprächen Antworten auf Ihre Fragen und Gefühle zu finden.
Wenn es Ihnen nicht gelingt, auf diese Weise Ihre Zweifel zu zerstreuen, dann ist es an der Zeit, mit ihm über Ihren Verdacht zu sprechen. Wählen Sie einen Ort, an dem Sie ungestört sind, und eine Zeit, die es Ihnen ermöglicht, die Angelegenheit in Ruhe auszudiskutieren. Beschreiben Sie ihm Ihre Gefühle, und sagen Sie ihm vorsichtig, was Sie wissen.
Gibt es eine Erklärung dafür? Versuchen Sie, ihm zu glauben.
Falls er zugibt, Ihnen untreu gewesen zu sein, und es das erste Mal

war, können Sie ihm dann verzeihen? Können Sie Ihren Teil der Verantwortung für das, was geschehen ist, übernehmen? Wären Sie bereit, einen Therapeuten aufzusuchen und gemeinsam mit ihm einen Weg zu finden, um das zerstörte Vertrauen wiederherzustellen?
Falls er seine Untreue leugnet, selbst wenn sie klar auf der Hand liegt, falls er sie zwar zugibt, das Dreiecksverhältnis aber fortführen möchte, falls er vorher auch schon untreu war oder falls Sie sich noch nicht in der Lage sehen, ihm zu verzeihen, dann können Ihnen vielleicht die folgenden Hinweise helfen.

Was Sie tun können
Stellen Sie sich Ihren Gefühlen. Werden Sie sich über all die Empfindungen klar, die jetzt in Ihnen toben. Untreue bedeutet Zurückweisung in ihrer schärfsten Form. Als Sie sich in ihn verliebten, gaben Sie ihm die Macht, Sie zu verurteilen und zu verletzen. Es ist unmöglich, zu lieben und nicht verletzlich zu sein.
Untreue kränkt uns am schwersten, wenn wir glauben, eine andere sei bereits an unsere Stelle getreten. Eifersucht trifft uns an unserer schwächsten Stelle, unserem sexuellen Selbstwertgefühl. Wir meinen, wir seien nicht begehrenswert. Der Statusverlust, die Erniedrigung, der Verlust an Ansehen – all das ist sehr schmerzlich für uns. Andere werden erfahren, daß wir im intimsten Bereich versagt haben.
Frauen sind aber oft auch noch in anderer Hinsicht verletzt. Wir fühlen unsere Sicherheit bedroht, weil begehrenswert zu sein für eine Frau der Schlüssel zum Erfolg ist. Das plötzliche Gefühl der Verlassenheit führt dazu, daß wir unser Selbstvertrauen verlieren und uns vorstellen, für immer in einem Secondhandkleid allein bleiben zu müssen. Wir fühlen uns abhängig.
Was Sie aufgrund Ihrer Informationen unternehmen wollen, sollten Sie erst entscheiden, wenn sich Ihre Gefühle wieder etwas beruhigt haben. Untreue ist heute längst nicht mehr ein so schwerwiegendes Problem wie früher. Vielen ist es ähnlich ergangen wie Ihnen, und Ihre Freunde werden Ihnen hilfreich zur Seite stehen. Frauen wissen heute, daß sie sich nicht nur über Männer zu definieren brauchen, sondern darüber hinaus ihren eigenen Wert als Persönlichkeit besitzen.

Besinnen Sie sich auf Ihre Lebensperspektiven und Ihren Wert. Setzen Sie sich hin, und versuchen Sie sich zu erinnern, was Ihr Leben bestimmt hat, ehe Sie diesen Mann kennenlernten. Falls Sie schon sehr lange verheiratet sind, sollten Sie sich die Zeiten ins Gedächtnis zurückrufen, in denen Sie auch allein glücklich waren. Stellen Sie Ihr inneres Gleichgewicht wieder her, indem Sie sich um sich selbst kümmern.

Tun Sie etwas für sich: Trinken Sie eine Tasse Tee, nehmen Sie ein heißes Bad, kaufen Sie sich ein kleines Geschenk, rufen Sie eine Freundin an, bewegen Sie sich. Tun Sie etwas, um attraktiver zu erscheinen. Ziehen Sie sich um, legen Sie Make-up auf, waschen Sie sich die Haare. Vielleicht sträuben Sie sich dagegen, etwas für Ihre äußere Erscheinung zu tun, aber es ist wichtig für Ihre Selbstachtung und seine Sicht von Ihnen.

Wenn Sie sich etwas erholt haben oder wenigstens ruhiger geworden sind, sollten Sie planen, wie Sie weiter vorgehen wollen. Finden Sie heraus, was wirklich los ist.

Verschaffen Sie sich genaue Informationen. Sie müssen wissen, was gespielt wird. Stellen Sie Ihren Liebhaber oder Ehemann, und fragen Sie ihn, ob er Ihnen wirklich die Wahrheit gesagt hat. Finden Sie heraus, wie seine Vorstellungen und Pläne aussehen. Zeigen Sie sich möglichst liebenswürdig und nicht allzu verzweifelt. Er leidet ebenfalls.

Machen Sie sich ein Bild davon, um welche Art von Untreue es sich handelt. Sie sollten «die andere» anrufen oder aufsuchen. Ihr Mann weist vielleicht jede Anschuldigung zurück und verlangt von Ihnen Beweise. Vielleicht gibt er auch der anderen Frau alle Schuld. Es ist leicht, sie als das Problem hinzustellen. Tun Sie das nicht. Stellen Sie fest, wie diese Frau über das Ganze denkt. Ergründen Sie ihre Absichten, und zeigen Sie ihr, daß Sie ein lebendiger, atmender Mensch sind.

Passen Sie auf, daß Sie die Situation nicht falsch einschätzen. Vielleicht wollen Sie sich selbst etwas vormachen. Sie sind versucht, Ihrem gesunden Menschenverstand und Ihrer Intuition zu mißtrauen. Sie wollen etwas glauben, von dem Sie wissen, daß es nicht stimmt. Sie werden diese Beziehung aber kaum retten können, wenn Sie sich der Situation nicht stellen.

Verschaffen Sie sich praktische Informationen. Vielleicht sind Sie an einer Scheidung gar nicht interessiert, aber Sie sollten Ihre Rechte kennen. Rufen Sie bei einer Beratungsstelle für Ehescheidungen oder irgendeiner anderen Informationsquelle an. Sie erhalten dort Auskunft über die Rechtslage sowie Hinweise auf Selbsthilfegruppen und Eheberatungsstellen.

Versuchen Sie, unabhängig zu werden. Sie werden einige Zeit brauchen, um diese Verletzung zu verkraften. Sie müssen sich erst wieder stark fühlen. Dann aber sollten Sie Ihre finanzielle Lage überprüfen und entscheiden, was Sie tun wollen, wenn diese Beziehung tatsächlich zerbricht. Wenn Sie bis dahin nicht berufstätig waren, sollten Sie sich jetzt einen Job suchen oder sich um eine Umschulungs- oder Fortbildungsmaßnahme bemühen. Sitzen Sie nicht zu Hause herum und sorgen sich, was nun aus Ihnen werden wird.

Schaffen Sie sich ein soziales Netz. Wenden Sie sich an Ihre Freunde, aber nicht an Paare, die Partei ergreifen müßten. Versuchen Sie, Ihre Familie aus der ganzen Geschichte herauszuhalten. Sie werden genug Zeit haben, mit ihnen über alles zu reden, wenn die Würfel gefallen sind.

Passen Sie gut auf sich selbst auf. Nehmen Sie Vitamine, und essen Sie mit Überlegung. Schränken Sie Ihren Konsum an Koffein, Zucker und Alkohol ein. Sie müssen jetzt Ihr inneres Gleichgewicht bewahren, dürfen nicht in Trübsal versinken. Nehmen Sie an Gymnastik- oder Entspannungskursen teil, und unternehmen Sie etwas, um sich attraktiver zu fühlen.

Beobachten Sie sein Verhalten. Wie behandelt er Sie? Bringt er sein Bedauern zum Ausdruck, oder sagt er lediglich, das Ganze sei Ihr Problem? Interessiert er sich für Ihre Gefühle, oder kümmert er sich gar nicht darum? Was will er? Was sind seine Pläne? Entsprechen sie seinem Verhalten?

Werden Sie sich klar darüber, was Sie wollen. Wenn es das erste Mal ist, sind Sie vielleicht bereit, ihm zu vergeben. Es kann sogar sein, daß diese Konfrontation Sie noch enger aneinander bindet. Aus den schmerzlichen Erfahrungen heraus lernen Sie, einander freundlicher und aufmerksamer zu behandeln. Falls es nicht das erste Mal ist, sind Sie möglicherweise bereit, ihn zu verlassen.

Falls Sie bei ihm bleiben wollen, können Sie vielleicht durch eine Beratung herausfinden, wie diese Krise entstehen konnte und was Sie wirklich empfinden. Ohne Hilfe verdrängen Sie leicht Ihre Gefühle und nehmen auf andere Weise Rache. Sie müssen sich selbst, der anderen Frau und Ihrem Partner verzeihen können.

Sich selbst zu vergeben ist dabei meist am schwierigsten. Sie werden sich Vorwürfe machen, sich überlegen, was mit Ihnen nicht stimmt, und Ihre Erscheinung und Persönlichkeit in Frage stellen. Sie werden mit den Zähnen knirschen, wenn Sie an die andere Frau denken, wenn Sie jede Einzelheit wissen möchten und wenn Sie sich mit jedem Vergleich selber verletzen. Um das Ganze gelassener zu sehen, um Ihrer Phantasie Einhalt zu gebieten, müssen Sie sich selbst vergeben, daß Sie es nicht allen Menschen recht machen können.

Der anderen Frau zu verzeihen mag nicht so wichtig erscheinen, ist es aber doch. Sie erliegen leicht der Versuchung, sie als Hauptschuldige anzusehen, statt zu begreifen, daß Ihr Partner schließlich erwachsen ist und sich frei entscheiden kann. Vielleicht war diese Frau einsam oder hielt nicht viel von sich selbst. Sie hat sich vielleicht auf falsche Angaben über Ihre Beziehung oder seine Absichten verlassen. Wie auch immer die Umstände gewesen sein mögen, in gewisser Weise ist sie Ihre Schwester. Auch sie empfindet Schmerzen, ist ein Teil dieser verletzenden Situation. Befreien Sie sie und sich selber aus dieser Verstrickung.

Ihm zu verzeihen ist unverzichtbar, wenn Sie beide den ernstlichen Willen haben, Ihre Beziehung wieder aufzubauen. Falls Sie ihm nicht vergeben können, warten Sie nur auf die nächste Gelegenheit, um sich auf irgendeine Weise zu rächen. Sie sollten in sich hineinhorchen, um zu wissen, ob Sie in der Lage sind, einen neuen Anfang zu wagen.

Eine meiner Klientinnen war unfähig loszulassen. Sie schäumte vor Wut, griff sich selber an, haßte die andere Frau so sehr, daß sie sie töten wollte. Sie lächelte ihren Mann immer noch an, aber er wußte, daß er sich auf Eierschalen bewegte. Er bat sie immer wieder vergeblich, ihm zu verzeihen, bis wir schließlich begriffen, daß sie einen Beweis seiner Liebe brauchte, eine sichtbare Buße.

Sie kamen überein, daß er ein Jahr lang jeden Samstag ihren Wagen waschen würde. Sie wollte ihn bei Regenwetter vom Haus aus beobachten, bei schönem Wetter draußen stehen und zuschauen. Sein Einsatz würde demonstrieren, daß er sie liebte, daß er bereute und daß er alles tun wollte, was ihm möglich war, um ihr seine Liebe zu beweisen. Drei Monate lang beobachtete sie ihn beim Wagenwa-

schen. Eines Tages aber verließ sie das Haus und fing an, ihm zu helfen. Sie hatte sich und ihm vergeben. Er wußte, seine Schuld war beglichen, und sie konnten wieder zueinanderfinden.
Wenn Sie beschließen, die Beziehung nicht aufrechtzuerhalten, dann ist manchmal nicht die Vergebung das Wichtigste, sondern vielmehr Ihre finanzielle Absicherung. Wenn er die Affäre fortsetzt, Ihnen schon früher untreu war oder Sie einfach nur wissen, daß es jetzt an der Zeit ist, auseinanderzugehen, dann sollten Sie etwas unternehmen. Konsultieren Sie einen Rechtsanwalt, um alle Klippen zu umschiffen, lesen Sie das Kapitel über das Abbrechen einer Beziehung, und passen Sie gut auf sich auf.
Zweifellos ist eine Trennung, die durch Untreue ausgelöst wird, mit das Schlimmste, was einer Frau passieren kann, aber sie ist besser als Jahre voller Mißtrauen und Demütigungen. Viele Männer, die schon mehrere Affären gehabt haben, werden darauf auch in Zukunft nicht verzichten. Bei einem solchen Mann zu bleiben, immer in der Hoffnung, diese Affäre sei die letzte, wird Sie zerstören.

Daran sollten Sie denken
Versuchen Sie nicht, sich mit der anderen Frau zu vergleichen und sich ständig vorzuwerfen, «wenn ich doch nur...» dieses oder das getan hätte.
Demütigen Sie sich nicht vor sich selber oder vor ihm. Sie finden eine lange Liste solcher Situationen in dem Kapitel über das Abbrechen einer Beziehung. Wenn Sie sich trotzdem dazu hinreißen lassen, weil Ihr Schmerz so groß ist, dann verzeihen Sie sich selber; leidenschaftliche Menschen handeln auch leidenschaftlich.
Wenn der Schmerz gar nicht nachläßt, sollten Sie einmal über sich selber nachdenken und das Kapitel über Selbstwertgefühl lesen.
Es ist oft besonders schwer, eine schlechte Beziehung aufzugeben, weil es möglicherweise Angst war, die uns so lange an ihr hat festhalten lassen. Eine Beziehung voller Liebe ermöglicht uns eine freie Entscheidung.
Was nicht aus Liebe geschieht, geschieht aus Angst.

Ich möchte eine Affäre haben
Häufig erhalte ich Briefe von Frauen, die sich in ihrem Leben mehr Leidenschaft wünschen. Sie führen eine gute Ehe, die Kinder sind gut

geraten, sie lieben ihren Beruf, und trotzdem fehlt ihnen irgend etwas. Sie wünschen sich die aufregende Spannung zurück, die sie beim Küssen in der Schule oder zu Beginn einer neuen Beziehung empfanden. Den Unterschied zwischen Leidenschaft und dieser mit Lust verbundenen Angst können sie nicht beschreiben. Eine kurze Affäre oder das Erlebnis einer Nacht ermöglicht es ihnen, eine solche angsterfüllte Lust, als Leidenschaft getarnt, zu empfinden.

Manche Ehen können sexuelle Freiheit aushalten, die meisten aber nicht. Sie selbst wissen am besten, wie Ihre Beziehung geartet ist und was Sie möchten. Bevor Sie sich auf Untreue einlassen, sollten Sie entscheiden, ob Sie entweder in einer festen Beziehung Intimität aufbauen wollen, mit allem, was Sie das kostet, Ihnen aber andererseits auch an Positivem einbringt, oder ob Sie das Knistern vorziehen, den Reiz einer neuen Beziehung. Sie sollten sich darüber klarwerden, aus welchem Grund Sie dieses Bedürfnis haben.

Neugierde: Werden Sie sich über sich selbst und Ihre Möglichkeiten klar. In unserer sexbetonten Gesellschaft haben Sie vielleicht das Gefühl, etwas verpaßt zu haben, wenn Sie nicht eine ganze Reihe Liebhaber vorweisen können. Frauen mit viel Erfahrung werden Ihnen versichern, daß Sie das völlig falsch sehen. Die meisten sexuellen Vergnügen spielen sich in Ihrer Phantasie und im Rahmen Ihrer Beziehung ab. Männliche Körper und Sexualtechniken sind nicht so unterschiedlich, es sei denn, Ihr Mann hat ernstliche sexuelle Störungen.

Defizite: Männer oder Frauen lassen sich oft auf Affären ein, um den Teil ihrer selbst zu finden, für den in ihrer Ehe kein Raum ist. Das kann etwas mehr Verständnis und Akzeptanz sein oder die Chance, noch einmal von vorne anzufangen und für jemanden neu und begehrenswert zu erscheinen. Versuchen Sie herauszufinden, was Sie wirklich möchten.

Rollenverhalten: Wenn Sie in Ihrer Jugend Untreue und wechselnde Partnerschaften erlebt haben, wiederholen Sie vielleicht diese Verhaltensweisen. Das kann ganz unbewußt geschehen oder aber als Loyalitätsbeweis für Ihre Eltern und deren Lebensweise, ganz gleich, ob sie letzten Endes glücklich lebten oder nicht.

Zorn: Zorn blockiert sehr oft sexuelles Begehren. Sie verspüren dann häufig den Wunsch, Ihren Partner zu verletzen oder sich für das zu rächen, was er Ihnen Ihrer Meinung nach angetan hat. Hinter dem

Zorn versteckt sich fast immer Angst. Verschaffen Sie sich Klarheit über Ihren Zorn und Ihre Angst, ehe Sie sich selbst verletzen.
Alter und Begehrlichkeit: Sex ist die klassische Art, Männlichkeit oder Weiblichkeit zu beweisen. Wir alle wünschen uns insgeheim einen Mann, der mit verlangenden Blicken auf uns zustürzt. Wir werden noch begehrt; das ist der Beweis. Wir träumen davon, noch einmal intensiv zu lieben, ehe uns das Alter endgültig aus dem Rennen wirft.
Selbstzerstörung: Manche Frauen möchten jede Intimität vermeiden, deshalb zerstören sie gute Beziehungen. Oft entwickeln sie anschließend Angstgefühle, bekommen Schwierigkeiten und geraten in eine Krise. Haben Sie die Angewohnheit, sich selbst zu verletzen, oder begeben Sie sich häufiger in Situationen, in denen Sie verletzt werden?

Stellen Sie sich vor, wie so etwas schlimmstenfalls aussehen könnte. Nehmen Sie an, Ihr Mann entdeckt Ihre Untreue und besteht auf einer Scheidung. Zur gleichen Zeit will Ihr Liebhaber Sie verlassen. Können Sie damit fertig werden? Ist das die Sache noch wert? Ich weiß, solche Fragen klingen nach Panikmache, aber Sie müssen wissen, auf was Sie sich einlassen wollen.
Meine Nachbarin war eine nette, lustige, tatkräftige Frau mit vier fast erwachsenen Kindern. Sie hatte einen prachtvollen Ehemann, mit dem sie seit ihrem siebzehnten Lebensjahr verheiratet war. Mit vierzig glaubte sie plötzlich, daß ihr irgend etwas fehlte. Das war in den siebziger Jahren, man sah damals Sex quasi als Sport an, und sie war bis zu diesem Zeitpunkt nur mit einem einzigen Mann zusammengewesen. Sie kündigte an, daß sie das Haus verlassen werde. Ihr Mann wollte zunächst mit ihr gehen, überlegte es sich dann aber doch anders.
Ein Jahr lang ertrug er ihre Untreue, dann reichte er die Scheidung ein. Als ihr endlich klar wurde, was sie verloren hatte, hatte er sich in eine andere Frau verliebt. Heute lebt sie allein, verletzt und voller Groll, hat einen gewalttätigen Liebhaber und ist nicht in der Lage, ihre Rechnungen zu bezahlen, obwohl die finanzielle Seite bei der Scheidung großzügig geregelt wurde. Ihr Leben ist völlig aus den Fugen geraten, und sie weiß nicht einmal genau, warum.
Eine Affäre betrifft nicht nur Sie selber, berücksichtigen Sie deshalb

die Gefühle des anderen Mannes und den Umstand, ob er mit einer anderen Frau liiert ist oder nicht. Sie sollten in aller Ruhe abwägen, ob und was Sie Ihren Kindern und der Familie mitteilen wollen. Es ist hilfreich, sich zu vergegenwärtigen, daß zwischen Flirten und Untreue ein Unterschied besteht. Vielleicht sind Sie in einer Umgebung aufgewachsen, in der Sie kaum Erfahrungen mit unverbindlichen Flirts sammeln konnten. Unter diesen Umständen kann es sein, daß Sie sich durch einen Flirt schon verpflichtet fühlen, nun auch sexuell aktiv zu werden. So ist es nicht.
Manche Männer zeigen allerdings durch ihr Verhalten, daß sie derartige Erwartungen haben. Vielleicht versucht man Sie zu überreden und zu drängen, dann müssen Sie wissen, daß Sie nein sagen können. Wenn Sie Lust haben zu flirten, tun Sie es. Aber nehmen Sie dabei Rücksicht auf Ihren Mann und andere Frauen, die Sie durch Ihr Verhalten vielleicht verletzen. Wenn Sie sich wirklich auf eine Affäre einlassen wollen, dann sollten Sie Ihre Entscheidung in einem Augenblick treffen, in dem Sie mit klarem Kopf vernünftig denken können.

Was Sie tun können

Wenn Sie eine Affäre vermeiden möchten
Entwickeln Sie Phantasievorstellungen. Träume sind etwas Schönes, stellen Sie sich sexuelle Begegnungen vor, lesen Sie Romane, amüsieren Sie sich mit Freundinnen, machen Sie Männern schöne Augen, tun Sie alles, was Ihnen Spaß macht. Konzentrieren Sie sich darauf, Träumen und Handeln auseinanderzuhalten.
Beschäftigen Sie sich mit anderen Liebhabereien. Langeweile kann sich auch auf die Sexualität auswirken. Überprüfen Sie erst Ihr übriges Leben, bevor Sie sich entschließen, Unterhaltung im Sex zu suchen.
Denken Sie, ehe Sie handeln. Entscheiden Sie immer wieder aufs neue, was Sie wollen, wie Ihre Wertvorstellungen sind und ob Ihnen etwas besonders wichtig ist.
Seien Sie sich im klaren über Ihre Absichten. Wenn eine sexuelle Spannung in der Luft liegt, dann geben Sie ruhig zu, daß offensichtlich eine gewisse Anziehungskraft zwischen Ihnen besteht. Stellen Sie aber gleichzeitig klar, daß Ihnen freundschaftliche Gefühle lieber

sind und daß Sie das gleiche von ihm erwarten. Manchmal ist es besser, nichts zu sagen, aber normalerweise kann man Sexualität entschärfen, indem man offen über sie spricht.
Passen Sie auf, daß Sie nicht verletzt werden. Halten Sie nicht Ausschau nach einem sexuell anziehenden Mann, wenn Sie durch Streß und Schwierigkeiten besonders verletzlich sind. Sie suchen dann leicht Trost in der Sexualität und müssen später feststellen, daß dadurch alles nur noch schlimmer geworden ist.

Wenn Sie sich auf eine Affäre einlassen möchten
Versuchen Sie, die Zustimmung Ihres Partners zu bekommen. Es gibt viele indirekte Wege, um zu testen, was Ihr Partner über eine offenere Ehe und Ihre Anziehungskraft auf andere Männer denkt.
Seien Sie bei allem, was Sie tun, diskret und rücksichtsvoll. Demütigen Sie niemanden, vermeiden Sie peinliche Situationen, und lassen Sie es zu keiner Konfrontation kommen. Beruhigen Sie Ihr schlechtes Gewissen nicht dadurch, daß Sie Ihren Mann unnötig durch Worte verletzen.
Schützen Sie sich selber. Vermeiden Sie es, schwanger zu werden oder sich eine Geschlechtskrankheit zuzuziehen. Jetzt ist nicht der richtige Zeitpunkt, über romantischen Gefühlen den Gebrauch eines Kondoms zu vergessen.
Gehen Sie verheirateten Männern aus dem Weg. Nehmen Sie Rücksicht auf Ihre Schwestern, die durch Ihre Untreue tief verletzt sein könnten. Respektieren Sie Ihre Freundinnen und deren Männer.

Daran sollten Sie denken
Vermeiden Sie nach Möglichkeit Affären, wenn Ihre Ehe oder Beziehung nicht mehr in Ordnung ist. Sie sollten Ihre Partnerschaft fair beenden und anschließend wieder in die Welt hinausziehen und erneut Ihr Glück versuchen.
Angst ist nicht dasselbe wie Leidenschaft.

Ich möchte mehr über Männer und Sex wissen
Männer und Frauen sind selten ehrlich, wenn es um Sex geht. Wir fürchten, etwas Falsches zu sagen, jemanden zu kränken oder nicht feinfühlig genug zu sein. Sexualität ist so zerbrechlich, daß wir Angst haben, sie zu zerstören. Diese Haltung kann im Endergebnis aber

zum Scheitern einer Beziehung, zu Heuchelei und Verstimmung führen. Paare, die sich lieben und zusammenbleiben wollen, stellen plötzlich fest, daß sie nach einem neuen Partner Ausschau halten, nur um die Chance zu haben, noch einmal von vorne zu beginnen und alles anders zu machen.

Wir setzen sehr hohe romantische Erwartungen in sexuelle Intimität. Es ist der Zauber, nach dem wir uns sehnen, weil er uns verwandelt. Männer behaupten oft, daß Frauen zuviel erwarten. Wir wollten zuviel Perfektionismus, statt uns selbst und ihnen einfach Vergnügen zu bereiten.

Denken Sie einmal eine Minute lang an all die Barrieren, die Sie immer wieder in der Liebe errichten, selbst wenn Sie in einer guten Beziehung leben. Sie sind zu Hause und warten darauf, daß er auch bald kommt. Sie hatten einen guten Tag, Sie sind nicht müde, und so kommt Ihnen der Gedanke, daß heute vielleicht die richtige Nacht für Sie beide wäre. Aber dann stellen Sie die ersten Bedingungen:

> «Falls er rechtzeitig nach Hause kommt.» – «Falls er nett zu den Kindern ist.» – «Falls er beim Abendessen hilft.»

Nun, er kommt – ist bester Laune, hilft das Abendessen vorzubereiten, plaudert mit den Kindern und wäscht anschließend sogar noch ab. Aber schon tauchen neue Bedingungen auf:

> «Falls er keine negativen Themen anschneidet.» – «Falls er sich kein Fußballspiel im Fernsehen ansieht.» – «Falls er früh nach oben kommt.» – «Falls er sich die Zähne putzt und nicht im Bett Shorts trägt.»

Der Funke muß wohl auf ihn übergesprungen sein, er spürt, daß etwas in der Luft liegt. Er tut alles, was Sie erwarten, und bald liegen Sie beide aneinandergekuschelt im Bett.

> «Gut, falls die Kinder schlafen gehen.» – «Falls das Telefon nicht läutet und der Hund nicht bellt.»

Alles ist ruhig. Er beginnt Ihren Nacken zu streicheln.

> «Na ja, falls er daran denkt, mir nicht ins Ohr zu pusten (seine erste Frau mochte das gerne).» – «Falls er sich nicht auf meinen Arm legt, so daß der anfängt, einzuschlafen.» – «Falls er nicht zu stürmisch ist, auch wenn es schon drei Wochen her ist, daß wir miteinander geschlafen haben.»

Es gibt so viele Wenn und Aber, daß wir schließlich meistens aufgeben, es sei denn, wir sind im Urlaub, wo eine andere Atmosphäre auch die Erwartungen verändert.
Viele Menschen unterdrücken eher ihr Verlangen, als daß sie Kompromisse akzeptieren.
Folgende Klagen, die Männer über Frauen und Sex äußern, habe ich dem Buch von Kenn Druck *Secrets Men Keep* (Geheimnisse, die Männer für sich behalten) entnommen und aus Interviews mit Männern zusammengetragen:
Männer möchten, daß Frauen beim Sex die Initiative ergreifen. Wenn Sie in der richtigen Stimmung sind, sollten Sie ruhig einen Vorstoß wagen und ihm Ihre Wünsche zeigen. Lassen Sie ihn sich zurücklegen, seien Sie zärtlich, und lassen Sie den Dingen ihren Lauf.
Männer wünschen sich mehr Ehrlichkeit beim Sex. Sie wissen, daß Frauen sexuelle Reaktionen und Orgasmen oft nur vortäuschen. Das stört sie, weil dieses Verhalten ihnen zeigt, daß sie nicht in der Lage sind, unterschiedliche Formen der Liebe zu erlernen. Es führt auch dazu, daß einige Männer ihren Partnerinnen nie trauen, weil sie nicht wissen, was jeweils echt oder was nur vorgetäuscht ist. Mit diesem Gefühl des Mißtrauens geben sie auf und beginnen, Sex nur noch für sich allein zu genießen, anstatt ein intimes Verhältnis aufzubauen und gemeinsam Freude an der Liebe zu haben. Besprechen Sie ehrlich miteinander, was Ihnen guttut und was nicht. Einigen Sie sich darauf, daß Sie nicht jedesmal einen Orgasmus brauchen. Manche Männer haben Schwierigkeiten, das zu akzeptieren, aber Sie können es ihnen erklären. Frauen lieben Nähe und gemeinsamen Spaß, das bedeutet aber nicht, daß es immer bis zum Orgasmus kommen muß. Sie soll-

ten beide frei entscheiden können, das zu tun, was Sie möchten, anstatt sich dem anzupassen, was Ihrer Meinung nach der andere erwartet.
Viele Männer wissen nur wenig über weibliche Sexualität. Den größten Teil ihrer Kenntnisse haben sie durch andere Männer, Filme oder versteckte Andeutungen erworben. Sie wissen nicht recht, was sie sagen sollen, wenn eine Frau einen Orgasmus gehabt hat. Sie haben unklare Vorstellungen darüber, wie man eine Klitoris stimuliert, wo die weiblichen erogenen Zonen sich befinden oder wann sie jeweils heftiger oder sanft vorgehen sollen. Sie klagen darüber, daß Frauen ihnen nie einen Hinweis geben oder zumindest jahrelang warten, bis sie etwas sagen. Es ist ihnen unangenehm zu fragen. Sagen Sie ihm, was Sie möchten, zeigen Sie es ihm. Lockern Sie die Situation durch Scherze auf, um keine Anspannung beim Liebesakt aufkommen zu lassen. Sorgen Sie dafür, daß Sie sich beide sicher fühlen.
Wenn es sexuelle Probleme gibt, suchen Männer oft die Schuld bei sich selber. Es gibt für Frauen zahlreiche Möglichkeiten, dem Partner bei Impotenz oder vorzeitigem Samenerguß zu helfen. Schon Anteilnahme zu zeigen, den Druck von ihm zu nehmen, kann die Situation verändern. Frauen können sexuelle Reaktionen vortäuschen, auch wenn sie Angst haben; Männer sind dazu nicht in der Lage.
Männer brauchen es, daß ihr Penis Anerkennung findet, genau so wie Frauen es lieben, wenn man ihnen sagt, daß ihr Körper schön ist. Bei Männern gibt es ungeheure Ängste im Hinblick auf die Größe des Penis, obwohl Ärzte behaupten, sie seien alle gleich. Männer glauben das nicht, und auch Frauen haben ihre Zweifel. Zeigen Sie ihm, daß Sie seinen Körper so mögen, wie er ist. Einigen Sie sich auf sexuelle Positionen, die Sie beide befriedigen.
Der männliche Orgasmus variiert nach Intensität und Lustempfinden, genau wie der weibliche. Je älter ein Mann ist, desto wahrscheinlicher ist es, daß er Partnerin und äußere Umstände sehr sorgfältig auswählt, um möglichst optimale Voraussetzungen für einen «guten» Orgasmus zu schaffen. Der Samenerguß ist ohne die übrigen Empfindungen, die weit über das Nachlassen der Spannung hinausgehen, nicht unbedingt ein Vergnügen für den Mann. Auch Männer spielen – genau wie Frauen – manchmal ein bißchen Theater, was die

Intensität ihrer sexuellen Reaktionen betrifft. Sie sollten in der Lage sein, die Reaktionen Ihres Partners zu kennen und über Ihre eigenen sprechen zu können.
Manche Männer wagen es nicht, Sex abzulehnen. Ein Gentleman weist eine Dame niemals zurück. Ein Mann kann müde, gelangweilt, ärgerlich oder deprimiert sein, aber sein Bedürfnis, Männlichkeit zu beweisen, ist stärker als alles andere. Sex als Verpflichtung kann aber zu Impotenz führen, und das ist für beide Partner belastend. Machen Sie es ihm leicht, gelegentlich nein zu sagen, und nehmen Sie es nicht persönlich. Denken Sie an all die Situationen, in denen Sie gerne zu einem Mann, den Sie liebten, nein gesagt hätten.
Manche Männer sind sich nicht recht klar darüber, was sie empfinden und wollen. Männer haben keinen engen Kontakt zu ihren Gefühlen. «Sex auf Abruf» ist ein Beispiel dafür, daß Empfindungen ausgespart werden. Sie lernen, das zu sagen, was Frauen hören möchten, weil das ungefährlicher ist, als ihnen die eigenen Gefühle zu offenbaren. Ein Mann drückte das so aus: «Oft bin ich nicht in der Lage, körperliche Begierde und Sehnsucht nach liebevoller Zuwendung auseinanderzuhalten. Ich weiß eigentlich gar nicht genau, was ich von meiner Frau erwarte.»
Manche Männer meinen, daß guter Sex und nette, anständige Mädchen nicht zusammenpassen. Wenn ein solcher Mann Sie kennen- und lieben gelernt hat oder wenn er Sie heiratet, dann stirbt seine Leidenschaft. So lange, bis er mit Ihrer Hilfe seine Madonna-Huren-Klischees zu durchschauen gelernt hat, müssen Sie unter Umständen gelegentlich eine Ihrem Wesen nicht entsprechende Rolle spielen, damit er sich erinnert, daß Sie eine Frau sind. Falls Sie ablehnen, dies zu tun, kann vielleicht eine Eheberatung helfen.
Männer möchten manchmal lieber «schnellen» Sex als romantischen. Sex nur so zum Spaß ist oft gar nicht romantisch, auch wenn der Mann seiner Partnerin viel Zuneigung entgegenbringt. Männer möchten einfach gelegentlich ihren Spaß haben. Warum nicht? Sie können das auch.
Die meisten Männer führen heimlich ein Phantasieleben, von dem ihre Partnerinnen nichts wissen. Männer verstecken vor ihren Partnerinnen Sexmagazine, masturbieren unter der Dusche oder an anderen sicheren Orten. In ihren Vorstellungen erleben sie – genau wie Frauen – Sex als ungefährliches, einfaches, aufregendes und grenzen-

loses Vergnügen. Männer sind in der Regel nicht der Meinung, daß diese Phantasiewelt sich negativ auf ihre jeweiligen Beziehungen oder auf die Sexualität ihrer Partnerinnen auswirkt, und sie weisen alle weiblichen Versuche zurück, diese Aktivitäten zu unterbinden. Solange Sie sich durch die Verhaltensweisen und Vorlieben Ihres Partners nicht unangenehm bedrängt fühlen, sollten Sie versuchen, dies zu tolerieren.
Folgendes macht nach Ansicht von Männern Sex zu etwas Wunderbarem:
Nähe: Männer fühlen sich ihren Partnerinnen besonders eng verbunden, wenn sie gerade gemeinsam schmerzliche oder komplizierte Empfindungen durchlitten haben. Sie lieben gern nach einem Streit mit ihrer Partnerin.
Selbstwertgefühl: Männer behaupten, daß ihre jeweilige innere Verfassung sehr wichtig für guten Sex sei. Sie brauchen das Gefühl, begehrt, erfolgreich und überhaupt alles zu sein, was ihnen persönliche Sicherheit bei der Begegnung gibt. Sie möchten sich auch körperlich gut fühlen, und es besteht für sie ein Zusammenhang zwischen Selbstwertgefühl und sexueller Potenz.
Attraktivität der Partnerin: Männer wünschen sich körperliche Attraktivität und eine gewisse Übereinstimmung der Partner. Sie meinen, daß Offenheit innerhalb einer Beziehung und ein gutes Sexualleben Menschen attraktiver macht.
Zeit: Männer wollen bei der Liebe nicht unter Zeitdruck stehen. Sie möchten das Gefühl haben, alle Zeit der Welt für sich beanspruchen zu können.
Abwechslung und Verspieltheit: Es geht um die Bereitschaft, innovativ zu sein, Neues auszuprobieren, Überraschungen zu schaffen.
Das erste Mal: Das erste Mal ist immer aufregend. Die erste Liebe, die erste Ausfahrt in einem Auto, der erste Tag im Büro, der erste Flug, die erste Skiabfahrt – alle Ereignisse, die außergewöhnlich sind. Männer lieben Frauen, die solche außergewöhnlichen, erstmaligen Situationen schaffen.

So können Sie das sexuelle Begehren wachhalten

An erster Stelle bei Klagen über Sex steht das nachlassende sexuelle Begehren. Vielleicht versuchen wir, zuviel zu tun (Streß), und sind dann zu erschöpft, um noch Interesse an Sex zu haben. Vielleicht aber haben Sie auch Probleme mit Ihrer eigenen Sexualität oder allgemein mit Ihrer Beziehung.

Viele Paare lassen sich aufeinander ein, weil sie in anderer Beziehung gut zusammenpassen, nicht unbedingt aus starkem sexuellem Begehren. Nach einiger Zeit wundern sie sich dann, warum sie kein leidenschaftliches Sexualleben führen. Sie leben vielleicht in einer harmonischen Beziehung und haben Kompromisse im Hinblick auf das in Kauf genommen, was zu einem lebenslangen Miteinander notwendig ist. Sie sollten es so nehmen, wie es nun einmal ist, und mit Hilfe Ihrer Kreativität und Liebe soviel Verzauberung wie möglich in Ihre Beziehung bringen. Auch wenn Sie niemals vor Leidenschaft außer sich geraten, haben Sie wahrscheinlich eine gute Wahl getroffen. Intimität hat ihren eigenen Lohn.

Welche Gefühle Sie sich selber gegenüber haben, ist – wie in vielen Bereichen – auch in der Sexualität der Schlüssel zu mehr Genuß. Wenn Sie Ihren eigenen Körper nicht als schön empfinden, möchten Sie natürlich nicht, daß irgend jemand ihn sieht, berührt oder Sie außer Kontrolle erlebt. Sie sind voller Sorge, ob eine bestimmte sexuelle Position unvorteilhaft für Sie ist, anstatt sich einfach der Lust hinzugeben.

Sex ist Ausdruck von Zuneigung, nicht nur körperliche Entspannung. Männer möchten sich geliebt fühlen. Zeigen Sie Ihre Zuneigung, seien Sie zärtlich, sagen Sie ihm, daß Sie ihn lieben. Lassen Sie ihn wissen, daß Sie ihm für eine lange Zeit ganz nah sein wollen.

Sprechen Sie miteinander über Ihre Wünsche. Wenn es Ihnen zu peinlich ist, darüber zu reden, sollten Sie ihm einen Brief schreiben. Geben Sie ihm ein Buch oder einen Zeitschriftenartikel, in dem Sie die entsprechenden Passagen unterstrichen haben. Stecken Sie ihm Botschaften zu, aber sagen Sie ihm vor allem, was Ihnen gefällt. Finden Sie heraus, was Sie wirklich romantisch finden, und lassen Sie es ihn wissen. Finden Sie auch heraus, was er als romantisch empfindet.

Selbst ein Mann, der Sie liebt, kann nicht Ihre Gedanken lesen. Warten Sie einen neutralen Zeitpunkt ab (nicht unmittelbar, nachdem Sie miteinander geschlafen haben), erzählen Sie ihm, was Sie gerne möchten, und fragen Sie ihn nach seinen Wünschen. Stillschweigen verschlimmert nur alles, weil es mit der Zeit immer schwieriger wird zu sprechen. Er meint vielleicht, Sie zucken mit dem Kopf, weil Sie es gerne haben, wenn er Ihnen ins Ohr pustet, in Wirklichkeit aber hassen Sie diese Angewohnheit. Versuchen Sie locker zu bleiben und sich nicht zu verspannen, verlieren Sie nicht Ihren Humor, und fragen Sie auch ihn nach seinen Vorlieben.

Wenn Sie das Gefühl haben, daß es irgendwo ein Problem gibt, sollten Sie versuchen herauszufinden, was es ist. Sprechen Sie vorsichtig und ohne zu werten über Ihre Gefühle. Manchmal sind Sie unzufrieden mit Ihrem Sexualleben, wissen aber nicht recht, warum. Eine Aussprache hilft Ihnen vielleicht herauszufinden, was wirklich los ist.

Wenn Sie zu früh zum Orgasmus kommen, sollten Sie sich einer Frauengruppe anschließen oder einen entsprechenden Spezialisten aufsuchen. Wenn es keine echte Befriedigung für Sie gibt, werden Sie auch nicht sehr oft das Verlangen haben, mit Ihrem Partner zu schlafen. Sie sollten sich für Ihre sexuellen Reaktionen selbst voll verantwortlich fühlen und nicht darauf warten, daß Ihr Partner Ihnen hilft.

Sie sollten bereit sein, sich der Lust zu öffnen. Vielleicht müssen Sie erst lernen, sexuelle Lust zu akzeptieren. Nehmen Sie Entspannungstechniken zu Hilfe, um sich vom Tag und all seinen Sorgen zu lösen. Vergessen Sie die Realität, solange Sie lieben. Trennen Sie sich von dem Bedürfnis, sich selbst immer unter Kontrolle zu halten. Lassen Sie sich ohne Angst gehen, in vollem Vertrauen darauf, daß Ihr Partner Sie nicht verletzen wird.

Tun Sie alles, was in Ihren Kräften steht, um Ablenkungen auszuschalten. Frauen haben z. B. ein besseres Gehör für störende Geräusche, weil Sie sich nackt häufig körperlich unsicherer fühlen als Männer. Sie sind auch sehr intensiv auf Kinder eingestellt. Sorgen Sie deshalb vorausschauend für eine Umgebung, die sexuelles Verlangen begünstigt (schalten Sie das Telefon aus, schließen Sie die Türen ab).

Überlegen Sie, wie Sie Ihr Zusammensein schon sexuell erregt beginnen können. Ziehen Sie sich verführerisch an, stellen Sie sich sexuelle Phantasien vor, nehmen Sie Bücher zu Hilfe, berühren Sie sich selber, um Sensibilität zu wecken, und dann teilen Sie Ihrem Partner Ihre Wünsche mit den Signalen mit, mit denen Sie beide sich zu verständigen pflegen. Einen gewissen Vorsprung zu haben, sich innerlich auf einen sexuellen Rahmen einzustellen, das erhöht die Lust

ganz wesentlich. Männer werden dabei schneller erregt als die meisten Frauen.
Jeder Mensch hat seine besonderen sexuellen Auslöser. Stimulation kann, ganz gleich, wie geschickt ein Liebhaber auch vorgeht, nicht ohne entsprechende Phantasievorstellungen zum Orgasmus führen. Die Bilder Ihrer Phantasie können sich auf die augenblickliche Realität beziehen (Partner, Ereignisse, Ort) oder auf das viktorianische England. Das spielt keine Rolle. Was auch immer Sie bereit macht für eine befriedigende sexuelle Erfahrung, wird Ihrem Partner und natürlich auch Ihnen recht sein. Entwickeln Sie ein Repertoire von Phantasievorstellungen, und nutzen Sie es, wann immer Sie wollen.
Sie können auch Ihren Partner bitten, gemeinsam mit Ihnen zu phantasieren. Sagen Sie ihm, welche Worte, welche Berührungen, welche Gesten Sie erregen. Männer möchten ja Freude bereiten, aber dazu benötigen sie Informationen. Wenn Ihnen der Zeitpunkt zum Reden ungeeignet erscheint, dann zeigen Sie ihm, was Sie möchten, indem Sie seine Hand führen oder ihren Körper bewegen. Geben Sie ihm Zeichen durch körperlichen Druck.
Frauen können auch in einer romantischen Situation oder beim Sex Märtyrerinnen sein. «Oh, es macht nichts, daß du gar nicht bemerkt hast, was ich mir Neues ausgedacht habe.» – «Mach nur so weiter, nächstes Jahr werde ich sicher einen Orgasmus haben.» Wenn Sie sich selbst bei einem sexuellen Zusammensein nicht mögen, dann werden Sie wohl kaum Ihrem Partner gefallen. Schneller oder einseitiger Sex ist gelegentlich ganz schön, ständig praktiziert führt beides jedoch zu Ärger und Frustration.
Sorgen Sie dafür, daß eine Position auch bequem für Sie ist. Halten Sie ihn nötigenfalls zurück. Berühren Sie sich selber, wenn das Ihre Erregung steigert. Achten Sie auf Ihre eigenen Empfindungen, statt seine Reaktionen zu beobachten. Konzentrieren Sie sich darauf, an welchen Stellen er Sie berührt und was Sie dabei empfinden. Tauchen Sie so tief in Ihre Erregung ein, daß Sie so leicht nichts ablenken kann. Lassen Sie zu, daß Ihre Lust Sie völlig durchdringt.

Was zerstört sexuelles Begehren?
In allen Ehen und langfristigen Beziehungen gibt es Zeiten, in denen sich die Leidenschaft füreinander auf einem Nullpunkt befindet. In

solchen Phasen beginnen wir zu fragen: «Ist das alles, was das Leben mir zu bieten hat?» Das Nachlassen von Verzauberung und Leidenschaft ist wahrscheinlich eine der wichtigsten und am wenigsten beachteten Ursachen für weibliche Stimmungstiefs.
Wir glauben, die Leidenschaft komme wie ein Wunder über uns und währe ewig. Wir vergessen, daß ein großer Teil der Anziehungskraft in frühen Stadien unserer Liebe Angst ist. Wir kennen diesen Menschen nicht. Wir nehmen einfach eine Gelegenheit wahr. Es ist ein Abenteuer für uns. Später sieht das alles anders aus. Es ist unmöglich, jemanden zu heiraten, jahrelang mit ihm zusammenzuleben und immer genau die richtige Mischung zwischen Sicherheit und Gefahr zu finden, die für leidenschaftliche Empfindungen notwendig ist.
Unrealistische Erwartungen und Vorstellungen in bezug auf Ehe und Sex führen zu Enttäuschungen, Verstimmung und dem Gefühl, daß irgend etwas nicht in Ordnung ist. Alle Paare berichten, daß ihr anfänglicher romantischer Überschwang sich nach einem halben bis einem Jahr legte. In langfristigen Beziehungen ist Sex nicht länger spontanes Begehren, sondern wird zur Verpflichtung, kann sogar Arbeit bedeuten, wenn jede Nacht oder jedes Wochenende bewußt Entscheidungen getroffen werden müssen. Sexuelles Begehren stellt sich nicht ein, wenn es auf einer Liste unter der Rubrik «zu erledigen» geführt wird, wie der Abfall, der täglich zum Mülleimer gebracht werden muß.
Verstimmung kann sich über Jahre hinweg aufstauen, das sexuelle Verlangen beeinträchtigen und bis zur Trennung niemals offen zutage treten. Wir können unsere Verletzungen sehr gut verbergen und sind dabei auch noch überzeugt, das Richtige zu tun. Es ist, als ob Sie versuchen, in einer Rüstung zu lieben. Sorgen Sie für Klarheit, sprechen Sie aus, was Sie quält. Ein bißchen zu streiten ist besser, als nur ein bißchen zu lieben.
Wenn Sie ärgerlich sind, besonders dann, wenn es sich um unterdrückten Ärger handelt, ist es gefährlich, intim zu werden. Ihre Gefühle sind nicht darauf eingestellt, sanft und vertrauend zu sein. Tief im Inneren verspüren Sie vielleicht den Wunsch, den anderen zu verletzen oder zu enttäuschen. Es bedeutet solch eine Erleichterung, wenn der Ärger überwunden ist und das Verlangen zurückkehrt, daß manche Paare am liebsten nach einem Streit miteinander schlafen.

Oft zerstören wir Liebe und Verlangen durch Kritik. Wenn Sie Ihrem Partner unmittelbar vor einem intimen Zusammensein vorwerfen, er habe wieder zugenommen, dann dämpft das sein Verlangen nach Ihnen ganz erheblich. Wenn er seinerseits Sie kritisiert, kann es Tage dauern, bis Sie wieder Lust zur Liebe verspüren. Lassen Sie ihn das wissen.

Bis zum späten Abend mit der Liebe zu warten ist gut und schön, vorausgesetzt, Sie verfügen dann noch über genug Energie. Wenn Sie jedoch völlig erschöpft ins Bett sinken, werden Sie oft keinerlei Lust mehr verspüren. Sparen Sie sich etwas Energie für den Sex auf, planen Sie voraus.

Ehrgeizige, hart arbeitende Männer heiraten manchmal eine Frau und denken anschließend kaum noch an sie. Sie wappnen sich gegen ablenkende Gefühle, um erfolgreich zu sein. Vielleicht haben sie gelegentlich ganz gerne eine Affäre, die sie unter Kontrolle halten können, meiden jedoch Frauen, die einen allzu ausgeprägten Sinn für Gleichberechtigung zeigen.

Eine der Hauptursachen für nachlassende Anziehungskraft ist der Umstand, daß Sie aufhören, die schönen Seiten des Lebens gemeinsam zu genießen. Begehren entwickelt sich aus anderen erfreulichen Situationen. Sie können keine gefühlsmäßig enge Bindung aufbauen, wenn Sie lediglich Zimmergenossen sind, die sich gemeinsam Gedanken über unbezahlte Rechnungen machen.

Jedes sexuelle Begehren enthält ganz eindeutig auch eine optische Komponente. Ein ungesunder, übergewichtiger Mann – oder eine entsprechende Frau – stößt in unserer Gesellschaft die meisten Menschen ab. Passen Sie gut auf sich auf.

Die Sicherheit einer langandauernden Beziehung verführt uns oft dazu, nachlässig zu werden. Zu Hause tragen wir alte Kleider auf, vergessen, uns die Haare zu kämmen oder die Zähne zu putzen, und baden seltener. Manche Männer und Frauen vernachlässigen unbewußt ihre Körperpflege, entweder als eine Art Test («Du sollst mein wirkliches Ich lieben») oder als ein Mittel, mit dem sie allzuviel intime Nähe verhindern.

Auch Drogen, Alkohol und Arzneimittelmißbrauch können die Sexualität ernsthaft beeinträchtigen. Selbst wenn Ihnen ein Medikament für eine bestimmte Krankheit verschrieben worden ist, sollten Sie klären, ob nicht irgendwelche Nebenwirkungen auftreten kön-

nen. Die problematischsten Medikamente sind Tranquilizer, blutdrucksenkende Mittel und Antihistamine.
Gegen Enthaltsamkeit, sei es für ein Jahr oder auf Dauer, ist nichts einzuwenden, falls sie in Ihre Beziehung und zu Ihrem Temperament paßt. Viele Menschen leiten ihre sexuelle Energie lieber in andere Bereiche. Sie fühlen sich nicht beraubt, sondern eher freier. Enthaltsamkeit kann Ihnen eine Atempause verschaffen, durch die Sie wieder zu sich selbst, Ihrem Leben und Ihren Werten finden. Auch wenn die meisten Menschen auf ein Sexualleben Wert legen, so heißt das noch lange nicht, daß es für Sie ein Muß ist. Nach einer Statistik von 1985 lebten ledige Männer über längere Zeiträume hinweg enthaltsam als ledige Frauen. Frauen leiden mehr darunter, wenn sie sexuell nicht aktiv sind.
In vielen sehr liebevollen und zufriedenen Ehen spielt Sexualität keine bedeutende Rolle. Manche Paare haben das Gefühl, daß sie zeitweise über die sexuelle Komponente ihrer Beziehung hinauswachsen. Sie möchten auch auf anderen Gebieten Intimität und Vereinigung erfahren. Entscheidend ist, daß Sie beide ausdrücklich vereinbaren, eine gewisse Zeit enthaltsam zu leben, und nicht einfach den Dingen ihren Lauf lassen.
Der zeitweilige Verzicht auf Sex bedeutet nicht, daß Sie auf Liebe verzichten. Es ist eine Zeit, in der sich Ihre Sexualität erholen kann und in der Sie vielleicht, wenn Sie es möchten, zu einer neuen Sexualität finden. Andere Menschen entscheiden sich für lebenslange Enthaltsamkeit. Liebe kann sich in vielerlei Formen zeigen.

Was Sie tun können
Lassen Sie Ihren Gefühlen freien Lauf. Leidenschaft benötigt ständig Aufmerksamkeit und intensives Empfinden. Seien Sie nicht mehr immer ruhig und sanft, sondern auch mal ganz spontan.
Seien Sie ehrlich. Zeigen Sie Ihre echten Gefühle, und bestimmen Sie durch Ihre eigenen Gesetze, was für Sie richtig ist. Handeln Sie so, wie Sie es für gut halten, und nicht, wie Sie glauben handeln zu sollen.
Bemühen Sie sich jeden Tag um Ihren Partner. Betrachten Sie sich gegenseitig nicht als selbstverständlich. Bleiben Sie gepflegt, gesund und attraktiv, denn sexuelle Anziehung hängt mit der körperlichen Ausstrahlung zusammen.

Reden Sie mit anderen. Sprechen Sie über Gefühle. Das regt Sie an.
Räumen Sie der Leidenschaft Vorrang ein. Reservieren Sie in Ihrem Leben ein gewisses Energiepotential für die Sexualität. Sex ist nicht nur etwas für Junge, Schöne oder frisch Verliebte. Sex ist ein lebenslanges Geschenk für alle offenen, innovativen und liebenden Menschen.

Daran sollten Sie denken
Versuchen Sie nicht, Sex zugunsten von Hausputz oder anderen Vorhaben zu verdrängen. Wenn Sie warten, bis Sie fünfundsechzig sind, könnte es schwierig sein, den richtigen Partner zu finden.
Tun Sie es jetzt.

Ich wünsche mir Romantik und Nähe
Wir investieren ungeheuer viel Kreativität in die Ausstattung unserer Wohnung, in die Auswahl der Kleidung, die wir tragen, oder in die Gestaltung eines Gartens, und dann tragen wir zu einer Romanze einen Flanellschlafanzug. Eine Romanze aber beansprucht Kreativität, lebt aus der Phantasie der Beteiligten. Eine Romanze blüht erst durch Kommunikation und Kreativität richtig auf.
Schönheit und Romantik schließen ein breites Spektrum stimulierender Reize ein. Geräusche, Musik, Düfte, Gewebe, Farben, Speisen – sie alle verstärken romantische Empfindungen, ebenso wie eine friedliche Umgebung und Ihre eigene Sensibilität. Sie müssen sich ganz auf die Situation einstellen, müssen sich wirklich Mühe geben.
Routine tötet jede Romanze. Wenn Sie dieselbe Kleidung bei der Hausarbeit und im Bett tragen, wirkt das ziemlich langweilig. Manche Frauen ziehen sich nur schick an, wenn sie ausgehen. Sie brauchen deshalb tagsüber nicht Abschied von Ihren geliebten Overalls zu nehmen, aber planen Sie gelegentliche Überraschungen ein. Männer lieben kleine Zeichen der Zuneigung, Einfühlungsvermögen, überraschende Einfälle.
Planen Sie Aktivitäten, bei denen Sie beide ebensoviel Spaß haben wie zur Zeit Ihrer frischen Verliebtheit:

> Gehen Sie einmal in der Woche auswärts essen. – Verreisen Sie ein Wochenende, anstatt das Haus anzustreichen. – Nehmen Sie Tanzstunden. – Unternehmen Sie nach dem Abendessen noch einen Spaziergang.

Manche Männer haben Angst vor Intimität und Nähe. Sie fürchten, daß enge Bindungen große Verantwortung bedeuten, zum Verlust von Unabhängigkeit führen und ihre Freiheit einschränken. Es kann sein, daß sie eine Beziehung lösen möchten, nur weil sie auch Tränen und ambivalente Gefühle einschließt. Lassen Sie Ihrem Partner persönlichen Spielraum und Unabhängigkeit. Versuchen Sie, Ihre eigene Selbständigkeit auszubauen – und zeigen Sie dies auch Ihrem Partner.
Frauen brauchen ein gewisses Maß an Sicherheit, um zum Orgasmus zu kommen, um wirklich Vertrauen zu haben und intime Nähe zuzulassen. Gelegentlich haben sie auch Spaß an riskanten sexuellen Situationen, die Wahrscheinlichkeit, daß sie einen Orgasmus erreichen, ist dann aber geringer. Meiner Meinung nach hängt dieses Sicherheitsbedürfnis mit dem weiblichen Verlangen nach emotionaler Nähe und mit der seit jeher bestehenden Notwendigkeit, Kinder in stabilen Verhältnissen großzuziehen, zusammen. Männer konnten schon immer größere Risiken eingehen, weil sie nicht schwanger wurden. Beurteilen Sie, inwieweit Sie sich wirklich sicher fühlen. Falls Sie Ihrem Partner in Ihrer Liebe nicht voll vertrauen können, wird das Ihr sexuelles Vergnügen beeinträchtigen. Frauen verlieren rasch das Interesse an Männern, die unsensible, ständig kritisierende oder untreue Liebhaber sind, es sei denn, sie leiden ernstlich unter Minderwertigkeitskomplexen.
Unser größter Wunsch ist es, im Leben wenigstens von einem Menschen ehrlich geliebt zu werden, ihm mit der Zeit so nahe zu kommen, daß wir uns gegenseitig wirklich gut kennen – dann sind wir nicht länger allein. Wir sehnen uns verzweifelt nach Nähe, fürchten aber gleichzeitig, uns zu weit zu öffnen, möglicherweise zurückgewiesen oder verletzt zu werden.
Männer und Frauen sind in dieser Beziehung verschieden. Männer neigen eher dazu, sich abzugrenzen. Sie haben das Gefühl, daß ihnen etwas genommen wird, wenn Frauen versuchen, in ihr Innerstes vor-

zudringen. Ihnen genügt die Intimität einer unkomplizierten Partnerbeziehung. Männer beklagen, daß Frauen gar nicht erkennen können, wenn ein Mann ihnen nahe ist, weil sie ständig seelische Entblößungen erwarten.
Die Angst vor allzuviel Nähe führt oft dazu, daß das sexuelle Verlangen nachläßt. Wir kommen einem Menschen näher und näher, haben das Gefühl, allzu verletzlich zu sein, und ziehen uns wieder zurück. Jeder Mensch hat eine sorgfältig gehütete Sicherheitszone. Das ist der Abstand, den wir zwischen uns und anderen brauchen, um uns wohl zu fühlen. Diese Sicherheitsdistanz wird durch die Art bestimmt, in der während unserer Kindheit und Jugend in unserer Familie mit Intimität und Nähe umgegangen wurde.
Der Akt der Hingabe ist eine Enthüllung. Intimität fordert von uns, daß wir eine schützende Hülle nach der anderen von unserer schwer erkämpften Persönlichkeit ablegen. Wir opfern alles, was wir zu unserem Schutz aufgebaut haben, unser gesamtes Ego, und legen das Kind in uns bloß.

Was Sie tun können

Stellen Sie sich Intimität modellhaft vor. Intimität basiert auf gegenseitiger bedingungsloser Akzeptanz. Um einen anderen Menschen in dieser Weise akzeptieren zu können, müssen Sie zunächst lernen, sich selbst anzunehmen. Teilen Sie Ihre Ängste und alles, was Sie betrifft, mit Ihrem Partner.
Schaffen Sie ein sicheres Umfeld für Ihre Verletzlichkeit. Stellen Sie keine Fragen, tadeln Sie nicht.
Seien Sie absolut zuverlässig.
Seien Sie geduldig, intime Nähe braucht Zeit, um sich zu entwickeln. Es kann ein Leben lang dauern.
Machen Sie sich selbst keine Vorwürfe, wenn Sie das Gefühl haben, viele Grenzen und Barrieren überwinden zu müssen.
Machen Sie ihm keine Vorwürfe. Intimität aufzubauen ist die schwerste Aufgabe, die wir im Leben bewältigen müssen.
Arbeiten Sie an sich selbst; versuchen Sie, Ihre Angst vor intimer Nähe zu verstehen, dann brauchen Sie sie nicht länger mit sich herumzuschleppen.
Wir hungern danach, von einem anderen Menschen wirklich verstanden zu werden und diesen anderen Menschen unsererseits eben-

falls zu verstehen. Doch wir wissen alle, daß wir durch unsere Einzigartigkeit als menschliche Wesen innerlich im Grunde allein sind und bis zu einem gewissen Grad immer allein sein werden. Es bedeutet Stärke, dieses Alleinsein zu akzeptieren, und Mut, trotzdem den Versuch zu wagen, es zu überwinden.

Daran sollten Sie denken
Versuchen Sie, offen, durchschaubar, verletzlich zu sein, selbst wenn Sie verletzt werden sollten.
Sorgen Sie dafür, daß andere sich gemeinsam mit Ihnen auf das Wagnis einlassen.

Liebe bedeutet, etwas zu geben, selbst wenn nichts zurückkommt.

Es ist schwer, sich von einem Menschen zu trennen
Nur der Verlust eines Kindes trifft Frauen noch härter als der Verlust eines Mannes. Einen Liebhaber zu verlieren bedeutet, einem großen Schmerz ausgesetzt zu sein, der Ihren Glauben an sich selbst und an das Leben erschüttert. Diese Liebe zu verlieren, ganz gleich, aus welchem Grund, empfinden wir als eine Tragödie. Ungeliebt zu sein bedeutet, in Gefahr zu sein. Einen geliebten Menschen an eine andere Frau zu verlieren, ist ein drohender Hinweis darauf, daß wir vielleicht für immer ohne Liebe und allein bleiben werden. Der Schmerz, der Sie immer wieder überwältigt, ist ein Beweis dafür, daß Sie tief geliebt und sich ganz hingegeben haben.
In einer solchen Zeit mischen sich – je nach den Umständen – die verschiedensten Gefühle: Versagen, Schmerz, Erniedrigung, Angst und Zurückweisung. Das Scheitern einer Liebe, von der wir hofften, daß sie bis an unser Ende währte, ist in unserer Gesellschaft immer noch hart. Die Meinung, daß eine Frau nur einmal im Leben wirklich liebt und anschließend für immer glücklich lebt, ist tief in unserem Bewußtsein verankert. Unterschätzen Sie nicht die Macht eines solchen Mythos. Der Verlust einer Liebe entspricht gefühlsmäßig weitgehend einer Scheidung. Wenn ich in dieser Beziehung Schiffbruch erlitten habe, werde ich dann jemals einen Menschen finden, den ich lieben kann? Dieses Scheitern bedeutet, daß mit mir irgend etwas absolut nicht stimmt.
Der Schmerz, den Sie empfinden, ist ein Maßstab für die Tiefe Ihrer

Gefühle und Ihres Charakters. Wenn Sie sich ohne einen Blick zurück von einer Liebe trennen können, dann wären Sie gar nicht fähig, wirklich zu lieben. Sie sind verletzt, weil Sie innerlich beteiligt sind, und Sie sind innerlich beteiligt, weil Sie einer tiefen Liebe fähig sind. Einer tiefen Liebe aber sind Sie fähig, weil Sie die charakterlichen Voraussetzungen dazu besitzen. Sie sind ein Mensch voller leidenschaftlicher Gefühle, und dafür muß immer ein Preis gezahlt werden.

Das Geschenk, das in diesem Schmerz verborgen ist, ist ein wachsendes Verständnis für Ihre eigene Persönlichkeit und für die inneren Gesetze, die Ihre Beziehungen bestimmen. Sie lernen, besser zu lieben und sich selber besser gerecht zu werden. Sie lernen unter Schmerzen, aber das müssen wir fast alle.

Versuchen Sie sich zu schützen, indem Sie Ihr Verhalten kontrollieren, nicht Ihr Gefühl. Noch lange nachdem Sie über die Liebe hinweggekommen sind, die Sie jetzt verloren haben, wird Ihnen sonst in Erinnerung bleiben, wie sehr Sie sich durch Ihr Handeln gedemütigt haben. Besonders intensiv ist der Schmerz, wenn Sie sich selber abwerten, andere abfällig über sich urteilen lassen oder Ihren eigenen Ehrenkodex verletzen. Ich zitiere einige Äußerungen von Freundinnen:

«Ich weiß nicht, warum ich ihn anrief. Wir lebten seit sechs Wochen getrennt. Ich hatte die Feiertage überstanden (wir brachen unsere Beziehung unmittelbar vor dem Erntedankfest ab). Ich war nicht mehr in der Lage, die ganze Nacht durchzuschlafen, deshalb fing ich an, morgens um sechs alle möglichen Leute anzurufen. Meine Qualen waren so intensiv, daß ich glaubte, nicht überleben zu können. Ich läutete bei drei Freundinnen und meinem Therapeuten an, aber bei allen war nur der Telefonanrufbeantworter eingeschaltet (es war Sonntag morgen).

Als ich dann seine Nummer wählte, war mir bewußt, daß ich mich auf ein gefährliches Unterfangen einließ, auch wenn er mir zwei Wochen vorher noch eine Karte geschickt und mir ewige Liebe beteuert hatte. Er meldete sich ziemlich verschlafen am Apparat und erzählte, daß er Fortschritte im Hinblick auf die Bewältigung seines Lebens mache, daß er versuche, sich innerlich weiterzuentwickeln, und gerade lerne, erneut zu lieben. Er verwendete sämtliche psychologischen Schlagwörter, und jedes traf ins Schwarze. Schließlich schloß er damit, daß er wirklich nicht länger sprechen könne, weil er nicht allein sei.»

Männer empfinden nach einer Trennung seltener als Frauen ein Gefühl der Demütigung. Die meisten halten so schnell wie möglich nach einer neuen Frau Ausschau. Männer sind auch seltener bereit, Leiden und Selbsterfahrungen wirklich zu durchleben. Sie sind nicht willens, sich der Macht ihrer Liebe oder ihres Schmerzes zu beugen. Es handelt sich dabei um einen geschlechtsspezifischen Unterschied, über den nur wenige Männer hinauswachsen. Wenn Sie anrufen oder sich nach ihm erkundigen, haben Sie sofort das Gefühl, daß bereits eine andere an Ihre Stelle getreten ist. Sie bilden sich ein, daß diese Frau die Liebe seines Lebens sein wird, weil sie besser ist als Sie selber.

Durch all diese möglichen Formen des Schmerzes aber zieht sich die existentielle Angst, für immer allein bleiben zu müssen. Wenn Sie als Kind in irgendeiner Weise einen Verlust erlitten haben, kann diese Angst Sie völlig aus der Fassung bringen. Obwohl Sie in Ihrer Umgebung eindeutig das Gegenteil sehen können (im Freundeskreis, am Arbeitsplatz, bei früheren Partnern), haben Sie dennoch das Gefühl, das Scheitern dieser Beziehung bedeute dauernde, alles erdrückende Einsamkeit.

Sie glauben, daß in Zukunft jede Beziehung eine Art Kompromiß sein wird. Vielleicht finden Sie einen Mann, mit dem Sie zusammenleben oder den Sie heiraten wollen, aber es wird keine «große Liebe» mehr geben. Sie werden weiter durchs Leben gehen, aber der Glanz wird dahin sein. Ein Teil Ihrer Seele ist für immer verloren.

Diese Auffassung ist falsch (viele Leute werden Ihnen das bestätigen), aber Sie glauben, Sie seien etwas Besonderes. Der Schmerz ist so groß, daß Sie in diesem Gefühl der Verlassenheit nicht in der Lage sind, sich Ihr Leben in sechs Monaten vorzustellen.

Aber es wird auch wieder Hoffnung in Ihrem Leben geben. Am schlimmsten quälte Sie unter Umständen die Ambivalenz Ihrer Gefühle, die Sie noch lange Zeit begleitet. Andere Menschen meinen, Sie hätten sich längst mit der Situation abgefunden, aber Sie hängen immer noch Phantasievorstellungen, heimlichen Hoffnungen und Träumen nach.

Sobald Sie in der Lage sind, sich von ihm zu lösen, sollten Sie es tun, Ihr Schmerz wird allmählich nachlassen. Es ist sicher schwer, einen geliebten Menschen gehen zu lassen. Aber ihn in einer solchen Situation festzuhalten ist noch viel schlimmer.

Das Gefühl, zurückgewiesen zu werden und gescheitert zu sein, ist

eine Ursache für den Widerstand, den Sie leisten, und für die Qualen, denen Sie sich nicht entziehen können. Selbst wenn Sie Ihrerseits die Trennung herbeigeführt haben, fühlen Sie sich zurückgewiesen. Irgend etwas muß wohl mit Ihnen nicht stimmen. Sie sind vielleicht nicht hübsch genug, haben sich unpassend angezogen, waren nicht nett zu ihm oder haben sonst etwas falsch gemacht. Einmal sagte eine Frau mit Tränen in den Augen zu mir: «Wenn ich doch nur meine Nägel lackiert hätte.»
Ihre Empfindungen überwältigen Sie derart, daß Sie sich selbst ablehnen. Jegliches Selbstwertgefühl hat Sie verlassen, und Sie halten sich für absolut wertlos. Er oder andere entscheiden über Ihren Wert. Sie sind vielleicht versucht, anzurufen oder zu schreiben, in der Hoffnung, das Urteil wenigstens vorübergehend rückgängig machen oder abschwächen zu können.
Falls Sie entdecken, daß er mit einer anderen Frau zusammenlebt, fühlen Sie sich völlig zurückgesetzt. Eine andere wird den Nutzen aus Ihren Schmerzen ziehen. Die Gespräche, das gemeinsame Wachsen, die Möglichkeiten, die Träume – alles wird nun eine andere mit ihm teilen. Das ist nicht fair, es sei denn, sie ist seiner würdiger, als Sie selber es sind.
Die Liste der Schmerzen ist lang. Sie werden noch weitere Argumente finden, warum Sie nicht liebenswert sind, warum Sie es verdienen, verletzt zu werden, oder warum Sie Ihr Leben allein beschließen müssen. Es wird Zeit, daß wir uns dem Prozeß der Heilung zuwenden.

Was Sie tun können

Einige der Ratschläge, die in dem Kapitel über Schmerz stehen, können sich auch in diesem Zusammenhang als hilfreich erweisen. Das Zerbrechen einer Beziehung beinhaltet jedoch noch andere Elemente, für die auch andersgeartete Strategien erforderlich sind, um das Lehrgeld, das Sie für das Wagnis einer so tiefen Liebe zahlen müssen, in Grenzen zu halten.

Nehmen Sie den Verlust zur Kenntnis. – Akzeptieren Sie den Schmerz. – Geben Sie sich Zeit, darüber hinwegzukommen.

Falls Sie Schwierigkeiten haben, nachts zur Ruhe zu kommen, falls Sie in einem «Tief» zu versinken drohen, dann sollten Sie in dem Kapitel über Depressionen nachlesen, welche Hilfen es gibt, um die Nächte besser durchstehen zu können.

Verwöhnen Sie sich selbst. Treffen Sie sich mit Freunden, treiben Sie Sport, achten Sie auf Ihre Ernährung, lassen Sie sich massieren, gehen Sie zur Kosmetikerin. Pflegen Sie sich, als ob Sie dafür bezahlt würden. Oft wird Ihnen eher danach zumute sein, sich selbst zu verletzen, aber versuchen Sie, gut für sich zu sorgen. Machen Sie eine gute Figur, auch wenn Ihnen nicht danach zumute ist. Sie sollten diese Rolle so lange spielen, bis Sie ihr wirklich wieder entsprechen.

Streß, der sich aus einer Trennung ergibt, kann Sie krank machen, was die Lage noch weiter verschlimmert. Ergreifen Sie vorbeugende Maßnahmen. Nehmen Sie Vitamine, versuchen Sie, genug Schlaf zu bekommen, trinken Sie wenig oder keinen Alkohol.

Seien Sie vorsichtig bei beruflichen Angelegenheiten. Sie geraten jetzt leicht in Versuchung, selbstzerstörerisch zu handeln. Sie haben das Gefühl, Ihnen stehe überhaupt nichts zu. Seien Sie vorsichtig, wenn Sie Geld ausgeben oder wichtige Entscheidungen treffen. Gehen Sie jeden Tag zur Arbeit, auch wenn Sie sich lieber frei nehmen möchten. Selbst wenn Sie kaum etwas schaffen, ist das immer noch besser, als zu fehlen. Bauen Sie jeden Tag irgend etwas ein, das Ihnen guttut. Gehen Sie mit Freunden essen, lassen Sie sich massieren, oder treiben Sie nach der Arbeit Sport. Gönnen Sie sich etwas, weil Sie wieder einen Tag überstanden haben. Sie können es sich nicht leisten, die Gedanken ständig um Ihren Mißerfolg kreisen zu lassen. Verausgaben Sie sich bei Ihrer Arbeit oder in geschäftlichen Angelegenheiten nicht mehr als nötig. Ein Tag ist mir immer noch in Erinnerung. Ich hielt damals an einer Hochschule Vorlesungen. Während ich zu einer dieser Vorlesungen fuhr, weinte ich den ganzen Weg über im Auto. Ich parkte auf dem Schulgelände, suchte einen Waschraum, wusch mir das Gesicht und verdeckte die roten Flecken mit Make-up. Dann hielt ich eine gute Vorlesung über irgendein Thema – die weiblichen Zuhörer versicherten mir anschließend jedenfalls, daß ich eine gute Figur gemacht hätte. Ich dankte ihnen, rannte zurück zu meinem Wagen und weinte den ganzen Weg nach Hause.

Aber ich habe die Vorlesung gehalten. Ich war rechtzeitig da. Ich erfüllte meine Verpflichtung.
Suchen Sie Hilfe. Suchen Sie einen Therapeuten auf, oder schließen Sie sich einer Selbsthilfegruppe an. Lesen Sie Bücher, oder sprechen Sie mit Freunden über Ihre Situation. Stellen Sie eine Hilfe ein, die einmal in der Woche zu Ihnen kommt und putzt. Wenn Sie selbständig sind, sollten Sie sich mit jemandem zusammentun, der Sie eine Zeitlang etwas entlastet. Versuchen Sie nach Möglichkeit, das Geschäft in Gang zu halten, während Sie es sich etwas leichter machen.
Erkundigen Sie sich nicht nach ihm. Falls Freunde anfangen, von ihm zu erzählen, sollten Sie sie bitten aufzuhören. Solange sie erzählen, werden Sie sich besser fühlen, als seien Sie wieder mit ihm verbunden, aber sobald Sie wieder allein sind, werden Sie zusammenbrechen. Rufen Sie ihn nicht an, schreiben Sie ihm nicht, vermeiden Sie jeden Kontakt zu ihm, selbst wenn Sie meinen, dabei unbemerkt bleiben zu können.
Versuchen Sie nicht, Freunde zu bleiben. Falls es sich wirklich um eine intensive Liebesgeschichte gehandelt hat, sollten Sie eine Zeit warten, ehe Sie daraus eine freundschaftliche Beziehung machen. Versuchen Sie, die Beziehung lieber zu früh als zu spät zu beenden. Wenn Sie sich wieder versöhnen, obwohl Sie wissen, daß alles zu Ende ist, verlängern Sie nur die Qualen. Sie mögen einige Male zu ihm zurückgehen – die meisten von uns tun das –, aber vermeiden Sie es, sich in die Position der Schwächeren zu begeben. Sie werden sich dessen bewußt sein, und er wird es ebenfalls wissen. Denken Sie daran, daß Sie verletzlich sind.
Weinen Sie. Geben Sie sich, wenn Sie das Bedürfnis haben, einmal am Tag ganz Ihren Gefühlen hin. Hören Sie traurige Musik, sehen Sie sich traurige Filme an, lesen Sie traurige Bücher, wenn Sie Ihren Tränen freien Lauf lassen möchten. Das ist ganz in Ordnung. Sie werden nicht ewig weinen. Anschließend gehen Sie am besten unter die Dusche.
Es ist ganz normal, daß Sie tief verletzt sind. Haben Sie Geduld mit sich. Dieses Gefühl dauert normalerweise zwischen zwei, drei Monaten und mehr als einem Jahr. Nach zwei Jahren fühlen sich die meisten Frauen wieder frei und bereit zu einer neuen Liebe. Lassen Sie sich Zeit.

Sorgen Sie dafür, daß Sie wieder klar denken. Die Gedanken ständig um den erlittenen Verlust kreisen zu lassen, raubt Ihnen Ihre ganze Energie, deshalb sollten Sie Tricks anwenden, um wieder einen klaren Kopf zu bekommen. Es ist dasselbe, als ob Sie eine Gewohnheit ändern. Eine der folgenden Techniken wird sicher Ihre lähmenden Gedanken unterbrechen können: Schreien Sie, nein stampfen Sie mit den Füßen auf, oder klatschen Sie in die Hände, lassen Sie ein Gummiband, das sie um das Handgelenk tragen, zurückschnellen, atmen Sie tief durch, zählen Sie bis zehn.

Träumen Sie. Denken Sie an einen Ort, den Sie gerne aufsuchen würden, oder an etwas, das Sie gerne tun möchten, wenn es Ihnen wieder bessergeht. Eines Tages wird es soweit sein. Ich hatte mir immer gewünscht, auf eine karibische Insel zu fliegen und dort wochenlang in einer Hängematte zu liegen. Als ich begann, mich etwas besser zu fühlen, fing ich an, ein Jahr im voraus Pläne für eine Reise zu schmieden. Sie sollte ein Geschenk an mich selber sein, als Trost für meinen Liebeskummer. Elf Monate später unternahm ich diese Reise dann tatsächlich. Es war wunderbar. Es ist oft schwer, in einer solchen Situation an Träume zu glauben, aber der Versuch lohnt sich.

Treffen Sie keine Verabredungen mit Männern. Sie haben noch jahrelang Zeit, Männer kennenzulernen. Versuchen Sie, sich in der akuten Schmerzphase nicht gleich nach Ersatz umzusehen, Sie könnten sonst noch mehr Probleme bekommen. Sie betreten einen Raum und stellen fest, daß keiner der anwesenden Männer Sie auch nur im geringsten interessiert. Niemand läßt sich mit ihm vergleichen. Er ist der einzige, der absolut vollkommene Mann. Falls Sie sich mit einem anderen Mann verabreden, quälen Sie sich nur durch den Abend. Sie sollten akzeptieren, daß Sie Zeit brauchen, um sich von dem Schock zu erholen; in Ihren Augen wird so lange kein Mann gut aussehen, bis Sie das geschafft haben.

Während dieser Zeit sollten Sie versuchen, sich selbst mehr zu lieben. Lernen Sie, sich selber besser zu verstehen. Gewinnen Sie dem Alleinsein auch eine gute Seite ab. Jetzt haben Sie die Chance, sich einmal intensiver mit sich selber und Ihren Wünschen zu befassen. Vielleicht stellen Sie sogar fest, daß Sie im Grunde lieber allein leben.

Vermeiden Sie einen Rückfall. Sie werden sich vielleicht verzweifelt danach sehnen, sich erneut zu verlieben. Dabei laufen Sie jedoch Ge-

fahr, aus der einen destruktiven Beziehung gleich in eine andere zu geraten. Versuchen Sie, das zu verhindern. Versuchen Sie, Freunde statt Liebhaber zu finden. Setzen Sie sich nicht weiteren Verletzungen aus. Leben Sie wenigstens so lange enthaltsam, bis Sie wieder stärker sind. Jetzt ist nicht der richtige Zeitpunkt, sich weiteren Anfechtungen auszusetzen. Sie werden zu viele Fehler begehen.
Bleiben Sie in Kontakt mit anderen. Sie werden versucht sein, sich in Ihrem Kummer einzukapseln. Eine Zeitlang ist das normal, dann aber sollten Sie wenigstens hin und wieder die Gesellschaft anderer Menschen suchen. Setzen Sie sich zum Ziel, einmal in der Woche irgend etwas zu unternehmen, das Ihnen Kontakt zu anderen Menschen ermöglicht.
Vergeben Sie sich selbst. Nur allzuleicht quält uns in einer solchen Situation der Gedanke «Wenn doch nur...» Es ist die Vorstellung, daß die Beziehung gehalten hätte, wenn wir nur etwas anderes gesagt, besser ausgesehen oder uns anders verhalten hätten. Besonders dann, wenn er mit einer neuen Frau zusammen ist, kommen uns derartige Gedanken. Sie hat offensichtlich all das, was Ihnen fehlte. Vergeben Sie sich selbst. Entsprechend Ihrer Persönlichkeit und Ihrem damaligen Wissensstand haben Sie Ihr Bestes gegeben. Sie hätten nicht mehr tun oder sein können.
Sich in Schmerzen zu vergraben ist kein Liebesbeweis – klammern Sie nicht.
Befreien Sie sich aus der Schlinge. Hören Sie auf, ständig niedergeschlagen zu sein, versuchen Sie, Erinnerungen zu reduzieren, die Ihren Schmerz immer wieder aufflackern lassen. Vermeiden Sie es, Ihren Wert gegen seinen aufzuwiegen.
Vergeben Sie ihr. Unter anderem wird Sie das Gefühl, zurückgewiesen und durch eine andere ersetzt worden zu sein, an die Vergangenheit ketten. Wenn Sie sich einreden, Ihre Nachfolgerin habe unehrenhaft gehandelt, Sie absichtlich verletzt, dann bindet Sie das an diese Frau. Sehen Sie sie für einen Augenblick als Schwester an: eine weitere Frau, die von einem Mann verletzt werden wird, der unfähig ist zu lieben, oder eine Frau, die vorher für etwas hat zahlen müssen und nun eine Chance verdient. Sie ist nicht Ihre Rivalin. Sie ist eine Frau wie Sie und versucht zu überleben. Wenn Sie unbedingt Haß empfinden müssen, dann sollten Sie solche Gefühle für ihn aufsparen. Aber machen Sie sich klar, daß Haß und Wut immer auch Aus-

druck von Furcht sind: Wenn er diese Frau liebt und Ihnen seine Liebe entzieht, dann heißt das doch, daß mit Ihnen irgend etwas nicht stimmt.
Vielleicht wird sie im Augenblick geliebt. Aber wie steht es mit ihrer Vergangenheit und Zukunft? Zwischen Ihnen bestehen mehr Ähnlichkeiten als Unterschiede. Zu einer anderen Zeit und unter anderen Umständen wären Sie vielleicht Freundinnen geworden.
Vergeben Sie ihm. Es mag Ihnen noch zu früh erscheinen, aber wenn Sie ihn aus den Bindungen Ihrer Beziehung entlassen, dann geben Sie gleichzeitig auch sich selbst frei. Wie wir alle hat er im Rahmen seiner persönlichen Möglichkeiten getan, was er konnte. Lassen Sie ihn gehen. Sie können seinen Schmerz vielleicht nicht sehen, aber er ist vorhanden. Er hat Sie etwas gelehrt, ganz gleich, wie unbeabsichtigt oder schmerzlich die Lektion war. Lernen Sie sie, und leben Sie Ihr Leben weiter.
Hören Sie auf, *Hirngespinsten nachzuhängen*. Manchmal ist es ganz gut, der Wirklichkeit ein wenig zu entfliehen, das tun wir alle gelegentlich. Aber hüten Sie sich vor Phantasievorstellungen, die Sie weiter an die alte Beziehung ketten. Hier sind einige Beispiele:
Er erkrankt, und Sie eilen sofort zu ihm, um ihm zu helfen. Er erkennt Ihren wahren Wert, und Sie versöhnen sich. Danach führen Sie ein glückliches Leben. Eines Tages gehen Sie beide Hand in Hand spazieren. Sie bemerken eine heruntergekommene Frau, die am Rande einer Allee hockt und trinkt. Es ist die Frau, die damals Ihre Stelle eingenommen hatte.
Sie stellen fest, daß Sie schwanger sind, sagen es ihm jedoch nicht. Vier Jahre später spielen Sie mit Ihrem kleinen Sohn (der ihm wie aus dem Gesicht geschnitten ist) in einem Park. Er kommt zufällig vorbei, bemerkt Sie, grüßt und erkennt, daß der Junge sein Sohn ist. Sofort entbrennt er wieder in leidenschaftlicher Liebe zu Ihnen, weil Sie sich so aufgeopfert haben.
Solche Ideen kommen Ihnen in dieser Situation – wir alle schaffen uns unsere eigenen Vorstellungen. Es ist nur natürlich, daß man sich eine weniger schmerzliche Zukunft ausmalt, in der schließlich alles gutgeht, wie bei Aschenputtel. Es wird allerdings zum Problem, wenn Ihre Phantasievorstellungen Sie daran hindern, Ihr wahres Leben zu leben. Es gibt Frauen, deren ganzes Leben durch die Erinnerung an die eine große «verlorene Liebe» bestimmt wird. Manchmal

ist das einfacher, als das wahre Leben zu leben und weitere Wagnisse auf sich zu nehmen, aber der Preis ist sehr hoch.

Halten Sie sich von ihm fern. Wenn er anruft, sollten Sie nicht länger mit ihm sprechen. Geben Sie neutrale Auskünfte, und verabschieden Sie sich so bald wie möglich. Bei einem zufälligen Treffen sollten Sie sich genauso verhalten. Erliegen Sie nicht der Versuchung, immer wieder über Ihre Probleme zu reden. Das wird Ihren Schmerz nur verlängern. Solange Sie auf eine Versöhnung hoffen, lieben Sie ihn noch. Dagegen ist nichts einzuwenden, aber wenn es dann nicht so läuft, wie Sie es sich wünschen, müssen Sie schließlich den ganzen Trennungsschmerz noch einmal durchstehen.

Sie können sich eine Liste mit all seinen schlechten Eigenschaften und Gewohnheiten anlegen, um etwas für den Notfall zu haben. Trennungsschmerz führt dazu, daß wir nur noch die guten Seiten der verlorenen Liebe sehen. Ein bißchen Realitätssinn ist da sehr hilfreich. Vielleicht fangen Sie auch an, sich zu amüsieren, falls Ihre Liste wirklich ehrlich ist.

Schreiben Sie Ihre Gefühle nieder. In einer solchen Zeit sind wir offensichtlich fähig, Gedichte zu schreiben, selbst wenn wir früher niemals Interesse daran hatten. Schreiben Sie sich Ihre Gefühle und Gedanken von der Seele. Es kann Ihnen helfen, Klarheit zu gewinnen. Wenn Sie dann später einmal Ihr Tagebuch durchsehen, werden Sie feststellen, welch große Fortschritte Sie gemacht haben.

Wenn Sie versucht sind, ihn anzurufen, dann schreiben Sie ihm statt dessen lieber einen Brief, aber schicken Sie ihn nicht ab. Die Aufzeichnungen sind nur für Sie und für Ihr Gerechtigkeitsempfinden bestimmt. Er würde Sie nicht verstehen, anderenfalls wären Sie beide noch zusammen.

Lassen Sie sich zur Genesung genügend Zeit.

Versuchen Sie nicht, alles auf einmal zu tun. Manche Frauen überschlagen sich fast vor Aktivität, um ihren Kummer zu verdrängen oder ein Erfolgserlebnis zu haben. Sie gehen überallhin, tun alles und brechen schließlich völlig zusammen. Alles andere ist besser, als allein zu sein. Halt! Übernehmen Sie sich nicht. Sie brauchen Zeit für sich allein, damit Sie sich wieder aufrichten und weiterentwickeln können.

Trennen Sie sich von Ihren Erinnerungen. Falls Sie das bis dahin noch nicht geschafft haben, dann ist jetzt der richtige Zeitpunkt dafür gekommen. Suchen Sie alle Fotos, Briefe, persönlichen Geschenke, gepreßten Blumen oder sonstigen Erinnerungen zusammen, und packen Sie sie zur Aufbewahrung in eine Schachtel. Jahre später können Sie sie wieder heraussuchen, wenn Sie das gerne möchten, aber lassen Sie sie jetzt nicht in Ihrer Nähe herumliegen.

Versuchen Sie sich zu erinnern, wie es wirklich war. Sie können sich an wundervolle Augenblicke erinnern, wenn diese sehr selten waren. Vielleicht reden Sie sich nur ein, daß in dieser Beziehung so vielversprechende Möglichkeiten steckten, aber wie sah das in der Realität aus? War wirklich alles so schön? Wie oft fühlten Sie sich geborgen und geliebt? Sind Sie wirklich immer zum Orgasmus gekommen, oder haben Sie ihm etwas vorgespielt? Gab es tatsächlich mehr schöne Augenblicke als schlimme? War ein großer Teil der Freude nicht nur Erleichterung, wenn er anrief oder vorbeikam?

Überprüfen Sie Ihre Sicht der Dinge. Die häufigen schönen Spaziergänge Hand in Hand, an die Sie an schönen Tagen immer noch denken – waren das in Wirklichkeit nicht nur drei in dreieinhalb Jahren? Wenn Ihr Kopf und Ihr Herz wieder klar sind, werden Sie vielleicht feststellen, daß es vieles, was Sie glauben verloren zu haben, nie gegeben hat. Wir verlieben uns häufig in das Idealbild eines Menschen und nicht in das, was er wirklich ist. Wir trauern Illusionen nach.

Eines Tages werden Sie aufwachen und sich wohl fühlen. Sie werden sich auf den Tag freuen und sich nur dunkel daran erinnern, daß Sie noch mitten im Genesungsprozeß stecken. In Ihnen breitet sich das Gefühl aus, daß es Ihnen bald wieder bessergehen wird. Sie werden in der Lage sein, gut allein zurechtzukommen. Sie sind frei. Innerlich werden Sie sich sagen: «So bin ich eben, und ich bin ganz zufrieden damit. Was auch immer geschieht oder nicht geschieht, das Leben hat einen Wert für mich.»

Daran sollten Sie denken
Feiern Sie Ihre Stärke, Ihre Fähigkeit zu lieben und Ihre Genesung. Auch für Sie wird es einen Menschen geben, den Sie lieben und der Sie wiederliebt.

Ich bin diejenige, die unsere Beziehung beendet

Vielen Frauen fällt es schwer, eine Beziehung aufzugeben, selbst wenn diese ganz offensichtlich zu Ende ist. Ein gewisses Loyalitäts- oder Verpflichtungs-«Gen» kettet einige von uns fest an einen Mann, mit dem wir intime Beziehungen gehabt haben. Die Gefühle sind verwirrend. Die Vorstellung, eine Frau «stehe zu ihrem Mann» und lerne, auch mit weniger auszukommen, ist noch immer mächtig. Entschließen wir uns endlich, den Mann zu verlassen, dann fürchten wir seine Reaktionen. Wenn eine Frau ihren Mann verläßt, dann beinhaltet das immer größere Gefahren als umgekehrt. Deshalb soll an dieser Stelle an die positiven Seiten in Ihnen appelliert werden.

Falls Sie diejenige sind, die beschlossen hat, die Beziehung zu beenden, dann sollten Sie den Mann nicht länger hinhalten. Dadurch wird nur der Schmerz verlängert und Unsicherheit geschaffen. Wenn Sie fest entschlossen sind, einen Mann zu verlassen, dann sollten Sie stark, direkt und bestimmt sein. Ihn jede Woche etwas weniger lang zu sehen ist eine reine Tortur. Ihm Hoffnung zu lassen, daß die Situation sich vielleicht doch noch einmal ändern könnte, ist genauso schlimm.

Denken Sie daran, eine Besonderheit der Liebe besteht darin, daß, sobald einer der Partner aus der Beziehung ausbrechen will, der andere um so verliebter ist. Zurückweisung tut so weh, daß wir alles daransetzen, um ihr nicht zum Opfer zu fallen. Wenn Sie hin und her gerissen sind und versuchen, den anderen in seinem Leid zu trösten, dann lösen Sie oft in ihm ein Gefühl der Demütigung aus. Noch lange, nachdem er seine Liebe zu Ihnen überwunden hat, wird er Sie dieser Demütigung wegen hassen.

Sie sollten sich ganz sicher sein, daß Sie die Beziehung wirklich abbrechen wollen. Die Gefühle, die Sie auslösen, wenn Sie einen Menschen zurückweisen, können nicht zurückgenommen werden. Das ist etwas, womit man nicht spielen kann, und er wird Ihnen deshalb auch seine Liebe durch Kummer und leidenschaftlichen Schmerz zeigen. Wenn Sie seine Liebe aber nur testen wollen, dann geht der Schuß leicht nach hinten los.

Haben Sie alle Probleme in dieser Beziehung gründlich durchdacht? Sind Sie sich bewußt, welche Fehler Sie gemacht und welche Rolle Sie in diesem Konflikt gespielt haben? Sind Sie noch bereit, die Probleme aufzuarbeiten, oder wollen Sie die Beziehung endgültig beenden?

Haben Sie sich über alle Folgen Ihres Entschlusses beraten lassen? Liebe ist kein Kinderspiel, deshalb sollten Sie sicher sein, nach bestem Wissen und Gewissen gehandelt zu haben.

Was Sie tun können
Wählen Sie den richtigen Zeitpunkt. Was spielt sich gerade in seinem Leben ab – Urlaub, Krankheit, Arbeitsplatzwechsel? Versuchen Sie, die Aussprache auf ein Wochenende zu legen, damit Ihnen beiden etwas Zeit zur Erholung bleibt. Teilen Sie es ihm persönlich mit, nicht mit der Post. Seien Sie ehrlich, aber vermeiden Sie Kritik oder eine endlose Aufzählung all dessen, was Sie an ihm stört. Konzentrieren Sie sich lieber auf Ihre eigenen Probleme und Gefühle.
Lassen Sie zu, daß er seinem Zorn Luft macht. Hören Sie zu, wenn er von seiner Enttäuschung und seinem Kummer spricht, und vermeiden Sie es, sich selbst zu verteidigen oder die Frage zu diskutieren, wer im Recht war. Sie haben die bessere Position und können es sich leisten, einen Teil seiner Verletzungen zu übernehmen. Nehmen Sie notfalls die Schuld auf sich. Stellen Sie sicher, daß Ihr Entschluß völlig klargeworden ist, und halten Sie an ihm fest. Wiederholen Sie ihn, selbst angesichts heftiger Gefühlsausbrüche.
Geben Sie ihm nicht das Gefühl, daß er leicht zu ersetzen ist. Es ist nicht nötig, dem Mann in dieser Situation zu erzählen, mit wem Sie sich demnächst treffen wollen oder ob Sie jemanden getroffen haben, an dem Sie interessiert sind. Vermeiden Sie, daß er Sie mit einem anderen Mann antrifft, seien Sie diskret und rücksichtsvoll Ihrem ehemaligen Liebhaber gegenüber. Es gibt keine Entschuldigung, wenn Sie ihn dadurch verletzen, daß er Sie zusammen mit einem anderen Mann entdeckt. Wenn Sie diese Situation bewußt herbeiführen, kann ihn das so treffen, daß diese Wunden sein Leben lang nicht mehr verheilen.
Lassen Sie ihn gehen. Rechnen Sie nicht damit, daß er Ihnen als Freund erhalten bleibt, und bieten Sie ihm erst recht keine Freundschaft an. Nach einer angemessenen Zeit können Sie vielleicht Freunde werden, aber nicht während der Trennung. Was Sie für großzügig halten, wird von demjenigen, den Sie zurückweisen, als arrogant aufgefaßt. Schlafen Sie nicht wieder mit ihm, treffen Sie keine Verabredung mit ihm, unternehmen Sie nichts, das seiner Hoffnung neue Nahrung geben könnte. Seien Sie nicht eine dieser

vereinnahmenden Frauen, die ihre Männer als Lebensversicherung fest an der Leine halten.
Regeln Sie praktische Details. Regeln Sie zügig alle finanziellen Fragen, bevor der Wunsch nach Vergeltung aufkommt. Stellen Sie sich darauf ein, daß Sie zu ersetzen sind, und seien Sie nicht überrascht, wenn er schnell über die Trennung hinwegkommt.
Überprüfen Sie Ihre Verhaltensmuster. Halten Sie bei dieser Gelegenheit inne, und werfen Sie einen Blick auf alle Ihre zerbrochenen Beziehungen. Stellen Sie Ähnlichkeiten fest? Was können Sie daraus lernen, um es in Zukunft besser zu machen?
Männer neigen eher dazu, die Fassung zu verlieren und handgreiflich zu werden. All das wirkt zu Recht beunruhigend. Man ist versucht, zu verschwinden, den Telefonhörer nicht mehr abzunehmen, die Stadt zu verlassen, alles um die Trennung etwas zu erleichtern. Niemand möchte derartigen Gefühlen ausgesetzt sein. Aber halten Sie durch, verhalten Sie sich fair, verlassen Sie nicht einen Menschen, der Sie liebt, ohne seine Fragen zu beantworten. Wenn Sie ihn freundlich und mit Achtung behandeln, dann werden Sie vielleicht das nächste Mal, wenn jemand Sie verläßt, den Lohn dafür erhalten. Zumindest werden Sie sich selber gegenüber ein gutes Gefühl haben.

Daran sollten Sie denken
Versuchen Sie nicht eine Verbindung, von der Sie wissen, daß sie keine Zukunft mehr hat, aufrechtzuerhalten, während Sie auf den richtigen Mann warten. In einer solchen Situation werden Sie anderen Männern verwirrende Signale übermitteln und den Mann, der Sie liebt, ausnutzen.

Das Scheitern einer Beziehung beeinträchtigt nicht den Wert eines Menschen.

Meine Familie

Verwandte, auf die ich keinen Wert lege

Für Frauen ist es sehr viel schwieriger, sich unabhängig von der Großfamilie zu entwickeln, weil unser Überleben lange Zeit davon abhing, daß wir von ihr «anerkannt» wurden. Männer ermutigte man meist, ihren eigenen Weg zu gehen, Frauen aber nicht. Rebellische Frauen haben in der Regel einen hohen Preis gezahlt. Falls sie aus der Familie ausgestoßen wurden, boten sich ihnen nur wenige Alternativen. Frauen konnte auch das Sorgerecht für ihre Kinder entzogen werden, wenn ihre Familie ihren Lebenswandel nicht billigte. Häufig wurden unabhängige Frauen auch von ihren Eltern einfach für «verrückt» erklärt.

Unser Umgang mit Verwandten ist in der Regel über lange Zeit festgelegt und deshalb nur schwer zu ändern. Wenn Verwandte keine Veränderungen wollen, dann werden sie versuchen, mit allen Mitteln dagegen anzugehen. Sie sehen meist auch nicht ein, warum es Ihnen besser gehen soll, wenn das in irgendeiner Weise ihr Leben tangiert. Vielleicht verletzt Ihre Unabhängigkeit auch die Lebensauffassung Ihrer Verwandten. Innerhalb der engeren Familie hatten sie Sie so lange unter Kontrolle, daß es ihnen schwerfällt, Sie nun als Erwachsene zu betrachten. Da wir «auf ewig» miteinander verwandt sind, meinen sie möglicherweise, ein Recht darauf zu haben, Sie zu schikanieren, weil Sie doch zur Familie gehören. Vielleicht sind Sie selbst sogar der gleichen Ansicht.

Tief in Ihrem Inneren lebt eine historisch bedingte Furcht vor der emotionalen und ökonomischen Macht der Verwandtschaft. Früher bedeutete dieses Eingebundensein eine Hilfe, um überleben zu können. Heute gibt es für unabhängige Frauen sehr viel mehr Möglichkeiten und Freiheiten. Daran sollten Sie immer denken, wenn Sie bei familiären Auseinandersetzungen Angst empfinden und keinen rechten Grund dafür wissen.

Durch neue Verwandte können seelische Verstimmungen begründet werden, die ein Leben lang andauern, dabei braucht es sich nicht einmal um Blutsverwandte zu handeln. Sie können nicht einfach ausbrechen, wenn Sie feststellen, daß Sie mit Ihrer Schwiegermutter, Ihrem Schwiegersohn, dem neuen Mann Ihrer Mutter oder Ihrer Schwägerin nicht auskommen oder zumindest gereizt reagieren.

Oft sind bei einer Einheirat gesellschaftliche Besonderheiten Auslöser für Probleme. Manche Gesellschaften nehmen neue Verwandte mit offenen Armen auf. Sie sind der Ansicht «Je mehr, desto besser». Sie sind bereit, Sie willkommen zu heißen, lieben Sie, akzeptieren Ihre Persönlichkeit und freuen sich. Ein solches Verhalten macht die Ehe natürlich einfacher.

In anderen Gesellschaften wird jeder, der nicht zur «Bluts»familie gehört, als Außenstehender angesehen. Angehörige solcher Familien betrachten neue Verwandte mit Mißtrauen und stellen sich gleich auf Machtkämpfe ein. Während Sie denken: «Wie schön, jetzt habe ich eine Schwester», überlegt Ihre zukünftige Schwägerin bereits, wie sie zukünftig Ihre Stellung in der Familie untergraben kann. Das ist schlimm, aber wahr.

Falls Sie in eine solche untereinander konkurrierende Familie einheiraten, müssen Sie sich klar darüber sein, daß die Situation sich auch später nicht wesentlich ändern wird. Einzelne Familienmitglieder werden vielleicht mit der Zeit etwas weniger ablehnend sein, aber Sie werden weiterhin die Außenseiterin bleiben, und Ihr Mann wird immer zwischen zwei Seiten hin und her gezerrt werden.

Falls Sie in einer im Grunde freundlichen oder zumindest gemischten Gruppe leben und trotzdem Probleme bekommen, dann sollten Sie einmal Ihre eigene Einstellung überprüfen. Die meisten von uns brauchen im Leben wenigstens eine Person, die wir nicht ausstehen können oder die uns nicht leiden kann. Vielleicht spornt das unseren Überlebenswillen an. Diese Person ist fast immer eine Verwandte, dadurch können wir dem Problem nicht entfliehen.

Schwiegermütter haben oft Angst, ihre Söhne zu verlieren, und zwingen sie deshalb in eine Art Dreiecksverhältnis nach dem Motto: «Wen von uns beiden liebst du nun wirklich?» Verlierer ist in jedem Fall der Sohn. Viele Männer brechen aus dieser Dreierbeziehung aus und lassen die Frauen aneinander herumnörgeln, solange sie wollen.

Bei den unterschiedlich motivierten psychologischen Machtkämpfen muß auch noch berücksichtigt werden, daß Verwandte, selbst wenn sie jahrelang zusammen in demselben Haus gewohnt haben, sich nicht automatisch Liebe oder auch nur Zuneigung entgegenbringen. Manche von uns hätten sich sicher ganz andere Verwandte ausgesucht, wenn sie die Möglichkeit dazu gehabt hätten. Andere hoffen immer noch, ihre angeheirateten Verwandten gegen andere austauschen oder zumindest weit wegziehen zu können.

Entscheiden Sie selber, ob es sich lohnt, Ihre familiären Beziehungen zu verbessern. Bringt es etwas für mich? Kümmere ich mich genug um mich selber? Wollen meine Verwandten sich auf meine Art zu leben einlassen, genauso, wie sie ihr eigenes Leben leben? Kümmere ich mich genug um sie, um die Beziehung wirklich verbessern zu können? Gehe ich vielleicht von falschen Voraussetzungen aus, was ihre Gefühle betrifft?

Die beste, aber auch schwierigste Überlebensstrategie ist, das Verhalten Ihrer Verwandten nicht immer gleich als Urteil über Ihren persönlichen Wert zu betrachten. Ihr Benehmen Ihnen gegenüber hat mehr mit eingefahrenen Familiengewohnheiten und Loyalitätsvorstellungen zu tun als mit Ihnen persönlich. Sie können nach ihren Motiven und Handlungen fragen, bis Sie schwarz werden, und doch nie herausfinden, warum man Sie eigentlich ablehnt.

Eine meiner Freundinnen heiratete in eine Familie ein und freute sich darauf, ihre Schwägerin kennenzulernen, die eine dynamische, intelligente Frau sein sollte. Meine Freundin Sylvia hoffte, in ihr eine Schwester zu gewinnen. Ihre neue Verwandte aber empfand die Situation völlig anders. Für sie war Sylvia eine Konkurrentin. Karen hatte bis dahin als Frau in der Familie immer eine dominierende Rolle gespielt und fühlte sich vom ersten Augenblick an durch Sylvias Attraktivität und ihren Doktortitel bedroht. Obwohl Karen nur wenige Jahre älter war, begann sie sich aufzuführen wie eine böse Schwiegermutter. Sie hielt Sylvia vor, was alles mit ihr und ihrem Mann nicht stimmte, fachte Familienfehden an, als sie meinte, ihre Familie würde nicht genügend beachtet, weigerte sich, an Familienfeiern teilzunehmen, die in Sylvias Haus stattfanden, und machte sie schlecht, wo sie nur konnte.

Um unter diesen Umständen überleben zu können, nahm Sylvia es einfach als gegeben hin, daß Karen unfähig war, sich zu ändern. Außerdem beschloß sie, alle Attacken als etwas zu betrachten, das mit ihr persönlich gar nichts zu tun hatte. Der nächste Schritt war, daß sie

trotz allem zu Feiertagen die Familie einlud und stillschweigend darüber hinwegging, wenn Karen zu Hause blieb oder woanders hingehen wollte. Fünf Jahre lang erschien Karens Mann allein zu Sylvias Einladungen, dann erst entschloß sich Karen widerwillig, mitzukommen. Die beiden Frauen haben die Chance verpaßt, möglicherweise gute Freundinnen zu werden, aber sie haben inzwischen wenigstens gelernt, höflich miteinander umzugehen.
Das größte Problem war, daß meine Freundin sich so verletzt fühlte. Was sollte sie denn tun? Warum behandelte Karen sie so schlecht und beklagte sich bei den anderen ständig über sie und ihren Mann? Das ewige Lamentieren führte bei Sylvia immer wieder zu Stimmungstiefs und trieb ihren Mann beinahe zur Verzweiflung. Auch Karens Mann ärgerte sich über diese völlig haltlosen Behauptungen, und die beiden Brüder konnten nur verzweifelt gen Himmel blicken und tief seufzen.
Jede Familie hat ihre guten und schlechten Seiten und Mitglieder. Wichtig ist, daß Sie den Platz in Ihrer Familie finden, an dem Sie selbst sich wohl fühlen. Sobald Sie sich diesen Freiraum geschaffen haben, wird die übrige Familie Ihnen sehr viel sympathischer erscheinen.

Was Sie tun können
Setzen Sie sich einzeln mit ihnen auseinander. Beschreiben Sie den betreffenden Verwandten, was Sie empfinden, und hören Sie sich an, was sie ihrerseits über ihre Gefühle äußern. Danach sollten Sie es ablehnen, weiter zu diskutieren oder zu streiten. Verhalten Sie sich wie eine gesprungene Schallplatte, und wiederholen Sie einfach immer wieder: «Das ist meine Haltung zu dem Problem.» Denken Sie daran, daß die anderen ja in Wirklichkeit gar keine Macht über Sie besitzen, sie verlassen sich lediglich darauf, daß Sie so dumm sind, ihnen in die Falle zu gehen.
Wenn Sie ihnen weiterhin mit Achtung und Zuneigung begegnen, während Sie Ihr Leben nach Ihren eigenen Vorstellungen führen, dann liegt die Entscheidung über die weitere Entwicklung bei Ihren Verwandten. Falls diese trotz allem Ihre Unabhängigkeit angreifen, sind sie es, die den Bruch heraufbeschwören.
Unterbrechen Sie den Kontakt. Falls ein Abhängigkeitsverhältnis schon sehr lange andauert, ist es manchmal nötig, den Kontakt zu den

Verwandten zu unterbrechen oder einzuschränken. Dadurch verschaffen Sie den anderen und sich selbst eine Besinnungspause. Diese Regelung braucht ja nicht auf Dauer beibehalten zu werden.
Klären Sie den Konflikt. Lassen Sie nicht zu, daß die Probleme, die ein anderer mit sich selbst hat, Ihren Wert, Ihr Verhalten oder Ihr seelisches Befinden bestimmen. Wenn Sie gerade in eine neue Familie hineinkommen oder wenn Sie sich aus einem bereits bestehenden Konflikt befreien möchten, dann können Ihnen vielleicht die folgenden Vorschläge helfen:
Seien Sie höflich. Darauf sollten Sie unbedingt achten, weil sonst die Gefahr besteht, daß sich eine lebenslange Feindschaft entwickelt. Und mit all den Verletzungen, die daraus resultieren, wollen Sie sicher Ihr Leben nicht belasten.
Falls es zu spät für einen Neubeginn ist, dann sollten Sie versuchen, das Beste aus der Situation zu machen. Entschuldigungen sind nicht nötig, aber seien Sie zuvorkommend, wenn Sie sich treffen, und vermeiden Sie negative Äußerungen, die dem oder der Betreffenden zu Ohren kommen könnten.
Beobachten Sie sich selbst. Falls Sie immer noch nicht weiterkommen, sollten Sie sich selber beobachten. Versuchen Sie herauszufinden, warum Ihnen gerade diese Person so unter die Haut geht. Wovor haben Sie Angst? Könnte es sich um etwas handeln (das kommt häufig vor), das in Wirklichkeit Sie und eine dritte Person betrifft? Versuchen Sie auch, die Motivation derjenigen, die Sie so reizt, herauszufinden! Welches sind die Ursachen dieser unguten Gefühle auf der einen und der anderen Seite? Ist es etwas, was Sie überwinden oder vergeben könnten?
Sylvia stellte im Laufe der Zeit fest, wie unglücklich ihre Schwägerin war. Karen hatte weder die von ihr angestrebte akademische Karriere fortsetzen können, noch hatte sie Kinder. Ein großer Teil ihrer Verbitterung war lediglich Enttäuschung und Schmerz, und sie meinte wohl, das beste Mittel dagegen sei Zorn und Ärger. Sie litt darunter, durch Sylvias Gegenwart an ihre Wunden erinnert zu werden. Derartige Zusammenhänge zu verstehen mag die Situation nicht wesentlich verändern, aber es macht es leichter, mit ihr zu leben.
Falls Ihre Schwiegermutter Sie ständig kritisiert, tut sie das vielleicht, weil es in ihrem Leben wenig Liebe gab und sie nun Angst hat, auch noch ihren Sohn zu verlieren. Fordern Sie von ihm, sich mehr um

Sie, seine Ehefrau, zu kümmern, wenn Sie ihn eigentlich dazu ermuntern sollten, seine Mutter häufiger zu besuchen? Reicht seine Liebe und seine Zeit nicht für Sie beide? Wie sicher fühlen Sie sich? Brauchen Sie ein Opfer von seiner Seite, um sich sicher fühlen zu können?
Versuchen Sie, das Gegenteil von Widerstand zu zeigen. Beginnen Sie, seine Mutter (falls sie das Problem ist), liebenswürdig und zuvorkommend zu behandeln. Ermutigen Sie ihn, sie zu besuchen – wenn es Ihnen lieber ist, auch allein. Beenden Sie das Tauziehen, indem Sie Ihr Ende fallen lassen. Man braucht zwei Kontrahenten, um das Seil zu spannen. Wenn er sich bei Ihnen über seine Mutter beschwert, dann sollten Sie ihm vorschlagen, mit ihr unter vier Augen zu reden, da diese Angelegenheit Sie selber ja nicht betrifft. Lehnen Sie es ab, sich die Probleme seiner Mutter aufbürden zu lassen. Beschweren Sie sich selber aber auch nicht über sie.
Verwandte hat man sein Leben lang, auch wenn wir uns daneben unsere eigene Familie aus Freunden schaffen. Wir teilen mit ihnen viele Erinnerungen, und Sie sollten Ihr Bestes tun, damit sie positiv ausfallen. Aber es gibt noch eine andere Generation, an die wir auch denken sollten. Es ist nicht gut, ohne enge Kontakte zu Enkeln, Neffen oder Nichten zu leben. Sie brauchen Sie auch. Halten Sie nach Möglichkeit gute Verbindungen zu ihnen. Erwarten Sie nicht, daß Gleiches mit Gleichem vergolten wird, und seien Sie immer zu einem neuen Versuch bereit, falls jemand sich Ihnen emotional öffnet.
Welche Folgen es auch immer haben mag, daß Sie Ihr Leben nach Ihren eigenen Wünschen und nicht nach der Vorstellung Ihrer Verwandten leben, es kann nicht schlimmer sein, als nur noch dahinzuvegetieren, um eine nie endende Schuld zu begleichen. Daran sollten Sie immer denken, wenn Ihre Kinder heranwachsen.

Daran sollten Sie denken

Sie werden immer wieder versucht sein, laut zu protestieren: «Warum muß ich denn zu der... nett sein?» Lassen Sie sich nie dazu hinreißen.
Versuchen Sie, länger dauernde Familienfehden zu vermeiden, und sorgen Sie dafür, daß sich keine Parteien bilden.
Es gibt keine ideale, uneingeschränkt glückliche Verwandtschaft.

Blutsbande sind nicht das gleiche wie Bindungen zwischen sorgfältig ausgewählten Freunden.
Nur wenige Dinge im Leben sind wirklich wichtig.

Wie kann ich mit meinen Geschwistern Frieden schließen?

Sie vergleichen Ihre eigenen Erfolge und Mißerfolge mit denen Ihrer Brüder und Schwestern. Besuche bei Ihren Eltern hinterlassen das Gefühl in Ihnen, daß diese Ihnen ein anderes Kind vorziehen und immer vorgezogen haben. Auch unter den Enkelkindern scheinen sie ihre Lieblinge zu haben. Manchmal überlegen Sie, was Sie wohl von ihnen erben werden, und fürchten, daß Sie dabei schlechter wegkommen als andere. Sie können eine Schwägerin oder einen Schwager nicht ausstehen und meinen, daß sie oder er Sie verletzend behandelt.

Wir haben gelernt, daß Schwestern und Brüder besondere Freunde fürs Leben sind, deshalb fragen wir uns, was los ist, wenn die Dinge sich nicht in dieser Weise entwickeln.

Manche Geschwister sind als Erwachsene eng befreundet, andere sehen sich nur selten, und viele können einander nicht ausstehen. Es ist ein Mythos, daß die meisten Geschwister schließlich die besten Freunde werden. Ihr Verhältnis zu Bruder oder Schwester spiegelt wider, wie Ihre Eltern Sie als Kind behandelt haben und welche Probleme Sie in der Kindheit nicht bewältigen konnten.

Zwei über siebzigjährige Frauen, die ich kenne, versuchen immer noch so zu tun, als seien sie liebende Schwestern, obwohl sie sich nicht ausstehen können. Der Umgang mit ihnen ist schwierig, obwohl sie noch nicht einmal allzu häufig gemeinsam zu Besuch kommen.

Die ältere Schwester, Agnes, betrachtet sich selbst als die vernünftigere, die eigentlich von ihrem perfektionistischen Vater hätte vorgezogen werden müssen. Agnes benahm sich immer gut, ihre kleine Schwester, Pearl, dagegen nicht. «Wie kann Vater nur Pearl vorziehen?» Nach der Geburt von Pearl bekam ihre Mutter eine Anämie, so daß Agnes noch heute jedem erzählt: «Durch Pearl hat Mutter ihr ganzes Blut verloren.» Von dieser Zeit an blieb ihre Mutter schwächlich, und Pearl war deshalb ein schlimmes Baby.

Agnes mußte sich um Pearl kümmern und litt unter dem ständigen,

für sie oft demütigenden Konkurrenzkampf mit der übermütigen, niedlichen, unternehmungslustigen kleinen Schwester. Sie dachte, wenn sie besonders brav wäre, würde das ein Ausgleich dafür sein, daß sie so gar nichts Besonderes darstellte. Sie hoffte, daß sie ihrem Vater, einem religiösen Mann, dadurch näherkommen könnte, daß sie fromm war. Aber er ließ niemanden nahe an sich herankommen und fand Pearl immer interessanter.
Pearl heiratete und hatte Kinder, Agnes nicht. Pearl war als Mutter ein zweifelhaftes Vergnügen, entsprechend ihren Vorbildern. Agnes, inzwischen Sportlehrerin, war überzeugt, daß sie eine wunderbare Mutter gewesen wäre. Der Konkurrenzdruck wurde so stark, das Gezänk so kleinlich, daß die zwei Schwestern, wenn sie zusammen in einem Wagen irgendwo hinfuhren, sich nicht einigen konnten, welche Strecke sie nehmen sollten.
Pearl beschloß, der Bemutterung durch ihre ältere Schwester zu entfliehen, und zog mit ihrer Familie aus der Gegend weg. Sie wanderte aus und legte damit eine große Entfernung zwischen sich und ihre Schwester. Zu Agnes sagte sie bezeichnenderweise: «Du kannst beide Eltern haben, ich steige aus.» Agnes wurde die abgöttisch liebende, sorgende Tochter, und als die Eltern starben, übernahm sie das gesamte Familienerbe. Später sollte es auf Pearls Kinder übergehen, und damit hatte sie eine letzte kleine Möglichkeit in der Hand, den Kampf fortzusetzen.
Als ich sie das letzte Mal traf, zankten sie sich wie eh und je, obwohl Pearl in ihrem Leben viel Schweres durchgemacht hatte und Agnes Laienschwester in einem Kloster geworden war. Agnes erzählte immer noch, wie schrecklich Pearl früher gewesen sei und daß der Vater immer sie, Agnes, vorgezogen habe. Sie betonte auch, daß sie immer eine vollere Brust als Pearl gehabt habe und frommer gewesen sei. Pearl erwiderte ihre Angriffe halbherzig und versuchte, den Besuch nach Möglichkeit abzukürzen.
Sie werden beide sterben, ohne den Kampf, der mit Pearls Geburt begann, je verstanden oder entschieden zu haben. Wenn ich Lösungen vorschlug, die vielleicht einen ihrer Konflikte hätten aus der Welt schaffen können, dann brachte das immer nur Tränen oder Wutausbrüche, ganz gleich, mit welcher der beiden Schwestern ich gerade versuchte zu sprechen. Der Schmerz sitzt immer noch dicht unter der Oberfläche. Es ist, als ob sie wieder zehn und sieben Jahre alt wären

und sich nicht geliebt oder bevorzugt fühlten. Es ist leichter für sie, die mehr als sechzig Jahre andauernden Kämpfe weiter fortzusetzen.
«Weißt du, Pearl, unsere Nanny hat mir noch kurz vor ihrem Tod erzählt, daß du das schwierigste Kind gewesen bist, das sie je versorgt hat.»
Eltern und Lehrer benutzen oft Vergleiche und Wettbewerbe, um Kinder zu motivieren. Weil wir aber alle einzigartig und um unserer selbst willen geliebt sein möchten, hassen wir es, solche persönlichen Wettbewerbe zu verlieren. Falls ein älterer Bruder oder eine ältere Schwester das liebe Kind ist, oder das kluge und hübsche, beschließen Sie als jüngere Schwester möglicherweise, sich nicht auf den zweiten Platz verdrängen zu lassen. Statt dessen zeigen Sie sich ungebärdig, sportlich und unbekümmert – auf jeden Fall so, daß Sie auf diese Weise ebenfalls Aufmerksamkeit auf sich lenken. Wenn Sie Erfolg damit haben, ist alles in Ordnung, wenn nicht, leiden Sie Ihr ganzes Leben lang unter dem Gefühl, nur an zweiter Stelle zu stehen.
Manche Eltern verschärfen den Wettbewerb bis zur Machtprobe. Solange die erwachsenen Kinder noch um ihre Aufmerksamkeit wetteifern, haben sie die Möglichkeit, sie weiter zu beherrschen. Durch die Enkelkinder kann der Konkurrenzdruck dann fortgesetzt werden. Beobachten Sie doch einmal, ob Ihre Eltern immer noch irgendwelche Fäden in der Hand halten, mit deren Hilfe sie bei Ihnen ein Gefühl von Zorn oder Ärger Ihren Geschwistern oder deren Ehepartnern gegenüber auslösen können.

Was Sie tun können

Entschließen Sie sich, aus dem Konkurrenzkampf auszusteigen. Falls Sie ein freundschaftliches Verhältnis herstellen möchten, sollten Sie sich mit Ihrem Bruder oder Ihrer Schwester an einem neutralen Ort verabreden, damit Sie nicht versucht sind, wieder in alte Verhaltensmuster zurückzufallen. Entscheidend ist Ihre heutige Persönlichkeit und nicht die Rivalitäten und vielschichtigen Probleme Ihrer Entwicklungsjahre.
Sagen Sie Ihren Geschwistern, was Sie erreichen möchten. Vermeiden Sie große Diskussionen und Entschuldigungen, die Probleme der Vergangenheit betreffend. Richten Sie Ihr Gespräch in die Zukunft. Seien Sie bereit, auf eine langsame Entwicklung zu vertrauen. Äu-

ßern Sie sich der Familie oder Freunden gegenüber nur positiv über Ihre Geschwister.
Geben Sie jeden Wunsch nach Gerechtigkeit auf. Hören Sie auf, sich ständig um die Zuneigung Ihrer Eltern zu bemühen. Streben Sie statt dessen Freundschaft und Liebe an. Manchmal warten wir, bis wir krank werden oder sogar im Sterben liegen, bis wir unsere Bindung an Geschwister zugeben. Sie sollten es jetzt tun, bevor es zu spät ist.
Rufen Sie sich Ihre Geschichte ins Gedächtnis zurück. Machen Sie sich klar, daß Ihre Geschwister lediglich versucht haben, in ein und derselben Familie zu überleben. Es stimmt, daß ein Sieg (falls Sie meinen, daß sie gewonnen haben) oft auch negative Nebenwirkungen hat. Versuchen Sie, Ihren Geschwistern zu verzeihen, daß Sie früher als Kinder so gegeneinander gekämpft haben.
Versuchen Sie zu verzeihen. Manchmal werden Ehepartner oder Kinder als Puffer zwischen Schwestern und Brüdern benutzt, die Angst voreinander haben. Geschwister, die als Kinder gemeinsam Schweres durchmachen mußten, fürchten oft schmerzliche Erinnerungen. Dadurch, daß ein Ehepartner zwischen ihnen steht und Zorn und Angst abfängt, vermeiden sie es, sich auf ein allzu gefährliches Terrain zu begeben.
Sie sind diejenige, die Verständnis aufbringen und etwas ändern sollte. Vielleicht wird es Ihnen nicht möglich sein, wieder liebevolle Nähe zurückzugewinnen, möglicherweise hat es die auch nie gegeben. Aber Sie können zumindest miteinander auskommen, sich Gedanken über Ihr Verhältnis machen und vermeiden, daß Sie Opfer familiärer Manipulationen werden. Seien Sie ein Bruder oder eine Schwester, wie Sie es sich vorstellen und wie Sie es sich für Ihre Kinder wünschen, unabhängig davon, wie die andere Seite reagiert.

Daran sollten Sie denken

Versuchen Sie, Ihre eigenen Kinder aus allem herauszuhalten. Sorgen Sie dafür, daß Vettern und Cousinen ohne Konkurrenzdruck und ohne den Zwang, bei elterlichen Streitereien Partei ergreifen zu müssen, einfach Spaß miteinander haben können.
Streiten Sie nicht über Erbschaftsangelegenheiten. Das lohnt sich nie. Da manipuliert Sie immer noch eine kalte Hand aus dem Grab heraus durch elterliche Anerkennung oder Mißbilligung.
Die Familie überdauert alles,

Ich möchte das Gefühl haben, erwachsen zu sein

Manche Menschen werden ihr Leben lang von ihren Eltern beherrscht, entweder ganz direkt oder auf eine sehr subtile Art und Weise. Diese Abhängigkeit ist oft die Ursache für depressive Verstimmungen, die mit dem Gefühl gekoppelt sind, das Leben bestehe aus lauter Kompromissen, sei kein wirklich eigenständiges. Ganz gleich, was Sie tun, Sie können die oberste Instanz, die letzten Endes über Ihren Wert befindet, nie ganz zufriedenstellen. In unserer Gesellschaft gibt es leider kaum noch Rituale, die anzeigen, daß wir erwachsen und selbständig sind und deshalb durchaus auf den Rat unserer eigenen inneren Stimme hören können.

Psychologisch gesehen findet die endgültige Trennung von unseren Eltern normalerweise statt, wenn wir um die Dreißig sind und anfangen, uns für unser Leben selber verantwortlich zu fühlen. Wir beginnen zu fragen, was wir unseren Eltern verdanken. Wir denken darüber nach, was für Eltern wir selber sind. Haben Sie schon einmal überlegt, wieweit Sie immer noch wirtschaftlich, physisch oder psychisch von Ihren Eltern abhängen?

> Leihen Sie sich Geld von Ihren Eltern (gemeint ist nicht ein einmaliger Zuschuß für den Kauf eines Hauses, sondern laufende Lebenshaltungskosten)? – Schreiben Ihnen Ihre Eltern vor, was Sie zu tun haben, und drohen sie Ihnen, wenn Sie sich nicht fügen? – Kritisieren Ihre Eltern Sie? – Behandeln sie Sie physisch noch als ein Kind? – Verletzen sie Ihre Privatsphäre? – Versuchen sie, mit Hilfe ihrer gesundheitlichen Probleme Schuldgefühle in Ihnen zu wecken? – Bedenken Sie vor irgendwelchen Entscheidungen ihre Reaktionen? – Verhalten Sie sich in ihrer Anwesenheit wieder mehr als Kind? – Verstecken Sie bestimmte Dinge vor ihnen? – Besuchen Sie sie oder telefonieren Sie mit ihnen häufiger, als Sie eigentlich möchten? – Sprechen sie zu anderen über Sie, auch wenn Sie selbst dabei sind?

Falls Sie eine dieser Fragen mit Ja beantworten, dann sollten Sie der Sache weiter auf den Grund gehen. Manche Eltern versuchen, ihre

Kinder durch wirtschaftliche oder psychische Abhängigkeit fest an sich zu binden. Das führt dazu, daß Sie sich unfrei fühlen oder sich wie ein kleines Mädchen vorkommen, sobald Sie mit Ihren Eltern zusammen sind. Vielleicht lassen Sie Ihren Vater Ihren Wagen reparieren oder Ihr Konto ausgleichen, weil das so bequem ist. Scheinbar erweist er Ihnen nur einen Gefallen, aber Sie werden sich auf diese Weise nie als erwachsener Mensch fühlen.

Auch wenn Sie als Kind immer getan haben, was Ihre Eltern wollten, gibt es keinerlei Begründung dafür, diesen Zustand beizubehalten. Für Ihre Eltern mag es sehr schwer sein, Ihnen den Status eines Erwachsenen zuzubilligen, aber Sie müssen irgendwann einmal die Nabelschnur durchtrennen. Sie können jetzt für sich selbst sorgen, auch wenn Ihren Eltern das gar nicht gefällt und allem widerspricht, was sie gerne möchten.

Lassen Sie sich nicht durch Schuldzuweisungen, tiefes Seufzen, Vorwürfe und Märtyrermienen beirren. Äußerungen wie «Wir haben soviel für dich getan, und nun tust du uns das an» sollten Sie mit einem Lächeln und der Bemerkung «Ja, ich weiß, Eltern zu sein ist oft sehr enttäuschend» übergehen.

Stellen Sie sich darauf ein, daß Sie für Ihre Unabhängigkeit kämpfen müssen. Manche Eltern sind nicht bereit, ihre Kinder ohne große Auseinandersetzungen gehen zu lassen. Sie drohen Ihnen möglicherweise an, nie wieder mit Ihnen zu sprechen, Sie zu enterben oder auf andere Art zu bestrafen – genau so, als wären Sie noch ein Kind. Seien Sie diplomatisch, aber bleiben Sie standhaft, bis Ihren Eltern endgültig klargeworden ist, daß Sie nicht bereit sind, sich noch länger gängeln zu lassen.

Ich selbst habe mich letzten Endes von all meinen zornigen und traurigen Gefühlen befreit, indem ich meiner Mutter einen sehr langen Brief schrieb, in dem ich ihr auseinandersetzte, was sie in meinen Augen alles falsch machte. Sie können einen solchen Brief schreiben, ohne ihn abzuschicken, ich aber gab meinen zur Post. Normalerweise hätte meine Mutter sich in einem noch längeren Brief gegen alle Vorwürfe zur Wehr gesetzt und ihrerseits heftige Anklagen vorgebracht. Dieses Mal aber brachte sie den Brief zum Pfarrer ihrer Gemeinde.

Dieser Pfarrer war ein junger Mann mit neuen Ideen. Er schlug meiner Mutter vor, mir als Antwort zu schreiben, daß sie meine Feststellungen und Meinungen akzeptiere und froh wäre, wenn wir noch

einmal einen neuen Anfang versuchen könnten. Ich war sehr erleichtert, weil ich im letzten Teil meines Briefes ebenfalls die Möglichkeit eines Neubeginns angedeutet hatte. Ich fuhr zu ihr, lud sie zum Abendessen ein, und seitdem ist unsere Beziehung sehr viel besser und freundschaftlicher geworden.
Sie hörte auf, mich ständig zu kritisieren, verhielt sich sehr viel liebevoller mir gegenüber und fing an, sowohl meinen Bruder als auch meinen Sohn mit mehr Einfühlungsvermögen zu behandeln.
Die Möglichkeit, zu einem harmonischen Verhältnis zu finden, ist abhängig von der Art, in der Ihre Eltern Sie behandelt haben. Falls sie sehr viel in Ihnen zerstört haben, können Sie sich unter Umständen ihrer Herrschaft und den damit verbundenen Verletzungen nur entziehen, indem Sie den Kontakt zu ihnen völlig abbrechen.
Oft fällt es uns schwer, uns zu lösen, selbständig unseren Weg zu finden und uns als Erwachsene zu fühlen. Bei bestimmten Eltern und in bestimmten Lebenssituationen kann dieser Ablösungsprozeß besonders schwierig sein, aber es steht Ihnen ja frei, wie Sie sich entscheiden.
Sehr erfolgreiche Eltern: Auch von liebevollen, sorgenden Eltern kann Ihnen die Ablösung schwerfallen, nämlich dann, wenn sie sehr wohlhabend oder in anderer Beziehung erfolgreich sind. Ohne sie kommen Sie sich oft klein und unbedeutend vor. Sie haben sich im Schatten ihrer Protektion und ihres Ruhmes durchaus wohl gefühlt. Vielleicht sehen Sie sich auch genötigt, in ihre Fußstapfen zu treten. Stecken Sie Ihr eigenes Territorium ab, und versuchen Sie nicht länger, Ihr Leben mit dem Ihrer Eltern zu vergleichen. Lassen Sie auch nicht zu, daß Ihre Eltern oder irgendein anderer Vergleiche anstellt.
Abhängige Eltern: Vielleicht haben Sie schon als Kind begonnen, sich um sie zu kümmern. Sie sind nie richtig erwachsen geworden, also mußten Sie es werden. Alkoholiker, Eltern mit Gesundheits-, Geld- oder Beziehungsproblemen rechnen damit, daß Sie bis an ihr Lebensende für sie sorgen. Sie nutzen Ihre Schuldgefühle, die Blutsverwandtschaft und jeden anderen sich bietenden Vorwand aus, nur um nicht für sich selbst verantwortlich sein zu müssen. Versuchen Sie, Ihr Leben zurückzugewinnen.
Dominierende Eltern: Es ist möglich, daß Sie Angst vor ihnen haben. Sie haben Sie so lange beherrscht, daß Ihnen jegliches Selbstwertge-

fühl oder Selbstvertrauen fehlt. Schon der Gedanke, sich gegen sie zu erheben und Ihr eigenes Leben zu fordern, ist erschreckend für Sie. Versuchen Sie, in kleinen Schritten vorzugehen, indem Sie z. B. etwas kaufen, ohne sie vorher um Rat zu fragen, oder das Zimmer verlassen, wenn sie anfangen zu kritisieren. Vielleicht sollten Sie auch eine Therapie in Erwägung ziehen, um Ihr Selbstvertrauen aufzubauen.

Persönliche Mißerfolge: Falls Sie im Leben keinen Erfolg gehabt haben, möchten Sie vielleicht gerne wieder zurück in die kindliche Abhängigkeit. Sobald wir uns überfordert fühlen, legen wir gar keinen Wert mehr darauf, erwachsen zu sein. Widerstehen Sie der Versuchung, bei Krankheit oder Arbeitslosigkeit wieder nach Hause zu flüchten. Das momentane Gefühl von Sicherheit wird bald der Erkenntnis weichen, daß Sie Terrain verloren haben und es vielleicht nicht zurückgewinnen können. Es ist schwerer, wieder die Kontrolle über Ihr Leben zu gewinnen, wenn Sie sie erst einmal in einer bestimmten Situation aufgegeben haben.

Scheidung: Während einer Trennung befinden Sie sich in einer Talsohle, und Eltern können diesen Zustand noch verschlimmern. Es ist möglich, daß sie sich auf die Seite Ihres Mannes stellen, jede neue Beziehung ablehnen oder verlangen, daß Sie verheiratet bleiben, ohne Rücksicht auf den Preis. Zeigen Sie ihnen, daß Sie ihre Hilfe brauchen. Versuchen Sie, ihren Kummer zu verstehen und gleichzeitig Ihren eigenen abzubauen. Sorgen Sie für Ihre eigenen Bedürfnisse, aber lassen Sie Ihren Eltern Zeit, sich an die neue Situation zu gewöhnen, und vermeiden Sie eine direkte Konfrontation. Falls sie Sie beschimpfen oder sich Ihnen gegenüber illoyal verhalten, sollten Sie sie warnen; aber versuchen Sie, Verurteilungen zu vermeiden, bis der seelische Schock abgeklungen ist.

Erhoffte Erbschaft: Eltern können Sie und Ihre Geschwister ihr ganzes Leben lang manipulieren, falls Sie Geld oder materielle Güter von ihnen erwarten. Sie werden letzten Endes Ihren Geschwistern mit Mißtrauen begegnen, sich ärgern, daß Ihre Mutter wieder heiratet, oder darauf warten, daß Ihre Eltern sterben. Sie werden nicht alle Ihre Kräfte in Ihr eigenes Leben investieren, weil Sie darauf hoffen, das Ihrer Eltern zu erben. Falls Ihre Eltern Erbschaftsangelegenheiten als Druckmittel einsetzen, sollten Sie ihnen klarmachen, daß Sie dieses Thema lieber nicht diskutieren möchten.

Geschwister: Eltern können die Beziehungen zwischen erwachsenen Geschwistern genauso manipulieren, wie sie das in Kindertagen taten. Falls sie Sie miteinander vergleichen, sollten Sie sie bitten, das zu unterlassen. Liefern Sie Ihren Eltern keine Informationen über Ihre Geschwister, und verbünden Sie sich nicht mit ihnen gegen eine Schwester oder einen Bruder. Halten Sie sich aus Dreierverschwörungen heraus, bei denen die Eltern ein Kind zu manipulieren versuchen, indem sie ausführlich über ein anderes sprechen.

Was Sie tun können
Lernen Sie durch Ihre eigenen Kinder. Kinder möchten irgendwann aus dem Haus gehen. Sie wollen gemeinsam ein unabhängiges Leben führen. Wenn sich dabei Probleme ergeben, jagt das sowohl ihnen selbst als auch ihren Eltern einen Schrecken ein.

Dieser Ablösungsprozeß beginnt aber nicht erst mit achtzehn. Er setzt ein, wenn die Kinder noch im Krabbelalter sind. Sie bemerken es vielleicht erst, wenn Ihr Kind etwa im Alter von zwölf Jahren anfängt, aufsässig zu werden. Manche geben Widerworte, manche schwänzen die Schule, andere bleiben plötzlich über Nacht weg. Das Kind wird zunehmend von ganz widersprüchlichen Wünschen und Sehnsüchten hin und her gerissen: das Bedürfnis, ein Zuhause zu haben und verwurzelt zu sein, steht gegen den Wunsch nach Unabhängigkeit. Die Trauer, den sicheren Hafen der Kindheit verlassen zu müssen, mischt sich mit der Freude über neuentdeckte Möglichkeiten, die eigenen Kräfte zu gebrauchen und sein Leben selber in die Hand zu nehmen.

Bei jüngeren Kindern zeigt sich die beginnende Ablösung, wenn sie ihren eigenen Willen durchsetzen wollen, ob es sich nun um ein spezielles Eis oder bestimmte Jeans handelt. Sobald ein Kind reif genug erscheint, sollte es zur Unabhängigkeit ermutigt werden. Lassen Sie Kinder soweit wie möglich selber Entscheidungen treffen, über ihr Eigentum bestimmen, ihre Finanzen verwalten, Geld verdienen, kochen, ihre Wäsche selber waschen.

Beobachten Sie sich selbst, wenn Ihre Kinder größer werden. Sind Sie zufrieden mit ihrer Entwicklung? Können Sie mit ansehen, wie sie Fehler begehen? Sie sind entscheidend dafür verantwortlich, daß Ihre Kinder voller Vertrauen ins Leben gehen. Wenn Sie überzeugt sind, daß sie alle Anforderungen bewältigen werden, daß Fehler ein not-

wendiger Bestandteil des Lernprozesses sind, dann werden auch Ihre Kinder diese Einstellung übernehmen. Zeigen Sie aber Angst oder zu wenig Vertrauen in ihre Fähigkeiten, dann werden sie nicht wagen, das schützende Zuhause zu verlassen. Das Leben wird ihnen zu gefährlich erscheinen.
In welchem Alter ist Ihr Kind erwachsen? Falls Sie keine Antwort auf diese Frage wissen, verlassen Sie sich vielleicht eher auf Ihr Gefühl als auf die Bedürfnisse Ihres Kindes. Es ist schwer, als Eltern loszulassen, weil wir an alten Verhaltens- und Lebensmustern festhalten und nicht zugeben wollen, daß dieser Lebensabschnitt abgeschlossen ist. Sie haben die gleichen Probleme mit Ihren eigenen Eltern.
Als mein Sohn mit neunzehn Jahren ausziehen wollte, versuchte ich, ihn wenigstens noch für ein paar Stunden zurückzuhalten. Wir hatten uns schon Monate vorher geeinigt, daß es Zeit für ihn sei, sich selbständig zu machen. Er hielt sich nur an eine einmal geschlossene Abmachung. Als er dann aber wirklich seine gesamte Habe in sein Auto lud, erfaßte mich Panik. Ich schlug vor, daß ich ihm noch ein Buch vorlesen wollte, und lachte dabei. Ich hatte mir immer gewünscht, ihm mehr vorlesen zu können. Wenn Ihre Kinder erwachsen werden, haben Sie das Gefühl, als Mutter beurteilt zu werden, entweder eine gute oder eine schlechte Zensur zu erhalten. Da ist natürlich die Versuchung groß, ein Kind noch länger an sich zu binden, um letzten Endes als Mutter besser abzuschneiden. Unsere eigenen Eltern empfinden das genauso.
In dem Augenblick, wo Sie sich von Ihren Eltern lösen, beanspruchen Sie Ihr eigenes Leben. Sie akzeptieren sie nicht länger als Eltern und sehen sich selbst nicht mehr in der Rolle eines Kindes. Vielleicht versucht auch das Kind in Ihnen, eine bessere Zensur zu bekommen.
Verzeihen Sie sich selbst. Bevor Sie nicht sich selbst und die Art, in der Ihre Eltern Sie als Kind behandelt haben, akzeptieren können, werden Sie nicht in der Lage sein, erwachsen zu werden. Wiederholen Sie sich wieder und wieder: «Sie haben nach bestem Wissen und Gewissen gehandelt.» Wenn Sie meinen, etwas wiedergutmachen zu müssen, dann tun Sie das. Aber anschließend sollten Sie sich endgültig lösen.
Überreichen Sie Ihren Eltern eine Urkunde, die eine Generalentschuldigung enthält. Auch Ihren erwachsenen Kindern sollten Sie ein solches Schriftstück geben. Bedenken Sie, daß sie das Gefühl brau-

chen, ihre Sicht der Vergangenheit sei die richtige, selbst wenn Sie selbst meinen, daß sie in keiner Weise der Realität entspricht. Hören Sie auf, ihre Erinnerungen anzuzweifeln, und sie werden es nicht länger nötig haben, mit Ihnen zu streiten.

Wir waren alle keine perfekten Eltern und werden es nie sein. Wir sind so verletzlich; wir möchten so gerne alles richtig machen, und aus lauter Angst, unsere gesamte Verteidigung könnte zusammenbrechen, lehnen wir es ab, irgendeine schwache Stelle in unserem Schutzpanzer zuzugeben. Lassen Sie das, geben Sie zu, eine unvollkommene Mutter zu sein, akzeptieren Sie die Grenzen Ihrer eigenen Eltern, und behalten Sie Ihren Sinn für Humor.

Vergeben Sie ihnen. Unabhängig davon, ob Ihre Eltern exakt Ihren Vorstellungen entsprechen oder nicht, sollten Sie akzeptieren, daß sie so, wie sie sind, Ihre Liebe verdienen. Erwarten Sie nicht, daß sie so werden, wie Sie es gerne möchten. Vergeben Sie ihnen, daß sie sie selbst sind.

Trauer um das, was nie war und nun nicht sein kann. Sich zu lösen bedeutet Trauer um die Kindheit, die Sie nie hatten, oder um die Mutter, die Sie nicht sein konnten. Trennen Sie sich von Illusionen, empfinden Sie Schmerz und Enttäuschung, und werden Sie sich darüber klar, wie Sie die Zukunft bewältigen wollen. Investieren Sie Energie in Ihr eigenes Leben. Wenn Ihr Leben interessant und erfolgreich ist, werden Sie nicht in Versuchung kommen, sich in das anderer Menschen einzumischen. Stellen Sie fest, wo Sie sich noch unsicher fühlen, und versuchen Sie solche Schwachstellen zu beseitigen, dann brauchen Sie zukünftig weder Ihre Eltern noch Ihre erwachsenen Kinder um Hilfe zu bitten.

Zeigen Sie Ihre Zuneigung. Mehr als alles andere wünschen sich Ihre Eltern ein Zeichen Ihrer Liebe und Anerkennung. Denken Sie deshalb auch immer an Geburtstage und besondere Ereignisse. Sagen Sie «Ich liebe dich», sooft es Ihnen möglich ist, selbst wenn es Sie beide zum Weinen bringt. Äußern Sie sich positiv über ihr gegenwärtiges Leben und Ihre eigenen Erinnerungen. Erinnern Sie sie nie daran, wie schrecklich sie früher waren und wie sehr Sie gelitten haben. Berühren Sie sie, wenn sich die Gelegenheit ergibt, und umarmen Sie sie, sooft Sie können.

Akzeptieren Sie ihre Art zu leben. Sie sind nicht verantwortlich für das Leben anderer. Verurteilen Sie nicht die Art, in der Ihre Eltern

leben, nur weil Sie einen anderen Lebensstil bevorzugen oder weil Sie sich Sorgen um sie machen. Suchen Sie nicht die Schuld bei sich, wenn Ihre Eltern anders leben möchten. Lernen Sie von ihnen. Seien Sie kreativ. Sagen Sie sich, daß Ihre Eltern ihre Bedürfnisse wahrscheinlich ganz richtig einschätzen. Sie sind nun einmal verschieden, und Ihre Eltern müssen nicht unbedingt so leben, wie Sie es tun.
Seien Sie für sie da. Sie sollten sich weder ständig um Ihre Eltern bemühen noch die Besuche völlig einstellen. Versuchen Sie, eine goldene Mitte zu finden. Erkundigen Sie sich, welche Regelung ihnen am angenehmsten ist. Meine Mutter ruft mich jeden zweiten Samstag an. Tägliche Anrufe wären mir einfach zuviel.
Kämpfen Sie für Unabhängigkeit. Manchmal erweisen Sie einem Menschen den größten Liebesdienst, wenn Sie ihm helfen, unabhängig zu werden. Gelegentlich sollten wir unseren Kindern einen Stoß geben, um ihnen eine eigene Zukunft zu ermöglichen. Das kann bedeuten, daß wir sie zwingen müssen, von zu Hause wegzugehen. Versuchen Sie, auch Ihren Eltern möglichst viel Unabhängigkeit zu erhalten.
Halten Sie sich mit Kritik zurück. Behandeln Sie Ihre Eltern wie gute Freunde. Unterlassen Sie es, sie ständig zu korrigieren, und vermeiden Sie Bemerkungen wie «Wenn selbst ich dir das nicht sagen darf, wer soll es denn sonst tun?»
Nachdem ich jahrelang Streit mit meiner Mutter gehabt hatte, weil sie mich dauernd kritisierte, schickte sie mir eines Tages folgende Karte, die mir das Gefühl gab, bis hinunter zu den Zehenspitzen von ihr geliebt zu werden.

TOCHTER
Über diese Karte
wirst Du Dich sicher freuen
sie belehrt nicht
rät nicht
debattiert nicht
diskutiert nicht
streitet nicht
überredet nicht
zankt nicht
mißbilligt nicht
sie liegt nur in Deiner Hand und sagt
HAPPY BIRTHDAY

Seien Sie auf den Tod vorbereitet. Schließen Sie, sobald es Ihnen möglich ist, Frieden mit Ihren Eltern. Sie müssen innerlich mit sich im reinen sein, damit sie Sie nicht noch aus dem Grabe heraus quälen können. Schreiben Sie einen liebevollen, alles verzeihenden Brief. Fechten Sie den Streit aus, der die Luft reinigt. Seien Sie eine Traumtochter, ganz gleich, wie Ihre Eltern sind. Wichtig ist nur das Urteil, das Sie selber über sich haben.

Versuchen Sie, ein paar Jahre weiterzudenken und sich vorzustellen, wie Sie sich dann die Beziehung zu Ihren eigenen Kindern wünschen. Sie werden immer Ihre Kinder bleiben, und je eher Sie ihnen zugestehen, sich als vollwertige Menschen zu fühlen, desto leichter wird es ihnen fallen, Sie zu lieben.

Daran sollten Sie denken

Unterstellen Sie nie, daß andere ohne Sie nicht überleben können. Wahrscheinlich werden sie das sogar ganz gut schaffen. Die entscheidende Frage ist, ob Sie selber ohne Eltern und Kinder überleben können.

Seien Sie die Tochter und Mutter, die Sie sein möchten, ohne sich von den Reaktionen der anderen beirren zu lassen. Sie selbst müssen Ihren Frieden finden.

Rechnen Sie nicht damit, daß Ihr Partner Ihre elterlichen Kämpfe für Sie ausficht. Konflikte sollten Sie mit den Betroffenen lösen, anstatt sich bei ihm zu beklagen und damit den Kampfplatz noch auszuweiten.

Verstecken Sie nicht so lange Ihre Gefühle, bis es zu spät ist. Treffen Sie bewußt Ihre eigene Entscheidung.

Ich kann sehr gut für mich selber sorgen.

Ich brauche Hilfe, um eine Scheidung durchstehen zu können

Eine Ehescheidung oder eine Trennung langjähriger Partner voneinander ist heute etwas, womit sich die meisten von uns irgendwann einmal auseinandersetzen müssen. Entweder lassen wir uns selber scheiden, oder Eltern, Kinder, Freunde oder Verwandte bitten uns um Verständnis und Hilfe bei ihrer Trennung. Abgesehen vom Tod eines geliebten Menschen, ist eine Scheidung vielleicht eine der schmerzlichsten Erfahrungen, die ein Mensch durchleben muß. Die Folgen können wir oft jahrelang, vielleicht sogar bis an unser Lebensende nicht überwinden. Eine Scheidung wirkt sich auf unser Selbstwertgefühl, unsere Sicherheit, unseren Lebensstil und unsere Kinder aus.

Ich will mich scheiden lassen

Der schwierigste Teil bei einer Scheidung ist, herauszufinden, was Sie wirklich wollen. Im Durchschnitt liegen drei Jahre zwischen dem ersten Gedanken an Scheidung und dem Tag, an dem Sie tatsächlich mit Ihrem Mann darüber sprechen. Die Frage, ob wir einen Menschen noch lieben oder nicht, stürzt uns in so viele Ängste und verwirrende Gefühle, daß es schwer ist, Klarheit zu gewinnen. Wenn Sie an Scheidung denken, sollten Sie die folgende Übung versuchen.
Entspannen Sie sich, atmen Sie tief ein, und stellen Sie sich vor, wie Ihr Leben in fünf Jahren aussehen würde, falls Sie Ihren Mann verließen. Wie fühlen Sie sich? Können Sie sich selber helfen? Wie geht es den Kindern? Können Sie mit der Einsamkeit fertig werden, die dann vielleicht auf Sie zukommt? Hat Ihre Familie die neue Situation verkraftet? Fühlen Sie sich immer noch attraktiv und liebenswert? Ist Ihr Leben Ihrer Ansicht nach besser oder schlechter geworden?
Anschließend stellen Sie sich Ihr Leben fünf Jahre später vor, falls alles beim alten bleibt. Wie fühlen Sie sich? Wie geht es Ihren Kindern? Wie geht es Ihrem Mann und der übrigen Familie?
Ihre Zukunftsvisionen sollten Ihnen in Verbindung mit anderen Fakten eine klare Entscheidung ermöglichen. Es ist sicher nicht leicht für Sie, denn in beiden Fällen werden Sie sowohl negative als auch positive Argumente finden. Letzten Endes wird eher Ihr Gefühl als Ihr Verstand den Ausschlag geben.
Wenn Sie sich erst Ihrer Sache sicher sind, sollten Sie versuchen, aus dem Prozeß, in dem Sie sich jetzt befinden, etwas zu lernen. Finden Sie heraus, was mit Ihrer Ehe geschehen ist. Ist Ihnen die Rolle klar, die Sie darin gespielt haben? Wissen Sie, warum Sie in erster Linie geheiratet haben? Dauern Ihre augenblicklichen Gefühle schon länger an, oder sind sie durch eine Krise ausgelöst worden (Arbeitslosigkeit, Krankheit, Untreue)? Ist irgendeine andere Lösung für Sie denkbar?
Manchmal können sich Ihre Ansichten und Ihr Verhalten schon allein dadurch ändern, daß Sie eine Zeitlang getrennt von Ihrem Mann leben. Auch für den Fall, daß ein Partner sich der Scheidung

widersetzt, kann diese Regelung manches erleichtern. Betrachten Sie eine solche Trennung aber nicht lediglich als Möglichkeit, zu demonstrieren, daß Sie noch an eine eventuelle Versöhnung glauben. Sehen Sie sie als Chance an, sich über Ihre Vorstellungen und Wünsche klarzuwerden.

Manche Leute behaupten, eine «gute» Scheidung geschafft zu haben. Das wird oft nur mit Hilfe entsprechender Beratung möglich sein. Eine Zeit, in der wir soviel über uns selber lernen, ist immer kritisch. Ein Eheberater kann Ihnen in dieser Situation helfen herauszufinden, was wirklich mit Ihnen geschehen ist. Er oder sie ist vielleicht in der Lage, Ihnen den Unterschied zwischen einem Eheproblem und einer persönlichen Schwäche zu zeigen, die so quälend für Sie ist, daß Sie sie nicht direkt zugeben können. Es kann durchaus noch viel Liebe zwischen Ihnen und Ihrem Mann vorhanden sein, aber sie ist begraben unter lauter Groll. Eine (therapeutische) Beratung kann Ihnen auch helfen, vorrangig an die Interessen der Kinder zu denken und schließlich bei dem, was Sie tun, doch noch ein leidlich gutes Gefühl zu behalten.

Die Ankündigung, daß Sie sich mit Scheidungsgedanken tragen oder sich scheiden lassen wollen, können Sie nie wieder zurücknehmen. Vielleicht macht die Unsicherheit, die dadurch in Ihre Ehe einzieht, den Weg frei für eine gemeinsame Eheberatung, wahrscheinlicher aber ist, daß sie den Scheidungsprozeß ins Rollen bringt. Überlegen Sie sich gut, ob Sie das wollen. In dem Kapitel «Ich bin diejenige, die unsere Beziehung beendet» finden Sie Vorschläge, wie Sie Ihrem Mann am besten Ihre Entscheidung mitteilen. Seien Sie nicht erstaunt, wenn auch er bereits an Scheidung gedacht hat. Die gefühlsmäßige Einstellung zu einer Ehe ändert sich selten nur bei einem Partner allein, es sei denn, zwischen den Ehepartnern besteht praktisch kein echter Kontakt mehr.

Er wünscht die Scheidung

Falls der Wunsch nach einer Scheidung nicht von Ihnen ausgeht oder aber beide Ehepartner eine Trennung wollen, wird der Prozeß für Sie sehr viel schmerzlicher sein. Wir werden nun einmal besonders schwer mit Veränderungen fertig, die uns ein anderer Mensch aufzwingt. Wir gehen sofort in Abwehrstellung, fühlen uns bedroht, verlieren jegliches Selbstwertgefühl und reagieren völlig unvernünftig. Eine Scheidung intensiviert all diese Reaktionen, weil durch sie

noch das Gefühl hinzukommt, von einem für uns wichtigen Menschen zurückgewiesen zu werden. Er, der Sie bis in Ihre intimsten Bereiche kennt, will Sie nicht mehr. Für manche von uns ist das genau so schmerzlich, als ob wir von unseren Eltern abgelehnt oder verlassen würden. Wir fürchten, daß niemand uns je wieder will.
In gewisser Weise nimmt uns eine Scheidung unsere Unschuld. Sie verändert für immer unsere Einstellung zur Liebe und zu menschlichen Beziehungen. Nur selten sind wir uns bewußt, daß eine Scheidung sich auch positiv auswirken kann. Tatsächlich aber entwickeln wir unsere Persönlichkeit durch diese einschneidenden Veränderungen weiter und lassen die letzten Reste unseres Aschenputtelkomplexes hinter uns. Dadurch, daß wir bestimmte Illusionen aufgeben, eröffnet sich uns erst die Möglichkeit, wirklich zu lieben und geliebt zu werden. In der Zeit der Trennung fällt es uns schwer, an die Zukunft zu glauben, aber Ihr neues Bewußtsein wird Ihnen vielleicht mehr Freude bringen, als Sie bisher hatten, und Sie werden feststellen, wie viele Dinge Sie in Ihrer Ehe nur deswegen gelernt haben zu ertragen, weil Sie nicht wußten, daß es auch andere Möglichkeiten gab.
Alle unsere Ängste drängen in dieser Zeit an die Oberfläche. Wir stellen unsere Attraktivität in Frage, hegen Zweifel an unserer Persönlichkeit, denken voller Sorge an unsere finanzielle Lage und vergessen darüber völlig, daß wir durchaus in der Lage sind, für uns selbst zu sorgen. Vielleicht bieten Sie ihm sogar an, sich vollständig zu ändern, ganz seinen Vorstellungen entsprechen zu wollen, wenn er nur seine Meinung ändert. Sie werden alle Stadien des Schmerzes durchleiden: Verweigerung (er wird zurückkommen), ohnmächtiger Zorn (das wird er mir bezahlen), Handeln (könnten wir nicht zusammenbleiben und jeder sein Leben für sich leben? Ich werde mich ändern, das verspreche ich), Annehmen (meine Ehe ist nicht mehr zu retten) und Genesung (ich werde darüber hinwegkommen).

Was Sie tun können

Kümmern Sie sich um sich selbst. Nutzen Sie alle Vorschläge in diesem Buch, um sich besser zu fühlen. Lesen Sie Literatur über Schmerz, Streß, Eifersucht und Glück. Unternehmen Sie etwas, um besser auszusehen und sich besser zu fühlen. Versammeln Sie all Ihre Freundinnen und Freunde als stützende Gruppe um sich, aber seien

Sie vorsichtig und überfordern Sie sie nicht. Tun Sie das, was Sie gut können, damit Sie sich wieder an Ihre eigenen Fähigkeiten erinnern. Sagen Sie sich wieder und wieder: «Diese Gefühle werden nicht ewig andauern.»

Erst wenn Sie den ersten Schmerz überwunden haben, sollten Sie beginnen, wichtige Entscheidungen zu treffen oder über Scheidungsmodalitäten zu verhandeln. Sie sollten erst in der Lage sein, Ihre Emotionen zu beherrschen und wieder praktisch zu denken. Möglicherweise setzen sich die Verständigungsschwierigkeiten, die zur Scheidung führten, auch weiterhin fort. Wissen Sie, was Sie brauchen, um Ihr Leben neu aufzubauen? Legen Sie eine Liste an. Sprechen Sie mit einem Berater darüber.

Seien Sie realistisch. In der Zeit der Scheidung sehen wir in erster Linie unsere eigenen Interessen; wir haben jedoch auch die Verpflichtung, uns so fair wie möglich dem Partner gegenüber zu verhalten. Lange nach Abschluß des Scheidungsprozesses werden Sie immer noch voller Zorn sein, falls Sie beide sich neben allem anderen Kummer auch noch Demütigungen zugefügt haben.

Lesen Sie das Kapitel über die Trennung von einem Menschen, und machen Sie einen Plan, der Ihnen größtmöglichen Schutz gewährleistet und trotzdem Einfühlungsvermögen Ihrem Mann gegenüber zeigt. Seien Sie nicht überrascht, wenn er bereits seine eigenen Pläne gemacht hat. Mehr als einmal habe ich in meiner Praxis erlebt, daß eine Klientin ihrem Mann die Trennung vorschlagen wollte, er ihr jedoch mit seinem Scheidungswunsch zuvorkam.

Sprechen Sie über Ihre Gefühle, ohne ihm Vorwürfe zu machen, aber vermeiden Sie es, ihm einen Scheidungsentwurf vorzulegen. Ihr Mann muß erst noch verschiedene emotionale Phasen durchlaufen, ehe er akzeptieren kann, daß Sie bereits Ihre eigenen Pläne gemacht haben. Er oder Sie brauchen einen Ort, an dem Sie bleiben können, Sie beide müssen den Kindern Ihren Entschluß mitteilen und Ihre Umgebung informieren. Dann erst können Sie anfangen, die Einzelheiten Ihrer Trennung auszuhandeln.

Teilen Sie den Kindern Ihren Entschluß mit. So bald wie möglich nach Ihrem eigenen entscheidenden Gespräch sollten Sie den Kindern Ihren Entschluß mitteilen. Anderenfalls werden sie die Spannung spüren und sich unnötig lange aufregen. Stimmen Sie miteinander ab, was Sie sagen wollen, und sagen Sie es ihnen gemeinsam. Beantwor-

ten Sie jede ihrer Fragen. Die Hauptprobleme für Kinder zeigen sich in den Fragen «Ist das meine Schuld?» und «Verliere ich nun Vater oder Mutter?». Versichern Sie ihnen immer wieder, daß sie in keiner Weise für diese Entscheidung der Erwachsenen verantwortlich sind. Machen Sie ihnen klar, daß, selbst wenn ein Elternteil auszieht, sie ihn doch regelmäßig sehen und jederzeit anrufen können.
Auf keinen Fall sollten Sie in dieser Situation um die Loyalität der Kinder buhlen. Der Versuch, die Kinder auf Ihre Seite zu ziehen, mag er noch so subtil sein, ist unfair und führt oft zu dem entgegengesetzten Ergebnis. Auch wenn Sie in Panik sind und sie als Familie um sich scharen möchten, wird es auf die Dauer gesehen nicht gut sein. Die Kinder werden sich aufgrund dessen, was sie sehen und fühlen, ihre eigene Meinung bilden, unabhängig davon, was Sie ihnen erzählen. Früher oder später werden sie das, was man ihnen im Alter von vier Jahren erzählt hat, mit dem Bild vergleichen, das sie selber mit vierzehn gewonnen haben. Wenn sie irregeführt oder getäuscht wurden, dann ist es möglicherweise schwierig für sie, Ihnen jemals zu verzeihen, was Sie ihnen genommen haben.
Machen Sie kein Geheimnis aus Ihrer Trennung. Sie sollten beide Ihren Freunden und Verwandten erzählen, was geschehen ist. Außer bei Ihren engsten Freunden sollten Sie aber auf Einzelheiten oder Rechtfertigungsversuche verzichten. Tun Sie alles, um die Unterstützung Ihrer Familie zu bekommen, aber vermeiden Sie, daß sie sich gegen Ihren Mann wenden. Auch die Kinder müssen sich nach der Scheidung erst neu zurechtfinden.
Ein großes Problem bei einer Scheidung können Großeltern sein, die ihren Ärger allzu offen zeigen. Wenn Sie mit ihnen über Ihre Pläne sprechen, sollten Sie ihnen gleich klar zu verstehen geben, daß Sie sich über ihre Unterstützung freuen würden, sich aber nicht in Ihre Entscheidung hereinreden lassen möchten. Bitten Sie sie, in ihren Äußerungen Rücksicht auf die Kinder zu nehmen und Ihren Mann nicht zu beschimpfen. Ein paar Wochen freuen Sie sich vielleicht darüber, daß sie so entrüstet Ihre Partei ergreifen, aber nach kurzer Zeit wird diese Überreaktion zu einem großen Problem.
Erwägen Sie, Hilfe in Anspruch zu nehmen. Es gibt Möglichkeiten genug, sich Rat zu holen: Familien- und Eheberatungsstellen, psychologische und kirchliche Dienste, Anwälte, die oft auf Scheidungsprobleme spezialisiert sind. Vielleicht können Sie dadurch Ih-

ren Schmerz etwas lindern, die Gründe für die Scheidung besser verstehen und sich den ganzen Prozeß erleichtern. Wenn es sich einrichten läßt, sollten Sie die Kinder in solche Beratungssitzungen mit einbeziehen oder sie zumindest über den Inhalt der Gespräche informieren.

Neue Verabredungen. Lassen Sie sich Zeit, um sich an die veränderte Situation zu gewöhnen und zu trauern. Treffen Sie keine neuen Verabredungen, bevor sich Ihre Anspannung etwas gelegt hat. Geben Sie Ihren Kindern und Ihren Freunden die Chance, sich erst einmal umzustellen, ehe Sie sie mit neuen Männern und noch mehr Veränderungen konfrontieren. Vermeiden Sie eine erneute Enttäuschung, indem Sie abwarten, bis Ihr Selbstwertgefühl wieder stärker geworden ist. Erst dann sollten Sie wieder ausgehen und Ihre Attraktivität testen. Verabredungen sind nur selten das, was wir uns als Verheiratete darunter vorstellen. Eine Äußerung, die ich besonders bezeichnend finde, stammt von einer Frau: «Das beste Argument für das Weiterführen einer Ehe ist, daß man dann nicht wieder ständig Verabredungen treffen muß.»

Selbst wenn Sie beide die Scheidung wünschen, werden sich eifersüchtige Gefühle gegen denjenigen Partner richten, der als erster wieder neue Kontakte knüpft. Wenn Sie das sind, wird seine Sympathie für Sie sich möglicherweise weiter abkühlen, er wird sich größere Sorgen um die Erziehung seiner Kinder machen und den gemeinsamen Besitz nicht mehr so großzügig aufteilen wollen, wie er das ursprünglich vorhatte. Verabredungen vorläufig aufzuschieben kann sowohl emotional als auch finanziell besser für Sie sein.

Wenn Sie dann wirklich wieder anfangen, sich mit Männern zu treffen, sollten Sie versuchen, es langsam angehen zu lassen. Die Tatsache, daß Sie bereits verheiratet waren, bedeutet nicht, daß Sie sich sexuell nicht mehr beherrschen können. Achten Sie auf das, was Sie denken. Falls Sie Angst davor haben, letzten Endes allein zu bleiben, laufen Sie Gefahr, schmerzliche Kompromisse zu schließen. In der Regel vergehen zwei Jahre, bis man nach einer Scheidung wieder eine mögliche neue Ehe ins Auge fassen kann. Lassen Sie sich Zeit.

Bewahren Sie während des Scheidungsprozesses Haltung. Nachdem Sie die Trennung beschlossen haben, sollten Sie so bald wie möglich gemeinsam Ihre jeweiligen Vorschläge schriftlich fixieren. Äußern Sie dabei beide Ihre Vorstellungen über das Sorgerecht,

finanzielle Regelungen, Aufteilung des gemeinsamen Besitzes und der persönlichen Dinge, Fragen der Lebens- und Krankenversicherung, Regelungen über die Wohnverhältnisse, Ausgaben für die Kinder und deren Ausbildung, Besuchsrecht, Haustiere und testamentarische Bestimmungen. Erledigen Sie das gemeinsam, ehe einer von Ihnen einen Rechtsanwalt aufsucht. Werden Sie sich klar, was Sie empfinden und auf welcher Basis Sie sich arrangieren können, bevor Sie in den gerichtlichen Prozeß einsteigen.
Versuchen Sie, für jeden von Ihnen einen erfahrenen Scheidungsanwalt zu finden, aber halten Sie sich fern von «knallharten» oder «schlitzohrigen» Rechtsanwälten. Leidtragende sind dabei mit größter Wahrscheinlichkeit Sie und die Kinder.
Stellen Sie sich darauf ein, daß Sie leiden werden. Ganz gleich, ob die Scheidung für Sie eine Erlösung bedeutet oder nicht, unterschätzen Sie nicht das seelische Tief, das ihr folgt. Sie werden sich einsam und deprimiert fühlen und sich fragen, ob Sie den schlimmsten Fehler Ihres Lebens begangen haben. Sie leiden unter Schuldgefühlen und Zukunftsängsten, fühlen sich krank und gestreßt, neigen dazu, sich so zu verhalten, daß Sie gefährdet sind. Eine innere Stimme flüstert Ihnen ständig zu: «Du mußt zahlen für das, was du getan hast.» Manche Familienmitglieder äußern sich Ihnen gegenüber vielleicht auch verletzend und bestärken damit noch diese Stimme.
Selbst wenn Sie sich wunderbar und frei fühlen, sollten Sie auf einen Zusammenbruch vorbereitet sein. Als mein Ex-Mann auszog, feierte ich. Ich fühlte mich kaum schuldig, kümmerte mich nicht darum, was meine Familie dachte, und glaubte, meinem Sohn würde es bessergehen. Ich machte einen Spaziergang zum nahegelegenen Hafen und rief in den Wind: «Ich bin frei! Ich bin frei!» Drei Wochen später traf ich den Mann, den ich für die Liebe meines Lebens hielt, und innerhalb von sechs Monaten steckte ich in der tiefsten Depression meines Lebens. Passen Sie auf sich auf. Rennen Sie nicht in die Welt hinaus und versuchen, alles nachzuholen, was Sie Ihrer Meinung nach bisher verpaßt haben.
Verschaffen Sie sich jede nur mögliche Unterstützung. Stellen Sie sicher, daß Sie einen Job, wirtschaftliche Sicherheit, ein schönes Zuhause, Freunde, Familie und fachliche Hilfe (Eheberater, Anwalt, Arzt) haben. Unternehmen Sie Schritte, um sich finanziell abzusichern, auch wenn Sie glauben, Sie hätten das Geld nie nötig.

Einige zusätzliche Hinweise
Die Rolle von Großeltern. Enkel brauchen ihre Großeltern nach der Scheidung ihrer Eltern. Verhalten Sie sich loyal gegenüber Ihrem erwachsenen Kind, ohne sich von dem geschiedenen Partner abzuwenden. Wenn Sie sich an einem erbitterten Kampf beteiligen, schaden Sie allen und werden möglicherweise Ihre Enkelkinder nie wieder zu Gesicht bekommen.

Der Streit über das Sorgerecht kann so eskalieren, daß die Familien völlig gespalten werden, und Sie können sich da als Großeltern noch am ehesten heraushalten. Ihre Ex-Schwiegertochter kann nicht ohne weiteres die Besuche des Vaters unterbinden, aber sie ist etwa durchaus in der Lage, Sie auszuschließen. Versuchen Sie zu helfen, ohne sich einzumischen. Räumen Sie dem Interesse der Kinder Priorität ein. Lassen Sie sich selbst auf keinen Fall in Sorgerechtsstreitigkeiten hineinziehen.

Belästigungen. Eine Scheidung läßt bei manchen Menschen äußerst unangenehme Seiten zum Vorschein kommen, und Sie sollten damit rechnen, daß Sie sich eventuell gegen Belästigungen oder Racheakte zur Wehr setzen müssen. Falls dieses Problem sich stellt, sollten Sie die Vorfälle notieren und mit einer Beratungsstelle, der Polizei oder Ihrem Anwalt darüber sprechen.

Betrachten Sie solche Belästigungen als unangenehme Vorfälle, und versuchen Sie, emotional unbeteiligt zu bleiben. Wenn Sie auf die Handlungen dieser Menschen sachlich und höflich reagieren und sie lediglich zur Kenntnis nehmen, dann hören die Belästigungen in den meisten Fällen von selbst auf. Lassen Sie nicht zu, daß Sie durch derartige Erlebnisse stärker unter Streß geraten.

Seine neue Frau. Ganz gleich, ob sie die «andere» ist oder nicht, es bringt nichts, wenn Sie Ihren ganzen Zorn gegen sie richten. Er war es, der seine Entscheidung getroffen hat; wenn Sie das vergessen, schieben Sie einer Falschen die Schuld zu.

Mag sein, daß sie eine Frau ist, deren Wert Sie in Frage stellen. Vielleicht hat er sie aber auch erst nach Ihrer Trennung kennengelernt, und Sie hätten unter anderen Umständen durchaus Freundinnen werden können. Was auch immer sie ist oder zu sein scheint, Sie sollten sich auf den Dialog mit Ihrem Ex-Mann konzentrieren und keine Debatte zu dritt führen. Jeder Angriff auf sie drängt ihn in die Position des Beschützers und bewirkt damit das Gegenteil von dem, was Sie wahrscheinlich möchten. Sagen Sie sich immer wieder aufs neue: «Nicht sie ist das Problem.» Es hätte ebensogut jede andere Frau sein können.

Nochmals die Kinder. Eine Scheidung bedeutet für Kinder nicht nur eine kurze Krisenzeit, die Möglichkeit einer erneuten Heirat und die Chance, neu anzufangen. Für sie bedeutet die Scheidung der Eltern ein lebenslanges Problem. Sie können ihre Eltern oder ihre Familie nicht so einfach durch andere Menschen ersetzen. Selbst wenn in den meisten Fällen die neue Situation besser ist, leiden sie.

Ihre Schwierigkeiten können zu Wutanfällen, Überaktivität oder Depressionen führen. Sie fühlen sich möglicherweise durch die Probleme der Erwachsenen überfordert. Häufig werden sie auch von den Eltern in entgegengesetzte Richtungen gezerrt. Der neue Mann oder die neue Frau im Leben eines Elternteils bedeutet noch zusätzlichen Streß für die Kinder, die oft durch den neuen Partner auf den zweiten Platz verdrängt werden.

Sex mit dem Ex-Partner. Paare, die ein befriedigendes Sexualleben hatten, wollen es oft auch nach der Scheidung fortsetzen. Dadurch werden die Kinder natürlich erst recht verunsichert. Sie hoffen dann jedesmal, daß Sie doch wieder zueinandergefunden haben. Außerdem können Sie in einer solchen Situation kaum ernstlich an eine neue Beziehung denken. Diese Einstellung spüren Männer, die Sie neu kennenlernen. Die sexuelle Bindung bedeutet Nähe, eine Scheidung sollte aber zu einer Trennung in allen Bereichen führen.

Die Familie. Falls Sie sich gegenseitig das Scheitern Ihrer Ehe haben vergeben können, brauchen Sie niemanden zu bitten, Ihre Partei zu ergreifen. Es wirkt sich verheerend auf jedes Familientreffen aus, wenn alle glauben, miteinander abrechnen zu müssen. In sehr schwierigen Fällen (Gewalttätigkeiten, Alkoholismus, sexueller Mißbrauch von Kindern) werden Sie es nicht schaffen, loyal zu sein. Vermeiden Sie es, die Loyalität auf die Probe zu stellen.

Erlauben Sie ihm, zur Hochzeit, zur Abschlußfeier oder zu sonstigen besonderen Anlässen zu kommen. Lassen Sie zu, daß er auch seine neue Partnerin mitbringt. Bitten Sie sowohl Ihren neuen als auch Ihren ehemaligen Mann, höflich miteinander umzugehen. Sehen Sie zu, ob Sie nicht wenigstens Bekanntschaft mit seiner neuen Frau schließen können, selbst wenn sie erst einundzwanzig ist. Es wird leichter sein, wenn sie alle bei der Trennung, Scheidung, Partnersuche und Wiederheirat Rücksicht aufeinander genommen haben. Vermeiden Sie einen lebenslangen Kriegszustand.

Ein Ehepaar, das ich durch gemeinsame Arbeit kannte, traf sich kürzlich mit der früheren Frau des Mannes, um gemeinsam die siebzehnjährige Tochter zu verabschieden, die für einen Sommer nach Frankreich ging. Sie winkten zum Abschied und gingen anschließend gemeinsam nett essen. Die Ex-Frau, übrigens eine ganz interessante Person, schien mit zur Familie zu gehören. Der Mann war sehr froh darüber. Er brauchte sich nicht schuldig zu fühlen. Er kann sich weiterhin an ihrer Persönlichkeit freuen, die ihn damals als erstes angezogen hatte; und seine jetzige Frau liebt er um so mehr, weil sie so großzügig ist.

Daran sollten Sie denken
Wenn Ihre Ehe nicht völlig zerrüttet ist, sondern sich nur in einer Krise befindet, dann ist es besser, um ihren Erhalt zu kämpfen, als ganz neu anzufangen.

Nur Sie selbst können dafür sorgen, daß Ihre innersten Bedürfnisse befriedigt werden.

Eltern zu sein ist eine schwere Aufgabe

Alle unsere Beziehungen sind für immer durch Erinnerungen geprägt: vertraute Rituale, Augenblicke des Verstehens, Lieder, eine drollige Art zu sprechen, Familientraditionen oder Situationen, in denen man sich einfach nur zusammengehörig fühlte.

Täglich tauchen so viele Erinnerungen auf. Es ist wunderbar und zugleich schrecklich. Eltern zu sein ist eine der wichtigsten Aufgaben, die wir im Leben zu bewältigen haben. Durch sie kann unser Leben so verändert werden, daß wir nicht mehr damit fertig werden.

Manche von uns wachsen in harmonischen Familien auf und lernen ihre Elternrolle durch gute Vorbilder. Ich selber habe nie lernen können, eine gute Mutter zu sein, und hatte schreckliche Angst, als ich mit meinem Sohn aus der Klinik nach Hause kam.

An dieser Stelle können lediglich einige grundlegende Hinweise zum Thema Elternschaft gegeben werden. Was ich anbieten kann, sind einzelne Hinweise, die Ihnen vielleicht gewisse Einsichten ermöglichen. Unsere Mutterrolle kann uns in die schlimmsten Stimmungstiefs stürzen, denen wir uns je ausgeliefert sahen.

Unser Erziehungsstil wird zum größten Teil durch unsere eigene Erziehung bestimmt. Entweder imitieren wir unsere Eltern, weil uns dieser Stil vertraut ist, oder wir versuchen es mit einer völlig entgegengesetzten Art der Erziehung, weil wir als Kinder allzu schlechte Erfahrungen gesammelt haben. Weder die eine noch die andere Entscheidung ist gut. Verantwortungsbewußte Eltern müssen sich auf die besondere Art des jeweiligen Kindes einstellen, die eigenen Bedürfnisse berücksichtigen, bestimmte Wertvorstellungen vermitteln und erkennen, was wirklich machbar ist.
Vielleicht sind Sie der Ansicht, eine gelegentliche Tracht Prügel sei das Mittel der Wahl, weil Sie selbst dabei offensichtlich auch keinen Schaden erlitten haben. Aber in der sehr viel sensibleren Gesellschaft, in der wir heute leben, können Schläge für bestimmte Kinder etwas ganz Schlimmes sein. Sie selbst sind möglicherweise nicht in der Lage, sich den seelischen Schmerz vorzustellen, den eine körperliche Züchtigung verursachen kann. Arbeiten Sie an sich. Analysieren Sie, wie Sie selber erzogen wurden und was Sie von diesem Stil akzeptieren können oder ablehnen. Lesen Sie Bücher, besuchen Sie Kurse oder Beratungsstellen, und entscheiden Sie bewußt, wie Sie Ihr Kind behandeln wollen und warum Sie bestimmte Erziehungsmaßnahmen wählen.
Diese Ratschläge stammen von Tausenden von Eltern, denen erst viele Jahre später klar wurde, daß sie ihren Kindern genau das angetan hatten, was am wenigsten in ihrer Absicht gelegen hatte. Lebenslange Schuldgefühle gehen oft darauf zurück, daß wir uns gar nicht vergegenwärtigen, welche Art von Eltern wir eigentlich sind.
Es bedarf gründlicher Seelenforschung, um zu verstehen, was Sie von Ihren Kindern und von sich selbst als Mutter verlangen. Wie sehen Ihre Erwartungen aus? Sind sie berechtigt? Woher stammen sie? Wie weit kümmern Sie sich um das, was andere über Ihre Familie denken? Welchen Anteil in Ihrer Erziehung haben gewohnheitmäßige Verhaltensweisen, und wieviel beruht auf überlegter Entscheidung? Nehmen Sie Ihre Gespräche mit den Kindern auf Band auf, um sich selbst kontrollieren zu können. Planen Sie Ihre Rolle als Mutter, überlassen Sie nicht einfach alles dem Zufall.
Frauen haben so lange die Kinder versorgt, daß viele Männer das Gefühl haben, ihre Hilfe sei gar nicht erwünscht oder ihnen fehle die nötige Kompetenz. Vielleicht schließen Sie Ihren Mann unbewußt

von der Erziehung aus, weil Sie doch alles «am besten» wissen oder weil Sie mehr Zeit mit den Kindern verbringen als er. Wenn Sie Ihren Mann nicht ermutigen, seine Vaterrolle zu übernehmen, dann fühlen Sie sich schließlich als Märtyrerin, und keiner wird es Ihnen danken. Bei einem Vortrag, den ich vor zehn Jahren vor einer Gruppe von Luftwaffenoffizieren hielt, erstaunten mich manche Ansichten, die Männer so haben können. Ein Teilnehmer behauptete, Männer hätten andere Hände als Frauen. Ein anderer meinte, Männer könnten kleine Kinder nicht so gut halten wie Frauen, weil wir einen gebogenen Knochen im Unterarm hätten, der eine regelrechte Wiege abgäbe. Niemand lachte. Zuerst war ich fassungslos. Aber dann erinnerte ich mich, daß ich mich einmal mit einem Neugeborenen in einem Raum mit zahlreichen Menschen aufgehalten hatte. Viele der anwesenden Frauen schäkerten mit dem Baby und fragten, ob sie es einmal halten dürften. Die Männer hielten sich überwiegend im Hintergrund. Als einer von ihnen sich herüberbeugte und das Baby auf den Arm nehmen wollte, rief die Mutter sofort voller Angst: «Lassen Sie das Baby nicht fallen.» Dieser Mann war Neurochirurg, aber man traute ihm nicht zu, ein Baby zu halten.

Falls Sie das Gefühl haben, daß Ihr Mann die Verantwortung nicht mitträgt, sollten Sie nach Gründen für dieses Verhalten fragen. Was tut er gern? Was würde er bereit sein zu lernen? Können Sie gemeinsam Kurse besuchen oder Bücher lesen? Sind Sie bereit, sich nicht einzumischen?

Schließen Sie einen Vertrag mit ihm, damit er Sie und die Kinder nicht als ständige Quelle von Streß empfindet. Manche Männer sagen, daß sie sich vorübergehend von Frau und Kindern trennen wollen, meinen aber nur die Kinder. Sie als Frau finden sich notgedrungen damit ab, weil Sie sich entweder selber mit den Kindern identifizieren oder weil er Sie und die Kinder gleichsetzt. Das tut weh.

Falls der Vater nicht da ist oder nicht zur Verfügung steht, tragen Sie die Last allein. Lassen Sie die Kinder nicht merken, daß mit dem anderen Elternteil irgend etwas nicht stimmt. Sie glauben sonst, das werfe ein schlechtes Licht auf sie. Es ist eine unsichere Situation für ein Kind, zur Hälfte an einen Menschen gebunden zu sein, der entweder unbekannt ist oder von Ihnen nicht geliebt wird. Verzichten Sie darauf, sie zur Loyalität Ihnen gegenüber anzuhalten, das kommt ganz automatisch. Versuchen Sie, in Ihren Kindern freundliche Ge-

fühle dem anderen Elternteil gegenüber zu wecken. Wenn sie älter sind, können sie sich Klarheit über die Fakten verschaffen.
Wenn Sie sich niedergeschlagen und verlassen fühlen, sollten Sie an Ihre sonstigen Beziehungen denken und sich lieber um sich selber kümmern, als einen anderen Menschen zum zentralen Problem Ihres Lebens zu machen. Erst wenn Sie stärker sind und weniger unter Streß stehen, sollten Sie die familiäre Situation klären.

Was Sie tun können
Versuchen Sie zu verstehen, warum Ihre Kinder sich auffällig verhalten.
Geringes Selbstwertgefühl. Man hat sie von ihrer Wertlosigkeit überzeugt, und sie meinen deshalb, daß ihr Benehmen keine Rolle spielt. Entweder werden sie weiterhin versuchen, sich selbst zu verletzen, weil sie meinen, das zu verdienen, oder sie werden völlig aufgeben und jede Kooperation verweigern. Rebellische Teenager und widerspenstige kleine Kinder schützen sich durch ihr Verhalten manchmal selber. Sie weigern sich, Ihre Anforderungen zu erfüllen, weil sie nie genau wissen, wie Sie als Mutter sich ihnen gegenüber verhalten werden.
Das können Sie nur ändern, indem Sie den Grund für Ihre kritische Einstellung herausfinden. Versuchen Sie Ihr eigenes Selbstwertgefühl zu stärken, während Sie das der Kinder aufbauen. Wenden Sie die Dinge zum Positiven. Erleben Sie Erfolge. Informieren Sie sich über weniger destruktive Erziehungsstile, und bitten Sie notfalls um Hilfe.

Mißhandlungen oder schädigende Umgebung. Falls Sie Ihrem Kind gegenüber körperliche Gewalt anwenden oder zulassen, daß ein anderer das tut, mißbrauchen Sie Ihre elterliche Macht. Körperliche Mißhandlungen oder sexueller Mißbrauch können zu einem Leben voller Probleme führen. Ständige Kritik, Demütigungen oder Hänseleien können sich gleichermaßen destruktiv auswirken. Kinder, die in einer solchen schädigenden Umgebung aufwachsen, werden versuchen, auf jeden Fall zu überleben, auf welche Art es auch immer sei.
Keine Ehe oder Beziehung ist es wert, daß ihretwegen Ihre Kinder Schäden davontragen. Lassen Sie sich beraten, und ändern Sie die Situation, oder gehen Sie weg. Sagen Sie den Kindern, daß es Ihnen

leid tut, und versuchen Sie, ihnen eine Umgebung zu schaffen, in der sie sich sicher und geschützt fühlen. Kinder scheinen zwar sehr anpassungsfähig zu sein, Sie sollten aber trotzdem eine Beratung erwägen, um verborgene Wunden aufzuspüren.

Aufmerksamkeit. Wir wollen fast alle beachtet werden, und für Kinder ist es geradezu lebenswichtig, daß man ihnen Aufmerksamkeit schenkt. Ob wir überleben, hängt von der Aufmerksamkeit ab, die wir als Kinder erhalten. Dabei spielt es keine Rolle, ob diese Aufmerksamkeit sich positiv oder negativ äußert, wichtig ist, daß überhaupt Notiz von Kindern genommen wird.

Achten Sie einmal auf Ihre Reaktionen. Wie oft reagieren Sie auf negatives Verhalten? Reagieren Sie überhaupt auf positive Dinge? Was verstärken Sie, wofür erhalten Ihre Kinder Aufmerksamkeit?

Erwartungen. Kinder spüren es, wenn wir versuchen, ihnen ihre Identität dadurch zu nehmen, daß wir als Eltern entscheiden, wie sie unserer Meinung nach sein sollen. Früher oder später müssen sie sich gegen die elterlichen Erwartungen zur Wehr setzen, oder sie verlieren sich selbst. Versuchen Sie, Ihre Kinder als individuelle Persönlichkeiten zu begreifen, nicht als Rohmaterial, mit dessen Hilfe Sie Ihre Träume ausleben können.

Achten Sie auch auf die Erwartungen Ihrer Familie. Vielleicht möchten Sie nur Ihrer Mutter eine Freude bereiten oder mit Ihrer Schwester wetteifern und benutzen dazu Ihr Kind als Waffe. Fordern Sie nicht von Ihren Kindern, irgend etwas zu sein oder zu tun, was Sie im Grunde für unwichtig halten, nur um der Kritik anderer Menschen zu entgehen.

Wettstreit oder Vergleich. Kinder möchten das Gefühl haben, einzigartig zu sein und bedingungslos geliebt zu werden. Sie hassen es, mit einem anderen Kind verglichen zu werden. Wenn Sie sagen: «Dein Bruder war aber nie so», dann rufen Sie die Probleme geradezu herbei. Die unmittelbare Reaktion des Kindes ist entweder ein verringertes Selbstwertgefühl («Mami meint, der ist besser als ich») oder Zorn darüber, daß Sie eine solche Rivalität schaffen. Selten fallen unsere Vergleiche positiv für das betroffene Kind aus. Wir finden immer jemanden, der alles besser macht. Ein solches Verhalten ist lediglich eine besondere Form destruktiver Kritik, und Kinder spüren das. Vermeiden Sie deshalb Vergleiche jeglicher Art.

Rache. Kinder haben einen ausgeprägten Sinn für Gerechtigkeit, sie brauchen sie gewissermaßen als Schutzschild. Sie wissen, daß Sie sie nur schlagen, weil Sie größer und stärker sind. Psychologisch gesehen unterscheidet sich dieses Verhalten nicht von dem eines Raufbolds auf dem Spielplatz. Wenn Sie unfaire Forderungen stellen, sie demütigen, sie unverhältnismäßig hart bestrafen oder etwas absichtlich zerstören, was ihnen gehört, dann wollen sie sich rächen. Sie warten nur auf eine Möglichkeit, um es Ihnen heimzuzahlen.

Versuchen Sie, nie im Affekt zu handeln oder überzogen zu reagieren, wenn Ihre Kinder ausfallend werden. Sie sind ihnen in jeder Hinsicht überlegen, und wenn Sie zu hart zurückschlagen, verstärkt das nur ihr Gefühl, unangemessen behandelt zu werden und sich dafür rächen zu müssen. Es ist ein Teufelskreis, den Sie durchbrechen müssen.

Macht. Die meisten Menschen wollen ihr eigener Herr sein. Viele Kinder fühlen sich nur ernst genommen, wenn sie für etwas verantwortlich sind. Vielleicht haben sie das Gefühl, eine unsichere Umgebung kontrollieren zu müssen, oder sie wollen einfach nur im Rampenlicht stehen.

Sie als Erwachsene haben alle Macht. Sie brauchen sich nicht auf Positionskämpfe einzulassen, bei denen Sie schließlich ebenso heulend dastehen wie Ihre Zehnjährige. Entwickeln Sie Erziehungsstrategien, bei denen Sie nicht Ihre Macht beweisen müssen. Erinnern Sie sich selber immer wieder daran: «Ich bin erwachsen; dies hier ist ein Kind.» Falls Sie das vergessen, haben Sie sehr viel Einfluß verloren.

Manche von uns haben nie gelernt, mit ihren Eltern zu diskutieren, deshalb finden wir es auch schwierig, mit unseren Kindern über etwas zu diskutieren. Wenn Sie unter der alten Schulparole «Widersprich nicht!» aufgewachsen sind, ist Ihre Diskussionsfähigkeit durch Drohungen erstickt worden. Möglicherweise werden Sie später feststellen, daß Sie Ihre Kinder auf die gleiche Weise gewaltsam zum Schweigen bringen wollen, wie Sie es als Kind erlebt haben.

Sehen Sie sich selbst als eine alles liebende, alles wissende Erwachsene. Tun Sie so, als seien Sie Salomo, der eine Entscheidung zum Wohle der Menschheit trifft. Ziehen Sie Ihre Robe an. Sie brauchen deswegen nicht Ihre Macht in Frage zu stellen oder zu befürchten, daß irgend jemand Sie nicht mehr respektiert. Salomo würde sich nicht aufgeregt haben, wenn jemand, mit dem er gerade ernsthaft sprach, über ihn gelacht hätte. Salomo hätte seine sorgfältige durchdachte Entscheidung getroffen, wohl wissend, daß sie auf seiner Weisheit und Liebe beruhte.

Hören Sie sich die Argumente Ihrer Kinder an, treffen Sie Ihre Entscheidung, und stehen Sie dazu. Sie brauchen sich nicht zu Tode zu reden oder in einen Machtkampf verwickeln zu lassen. Verlassen Sie sich auf Ihre Fähigkeiten als Mutter. Trauen Sie sich zu, Ihre Macht auf positive Art einzusetzen, und Ihre Kinder werden es nicht mehr nötig haben, mit Ihnen darum zu kämpfen.

Erziehung ist nur erfolgreich, wenn ein gutes persönliches Verhältnis zwischen Eltern und Kind besteht. Beide Seiten brauchen Selbstwertgefühl, ein harmonisches Zusammensein, Vertrauen, realistische Erwartungen und ein Empfinden dafür, was richtig und was falsch ist. Wenn diese Voraussetzungen stimmen, dann gibt es viel weniger Konflikte.

Erziehung verlangt, daß Sie wissen, was Sie wollen, und sich selbst vertrauen. Sie muß konsequent, berechenbar und vernünftig sein. Kinder verstehen logische Schlüsse. Halten Sie immer Tat und Täter auseinander. Das Kind ist in Ordnung, das Verhalten ist es nicht. Vermeiden Sie Tätlichkeiten, vermeiden Sie aber auch Mitleid (das erweckt bei Kindern den Eindruck, irgend etwas sei mit ihnen nicht in Ordnung, deshalb müßten sie getröstet werden), und vermeiden Sie es, die Beherrschung zu verlieren. Sorgen Sie für sich selbst, dann können Sie auch Ihren Kindern eine gute Mutter sein.

Daran sollten Sie denken.

Versuchen Sie nicht, mit allem allein fertig zu werden, nur weil Sie als Kind in Ihrer Familie oder durch eine Scheidung verletzt worden sind. Die Sorge um ein Kind kann Sie völlig erschöpfen, wenn Sie niemanden haben, auf den Sie sich stützen oder mit dem Sie die Verantwortung teilen können. Wenn Sie neu in einer Stadt sind oder nicht wissen, wo Sie beginnen sollen, dann nehmen Sie doch Verbindung zu einer Elterngruppe auf. Fragen Sie z. B. bei Ihrer kommunalen Behörde oder der Kirchengemeinde nach, bis Sie etwas Passendes gefunden haben.

Halten Sie sich nicht für eine schlechte Mutter, weil gelegentlich etwas nicht so läuft, wie Sie es sich vorstellen. Warten Sie aber auch

nicht, bis sich die Probleme «ausgewachsen» haben, sondern suchen Sie Hilfe, um neue Strategien zu erlernen.
Schieben Sie Ihre Kinder niemals einer Beziehung oder Karriere zuliebe beiseite. Das könnte ihnen das Herz brechen.
Sie sind nicht alleine, wenn Sie Schwierigkeiten haben und am Ende sind. Es gibt viele liebevolle Eltern, die genauso empfinden wie Sie.
Werden Sie keine Märtyrerin, die sich selbst für Ihre Kinder aufopfert. Falls Sie das tun, werden Sie sie mit Schuldgefühlen belasten, falsche Erwartungen für die Zukunft in ihnen wecken und Ihr eigenes Leben zerstören.

Ich habe nach bestem Wissen und Gewissen alles getan, was ich konnte.

Es ist so schwer, zu vergeben
Ständig haben Sie das Gefühl, daß ungeklärte menschliche Beziehungen an Ihnen zerren. Sie knirschen mit den Zähnen, wenn Sie an gewisse Personen oder Situationen denken. Sie beklagen sich bei Freunden über Kränkungen, die Ihnen schon vor Jahren zugefügt worden sind. Es gibt eine ganze Anzahl Menschen, die Sie meiden. Sie testen die Loyalität Ihrer Freunde und liegen mit anderen in ständiger Fehde. Wenn Sie etwas verzeihen, dann hat Ihr Ego das Gefühl, daß Sie sich etwas vergeben. «Ich werde ihnen nie verzeihen, ganz gleich, was das für mich bedeutet.»
Wir verzeihen nicht um des anderen willen, sondern um unser selbst willen. Durch Vergeben befreien wir uns von Schmerzen und Konflikten, selbst wenn es den Betreffenden im Grunde gar nicht kümmert. Vergeben ist ein innerliches Loslassen früherer Mißhandlungen oder Mißverständnisse, das heißt einer ständigen Pein, die Sie in der Gegenwart als störend für sich selbst und Ihren inneren Frieden empfinden.
Vielleicht haben Sie Angst davor nachzugeben, sich zu verändern, sich besser zu fühlen, zu trauern. Wenn Sie anderen vergeben können, können Sie auch sich selbst vergeben, und dazu sind Sie vielleicht nicht bereit. Am schwersten fällt es Märtyrern und Perfektionisten zu verzeihen, weil sie ihr Leben lang über alles Buch führen.
Vergeben bedeutet, menschlich zu sein. Die Unfähigkeit zu verzeihen

beruht auf Angst. Wir haben Angst vor dem, was wir glauben zu sein oder was andere uns antun könnten. Wenn wir meinen angegriffen zu werden, greifen wir selber an.

Was Sie tun können

Schreiben Sie Ihre Ängste auf. Manche fallen Ihnen wie von selbst ein, wenn Sie nur die Augen schließen. Andere werden im Verlauf der nächsten Woche auftauchen. Versuchen Sie, sie alle schriftlich zu fixieren, um die Barrieren in den Griff zu bekommen, die zwischen Ihnen und der Vergebung stehen. Analysieren Sie jedes Angstgefühl, und finden Sie heraus, warum Sie so verunsichert sind.

Notieren Sie sich Menschen und Situationen, an die Sie nur mit negativen Gefühlen denken können. Einschließlich derjenigen, bei denen Sie sich selbst Ihr Verhalten nicht verzeihen können. Dann überlegen Sie sich für jeden einzelnen Fall so lange verschiedene Lösungen, bis Sie eine passende gefunden haben.

Trauer: Manchmal trauern wir um etwas, das es nie gegeben hat oder das nie sein wird: die Eltern, die wir nicht gehabt haben, die Liebe, die zerbrach, Menschen, die ihr Leben nicht so führen, wie wir es möchten. Finden Sie die Quelle Ihrer Trauer heraus, dann können Sie sich von ihr befreien und anfangen zu genesen.

Buße: Manchmal hilft es, für ein Vergehen zu zahlen. Setzen Sie für sich selbst (oder die andere Person) eine Buße fest, damit Sie sich nicht ein Leben lang schuldig fühlen müssen. Diese Buße sollte dem Vergehen angemessen sein.

Buße zu tun hat eine lange Tradition in unserer Gesellschaft und unserer Religion. Nie endende Schuldgefühle zehren an unseren Kräften. Wir verlangen geradezu nach einer ausgleichenden Gerechtigkeit. Eine angemessene Strafe oder Buße stellt das nötige Gleichgewicht wieder her und ermöglicht uns einen Neubeginn.

Während meiner Schulzeit vergaß ich einmal in einem Theaterstück meinen Text. Noch mit dreißig ärgerte ich mich in schwachen Momenten immer wieder darüber. Anstatt mir ständig erneut sagen zu müssen: «So etwas Dummes», beschloß ich, zur Strafe drei Schulaufführungen zu besuchen. Es half, ich hatte mich aus der Schlinge befreit.

Eine Tante, die ich sehr liebte und die immer besonders freundlich zu

mir gewesen war, starb, als ich gerade so stark von allen möglichen anderen Verpflichtungen in Anspruch genommen war, daß ich mich nicht um sie kümmern konnte. Jahrelang fühlte ich mich hundeelend. Dann besann ich mich darauf, daß ich noch eine andere Tante hatte, der ich meine Liebe zeigen konnte. Ich verwandelte meine Schuld in Energie und wandte mich einem Menschen zu, der Zuwendung brauchte.
Sie können sich eine Buße auch auferlegen, ohne einen anderen Menschen mit einzubeziehen. Setzen Sie Ihren Erfindungsgeist ein, finden Sie die jeweils passende Buße.
Eine Arbeitskollegin von mir war wegen einer Abtreibung, die sie als junges Mädchen hatte vornehmen lassen, immer noch sehr deprimiert. Sie sah keine Möglichkeit, sich solch eine nicht wieder gutzumachende Handlung je zu verzeihen. Keines der Argumente, mit denen sie ihre damalige Entscheidung zu rechtfertigen versuchte, konnte ihr Gewissen beruhigen. Sie hatte sich auf ein Leben voller Schuldgefühle eingestellt.
Wir sprachen über eine mögliche Buße, und von ihr selbst kam der Vorschlag, ehrenamtlich mit ledigen Müttern zu arbeiten. Das erschien ihr als eine angemessene Wiedergutmachung. Sie konnte Kindern und jungen Müttern helfen, die mit den Schwierigkeiten ihrer Entscheidung fertig werden mußten. Das Problem war zunächst, daß sie glaubte, ein Leben lang büßen zu müssen. Wir einigten uns dann darauf, daß sie zwei Jahre lang wöchentlich zwei Nachmittage arbeiten sollte. Fünfhundert Stunden waren im Grunde eine beliebige Zahl, aber sie brachten ihr Frieden. Sie investierte ihre Kraft in etwas Positives, statt ein Leben lang rückwärtszublicken.
Schriftliche Abrechnung: Schreiben Sie Ihre Version der betreffenden Angelegenheit detailliert nieder. Lassen Sie dabei Ihrem Zorn freien Lauf, klagen Sie an, was Sie als ungerecht empfinden. Versuchen Sie, alle Ihre Gefühle zu Papier zu bringen. Anschließend schlagen Sie einen Ausweg vor. Schreiben Sie, daß Sie bereit sind, die Vergangenheit ruhen zu lassen, nachdem Sie nun alles schriftlich festgehalten haben, daß Sie neu beginnen, nie wieder auf die Angelegenheit zurückkommen oder auch nur eine Andeutung darüber machen wollen. Sagen Sie dem oder der Betreffenden, daß Ihnen die Sache sehr am Herzen liegt. Dann schicken Sie den Brief entweder ab,

verbrennen ihn oder heben ihn auf. Sie müssen entscheiden, was in diesem Fall am besten für Sie ist.
Dialog: Stellen Sie zwei Stühle an einem Platz auf, wo Sie ungestört sind. Setzen Sie sich auf einen von beiden, und stellen Sie sich vor, die Person, der Sie nicht vergeben können, sitze auf dem anderen. Nehmen Sie sich ruhig Zeit, um ihr Bild vor Ihrem inneren Auge entstehen zu lassen. Wie sieht dieser andere Mensch aus, wie ist er oder sie gekleidet? Versuchen Sie, eine Verbindung zu Ihren eigenen Gefühlen herzustellen.
Auch wenn es vielleicht alte Wunden wieder aufreißt, sollten Sie nun Ihrem Gegenüber in Gedanken sagen, was Sie empfinden. Fassen Sie Ihre Trauer oder Ihren Zorn in Worte. Sagen Sie, daß es an der Zeit ist, die Vergangenheit ruhen zu lassen. Bitten Sie um Verzeihung, und verzeihen Sie Ihrerseits. Üben Sie so lange, bis Sie das Gefühl haben, daß die Angelegenheit bereinigt ist.
Manchmal können Sie daraus einen wirklich gesprochenen Dialog machen. Falls Sie das tun, sollten Sie sich nur auf Ihren Part konzentrieren, ohne die Antworten zu berücksichtigen. Denken Sie daran, daß Sie selber vergeben müssen, ganz gleich ob der oder die andere auch Ihnen verzeiht.
Heiße Kohle: Diese Methode hilft bei mir am besten. Stellen Sie sich vor, daß Sie den Zorn oder die Verletzungen, die Sie innerlich belasten, als heiße Kohle in der Hand halten. Schließen Sie Ihre Finger fest darum. Wer verbrennt sich? Sie! Nicht derjenige, dem Sie nicht verzeihen wollen, sondern Sie selber verletzen sich. Wie lange wollen Sie die heiße Kohle noch festhalten? Lassen Sie sie fallen!
Standorte: Versetzen Sie sich in die Situation des anderen, und versuchen Sie, seine Position zu verstehen. Werden Sie so gut Sie können zu der Person, die Sie nicht mögen, und in aller Regel werden Sie auch einen Teil Ihrer selbst dort finden. Es schmerzt, aber Veränderungen ohne Schmerzen sind kaum möglich.
Auflehnung: Sehen Sie sich Ihre Weigerung zu vergeben genauer an. Beteuern Sie sich selbst und dem oder der anderen immer wieder: «Ich will nicht verzeihen, und wenn ich mein Leben dadurch zerstöre.» Sagen Sie das oft genug, und Sie werden irgendwann zu der Erkenntnis kommen, daß die Angelegenheit es nicht wert ist, sich selbst zu verletzen.

Sie ärgern sich nie über den Grund, den Sie für den entscheidenden halten. Seien Sie sich selbst gegenüber ehrlich, und finden Sie heraus, was Sie wirklich aufregt. Es besteht durchaus die Möglichkeit, daß es etwas in Ihrem eigenen Charakter ist, das diesen Konflikt immer wieder auslöst.

Wenn es unmöglich erscheint zu verzeihen, dann steckt dahinter immer eine ganz persönliche und schmerzliche Erfahrung. Oft sind alte Gefühle, die bis in die Kindheit zurückreichen, schuld daran, daß die Wunden so schmerzlich sind. Sie erscheinen unverhältnismäßig tief, bis Sie erkennen, warum Sie wirklich so aufgebracht sind.

Manchmal bedeutet, sich von der Vergangenheit zu lösen, die Verletzungen aller vorhergehenden Generationen von Eltern und Großeltern hinter sich zu lassen. Lernen Sie Ihre Großeltern und deren Eltern durch Erzählungen und Erinnerungen von Verwandten und Bekannten besser kennen. Sie werden dabei mehr von sich selber entdecken, als Sie je für möglich gehalten haben.

Durchleuchten Sie erst Ihre eigenen Zweifel und Konflikte, ehe Sie unterstellen, daß jemand anderes für Ihre Unfähigkeit zu vergeben verantwortlich ist.

Oft ist es leichter, einem Menschen in Gedanken zu verzeihen als in Wirklichkeit. Wenn wir den Betreffenden das nächste Mal sehen, sind plötzlich alle die alten Gefühle wieder da. Sich zu ändern ist eben schwierig und manchmal unangenehm. Gehen Sie langsam und schrittweise vor, ein Lächeln im Vorbeigehen, ein Hallo, das genügt zunächst. Vielleicht sind Sie beide zufällig im selben Raum, blicken sich aber gegenseitig nicht an. In einer solchen Situation sollten Sie irgendeinem Dritten etwas Nettes über den Betreffenden sagen, es wird ihn oder sie erreichen und eine Annäherung erleichtern.

Beginnen Sie dort, wo es emotional am leichtesten für Sie ist. Wenn es sich um eine Verwandte handelt, können Sie vielleicht damit anfangen, daß Sie ihr eine kurze Mitteilung oder ein Buch, das Ihnen besonders gefallen hat, schicken. Wenn die Betreffende Ihnen ihren Standpunkt erläutern möchte, sollten Sie ihr unvoreingenommen und ohne sich selbst zu verteidigen zuhören.

Es gibt Situationen, in denen wir eine Auseinandersetzung um Recht und Gerechtigkeit brauchen, ehe wir den ersten Schritt zur Vergebung tun können. Frauen, die gegen unfaire Scheidungsregelungen

ankämpfen, schützen ihre Kinder, Unterlassungsklagen gegen Diskriminierung und sexuelle Belästigungen sorgen für mehr Fairneß. Der Kampf wird leichter sein, wenn Sie vergeben können. Die Kraft, die hinter Ihren Bemühungen steckt, wird klarer.
Kinder, die sexuell mißbraucht worden sind, haben größere Schwierigkeiten zu verzeihen, weil der Täter sich in vielen Fällen weigert, seine Schuld zuzugeben oder Reue zu zeigen. Auch wenn sie vielleicht die schreckliche Angst verstehen, die er empfindet, so wird das ihre Qualen nicht verringern. Sorgen Sie dafür, daß der Täter zur Verantwortung gezogen wird. Sexueller Mißbrauch muß verfolgt werden (durch gerichtliche Schritte, Scheidung, Aberkennung des Sorgerechts), oder man muß sicherstellen, daß eine Wiederholung ausgeschlossen ist.
Verzeihen bedeutet nicht, die Rolle des Opfers zu übernehmen. Stehen Sie zu Ihrem Zorn oder Ihrer Furcht. Setzen Sie sich für Gerechtigkeit und eine Lösung der Probleme ein, aber akzeptieren Sie auch, daß eine Bereinigung der Situation nicht immer möglich ist. Entscheiden Sie sich bewußt dafür, den Schmerz und den Zorn zu überwinden, aber bewahren Sie Ihre Selbstachtung.

Daran sollten Sie denken

Wenn Sie glauben, Sie könnten sich Befreiung dadurch erkaufen, daß Sie wegen eines einmal begangenen Fehlers unausgesetzt leiden, dann irren Sie sich. Trauern Sie, lamentieren Sie, soviel Sie wollen und können, aber sehen Sie ein, daß Sie sich selbst erlösen müssen.
Merken Sie sich gut, was Sie durch den Prozeß des Verzeihens lernen, dann können Sie beim nächsten Mal schneller und gründlicher vergeben.
Falls Sie besonders tief verletzt wurden, wird die Heilung Zeit brauchen. Das ist normal.
Kurzfristig erfüllt Sie zwar ein Triumphgefühl, wenn Sie recht bekommen, aber die Wunden werden nicht heilen, wenn Sie nicht vergeben können.
«Ich verzeihe dir, aber jetzt laß mich allein», auf diese Weise wird Vergebung nur vorgetäuscht. Emotionen auszuschließen löst keine Probleme.
Versuchen Sie nicht, die Märtyrerrolle zu spielen: «Ich sage nie mehr

etwas. Sie werden niemals erfahren, welchen Schmerz sie mir zugefügt haben.» In diesem Fall werden Sie selbst die Probleme immer weiter mit sich herumschleppen, voller Ressentiments, eine Hölle unter Ihrem Heiligenschein.

> *Der heiligste Ort auf Erden ist dort, wo ein alter Haß durch Liebe ersetzt wird.*

Quellen unserer Gefühle
Wege zur Liebesfähigkeit

Das Erlernen neuer Strategien und Denkprozesse erleichtert uns zwar das Leben, aber es reicht nicht aus, um das Fundament für aktives Handeln und echte Lebensfreude zu legen. Dazu sind nicht nur Selbstwertgefühl und weibliches Selbstverständnis nötig, sondern Sie müssen sich auch darüber im klaren sein, was es Sie kostet, wenn Sie mehr vom Leben erwarten als andere. Der zweite Teil dieses Buches beschäftigt sich mit diesen Fragen und soll Ihnen helfen, sich ein solches persönliches Fundament zu schaffen.

Selbstwertgefühl ist heute zu einem Schlagwort geworden. Die Forderung, das eigene Selbstwertgefühl zu stärken, ist aber nicht so einfach zu erfüllen. Um die dazu notwendigen Voraussetzungen geht es im nächsten Kapitel. Außerdem werden Möglichkeiten aufgezeigt, wie Sie Erfahrungen und Gefühle, die Sie selbst betreffen, besser verstehen können.

Ihr individuelles Selbstverständnis steht in direktem Zusammenhang mit Ihrem Selbstverständnis als Frau und Partnerin eines Mannes. Es ist unvermeidlich, daß Frauen ihren Wert zumindest teilweise danach einschätzen, wie sie als Partnerin von Männern bestehen.

Das Kapitel über außergewöhnliche Frauen hängt eng sowohl mit unserem Selbstwertgefühl als auch mit unseren Beziehungen zu Männern zusammen. Wahrscheinlich haben Sie dieses Buch erst zur Hand genommen, als Sie sich bereits Ihrer Gefühle und Ihrer weiterreichenden Wünsche bewußt waren. Außergewöhnliche Frauen leiden schon sehr früh als Kinder unter Verlusten und sind auch später als Erwachsene in unserer ambivalenten Gesellschaft leicht zu verletzen. Zu verstehen, in welcher Weise Sie intellektuell und emotional gefangen sind, kann Sie befreien.

Gute Überlebensstrategien machen das Leben kalkulierbarer. Da-

durch, daß wir lernen, uns selber besser zu verstehen, schaffen wir uns ein sicheres Fundament und vertiefen unsere Erfahrungen. Was wir uns dann wünschen, sobald unsere Kraft und unser Selbstwertgefühl zurückgekehrt sind, ist Passion, d. h. intensives, leidenschaftliches Empfinden. Wir möchten uns lebendig, voller Spannung, zufrieden fühlen. Wir wollen alles. Davon handeln die letzten drei Kapitel dieses Buches.
Als erstes geht es um Humor, um die Fähigkeit also, die alltägliche Komödie zu erkennen und zu spüren, die zum Leben und zu unseren Sehnsüchten hinzugehört. Wenn Sie mit Humor an die Dinge herangehen, sind Sie körperlich und seelisch gefestigt genug, sich auch dem Glück zu öffnen. Das Kapitel über Glück zeigt, wie Sie ein solches positives Grundgefühl entwickeln können. Sie sollten lernen, in der Gewißheit zu leben, daß Sie selbst zu Ihrem Glück entscheidend beitragen können.
Selbstverständlich können wir uns nicht direkt in ein leidenschaftliches Leben stürzen, die Gefühle sind zu intensiv. Wir sollten uns ihnen erst aussetzen, wenn wir die Höhen und Tiefen des Lebens mit einer gewissen Gelassenheit sehen und uns bewußt sind, daß wir Glück wählen können. Wir schaffen uns selbst die Höhepunkte des Lebens. Ein Leben lang, vierundzwanzig Stunden am Tag ist es möglich, leidenschaftliche Gefühle zu empfinden. Entscheidend ist, welche Lebensintensität Sie sich selbst zugestehen und wieweit Sie fähig sind, sich Ihrer eigenen Lebenskraft anzuvertrauen. Atmen Sie tief ein, öffnen Sie Herz und Geist. Überlassen Sie sich dem Strom, den Sie in sich spüren. Wenn Sie es erst einmal gewagt haben, sich in die Tiefe Ihrer Erfahrungen zu begeben, dann werden Sie feststellen, daß Sie durch die Leidenschaft, die in Ihnen ist und die immer wartet, wieder aufwärts gezogen werden.

Selbstwertgefühl und kindlicher Schmerz

Das Fundament unseres Glückes ist die Liebe zu uns selbst. Aber nur wenige Frauen schaffen es, sich selbst zu akzeptieren oder gar zu lieben. Alle Strategien, die in diesem Buch diskutiert worden sind, hängen von Ihrer Überzeugung ab, daß Sie es verdienen, sich gut zu fühlen.
Wie sollten Sie über ein positives Selbstwertgefühl verfügen, wenn es Ihnen nicht in Ihrer Kindheit vermittelt wurde? Zu-

nächst einmal steht fest, daß wir fast alle mit dem Problem kämpfen, uns selbst zu gering einzuschätzen. Wir sind in dem Glauben aufgewachsen, daß es unterschiedliche Arten gibt, das Leben zu bewältigen. Manchmal hatten wird das Gefühl, nur wir seien ein Opfer, doch das stimmt nicht. Wenn Ihre Eltern Sie scheinbar nicht liebten und die Lehrer Sie kritisierten, dann erfüllten beide lediglich die ihnen obliegende Aufgabe auf die einzige Art und Weise, die sie kannten. Vielleicht haben Sie Eltern gehabt, die Sie vorsätzlich mißhandelt haben oder die selber gestört waren (der Abschnitt über kindlichen Schmerz wendet sich an Sie), aber die meisten von uns sind lediglich in den Fesseln der Vergangenheit gefangen.

In den Fesseln der Vergangenheit

Amerikaner haben auch heute noch eine Art Pioniergeist, die Vorstellung, daß nur der Starke überleben wird. Damit verbunden ist eine unterschwellige Akzeptanz von Grausamkeit gegen Frauen, Kinder und Minderheiten; das öffentliche Interesse an Sensibilität und Selbstwert ist ein relativ neues Element in unserer Gesellschaft. Lange Zeit wurden Gemeinschaftsgefühl und Kontrolle durch die Gruppe immer noch für wichtiger gehalten als individuelles Wertempfinden.

Früher, in den befestigten Forts, ging es darum, Frauen und Kinder zu schützen: Schutz durch Kontrolle. Es ist aber schwierig, Menschen zu kontrollieren, die selbständig denken oder selbstbewußt sind. Das geringe Selbstwertgefühl der Frauen machte es sehr viel einfacher, sie unter Kontrolle zu halten.

Wenn Ihr Vater oder Ihre Mutter früher über Sie jammerten oder Sie ausschimpften, dann haben sie sinngemäß sicher manchmal gesagt: «Wie kann ich dich schützen, wenn du nicht tust, was ich dir sage?»

Dadurch, daß Erwachsene Sie früher ausgezankt, herabgesetzt und auf andere Art und Weise in Verlegenheit gebracht oder gedemütigt haben, haben Sie grundlegende Überlebensstrategien gelernt. Kooperation war traditionell wesentlich wichtiger als das individuelle Selbstwertgefühl. Selbsterkenntnis wurde mit Selbstgefälligkeit verwechselt. Auf selbstgefällige Mitbürger konnte man aber nicht zählen, wenn es darum ging, etwas für die Gruppe zu tun oder, falls nötig, auch einmal Opfer zu bringen. Sie dachten zuviel an sich selber. Eine Familie zu führen war damals das gleiche, wie eine Armee zu befehligen. Die Sicherheit hing in beiden Fällen davon ab, daß die Stellung der Führer nicht in Frage gestellt wurde.

Heute ist es für Frauen der Mittelklasse schwer, sich vorzustellen, daß damals die zentrale Überlebensfrage lautete: «Werde ich genug zu essen haben?» Heute ist das Hauptproblem: «Hoffentlich esse ich nicht zuviel!» Der Begriff «Überleben» hatte noch um die Jahrhundertwende eine ganz andere Bedeutung. Ihr Selbstwertgefühl ist abhängig von der Zeit, in der Sie leben. In einer Überflußgesellschaft, in der Sie vielerlei Wahlmöglichkeiten haben, ist Selbstwertgefühl lebenswichtig. In einer Zeit, in der jeder sehen mußte, wie er durchkam, und in der es nur begrenzte Wahlmöglichkeiten gab, war es weniger entscheidend.

Durch die alten Überlebensstrategien sollten wir der gesellschaftlichen Norm angepaßt werden. Uns wurde beigebracht, nichts für uns selbst zu fordern. Ich habe in der Schule zweimal bei Abstimmungen eine Wahl verloren, und zwar jeweils durch zwei Stimmen, meine eigene und die der eingebildeten Person, die tatsächlich für sich selber stimmte. Ich würde noch heute rot, wenn ich bei einer Wahl vor aller Öffentlichkeit für mich selber stimmte. Nie selbstgefällig zu sein war ein Grundsatz, mit dem ich erzogen worden bin. Können Sie öffentlich für sich selber stimmen? Was würden Sie Ihrem Kind beibringen? Warum bemühen Sie sich überhaupt um eine Stellung, wenn Sie sich nicht für gut genug halten, um auch für sich selbst zu stimmen?

In den sechziger Jahren belegte ich ein Seminar, in dem jeder aufgefordert wurde, seine Leistungen selber einzustufen. Obwohl ich vorher immer in allen Fächern sehr gute Zensuren gehabt hatte, brachte ich es nicht fertig, mich entsprechend einzuordnen. Ich kämpfe mit mir, schrieb mich dann aber doch nur in die mittlere Gruppe ein. «Dränge dich nie in den Vordergrund», hatte ich gelernt. Menschen, die sich vordrängten, wurden früher skalpiert, auf jeden Fall aber gefährdeten sie die Gruppe.

Was hat man Ihnen über Komplimente beigebracht? Können Sie sie annehmen, oder sind Sie versucht zu sagen: «Ach, dieses alte Ding» oder «Das ist doch nicht der Rede wert». Was ist, wenn jemand Ihnen häufig Komplimente macht? Was denken Sie von dem Betreffenden? Gauner, Schwächling – wahrscheinlich einer, der nur Nettigkeiten sagt, weil er entweder etwas von mir will oder einen schlechten Ge-

schmack hat. Manche Frauen wollen nur Männer, die kein wirkliches Interesse an ihnen haben, weil sie damit dem Dilemma entgehen, entweder gut von sich selber denken oder aber demjenigen, der ihnen Komplimente macht, voller Mißtrauen gegenüberstehen zu müssen.
Können Sie vor einem Spiegel stehen und sagen: «Das alles liebe ich!» Warum nicht? Weil jeder, der die Möglichkeit dazu hatte, Ihnen vom Tage Ihrer Geburt an eingeredet hat, was an Ihnen alles nicht in Ordnung ist. Dadurch ist Ihnen jegliche Möglichkeit genommen worden, eine gute Meinung von sich selbst zu entwickeln. Ständig wurde ihre Version der Wahrheit wiederholt. Der Konkurrenzdruck beginnt schon früh:
«Sag doch, hat sich das Baby schon alleine umgedreht? Nein? Nun, meine kleine Susie hat sich schon während der Geburt gedreht. Sicher wird die kleine Helene den Rückstand bald aufholen.» – «Sieh dir nur diese Füße an. Ich hoffe, sie wird eines Tages hineinwachsen!» – «Zu schade, daß sie die Nase deiner Familie mitbekommen hat.»

Bemerkungen, die wir in einem Alter gehört haben, in dem wir uns noch nicht wehren konnten, verfolgen uns oft unser ganzer Leben. Meine Tante erinnerte sich noch im Alter von fünfundsiebzig Jahren mit Tränen in den Augen daran, daß man ihr als Zehnjähriger gesagt hatte, sie sei wenig anziehend. Ihre jüngste Schwester, meine Mutter, war angeblich viel hübscher. Meine Tante hat in einer Ecke ihres Herzens ihre kleine Schwester ihr ganzes Leben lang wegen dieser Attacke auf ihr Selbstwertgefühl gehaßt.
Selbst die liebevollsten Eltern versuchten, die kleinen Bestien in ihren Kindern dadurch zu zähmen, daß sie jegliches Aufkommen von Selbstbewußtsein und Selbstsucht zu unterbinden versuchten. Andere hatten immer Vorrang. Stellen Sie fest, ob Sie sich an solche alten Botschaften, die immer noch in Ihren Vorstellungen von sich selbst herumgeistern, erinnern können.
Sie sind vier Jahre alt, und es ist Sommer. Ihre Mutter stellt eine Schüssel mit frischen Kirschen vor Sie auf den Tisch. Was tun Sie logischerweise, vorausgesetzt, Sie mögen Kirschen (ersatzweise Pflaumen oder irgendein anderes Obst, das Sie besonders gerne essen)? Sie essen jede einzelne so schnell Sie können mit dem größten Vergnügen auf. Ihre Mutter sieht das. Wie reagiert sie?

Frühere Reaktion: «Du kleiner Vielfraß! Was machst du da? Wie kannst du nur so selbstsüchtig sein. Es gibt schließlich auch noch andere in der Familie, die gerne Kirschen essen. Ich bin wirklich enttäuscht über dich. Kannst du denn nicht teilen», und so geht es weiter.
Vernünftige Reaktion (die Selbstwertgefühl aufbaut): «Diese Kirschen schmecken gut, nicht wahr? Ich hätte sie auch schon beinahe alle aufgegessen, aber es gibt ja noch andere in der Familie, die sicher auch gerne ein paar haben möchten, deswegen sollten wir sie aufteilen, damit jeder seinen Anteil bekommt.»

Je nachdem, in welcher Familie und zu welcher Zeit Sie aufgewachsen sind, haben Sie möglicherweise eine Menge irrationaler Ängste und Vorurteile mitbekommen, die nichts mit Ihrer eigentlichen Persönlichkeit zu tun haben. Manchmal ist das so, als ob man uns bei der Geburt ein Goldfischglas über den Kopf gestülpt hätte, das nun jedermann in unserer Umgebung mit Etiketten beklebt: selbstsüchtig... langsam... verlogen... unscheinbar... klein... groß... zu lebhaft.
Wir wachsen heran und sehen die Welt und uns selbst durch diese Etiketten. Auf den Gedanken, daß wir sie einfach abziehen und damit die Welt und uns selbst ganz klar sehen könnten, kommen wir nicht.
Der Hauptgrund dafür, daß wir uns selbst inzwischen klar sehen oder unser Selbstwertgefühl als das Fundament für ein befriedigendes Leben entwickeln können, ist die Tatsache, daß heute die Voraussetzungen dazu einfach besser sind. Überlebensstrategien haben sich heute geändert. Um in der heutigen komplexen Welt über- und zufrieden leben zu können, müssen wir uns selbst kennen und vertrauen.

Quellen unseres Selbstwertgefühls
Es ist recht einfach zu erklären, warum in unserer Gesellschaft geringes Selbstwertgefühl, vor allem bei Frauen, früher als positiv betrachtet wurde. Weniger leicht läßt sich ausfindig machen, wo die Quellen eines intakten Selbstwertgefühls liegen.
In welche geschichtliche Zeit Sie hineingeboren werden, bestimmt das Schicksal. Wir vermitteln heute unseren Kindern andere Botschaften als die, die wir empfangen haben. Nicht, weil wir besser sind,

sondern weil sich die Überlebensbedingungen geändert haben. Mein zweiundzwanzigjähriger Sohn weiß genau, was Selbstwertgefühl ist. Ich habe die Bedeutung dieses Begriffes erst mit dreiunddreißig kennengelernt.

Schicksal: Schicksal schließt Faktoren wie Geschlecht, Rasse, Geographie, Gesellschaft und Behinderung ein. Falls Sie vor fünfzig Jahren als Frau geboren wurden, waren Sie automatisch bereits eine Stufe niedriger eingeordnet. Inzwischen wird die Konkurrenz für Männer härter. Wenn Sie in eine Rasse oder ethnische Gruppe hineingeboren wurden, die als minderwertig galt, dann stand es schlecht um Ihr Selbstwertgefühl. In einer rassistischen und elitären Gesellschaft haben die Mitglieder der dominanten Gruppen oder Schichten ein höheres Selbstwertgefühl als die der Minderheiten, es sei denn, diese Einflüsse werden durch Verständnis und familiäre Unterstützung abgeschwächt.

Eine Gesellschaft kann warmherzig, gefühlsbetont und voller Liebe und Humor sein, sie kann aber auch Kälte, Härte und starren Stoizismus ausstrahlen. Eine Behinderung kann Sie in einer perfektionistischen Gesellschaft immer wieder zu Boden drücken, entweder physisch, mental oder einfach dadurch, daß Sie nach allgemein anerkanntem Standard unattraktiv sind.

Schicksalhafte Faktoren sind nicht zu ändern. Wir sind groß oder klein, Asiate oder Afrikaner, blind oder sehend. Vielleicht kann die Zeit oder politische Veränderungen oder ein Wandel gewisser Prioritäten schicksalhafte Faktoren modifizieren, aber die ursprüngliche Wertung wird tief im Inneren immer Bestandteil Ihrer Persönlichkeit bleiben.

Familie: Die Familie ist die am häufigsten angeführte Quelle für Selbstwertgefühl. Wie sind Sie behandelt worden? Haben Sie Liebe empfangen oder nicht – öffentlich oder im geheimen? Ist Ihre Familie zusammengeblieben oder auseinandergebrochen? Waren Sie reich oder arm, sind Sie mit anderen zusammen oder überwiegend allein aufgewachsen, gab es Gewalt in der Familie oder nicht, stritt man sich häufig, oder herrschte Harmonie? Ist ein Familienmitglied gestorben oder hat Sie verlassen? Ihre erste Familie ist für Sie die wichtigste, auch wenn Sie selbst sich später eine andere aufbauen.

Auch Ihre Familie war in ihre geschichtliche Zeit eingebunden. Nehmen Sie sich Zeit, und versuchen Sie, Ihren familiären Hintergrund

und die Verhaltensweisen Ihrer Eltern oder wer sich sonst um Sie gekümmert hat zu begreifen. Sie sollten verstehen, welche Einflüsse Sie geprägt haben. Ich habe z. B. herausgefunden, daß meine Angst, verlassen zu werden, nicht daraus zu erklären ist, daß ich mich von meinen Eltern, die sich nicht viel um mich kümmerten, allein gelassen fühlte, sondern weil ich zu meiner eigenen Sicherheit im Zweiten Weltkrieg aus London heraus in eine Pflegefamilie geschickt worden war.

Die Familie und die Gesellschaft, in die wir hineingeboren werden, bilden den Rahmen, in dem sich die persönlichsten Quellen unseres Selbstwertgefühls befinden – die Schmerzen und Freuden der ersten Lebensjahre. Die Qualen einer Kindheit voller Mißhandlungen sind lebenslange Qualen. Sie beginnen mit der Erkenntnis, daß unser nacktes Überleben von dem Wohlwollen anderer abhängt, daß wir nur leben werden, wenn wir ihnen gefallen. Schon von früh an muß unser eigentliches Ich Kompromisse schließen, um zu überleben.

Die Wahrheit wird Sie frei machen – aber zunächst einmal macht sie Sie unglücklich.

Eine begabte, erfolgreiche Frau von vierzig Jahren erzählte mir ihre frühesten Erinnerungen:

«Fast mein ganzes Leben lang war ich nicht in der Lage, mir irgendwelche Kindheitserlebnisse ins Gedächtnis zurückzurufen. Die Erinnerungen setzten erst ab dem zehnten Lebensjahr ein, vorher sah ich nur schemenhafte Bilder. Mir war klar, daß da eigentlich mehr sein sollte, und als mein Leben sich stabilisierte, begann ich mich zu erinnern. Ich bin zwei Tage alt und mache die Erfahrung, daß ich mich an der Brust meiner Mutter nicht geborgen fühle. Sie mag keine Mädchen, und ich bin eins. Sie ist zornig, daß ich da bin, und ihre Brust ist kalt. Ich habe Angst, sie zu berühren. Da ich mich weigere zu saugen und deshalb nicht recht gedeihe, wird mir zwangsweise Milch mit einem Teelöffel eingeflößt. Ich will nicht schlucken. Diese Erinnerung überflutet mich in schmerzlichen Wellen. Ich beschloß zu überprüfen, wie genau meine Empfindungen zutreffen. Als ich das nächste Mal mit meiner Mutter sprach, fragte ich sie deshalb, womit sie mich als Baby gefüttert habe. Sie erwiderte, ich habe nicht saugen wollen, und deswegen habe sie mich mit einem Teelöffel füttern und mir die Nase zuhalten müssen, damit ich überhaupt den Mund aufgemacht hätte.»

Viele Erwachsene, die in ihrer Kindheit verletzt worden sind, können sich überhaupt nicht an sich selbst als Kind erinnern. Sie schützen sich, indem sie die Existenz eines eigenständigen und früher heilen Ich leugnen. Ihre Vorstellungen, wie sie als Kind waren, beziehen sie nur aus den Erzählungen anderer Menschen, die sie damals schon gekannt haben. Sie haben oft auch Schwierigkeiten, sich selber auf Fotos aus ihrer Kindheit zu erkennen. Alice Miller schreibt: «Dieses Ich ist wie ein Gefangener in der Zelle; niemand glaubt an seine Unschuld, und ehe er alleine und isoliert mit der Wahrheit weiterlebt, will er sie schließlich selber auch nicht mehr wissen.»
Das Kind in uns bleibt verborgen und zieht sich in sich selbst zurück. Es ist eine Art Schutzeinrichtung, die uns daran hindert, unsere kindlichen Schmerzen, die damals niemand verstanden hat, auszuleben. Wir haben das Gefühl, daß wir nicht authentisch sind, kein wahres Ich haben. Das gesamte Leben erscheint uns nur als ein vor langer Zeit geschlossener Kompromiß, unsere wenigen Erinnerungen sind nur schemenhaft.
Unsere Persönlichkeit ist gespalten: Auf der einen Seite steht das gute, aber falsche Ich, das gelernt hat, Kompromisse zu schließen. Es empfindet sich aber nicht als echt, lebendig, sicher, wahr oder leidenschaftlich. Auf der anderen Seite gibt es das schlechte, zurückgewiesene Ich, das sich früh versteckt hat, weil es meinte, nicht akzeptabel zu sein. Es zeigt sich aber noch heute von Zeit zu Zeit und erinnert uns immer wieder an unsere tiefsitzenden Ängste. Diese Angst, die manche von uns ihr Leben lang mit sich herumtragen, ist lediglich das kleine Kind in uns, das um Zuwendung bittet. Wenn wir das nicht erkennen und nicht versuchen, Abhilfe zu schaffen, kann diese Spaltung unserer Persönlichkeit zu Depressionen führen.
Als Folge solcher kindlichen Entbehrungen in all ihren verschiedenen Formen werden dann oft Liebe und Haß miteinander verknüpft. Das Kind ist hilflos, total abhängig und wird ausgerechnet von dem Menschen verletzt und ausgenutzt, an den es sich halten muß, wenn es überleben und getröstet werden will.
Es ist in den meisten Fällen nicht ratsam zu zeigen, daß man verletzt oder zornig ist, weil man dann fürchten muß, diese wie auch immer geartete Pflege und Zuwendung zu verlieren. Ambivalenz im Hinblick auf Vertrauen, Liebe und menschliche Nähe ist dann die Grundlage für alle späteren Beziehungen.

Die unterdrückten kindlichen Emotionen begleiten das ganze Leben des Erwachsenen. Liebe muß Schmerzen und Opfer bedeuten. Liebe ist erniedrigend. Liebe verletzt. Liebe ist ambivalent. Ich muß lieben, sonst kann ich nicht überleben, aber mein eigentliches Ich kann nicht überleben, wenn ich liebe. Wir lernen es, Menschen unter Kontrolle zu halten, obwohl wir uns an sie klammern, als hinge unser Leben davon ab.

Die meisten Menschen können sich nicht dazu durchringen, das Kind in sich herauszulassen, weil sie Angst vor wieder auftauchenden Schmerzen haben und nicht noch mehr leiden wollen. Statt dessen flüchten wir in Abwehr, Perfektionismus, Beherrschung, selbstzerstörerische Verhaltensweisen oder in eine starre, Schutz gewährende Auffassung von angemessenem Verhalten. Wir schnüren uns selbst fester zusammen, um die Gefahren zu bannen, die in unbeherrschten Gedanken und Handlungen liegen. Kontrolle aber verstellt uns den Zugang zu unserem wahren Ich, und selbstzerstörerische Handlungen töten es.

«Der Gott meiner Kindheit war dunkel gekleidet, hatte Hörner auf dem Kopf und trug eine Axt in der Hand. Wie um alles in der Welt konnte ich ihm entkommen? Mein ganzes Leben lang bin ich verstohlen durch die Gegend geschlichen, unter dem Arm das kleine bißchen Leben, von dem ich noch heute annehme, daß ich es gestohlen habe» (Mariella Mehr: *Steinzeit*).

Falls Sie so weit gelesen haben, wissen Sie bereits, daß Ihnen gar keine Wahl bleibt. Sie sind sich Ihres Verlustes allzu bewußt. Ihr Körper erinnert Sie täglich daran. Sie spüren manchmal überraschend einen scharfen Schmerz in der Herzgegend – unmöglich, «es», wenn auch widerwillig, nicht weiter aufzuarbeiten. «Wann werde ich endlich geheilt sein?»

Früher träumte ich nachts manchmal von einer chinesischen Puzzleschachtel. Sie hatte viele bewegliche Felder, die man verschieben mußte, um schließlich zu der Belohnung zu gelangen, die tief drinnen in einer aufspringenden Schublade versteckt war. Es war sehr schwierig, die Felder in der richtigen Reihenfolge zu öffnen und offenzuhalten, damit man auch wirklich in das Innere vordringen konnte. Wenn man sich ein paar Monate nicht mit der Schachtel beschäftigte, vergaß man fast, wie man sie wieder öffnen konnte.

Als ich eine Therapie begann, änderte sich der Traum, und die Puzzleschachtel wurde zu einer chinesischen Truhe mit geschnitzten und eingelegten Türen. Der Traum wiederholte sich alle paar Nächte, und nach und nach öffneten sich die äußeren Türen der Truhe. Darunter befanden sich weitere, kleinere Türen. Sie waren noch schöner als die, die bereits geöffnet waren. Im Verlauf von Monaten schlüpfte ich so durch viele hintereinanderliegende Türen, jede mit immer noch schöneren Schnitzereien und Einlegearbeiten als die vorhergehende. Schließlich erreichte ich die Tür, von der ich annahm, daß sie die letzte sei, aber ich hatte Angst, sie zu öffnen. Ich glaubte zu wissen, daß in dieser letzten Kammer eine Spinne saß: eine Schwarze Witwe, die einen Menschen mit einem einzigen, kaum spürbaren Biß töten kann.
Ich hatte schreckliche Angst, und es verstrichen Monate, ohne daß ich versuchte, die letzte Tür zu öffnen. Der Traum setzte aus, aber die Vorstellung von etwas Dunklem, Bedrohlichem blieb. In meiner Therapie versuchte ich, völlig in meinen Schmerz einzutauchen, weil ich hoffte, durch meine Qualen hindurch die andere, helle Seite erreichen zu können. Meinem Therapeuten erzählte ich nichts von dem Traum und verstand auch nicht dessen deutliche Bildersprache.
Dann kehrte der Traum zurück; die inneren Türen waren nun angelehnt, und ich konnte einen Lichtstrahl erkennen, der durch den Spalt schimmerte. Ich öffnete die innere Kammer, und sie war voller Licht. Keine Spinne saß darin, nur Licht erfüllte sie. Und das ist seitdem so geblieben.
Man braucht lange, um die Türen zu öffnen. Manchmal übersehen wir selbst deutliche Hinweise oder denken nicht daran, unsere Träume zu deuten. In jeder dieser komplizierten Schachteln ist Licht. Einer Freundin, der es sehr schlecht ging, habe ich einmal eine solche chinesische Puzzleschachtel mit einer Perle in der innersten Schublade geschenkt. Schritt für Schritt habe ich ihr dann gezeigt, wie man die Türen öffnet, in der Hoffnung, daß sie es nie vergäße.
Sie müssen an sich arbeiten. Ergründen Sie die Vergangenheit, um Ihren Wert klar zu erkennen. Sie müssen für Ihr eigentliches Leben, das Sie vor Jahrzehnten versteckt haben, nun Sicherheit finden und schaffen. Sie müssen Ihr wahres Ich einladen, sich mit Ihnen zu verbinden. Es ist Ihr Herz, Ihre Seele, Ihr leidenschaftliches Empfinden.

Diese Arbeit sollten Sie aber nicht alleine leisten, es sei denn, Sie trauen sich ohne Einschränkung zu, mit Ihrem Leid ohne fremde Hilfe fertig zu werden. Die Tränen, die Sie um frühere Verluste nicht haben weinen können, müssen sich lösen. Dieser Zustand wird nicht ewig dauern, aber Sie werden eine Zeitlang leiden.

Nehmen Sie ein Kinderbild von sich und kleben es an den Badezimmerspiegel. Sprechen Sie mit diesem kleinen Mädchen, und machen Sie sich klar, wie unschuldig und ängstlich es ist. Versichern Sie ihm, daß Sie für es da sind und daß Sie es lieben und ihm helfen werden. Sie wollen und können für dieses Mädchen sorgen.

Das Foto sollte hängenbleiben, bis Sie es anschauen können, ohne zusammenzuzucken oder zu weinen. Lassen Sie das Mädchen so lange dort, bis Sie lächeln können. Geben Sie ihm alles, was es braucht, bis Sie spüren, daß es sich innerlich entspannt und anfängt, Ihnen zu vertrauen.

Schreiben Sie ihm in Gedanken oder tatsächlich einen Brief. Sagen Sie ihm, daß Sie verstehen, wie verwirrend und erschreckend das alles gewesen sein muß. Versichern Sie ihm, daß Sie nun beide geborgen sind. Sie sind erwachsen, und alles ist in Ordnung. Sie können seine Hand ergreifen und ihm helfen, zu Ihnen zu kommen. Es braucht sich nicht länger zu verstecken.

Lassen Sie es so lange Ihre Briefe erwidern oder zu Ihnen sprechen, bis Sie das Gefühl haben, eins zu sein. Dann bitten Sie es, sich selbst zu verzeihen und endlich auch denjenigen, die es verletzt haben, weil auch sie früher einmal verletzt worden sind. Arbeiten Sie gemeinsam die Vergangenheit auf, damit Sie Ihre Zukunft beginnen können. Sie haben wirklich keine andere Wahl.

Auch wenn Sie Frieden mit sich selbst geschlossen haben, wird es Zeiten geben, in denen Sie sich niedergeschlagen fühlen und sich wünschen, eine andere Kindheit gehabt zu haben. Sie meinen, daß Sie dann heute ein anderer Mensch sein und anders fühlen würden. Ich bin nicht sicher, ob das stimmt, aber ganz gleich, welchen Einfluß Ihre ursprüngliche Familie auf Ihre Entwicklung gehabt hat, in der Gegenwart ist nur noch entscheidend: Wer kümmert sich heute um Sie? Wer ist heute für Sie Vater oder Mutter?

Zwei Jahre lang hatte ich eine Sendereihe im Radio, bei der jeder unmittelbar während der Sendung telefonisch seine Probleme vorbringen konnte. Diese Arbeit war derart intensiv, daß ich sie nur zwei Jahre lang durchstehen konnte. Während dieser Zeit rief mich einmal ein Mann an, der voller Sorge von einem Problem in seinem Büro berichtete. Er war Architekt, etwa vierunddreißig und neigte dazu, im Büro «Snits» zu haben.

Ein Snit war eine Art Anfall, den er immer dann bekam, wenn zu viele Dinge im Büro nicht klappten, er Fehler machte oder jemand ihn kritisierte. Manchmal zerknüllte er nur Papier oder zerbrach Bleistifte. Von Zeit zu Zeit war er versucht, irgendeine Maschine mit Gewalt zum Laufen zu bringen. «Ich werde sie treten, schlagen oder zerschmettern.» An diesem Tag hatte er sich derart geärgert, daß er seinen Zeichentisch umgekippt hatte.

Seine Kollegen begannen allmählich, sich vor ihm in acht zu nehmen. Er fürchtete, daß er seine Arbeit verlieren könnte.

«Snit» war ein neues Wort für mich, und deshalb fragte ich ihn, woher er diesen Ausdruck kenne. Er erzählte mir, daß seine Mutter ihn häufig gebraucht habe. Aha! Ein Schlüssel.

«In welchem Alter kann ein Kind einen Snit bekommen?» fragte ich ihn.

«Ungefähr mit zehn Jahren», antwortete er.

«Was für ein Kind waren Sie mit zehn Jahren?»

«Ich war eine Zumutung, unangepaßt und ein schlechter Schüler. Meine Mutter behauptete, sie könnte nicht wieder heiraten, weil kein Mann bereit wäre, eine derartige Belastung auf sich zu nehmen.»

«Können Sie sich an irgendeine Zeit in Ihrem Leben erinnern, in der Sie wirklich in Ordnung waren, liebenswert und tüchtig?» fragte ich.

«Nein.»

«Wie war es denn, als Sie vier waren? Sie wissen doch, wie niedlich kleine Kinder sind.»

Seine Antwort: «Nein, als ich vier war, machte ich noch ins Bett. Meine Mutter sagte immer, sie würde mir Windeln zur Hochzeit schenken.»

«Und wie war es mit drei Monaten? Um diese Zeit fangen Babys doch meist an zu lächeln.»

«Ich nicht, ich hatte Koliken und hielt meine Mutter die ganze Nacht wach. Ich habe sie fast zum Wahnsinn getrieben.»

Ich fühlte mich hilflos. Die Sendezeit lief und lief, und ein Werbespot

mußte auch noch gebracht werden. Wann hatte dieser Mann je eine Art Selbstwertgefühl besessen?
«Halt, sind Sie in einem Krankenhaus zur Welt gekommen?» fragte ich ihn.
«Ja.»
«Waren Sie ein gesundes Baby?»
«Ja.»
«Stellen Sie sich vor, wie Sie, gerade einen Tag alt, in einem dieser Gitterbettchen liegen. Ihre Mutter ist im Nebenraum; die Kinderschwester kümmert sich um Sie. Sie machen bisher keinerlei Probleme. Und nun beugen Sie sich über das Bettchen und nehmen das Baby heraus.»
«Wie bitte?»
«Nehmen Sie das Baby hoch!»
«Schon gut, ich habe es auf dem Arm.»
«Und jetzt erzählen Sie dem Baby, daß Sie in Zukunft für es sorgen werden.»
«Einen Moment bitte! Ich weiß doch gar nicht, wie man ein Baby versorgt.»
«Sie können doch Bücher lesen, oder? Fragen Sie Freunde, die Kinder haben. Und jetzt sagen Sie dem Baby, daß Sie für es sorgen werden.»
«Okay, Kleiner. Ich werde für dich sorgen.»
«So, und in Zukunft schicken Sie mir jedesmal eine Karte, wenn das Baby Geburtstag hat.»
«Was?!» rief er, und dann hängte er den Hörer auf.
Ich hörte das Freizeichen in der Leitung und fragte mich, ob er wohl verstanden hatte.
Ungefähr ein Jahr später erhielt ich die erste Karte. «Der Kleine ist jetzt vier», schrieb er. «Ich habe ihn schon mit in den Zoo und zum Eisessen genommen. Er ist überhaupt kein ungezogenes Kind. Und daß er noch ein bißchen unkoordiniert ist, stört mich nicht.»
Einige Monate später kam die Karte, auf die ich schon gewartet hatte. «Der Junge ist nun zehn. Wenn er mit ins Büro kommt und sich über irgend etwas ärgert, dann rede ich ihm gut zu, halte seine Hand und sage ihm, daß er sich ganz sicher fühlen kann, weil ich bei ihm bin und mich um ihn kümmere. Es gibt keine ‹Snits› mehr.»
Die letzte Karte, die ich erhielt, kam drei Jahre nach unserem ersten

Kontakt. Sie besagte: «Ich stehe Todesängste aus. Der Junge ist jetzt siebenundzwanzig, und ich fürchte, er wird mich bald verlassen.»
Wenn Sie anfangen, sich um das Kind in Ihnen selbst zu kümmern, dann beginnt dieses Kind sich zu entwickeln und erwachsen zu werden, bis Sie beide eines Tages eins geworden sind. Es ist oft ein schmerzlicher Weg, weil wir die Vergangenheit noch nicht überwunden haben und für vieles noch keine Erklärungen wissen, z. B. warum manches nicht so ist, wie wir es gerne möchten. Wenn wir uns selbst erziehen, tragen wir die volle Verantwortung für unsere Entwicklung.
Ich schrieb noch einmal an Mark und bat ihn, sich keine Sorgen zu machen. Sein inneres Kind werde ihn immer wieder besuchen. Sooft die Situation angespannt ist oder Sie sich bedroht fühlen, wird es zurückkommen und Sie an die Zehnjährige erinnern, die Sie einmal waren. Sie können Hallo sagen und es Ihrerseits daran erinnern, daß Sie nun erwachsen sind und für sich selber sorgen können.
Erfahrungen: Welche Erfahrungen machten Sie, als Sie das erste Mal auf unsicheren Beinen in die Welt hinausgingen? Wurden Sie verletzt oder mißhandelt? Halfen Ihnen Lehrer? Wie waren die Kinder in der Nachbarschaft? Geschah irgend etwas Schreckliches? Wurden Sie von einem Wagen angefahren? Brannte Ihr Haus ab? Ob Sie derartige Fragen mit Nein oder Ja beantworten, hat erheblichen Einfluß darauf, was Sie über die Welt denken.
Erfahrungen summieren sich und wirken sich für den Rest unseres Lebens auf unser Selbstwertgefühl aus. Heiraten Sie einen Perfektionisten, und Sie können zusehen, wie Ihr Selbstwertgefühl den Bach hinuntergeht. Sammeln Sie Erfahrungen mit unglücklichen Liebesaffären oder Zurückweisungen, und Sie werden glauben, daß niemand Sie lieben kann. Wenn Ihr Mann mit einer anderen Frau auf und davon geht, wirkt sich das auf Ihr Selbstwertgefühl aus.
Für positive Erfahrungen gilt das entsprechend: Freunde, die zu Ihnen stehen, Nachbarn, die sich um Sie kümmern, Lehrer, die Kinder lieben, ein Ehemann, der sie freundlich und mit Achtung behandelt – wunderbar.
Glauben Sie, mehr negative oder mehr positive Erfahrungen gesammelt zu haben? Versuchen Sie, die beiden Bereiche in Gedanken aufzulisten. Was bleibt besser in Ihrem Gedächtnis haften? Welche Art von Erfahrung machen Sie zur Zeit?

Perspektive: Entscheidender als Schicksal, Familie oder Erfahrung ist die Perspektive eines Menschen, d. h. die Art, in der er die Dinge sieht. Wie sehen Sie Ihre Vergangenheit? Unsere Perspektive (wie Optimismus oder Pessimismus) erlernen wir in der Regel von unserer Familie oder der Gesellschaft, in der wir leben. Trotz dieser Vorprägung ist es möglich, zu einer eigenen, individuellen Sicht der Dinge zu gelangen. Dann gelingt es, biographische Ereignisse nach konkreten Kriterien zu beurteilen, z. B. danach, ob sie lockende Aufgaben oder Möglichkeiten beinhalten.

Ich erinnere in dem Zusammenhang oft an Martin Luther King senior, der selbst dann, als sowohl sein Sohn als auch seine Frau einem politischen Mord zum Opfer gefallen waren, noch von sich sagen konnte, daß er die Welt mit liebenden Augen betrachte. Sie kennen selber sicher auch Menschen, die zwar ein gleiches Schicksal haben, es aber mit völlig unterschiedlichen Augen betrachten.

Wie betrachten Sie Ihr Schicksal? Negativ? Positiv? Irgendwo dazwischen? Hat sich Ihre Lebenseinstellung mit der Zeit verändert? Fühlen Sie sich heute attraktiver und intelligenter als früher?

Die Einschätzung mancher familiärer Erfahrungen verändert sich im Laufe der Zeit. Um Ihre Lebensgeschichte zu erzählen, brauchen Sie mit zwanzig mehr Zeit als mit vierzig, einfach deshalb, weil manche Erlebnisse und Erfahrungen je nach Alter einen unterschiedlichen Stellenwert haben. Über eine Bemerkung unserer Mutter, die uns mit sechzehn zur Weißglut gebracht hat, können wir heute vielleicht lachen. Meine Mutter hat damals behauptet, mein erster Mann sehe aus wie eine Ratte. Um sie zu ärgern, habe ich ihn also geheiratet. Obwohl diese Ehe mir soviel Leid gebracht hat, kann ich heute sowohl über das Resultat ihrer Bemerkung als auch über meine Reaktion lachen.

Wenn wir uns selber verstehen, fällt es uns leichter, auch anderen Verständnis entgegenzubringen, vor allem unseren Familienangehörigen. Die Bevormundung und Kritik, derentwegen ich früher einmal meine Eltern gehaßt habe, kann ich mir heute aus den Erfahrungen, die sie und alle vorhergehenden Generationen in ihrer Kindheit gemacht haben, erklären. Der Konkurrenzdruck, der zeitweise zwischen mir und meiner Mutter spürbar war, hat eine Menge sowohl mit ihren als auch mit meinen kindlichen Verletzungen zu tun.

Wir gleichen unseren Eltern sowohl innerlich als auch äußerlich. Der Freitod meines Vaters, den ich seinerzeit als seinen Verrat und mein Versagen aufgefaßt hatte, ist heute für mich auch ein «Geschenk». Ich werde dadurch immer wieder daran erinnert, den Wert meines eigenen Lebens zu erkennen und mir bewußt zu sein, daß es in jedem Leben Leid gibt.
Wann haben Sie zuletzt Ihre familiären Erfahrungen überdacht? Wann haben Sie das letzte Mal mit Geschwistern, Eltern, Verwandten oder Nachbarn darüber gesprochen, wie es damals war? Wenn wir starr an unserer Sicht der Vergangenheit festhalten, vor allem was die Familie betrifft, dann verbauen wir uns dadurch die Möglichkeit, unser Selbstwertgefühl zu entwickeln.
Vor einigen Jahren kam ein Paar zu mir in die Beratung. Er war vierzig; sie war siebenunddreißig. Sie wollten sich scheiden lassen. Ich fragte sie nach den Gründen, und sie beschrieb ihren Mann als einen depressiven, erfolglosen Menschen mit geringem Selbstwertgefühl. Sie sah keine Möglichkeit mehr, daß er sich änderte, und wollte weg. Ich wandte mich fragend an ihn, und er stimmte ihrer Beurteilung der Situation voll zu. Er wollte zwar eigentlich keine Scheidung, sah aber auch keine Alternative.
Nach einigen Sitzungen, die kaum einen Fortschritt brachten, drängte ich ihn zu erklären, warum er seiner Ansicht nach so wenig Selbstwertgefühl besitze. Er meinte: «Mein Vater hat mich nie geliebt.» Als er vier war, war sein Vater fortgegangen, er hatte ihn einfach verlassen. Sein Vater war Bauarbeiter, ein Mann von etwas unstetem Wesen, der Alkoholprobleme hatte. Er war aus dem Haus gegangen und nie wieder zurückgekommen. Er hatte seinen Sohn nicht geliebt, hatte ihm noch nicht einmal Zuneigung entgegengebracht, und heute war er tot.
Ich fragte den Mann, wann er diese Geschichte zuletzt jemandem erzählt habe, der seinen Vater noch kannte. Die Antwort war, daß er seit dreißig Jahren mit niemandem mehr über seinen Vater gesprochen habe. Lebte heute noch jemand, mit dem er darüber reden konnte? Der einzige Mensch, der ihm einfiel, war seine Mutter, die sechzig Meilen entfernt wohnte. Ich rief sie an, und sie erklärte sich bereit, an drei Sitzungen mit ihrem Sohn und mir teilzunehmen.
Beim ersten Treffen stimmte sie der Version der Familiengeschichte, die ihr Sohn vorgetragen hatte, zu. Das Ganze hatte sie nicht allzusehr

getroffen, weil sie immer schon geplant hatte, einen anderen Mann zu heiraten und dem Jungen einen besseren Vater zu geben. Sie war ganz überrascht, als sich kein zweiter Ehemann fand.

Beim nächsten Treffen versuchte ich ein wenig energischer, Informationen über den Vater meines Klienten herauszubekommen. Ich gab meiner Sorge darüber Ausdruck, daß sich die Depression ihres Sohnes noch vertieft habe; in Verbindung mit der Scheidung sähe ich durchaus die Gefahr eines Selbstmordversuches. Zehn Minuten herrschte Stille im Raum, und dann begann sie zu weinen. Die Geschichte ihrer Trennung, die sie anschließend erzählte, sah nun völlig anders aus.

Sie war eine energische Frau, die Zucht und Ordnung liebte. Ihr Mann nahm die Dinge etwas leichter. Er trank nach der Arbeit gerne ein Bier, aber Alkohol war absolut kein Problem für ihn. Er reiste von einer Baustelle zur anderen, und er liebte seinen Sohn. Er wollte keine Scheidung. Schließlich gab er jedoch ihrem Drängen nach und willigte in die Scheidung ein, aber er besuchte weiterhin regelmäßig den Jungen.

Sie ging zu der Zeit davon aus, daß sie bald einen erfolgreichen Ehemann und neuen Vater für den Jungen finden würde, deshalb sah sie diese Besuche gar nicht gerne. Sie begründete ihre Ablehnung damit, daß der Junge jedesmal völlig durcheinandergebracht würde. Er war immer ganz aufgeregt, wenn sein Vater kam, und traurig, wenn er wieder ging. Manchmal fielen Besuche auch aus, weil der Vater auswärts arbeitete, manchmal kam er erst sehr spät.

Wenn er unterwegs war, versuchte er immer anzurufen, aber sie ließ den Jungen nicht ans Telefon. Sie machte ihrem Ex-Mann Vorwürfe, daß er seinem Sohn dadurch schade, daß er sich in sein Leben und seinen Alltag einmische. Zu dieser Zeit wurden Männer noch oft als Eltern zweiter Klasse behandelt. Der Vater traute sich selber nicht allzuviel zu und wollte nur das Beste für den Jungen. Er fühlte sich zunehmend entmutigt, und seine Besuche und Anrufe wurden immer seltener, aber er schickte weiter Karten und Geschenke.

Von allen Orten, an denen er sich aufhielt, schickte er dem Jungen Souvenirs, Luftballons, Postkarten, die piepsten, verrückte Vögel, Gesteinssammlungen und Fotografien. Das ging so bis zu seinem Tod, als sein Sohn sechzehn war. Gesehen oder gesprochen hatten sie sich seit dem zehnten Lebensjahr des Jungen nicht mehr, weil Mutter und Sohn in einen anderen Landesteil gezogen waren.

Der Sohn, nun ein Mann, wollte nichts von alledem glauben, weil er keines der Geschenke, die sein Vater geschickt hatte, je erhalten hatte. Seine Mutter hatte sie ihm nie gegeben. «Ich wollte ihn nicht aufregen», sagte sie. Aus irgendeinem Grund hatte sie sie aber nicht weggeworfen, sondern alle aufgehoben. Sie war damit einverstanden, zu unserem letzten Treffen die Schachteln mit all den alten Sachen von seinem Vater mitzubringen. Sie kam an mit drei alten Kartons voller Karten, Briefe und Krimskram – Püppchen, Jojos, bunte Bleistifte und Hüte. Ihr Sohn weinte, als er das alles durchsah. Aber dann weigerte er sich weiterhin zu glauben, daß sein Vater sich um ihn gekümmert habe.

Wir brauchten drei Monate Einzeltherapie, bis dieser Mann akzeptieren konnte, daß sein Vater ihn geliebt hatte. Die veränderte Sicht seiner Familiengeschichte rettete zwar nicht seine eigene Ehe, aber er gewann eine neue Einstellung zur Liebe.

Sie können die Art, in der Sie im Leben Eindrücke verarbeiten, entweder durch mehr Information oder durch Zeitablauf verändern. Können Sie sich an irgend etwas Schreckliches erinnern, das sich dann als etwas sehr Schönes herausstellte? Der gefürchtete Umzug in die neue Stadt, die sich als viel schöner entpuppte als die alte? Der Verlust eines Jobs, der schließlich zu einer viel besseren Stelle führte? Unsere Sicht der Dinge verändert sich, und Erinnerungen wandeln sich, weil die Bedeutung, die sie für uns haben, sich ständig weiterentwickelt. Oft kann man den Sinn schmerzlicher Erinnerungen dadurch herausfinden, daß man sich die Szene noch einmal in Erinnerung ruft.

Stellen Sie sich so lange möglichst anschaulich eine Szene aus der Vergangenheit vor, bis Sie sie fast mit Händen greifen können. Dann beobachten Sie, was geschieht. Wie sind die Menschen? Wie ist das emotionale Klima? Was geschieht? Wer hat die Macht? Wie reagieren Sie? Was haben Sie immer geglaubt, wenn Sie an diese Szene dachten? Wie beeinflussen diese Annahmen Ihr heutiges Leben? Wollen Sie diese Haltung beibehalten oder sie revidieren? Die Entscheidung liegt bei Ihnen.

Man sagt uns oft, die Zeit heile alles. Sie heilt deshalb, weil unsere Lebenserfahrung uns hilft, die Motive anderer Menschen besser zu verstehen. Wir finden uns teilweise in ihnen wieder und sie in uns. Wir reagieren ähnlich und beginnen zu verstehen, warum. Manche

Menschen werden im Alter starrer und härter in ihrem Urteil über andere, die meisten aber werden abgeklärter, verständnisvoller und großzügiger.
Hören Sie damit auf, Ihre Eltern, Ihr Schicksal oder Ihre Vergangenheit ändern zu wollen. Beobachten Sie, wie oft Sie seufzen «Wenn doch nur». Tun Sie lieber einen Schritt in *Ihre* Gegenwart. Versichern Sie sich selbst: «Ich bestimme, mit welchen Augen ich das Leben sehe.» Alles hängt davon ab, wie Sie sich selbst sehen!

Sie sollten sich jetzt mögen, seien Sie Ihren Freunden zehn Jahre voraus.

Außergewöhnliche Frauen

Obwohl man es eigentlich nicht annehmen sollte, sind Frauen, die über außergewöhnliche Begabungen verfügen, in besonderem Maße von Stimmungstiefs betroffen. Wenn Sie eine solche Frau sind, müssen Sie noch mehr für Ihr Selbstwertgefühl tun. Ihre bewußte Wahrnehmung und Ihre Sensibilität führen dazu, daß Sie Schmerz, vielleicht aber auch Freude intensiver als andere empfinden. Durch Ihre Intelligenz, Energie und Sensibilität sehen und fühlen Sie intensiver als viele andere Menschen.
Eine Frau zu sein, ist für Sie besonders kompliziert. Sie können zwar vielerlei individuelle Entwicklungsmöglichkeiten fühlen, sehen und denken, doch Sie leben in einer Gesellschaft, die noch immer versucht, Ihren Blick zu begrenzen und Sie in ihrer Persönlichkeit einzuschränken. Die Ambivalenz, Ablehnung und Verwirrung, die Sie empfinden, wenn Sie als besonders begabtes Mädchen aufgewachsen sind, sind schwer zu ertragen und können Ihr Selbstwertgefühl empfindlich treffen. Beantworten Sie sich selbst folgende Fragen:

> Sind Sie eine Frau mit äußerst regem Verstand, die eine beträchtliche Anzahl von Informationen behalten, verstehen und verarbeiten kann? – Stellen Sie hohe Anforderungen an sich selbst und andere? – Kamen Sie sich immer ein bißchen anders oder besonders vor? – Fühlten Sie sich frustriert durch die Beschränkungen, die Ihnen andere oder die Gesellschaft auferlegten? – Haben Sie den Eindruck, daß Männer manchmal durch Sie einge-

> schüchtert werden? – Empfinden Sie Ihre Gedanken und Ideen oft als originell? – Vereinfachen Sie Erlebnisse und Gedanken, wenn Sie sie anderen mitteilen wollen? – Möchten Sie manchmal wissen, ob Ihre Gefühle tiefer sind als die anderer Menschen?

Wenn Sie verschiedene dieser Fragen mit Ja beantworten, sind Sie eine Frau mit «hohem Potential». Vielleicht machen Sie sich Gedanken darüber, ob Sie zu sehr von sich eingenommen oder sogar anmaßend sind. Aber das stimmt nicht.
Andere Menschen haben Sie unter Umständen als «begabt» bezeichnet, und vielleicht waren Sie wirklich ein begabtes Kind. Dieser Begriff trifft jedoch nicht das Zusammenspiel von Emotionalität, Kreativität und Bewußtsein, das unsere Definition von «hohem Potential» beinhaltet.
Der Begriff «Potential» ist ambivalent. Wann kann man wirklich davon sprechen? Falls Sie als Kind außergewöhnliche Fähigkeiten zeigten, wo lagen Ihre Grenzen? Wann schöpften Sie Ihr Potential aus? Wenn Sie um vierzig sind, haben Sie im Leben Ihre großen Möglichkeiten genutzt? Ist es möglich, zu irgendeinem Zeitpunkt in Ihrem Leben zu sagen: «Ich bin nicht länger eine Frau mit vielen Möglichkeiten, ich lebe mit dem Versprechen, das in mir liegt, in Einklang?»
Außergewöhnliche Frauen müssen sich herausgefordert fühlen, müssen Gelegenheit haben, ihre Vorstellungen zu entwickeln. Sie sind sehr neugierig, haben viele Interessen, sind beharrlich und zielorientiert. Sie können vieles tun, und deshalb ist es für sie oft schwer zu entscheiden, was sie mit ihrem Leben anfangen sollen.
Wenn Frauen das Gefühl quält, nicht bewußt und ihren Möglichkeiten entsprechend gelebt zu haben, wenn sie nicht zufrieden sind, dann kommen sie sich häufig als ein Versager vor. Sie haben das Geschenk, das sie erhielten, nicht genutzt, irgendwie haben sie ein Versprechen nicht eingelöst. Häufig empfinden diese Frauen eine tiefe, innere Trauer darüber, einen Weg nicht eingeschlagen zu haben. Schmerz entsteht dadurch, daß man sich des eigenen Potentials, der eigenen Begabung, der persönlichen Möglichkeiten zwar bewußt ist, aber erfahren muß, daß sie nur deshalb verstellt sind, weil das eigene Selbstwertgefühl blockiert ist.

Frauen müssen sich noch immer mit einer Umwelt auseinandersetzen, der ihre Stärke suspekt ist. Man spürt ihre innere Kraft und reagiert oft mit Konkurrenzdruck darauf. Männer, die Sie lieben, verlassen Sie unter Umständen wegen der Stärke, die sie in Ihnen spüren.
In unserer Gesellschaft treffen intelligente Frauen wesentlich häufiger auf Barrieren als intelligente Männer. Schranken werden schon mit der Geburt aufgerichtet, es gibt sie in der Kindheit, im Erwachsenenalter und in Ihnen selbst. Sie müssen wissen, warum Sie zögern, all das zu fühlen und zu sein, was Ihre Persönlichkeit ausmacht.
Obwohl das gesellschaftliche Bewußtsein für die besonderen männlichen und weiblichen Möglichkeiten wächst, sind wir als Frauen heute immer noch eingeschränkt. Je bewußter Sie sich als Frau erleben, desto größer wird die Wahrscheinlichkeit, daß Sie Verluste hinnehmen müssen (Kinder, Hausfrauendasein, Weiblichkeit, Ehe, Freunde, Sexualität). Eine Partnerschaft kann schwierig oder unmöglich werden, weil es an Kompromißbereitschaft fehlt. Es ist schwer, einen Mann zu finden, der Sie liebt und bei Ihnen bleibt, wenn Sie all Ihre Fähigkeiten entfalten. Manchen Frauen gelingt es, den gesellschaftlichen Erwartungen zu entfliehen und einen angemessenen Platz zu finden. Aber es ist sehr schwierig.
Im Verlauf der Geschichte haben so verschiedene Frauen wie etwa Indira Gandhi, Eleanor Roosevelt, Madame Curie, Margaret Thatcher, Elizabeth Barrett Browning, Yoko Ono, Golda Meir, Katherine Hepburn den Begriff der Weiblichkeit mit immer neuen Bedeutungen gefüllt. Die Biographien solcher Frauen zeigen aber auch, daß ein unkonventionelles Verständnis des eigenen Frauseins nicht leicht häufig mit schmerzlichen Empfindungen verbunden ist.
Als ich klein war, erzählte mir mein Vater, daß es eine Maschine gebe, in die man kleine Mädchen stecken könne, die dann am anderen Ende als Jungen wieder herauskämen. Ich wußte damals schon, daß es besser war, ein Junge zu sein, aber ich wollte meinem weiblichen Geschlecht die Treue halten. Es war sehr schwer, und ich wurde von meinen Gefühlen hin und her gerissen. Schließlich – nach monatelanger Seelenforschung – ging ich zu ihm und sagte, ich sei bereit, mich in die Maschine stecken zu lassen. Ich erinnere mich, daß ich

allen Mut zusammennahm und die Zähne zusammenbiß, bevor ich in sein Zimmer ging, um ihm meine Entscheidung mitzuteilen. Und dann sagte er mir, es gebe eine solche Maschine gar nicht. Ich weinte tagelang und fühlte mich schmählich verraten.

Wenn Sie als eine besonders begabte Frau versuchen, Ihre persönliche Lebensgeschichte und die gesellschaftlichen Rahmenbedingungen, die für Sie in Ihrer Vergangenheit und Gegenwart wichtig waren und sind, zu begreifen, wird Ihnen vieles leichter fallen. Sie können beobachten und fühlen sich nicht ungerecht behandelt. Sie können verstehen, warum Sie allein sind.

Solange jemand zu jung ist, um sich selbst zu schützen, können sich ein waches Bewußtsein und Sensibilität sehr schmerzlich auswirken. Falls Sie schon ganz früh Ihr intuitives Wissen und Ihre Intelligenz einsetzen mußten, um sich etwa schwierigen familiären Bedingungen oder Ihrer Rolle als Mädchen anzupassen, können Sie dabei unter Umständen Ihr wahres Ich verloren haben. Sie bleiben sich zwar Ihrer Fähigkeiten bewußt, sind aber nicht in der Lage, Ihre wirkliche Individualität in konkreten Handlungen auszuleben.

> Sie lernen die Kunst, Gefühle zu ignorieren, weil Sie zu intensiv empfinden. – Sie machen ein «fremdes» Wesen aus sich, das sich seiner Umgebung anpaßt. – Sie finden es schwer, allein fertig zu werden. – Sie entwickeln Ihre intellektuelle Begabung, aber Ihr ureigenes Gefühlsleben verkümmert.

Als erwachsene Frau passen Sie sich weiterhin an, wie Sie es in der Kindheit gelernt haben, aber Ihr wacher Verstand läßt Ihnen keine Ruhe. Viele Frauen zeigen ein destruktives Verhalten, wenn sie versuchen, Barrieren zu überwinden. Sie empfinden alles sehr intensiv, können sich jedoch über ihre jeweilige Motivation nicht recht klarwerden. Sie halten sich für wertlos und versuchen deshalb verzweifelt, Kontakt zu solchen Menschen zu finden, die Antworten zu wissen scheinen oder ein ausgeprägtes Selbstwertgefühl besitzen. Bei der Beurteilung und Auswahl von Partnern und Freunden unterlaufen ihnen schwerwiegende Fehler.

Um zu überleben, vergraben sich manche Frauen in ihrer Arbeit, verlieren sich in Beziehungen oder steigen aus dem «normalen» Leben aus. Sie werden Workaholics, Perfektionistinnen, verheiratete Märtyrerinnen, oder sie führen ein Leben am Rande der Gesellschaft. Sie leiden darunter, daß sie völlig ausbrennen, schließen emotional und sexuell Kompromisse und versinken in Depressionen.
Viele außergewöhnliche Frauen arbeiten sich durch ihre Depressionen hindurch und fordern ihr eigentliches Ich, das sie in der Kindheit verloren haben, wieder ein. Andere verzichten darauf, die Risiken scheinen ihnen zu hoch. Die Barrieren bleiben bestehen.

Was Sie tun können

Akzeptieren Sie sich selbst. Seien Sie dankbar, daß Sie eine so außergewöhnliche Frau sind. Lächeln Sie, weil Sie überlebt haben. Sie können noch denken. Sie können noch fühlen. Ihr waches Bewußtsein und Ihre Intelligenz sind Ihnen erhalten geblieben. Sie können an sich arbeiten und wieder zu einer Einheit finden. Vielleicht brauchen Sie Hilfe. Sie werden leiden. Aber für Sie ist alles möglich.
Stellen Sie sich der Realität. Die Welt ist kein Ort, an dem Gerechtigkeit herrscht. Sie werden selten, wenn überhaupt, bedingungslose Liebe oder Zustimmung finden. Falls Sie sie finden, könnte das für Sie unangenehm sein. Sie müssen in Ihre Vergangenheit hinabsteigen, die Geschichte der Frauen verstehen und Ihre eigenen negativen und positiven Eigenschaften akzeptieren. Lesen Sie Biographien außergewöhnlicher Frauen, und treffen Sie sich mit Gleichgesinnten. Mit zunehmendem Alter werden Sie stärker, eigenständiger und fähig, Ihre Möglichkeiten voll zu entfalten.
Durchschauen Sie den Konkurrenzkampf. Er wird Ihr Leben ständig begleiten. Andere Frauen werden sich mit Ihnen vergleichen und manchmal sogar versuchen, Ihnen zu schaden. Vielleicht sind Sie geneigt, nachzugeben und weniger zu scheinen, als Sie sind. Versuchen Sie statt dessen zu erreichen, daß andere mit Ihnen Schritt halten, schenken Sie ihnen Aufmerksamkeit, lernen Sie, wie gesellschaftliche Systeme funktionieren, und konkurrieren Sie nur mit Menschen, die Ihnen gewachsen sind.
Akzeptieren Sie Ihre Ambivalenz. Sie werden Tage und Nächte erleben, wo Sie weniger sein möchten, als Sie sind. Sie möchten gerne als

ganz normaler und angepaßter Mensch erscheinen. Sie überlegen, wie Sie abhängiger, unterwürfiger sein könnten. Aber Sie haben keine Wahl. Sie sind, was Sie sind, jeder spürt es, deshalb sollten Sie sich damit abfinden.
Machen Sie sich auf Neid gefaßt. Neid hat viel Ähnlichkeit mit Konkurrenzdenken, aber er wird Sie mehr erschrecken. Ob es sich um einen rein weiblichen Wettbewerb, um eine Ehe oder eine Beförderung handelt, Sie werden den Haß der Frauen spüren, die sich selbst weniger hoch einschätzen. Wenn Sie mit solchen Frauen zusammen sind, sollten Sie sich selbst deshalb notgedrungen zurücknehmen und ihnen die Gelegenheit geben zu glänzen. Aus Vernunftgründen sollten Sie sich auch von Leuten fernhalten, bei denen Sie das Gefühl haben, emotional in Gefahr zu sein. Verlassen Sie sich auf Ihre Intuition.
Rechnen Sie damit, Freunde zu verlieren. Oft werden Sie sich wie eine Einzelgängerin vorkommen. Sie haben ein reiches Innenleben und können allein überleben. Es wird enge Freunde geben, aber Sie werden nicht ohne Schwierigkeiten in eine der üblichen sozialen Gruppen passen. Die betreffenden Menschen werden Sie nicht interessieren, und sie werden das merken.
Versuchen Sie, nicht alles kontrollieren zu wollen. Sie möchten alles im Griff haben, um Defizite Ihrer Kindheit auszugleichen. Dieses Bedürfnis kann übermächtig werden. Es zeigt sich als Perfektionismus und «Workaholismus» oder aber dadurch, daß Sie alles laufenlassen und völlig unkontrolliert leben. Sie sind jetzt erwachsen. Sie fühlen sich sicher. Sie können für sich selbst sorgen. Es ist in Ordnung, wenn Sie bewußt Ihr eigenes Leben leben.
Verstehen Sie den Schmerz. Sie empfinden alles sehr intensiv, und es wird Zeiten der Verzweiflung und Depression geben. Sie sollten immer daran denken, daß Sie auch einen Preis für Ihr waches Bewußtsein zahlen müssen, und sollten im Geist stets einen großen Stock bei sich tragen, um Schatten zu vertreiben. Es ist schwer, so früh das Wissen und Fühlen zu haben, das Ihnen gegeben wurde. Aber denken Sie auch an das Geschenk, die größere Freude.
Verleugnen Sie nicht Ihre Weiblichkeit. Obwohl es immer Frauen wie Sie gegeben hat, so sind sie doch nie wegen ihrer Schönheit oder Weiblichkeit gefeiert worden (selbst wenn sie schön waren). Die Fähigkeiten, die sie besitzen, werden für andere immer ein Grund sein,

Ihre Sexualität mit gemischten Gefühlen zu betrachten. Sie spüren bei Ihnen mehr Gefahr als Unterordnung.

Oft werden Sie sich über Ihre eigene Weiblichkeit Gedanken machen und beschließen, mit Hilfe von Spitzen und Parfum Ihr Gleichgewicht wiederherzustellen. Umgeben Sie sich mit Dingen, die Ihnen gefallen (bei mir war es die Farbe Pink) und helfen, das traditionelle Frauenbild mit Ihrer eigenen Persönlichkeit in Einklang zu bringen.

Diese Beschreibung außergewöhnlicher Frauen und ihrer Probleme hinterläßt in Ihnen vielleicht sehr gemischte Gefühle. Aber denken Sie immer daran, Sie erleben nicht nur Frustrationen und Schmerz, sondern haben auch die Fähigkeit, das Leben in unglaublicher Tiefe und Schönheit zu spüren. Sie müssen sich nur entscheiden, niemand anders kann es für Sie tun. Sie müssen die ganze Kraft Ihres Verstandes und Ihres Herzens nehmen und in Ihre eigene Zukunft wirken lassen.

Frauen bewegen sich vorwärts, indem sie in die Tiefe gehen.

Bewahren Sie Ihren Sinn für Humor

Wenn Sie lediglich zwei Eigenschaften wählen könnten, die Sie durchs Leben begleiten, dann sollte die erste Selbstwertgefühl und die zweite ein ausgeprägter Sinn für Humor sein. Falls Sie über die Absurditäten, die Sie umgeben, nicht lachen können, werden Sie es niemals schaffen. Sie werden nicht offen sein für tiefere Gefühle.

Was Humor betrifft, sind Frauen manchmal zwiespältig. Es gab eine Zeit, da galt lautes Lachen als unweiblich. Wir mußten uns auf Kichern und Gickeln beschränken. Oft waren Frauen die Zielscheibe von Witzen, dann war es oft schwierig für uns, über etwas zu lachen, das in Wirklichkeit eine verbale Attacke war. Jetzt haben wir unseren Humor zurückgewonnen, auch wenn es manchmal Galgenhumor ist.

Der sowjetische Kämpfer für Menschenrechte Anatolij Schtscharanski sagte bei seiner Entlassung aus dem Gefängnis, daß sein Sinn für Humor eine mächtige Waffe gegen die schrecklichen Bedingungen gewesen sei, unter denen er hatte leben müssen. «Ohne Humor hätte ich verloren, wäre ich gescheitert», sagte er.

Norman Cousins behauptet in seinem Buch *Anatomy of an Illner's*, daß Humor sein Leben gerettet habe. Er sah sich alte Filme der Marx Brothers von seinem Krankenhausbett aus an. Cousins behauptet, daß Humor Schmerzen lindern und den Heilungsprozeß in vierfacher Weise beschleunigen könne: durch Ablenkung, durch Entspannung, durch Veränderung der Erwartungshaltung und durch eine vermehrte Produktion körpereigener, natürlicher Schmerzkiller.
Humor hilft, die Verbindung zum Leben und zu den Mitmenschen herzustellen. Lachen verringert die Distanz zwischen Menschen. Es läßt Sie Ihre Anspannung, Ihren Ärger, Ihren Streß vergessen. Humor schafft neue Energie, erhöht die Bereitschaft, fremde Menschen zu akzeptieren, und hilft uns, einander zu vertrauen.
Zwischen Humor und Kreativität besteht eine enge Verbindung. Beide erfordern Phantasie. Bei Kindern findet man eine erkennbare Korrelation zwischen Intelligenz und dem Sinn für Humor. Nette Leute lachen.

Weisheit zeigt sich am besten, wenn Ihre Stimmung auf dem Tiefpunkt ist.

Humor bedeutet, über sich selbst oder mit anderen zu lachen. Er beruht auf Warmherzigkeit, Einfühlungsvermögen und dem Verständnis für menschliche Schwächen. Humor lädt andere zum Lachen ein und läßt sie an der Freude teilhaben. Er bringt Menschen näher zueinander und führt nicht zu einem verletzenden Austausch von geistreichen Bemerkungen. Sich über andere lustig zu machen ist kein Humor, sondern enthält meist einen versteckten Angriff. Manche nennen es vielleicht Jux oder Hänselei, aber es steckt immer der Wunsch dahinter, den anderen zu beherrschen. Diese Art von Bemerkungen zerstört Vertrauen und irritiert, weil man sich dagegen meist nicht wehren kann.
Negative Bemerkungen, als Scherze getarnt, schließen oft jemanden aus (Minderheiten, Frauen, religiöse Gruppen), und derjenige, der Zielscheibe solcher Scherze ist, kann sich dem Angriff meist nicht entziehen. Er oder sie wird wohl oder übel das Opfer der Ironie. Sarkasmus beleidigt, kränkt und trennt Menschen. Und dann fragte der Angreifer oft voller Unverständnis: «Können Sie denn keinen Spaß verstehen?»

Nervöses Lachen ist ein Zeichen von Unsicherheit. Sie finden es kompliziert, wirklich am Leben teilzunehmen, selbst eine Unterhaltung fällt Ihnen schwer, deshalb beschränken Sie sich auf ganz willkürliche akustische Äußerungen. Damit verdecken Sie, daß Sie sich selbst zu ernst nehmen, um irgendwo auch helle Seiten sehen zu können. Sie lachen vielleicht selbst dann über die Fehler anderer, wenn die Betreffenden sich selber verletzt haben, nur weil Sie einfach nicht wissen, was Sie sonst tun sollen.

Wenn wir mit uns selbst nicht im reinen sind, ist es schwierig, sich in einen anderen Menschen hineinzuversetzen oder über die Absurdität unserer Entscheidungsfreiheit zu scherzen. Versuchen Sie, für sich selbst und andere Sicherheit zu schaffen. Dann werden Sie verstehen, daß wir in dieser Geborgenheit alle zusammensein können und daß echtes Lachen hilft.

Was Sie tun können

Leicht ist es, wenn Sie in eine Familie hineingeboren wurden, die das Leben mit Humor betrachtet, aber zum Lernen ist es nie zu spät. Der wichtige erste Schritt ist Ihre bewußte Entscheidung, daß Sie lernen möchten, mehr zu lachen. Wenn Sie sich jetzt dabei ertappen, daß Sie sagen: «Halt, es gibt Dinge, die man ernsthaft betrachten muß», dann sind Sie sich Ihrer Sache nicht sicher. Natürlich gibt es immer Dinge in unserem Leben, die ernsthaft betrachtet werden müssen – es sind viel mehr, als wir wollen oder brauchen. Es besteht kaum die Gefahr, daß wir zuviel lachen. Die meisten von uns lassen Gelegenheiten, die durchaus Anlaß zum Lachen bieten, ungenutzt vorübergehen. Wir machen uns zuviel Gedanken über das, was auf uns zukommt.

Entspannen Sie sich, vergessen Sie allen Streß. Wenn Sie sich wohl fühlen, fällt es Ihnen leichter, die Komik in Ihrem Umfeld wahrzunehmen. Erinnern Sie sich an all die glücklichen und humorvollen Augenblicke in Ihrem Leben. Sie kommen dauernd vor, wenn man einen Blick für komische Situationen hat. Manche fangen traurig an, und einen Monat später sind sie sehr komisch. Können Sie sich an einige erinnern?

Lassen Sie Ihre Freunde an Ihren Geschichten teilhaben, und leihen Sie sie ihnen aus. Wir alle erzählen Geschichten und Witze anderer weiter.

Wenn Ihnen das nächste Mal etwas Unangenehmes zustößt, versuchen Sie, es trotz allem mit Humor zu nehmen, selbst wenn es Galgenhumor ist. Sie haben z. B. auf der Autobahn einen Auffahrunfall verursacht. Nachdem Sie und der Geschädigte die Personalien ausgetauscht haben und Sie schon im Begriff sind weiterzufahren, sollten Sie sich sagen, daß dies ein Wink des Himmels war, um Sie zum Langsamfahren zu bewegen. Entspannen Sie sich, bevor Sie auf die Schnellspur zurückkehren.

Lesen Sie lustige Geschichten in Zeitungen oder Zeitschriften, bis Sie die Welt wieder mit lachenden Augen sehen können. Blättern Sie in Comics und Witzbüchern, bis Sie etwas finden, das Ihnen gefällt. Ihre Freunde sollen sich ruhig über Sie lustig machen. Gehen Sie auch in Komödien. Seien Sie locker! Es ist gut, manchmal albern zu sein. Sie müssen nicht sich selbst und die Welt fest im Griff haben.

Lachen Sie so oft wie möglich über sich – nicht spöttisch, sondern voller Verständnis für Ihre menschliche Natur. Versuchen Sie am Ende eines anstrengenden Tages auch die humorvollen Seiten zu sehen, das ist eine Möglichkeit, die Absurdität dessen zu erkennen, was wir uns selbst antun.

Geben Sie anderen so oft wie möglich die Gelegenheit zu lachen, auch wenn es über Sie selber ist. Sie sollten mit Ihnen lachen, nicht über Sie. Erzählen Sie ihnen, was für dumme Fehler Sie gemacht haben, und vertreiben Sie Ihren Ärger, indem Sie gemeinsam darüber lachen.

Nehmen Sie sich vor humorlosen Menschen in acht. Halten Sie sich nach Möglichkeit von ihnen fern. Suchen Sie sich Menschen aus, die lustig sind, deren Witz Sie bewundern. Ihre Art wirkt ansteckend.

Unterdrücken Sie nicht den Humor anderer Menschen, auch wenn Sie ihn schrecklich finden. Jeder hat seine eigene Art. Machen Sie sich keine Sorgen darüber, daß Sie nicht ernsthaft genug sind. Sagen Sie niemals: «Wisch dieses Lächeln aus deinem Gesicht.»

Versuchen Sie das Leben leichtzunehmen; es gibt immer noch genug Dinge, die man ernst nehmen muß.

«Engel können fliegen, weil sie sich selbst leichtnehmen.»
(Jean Cocteau)

Ein bißchen mehr Glück, bitte

Es fehlt Ihnen etwas. Sie wissen nicht genau was, aber Sie haben das Gefühl, daß es im Leben noch mehr geben müßte. Sie sind glücklich, Sie können lachen, aber Sie haben eben nicht alles. «Ich habe ein schönes Haus, einen netten Mann, einen guten Job, die Kinder sind geraten, und ich bin durchaus attraktiv. Ich habe wirklich alles, was man sich normalerweise wünscht. Warum fühle ich mich so unzufrieden?»

Das Problem liegt nicht darin, alles, was man sich normalerweise wünscht, zu haben. Das Problem liegt darin, das zu haben, was *wir* brauchen, was in *uns* etwas zum Klingen bringt.

Es geht um Ihre eigenen Werte, nicht um die der Öffentlichkeit, der Medien oder des Bekanntenkreises. Wahrscheinlich wissen Sie gar nicht, was «Alles zu haben» wirklich für Sie bedeutet. Sie hatten weder Zeit noch Lust, Werte und Prioritäten festzulegen, die Sie für wichtig halten.

Wen kennen Sie, oder von wem haben Sie gehört, der alles hat? Möchten Sie mit einem von ihnen tauschen? Wie wählerisch sind Sie? Würden Sie gern bestimmte äußerliche Merkmale oder bestimmte Bereiche ihres Lebens für sich haben, aber nicht generell mit ihnen tauschen? Finden Sie, daß Sie in einigen Bereichen Ihres Lebens durchaus keinen Vergleich zu scheuen brauchen?

Überlegen Sie sich, was *Sie* haben möchten, wenn Sie alles haben könnten. Was hätten Sie gern? Schreiben Sie die ersten drei Wünsche auf, die Ihnen einfallen. Was steht ihnen im Wege? Wo liegen Ihre Schwierigkeiten? Was ist wirklich wichtig für Sie?

Das Schwierigste auf dem Weg zu einem Gefühl der Zufriedenheit ist, zu erkennen, was Sie wirklich wollen. Verwenden Sie etwas Energie darauf, es herauszufinden. Beobachten Sie eine Zeitlang, was in Ihnen klingt. Bleiben Sie flexibel, denn Ihre Wünsche ändern sich im Verlauf eines Jahres und im Laufe des Lebens. Leben bedeutet auch ständiges Wachsen und Überdenken von Urteilen. Finden Sie Ihr Gleichgewicht; klären Sie ab, was Ihnen wichtig ist, sorgen Sie für Freude in Ihrem Leben, streben Sie nach leidenschaftlichen Gefühlen. Glücksmomente sind die kleinen Schauer, die Ihnen den Rücken hinunterlaufen, wenn bestimmte Dinge geschehen. Sie sind kurz, eine Woge des Behagens, eine plötzliche Empfindung von Freude. Sie überkommen Sie in unerwarteten Augenblicken.

Für die meisten von uns sind diese Momente wachsender Freude ein Teil des Glücks. Einige von uns planen sie bewußt in ihr Leben ein, vergessen jedoch, das oft genug zu tun. Andere meinen, solche Augenblicke sollten Überraschungen sein, etwas, das einfach geschieht. Ich bin der Meinung, wir sollten soviel Glück wie möglich in unser Leben hineinholen.

Was Sie tun können

Es ist leicht, etwas zu tun, wenn Sie wissen, wodurch diese Art von freudiger Erregung bei Ihnen ausgelöst wird. Machen Sie sich eine Liste von dem, was Sie anspricht. Schreiben Sie nur Dinge auf, für die Sie sonst niemanden brauchen. Wenn Ihnen nichts mehr einfällt, ehe Sie zwanzig Beispiele aufgeschrieben haben, dann denken Sie an die Zeit zurück, als Sie zehn Jahre alt waren. Viele der schönsten Glücksmomente hatten wir als Kinder, aber wir haben die Erinnerung an sie verloren. Schreiben Sie all die kleinen Dinge auf, die Sie in freudige Erregung versetzen, ein Kribbeln verursachen oder ein Gefühl des Friedens oder des Glücks hervorrufen. Es folgt meine persönliche Aufstellung.

Musik: Mozart oder Merle Haggard. Musik wirkt sich immer auf Ihre Stimmung aus. Sie können warten, bis Ihr Mann oder Ihr Partner nach Hause kommt und dann jammern, was für einen schweren Tag Sie hatten. Eine Alternative, die glücklicher macht, ist, eine Schallplatte aufzulegen und zu tanzen.

Wasser. Ich wuchs zwischen Bewässerungsgräben auf. Es tut gut, die Hände einfach ins Wasser zu stecken. Ich habe im hinteren Teil meines Gartens Teiche angelegt, um darin zu stehen, darin zu planschen oder daneben zu liegen. Sie können sich auch in eine Wanne setzen oder einen Springbrunnen anlegen, um dem Plätschern zuzuhören.

Blumen. Warum sollte ich mir nicht einmal Blumen für mich selbst kaufen?

Düfte. Geben Sie Kräuter oder Zitronenöl in dampfendes Wasser. Verbrennen Sie Duftkerzen. Kaufen Sie Parfum. Alles, was gut duftet, spricht mich an.

Träumen. Stellen Sie sich andere Möglichkeiten vor, neue Gärten, neue Bücher, neue Orte.

Reisen. Fahren Sie in irgendeinen Ort, mindestens fünfzig Meilen

von zu Hause weg. Ich lerne gerne andere Kulturen, andere Lebensweisen, andere Baustile kennen. Reisen kann zu einer Passion werden.
Einsamkeit. Hören Sie auf die Stille in sich.
Berührung. Massage, Gesichtspflege, Umarmungen, sich anschmiegen, all das bedeutet Berührung.
Plaudern. Unterhalten Sie sich ein wenig mit Fremden, nur um mit ihnen in Verbindung zu kommen.
Champagner. Ich habe mir einen Spezialsektkorken gekauft, so habe ich die ganze Woche etwas von einer Flasche und halte es nicht für Verschwendung, sie nur für mich allein zu öffnen.
Der Markt. In Seattle haben wir einen wunderschönen Markt, voller Leben, Fisch, Kunstwerken und Gemüse. Zwanzig Minuten dort zu verbringen bedeutet Erholung, selbst an einem anstrengenden Tag.
Libellen. Als ich ein kleines Mädchen war, verbrachten wir einmal im Sommer zwei Wochen in einer Hütte am Newman-See außerhalb von Spokane. Auf dem Rücken liegend ließ ich mich im Wasser treiben und fühlte mich frei und schwerelos. Irisierende blaue Libellen landeten auf mir, und ich war ganz aufgeregt.
In dem Jahr, nachdem wir unseren Teich angelegt hatten, lag ich einmal am Ufer, und wieder landete eine Libelle auf mir. Viele Jahre hatte ich keine gesehen. Ich wußte, sie war vom Newman-See zu mir geflogen. Ich fühlte eine große, freudige Erregung; sie durchfuhr meinen ganzen Körper. Ich lief ins Haus und erzählte meinem Mann, was geschehen war. Er sah mich an, lächelte und sagte: «Jennifer, dich kann man so leicht zufriedenstellen.»
Folgende ganz alltägliche Dinge bedeuten mir und meinen Freunden sehr viel: Kräutertees, bequeme Schuhe, irische Musik, Kieswege, Schokolade, Gewitter, lustige Karten, Anrufe von Freunden, Earl Grey-Tee, gelbe Rosen, Pyramidenpappeln, frische Tortillas, Füße hochlegen, Filme, Kinderchöre, Katzen, Fahrten aufs Land.

Welche kleinen Dinge im Leben bereiten Ihnen eine Freude? Wie viel hängt davon ab, daß ein anderer die Entscheidung trifft? Wie viel müßten Sie sich selbst zubilligen? Nehmen Sie Ihren Kalender zur Hand, und reservieren Sie sich eine bestimmte Zeit, die Dinge zu tun, die Sie in freudige Erregung versetzen. Bringen Sie ein Zeichen an

Ihrer Tür, Ihrem Spiegel oder Ihrem Armaturenbrett an, durch das Sie immer daran erinnert werden, daß es bei Ihnen selbst liegt, ob Sie guter Laune sind oder nicht.
Die Verbindung zu Ihrem Selbst wird stärker werden, Sie werden sich Ihrer eigenen Erregung bewußt sein. Selbstverständlich sollten Sie sich nicht allein auf die nur individuellen Bereiche Ihres Lebens beschränken, sondern auch bewußter mit Ihren sozialen oder religiösen Empfindungen umgehen.
Was verschafft Ihnen dasselbe intensive Gefühl in Ihrer Gemeinschaft? Wie weit haben Sie Kontrolle darüber?
Wenn Sie erst einmal das persönliche Gleichgewicht, Glück, ein Bewußtsein Ihres eigenen Wertes, Freude gefunden haben, wird sich ein intensives, leidenschaftlicheres Lebensgefühl fast wie von selbst einstellen.

Daran sollten Sie denken

Gehen Sie nicht davon aus, daß andere Leute Sie glücklich machen können. Sie möchten es vielleicht, aber sie werden Glück immer auf ihre Weise definieren und von ihrer Werteskala her betrachten, und dabei wird es nie eine völlige Übereinstimmung geben können.
Bauen Sie nicht auf Magie, Zauberei, Lotterie oder irgend etwas, das vom Himmel fällt. Glück entsteht aus uns selbst heraus.
Messen Sie Glück nie mit dem Maß eines anderen Menschen. Es kann nur in Ihnen selbst und an Ihren eigenen Wertvorstellungen gemessen werden.
Hören Sie auf, etwas zu wünschen, das in keines Menschen Macht steht.

Keine Liebe schenkt uns soviel wie die Liebe zum Leben.

Quellen unserer Gefühle

Ein leidenschaftliches Lebensgefühl verlangt vieles, das in diesem Buch angesprochen wurde: Glück, Humor, ein bewußtes Ich, Gemeinschaft. Sobald wir tiefer gehen, intensivieren sich die Gefühle, ändert sich die Sprache. Wir hungern nach Passion. Wir glauben sie zu kennen, möchten sie mit allen Fasern unseres Körpers spüren; und trotzdem sind unsere Gefühle zwiespältig. Leidenschaft läßt uns an die Grenzen unseres Wissens und unserer Intuition stoßen.

Es gibt viele Definitionen von Leidenschaft, aber die einzige, die zählt, ist Ihre eigene. Was erregt Sie? Was löst in Ihnen ein prickelndes Gefühl aus? Was läßt Sie schwer atmen? Ihre Leidenschaft ist so außergewöhnlich stark, weil sie einmalig ist.

> *Niemand will die ganze Welt besitzen, wenn er vorher ein anderer Mensch werden muß. (Aristoteles)*

Leidenschaft ist eine allgegenwärtige Lebenskraft. Sie können sie in kalten Nächten und am hellen Morgen einatmen. Sie können spüren, wie sie als eine Welle freudiger Erinnerung durch Ihren Körper fließt. Leidenschaft ist das ungestüme, erregende Gefühl, über alle Erwartungen und allen Verdienst hinaus belohnt zu werden. Es ist ein Empfinden, das als Fieberschauer, Schauder, Prickeln oder Kitzeln beschrieben wird, oft begleitet von Herzklopfen, einem Kloß im Hals oder Weinen. Leidenschaft ist Energie, subtil, variantenreich und so rein wie das Leben, das Sie durchströmt.

Leidenschaft muß durch Aufmerksamkeit unterstützt werden. Das ist das Geheimnis der Selbstdisziplin. Um ihre volle Intensität zu erreichen, müssen Sie alles Eingrenzende aufgeben. Das ist schwer für Menschen, die sich immer nur an der Oberfläche bewegen und hoffen, so «das ganze Leben» zu bekommen.

Jetzt sind Sie an der Reihe (schließen Sie die Augen, atmen Sie tief ein, fragen Sie sich): Was bedeutet Leidenschaft für mich?

Finden Sie heraus, was Sie erregt. Männer verfügen oft über eine breite Palette von leidenschaftlichen Empfindungen, weil sie länger alle Bereiche des Lebens genießen konnten als wir. Frauen denken meist in Verbindung mit Männern oder einem anderen geliebten Menschen an Leidenschaft. Wir erkennen seltener als Männer die Leidenschaft in uns selbst. Für den Augenblick kann es in der Liebe zu einem Mann erregende, wunderbare Gefühle geben, aber das ist keine Leidenschaft, die ein Leben lang vierundzwanzig Stunden am Tag anhält. Ein solches Gefühl erwächst nur aus Ihrer Beziehung zu sich selbst, zur Umwelt und, wenn Sie religiös sind, auch aus Ihrem Verhältnis zum Göttlichen. Eine Schwierigkeit besteht darin, sich intensiv auf solche Gefühle einlassen zu können. Manche Menschen scheinen dazu von Geburt an fähig zu sein, andere lernen es erst mit der Zeit. Für die meisten von uns ist die Wahl der Leidenschaften wichtig, sie müssen etwas in uns zum Klingen bringen.

Leidenschaft hat auch mit Verpflichtung, Zeit, Vertrauen, menschlicher Nähe, Verständnis zu tun. Sie hängt ab von unseren Bindungen an das Leben und von der Intensität, mit der wir bereit sind, sie zu gestalten. Versuchen Sie, das Folgende in Ruhe zu lesen, und verweilen Sie in Gedanken bei den Punkten, die Sie vielleicht besonders berühren. Ich stelle Ihnen verschiedene Möglichkeiten und Lebensbereiche vor, in denen ein intensives Lebensgefühl entstehen kann, die aber normalerweise nicht mit «Leidenschaft» in Verbindung gebracht werden.
Viele Frauen denken nur in einem sehr direkten sexuellen Sinn an Leidenschaft, selbst wenn im Leben erfahrungsgemäß solche Augenblicke sehr selten sind. Wir klammern uns an frühe romantische Vorstellungen von der reinen Leidenschaft zu dem einzig Geliebten: Aschenputtel, Romeo und Julia, Romane, die mit der ersten richtigen Umarmung, vielen Erwartungen und minimaler Befriedigung als schmerzliche Illusion enden. Denken Sie einmal darüber nach, wieviel wirkliche Leidenschaft Sie in einer Beziehung erlebt haben. Es ist wunderbar, wenn Sie vorhanden ist. Freuen Sie sich darüber, halten Sie sie fest. Doch denken Sie auch an all die anderen Quellen leidenschaftlicher Empfindungen, sonst erfüllt Sie vielleicht eines Tages das Gefühl, daß Sie irgendwie nicht das bekommen haben, was Sie sich wünschten oder für möglich hielten.
Ob es eine Landschaft ist, die Sie durch ihre Schönheit und Erhabenheit bewegt, Ihr eigener Garten oder die unmittelbare Nähe der Pflanzenwelt – intensive Gefühle erfüllen uns auch außerhalb unserer vier Wände. Es gibt Menschen, die von einer Welle freudiger Erregung durchflutet werden, wenn sie eine Klettertour im Hochgebirge machen oder an einem grauen Morgen eine Dahlie in Händen halten. Japanische oder englische Gärten, die Wildnis, Ozeane, Libellen, Sonnenaufgänge – die Möglichkeiten, die Natur intensiv zu erleben, sind unendlich. Auch die enge Verbindung mit der Erde vermittelt ein besonderes Lebensgefühl.
Wissenschaft hat den Reiz größtmöglicher Nähe. Das Suchen nach Erkenntnis und das abschließende Verstehen kann Wellen freudiger Erregung auslösen, die sich sogar körperlich zeigen. Wenn zwei Gedanken sich in Ihrem Gehirn vereinigen und Sie zu einer neuen Erkenntnis vorstoßen, dann könnte man das einen «geistigen Orgasmus» nennen. Das ist der Grund dafür, daß Menschen spätabends

noch in irgendwelchen Winkeln von Universitäten sitzen und studieren. Sie hungern nach der Erregung, die durch die Verbindung ihrer eigenen Gedanken mit denen anderer Menschen ausgelöst wird. Die Möglichkeiten, immer wieder neue Kombinationen zu testen und sich weiterzuentwickeln, sind unendlich.
Auch die Welt zu kennen und sich zu erinnern – das Gefühl, der Duft, die Wärme, die Laute vielfältigen Lebens – ist eine Form von Leidenschaft. Reisen ist ein Test für die Sinne, eine Herausforderung für den Verstand, den Charakter und das Herz. Leidenschaft kann in einer ungeplanten Fahrt durch kleine Städte liegen oder in einem Abenteuer am Amazonas. Es ist die Erregung, mit unserem Planeten verbunden zu sein.
Beziehungen zu anderen Menschen zu haben ist lebenslang eine Quelle intensiver Gefühle: Freunde, Kinder, Kollegen, Verwandte, Menschen, die wir seit unserer Kindheit kennen. Sie können durchaus alle leidenschaftliche Elemente – Intensität, Verstehen, Vertrauen, Intimität, Bemühen, Zeit – auch in eine Freundschaft einbringen.
Je intensiver Sie hören, je mehr Musik Sie kennen, desto stärker ist die Leidenschaft. Die Fähigkeit, eine Oboe, ein Cello oder ein Horn wirklich zu hören, bedeutet Leidenschaft. Musik bewegt uns, ob es klassische Musik oder Unterhaltungsmusik ist. Bei Mozart und Bach habe ich vor Freude geweint, war mitgerissen von den Beatles und fühlte die reine Sexualität bei Ravels Bolero. Sie selbst wissen am besten, welche Musik Sie tief berührt, warum hören Sie sie nicht?
Auch Wörter zu Poesie oder Prosa zusammenzufügen kann zu einem erfüllenden Erlebnis werden: etwas Neues aus alten, abgenutzten Teilen zu schaffen, die Freude daran, den einzig passenden Ausdruck zu finden, der ein Gefühl wiedergibt. Die Wörter einer einzigen Sprache bedeuten Grenzen für die Leidenschaft, aber die möglichen Kombinationen von Wörtern verschiedener Sprachen heben diese wieder auf. Ein einziger Satz kann ein Leben verändern.
Für manche Frauen ist der Sport eher problematisch, weil er so lange als unweiblich galt, doch unsere Töchter werden es leichter haben. Für Männer ist Sport seit eh und je eine Quelle leidenschaftlicher Gefühle: die Erregung, den eigenen Körper einzusetzen und die Lei-

denschaft der anderen zu beobachten, beim Schwimmen durch das Wasser zu gleiten oder Joan Benoit beim ersten olympischen Damenmarathon zu beobachten.
Was wahre Passion im Sport bedeutet, lernte ich durch meinen Mann und seinen Bruder kennen. Sie gingen früher immer auf den Hof und trainierten so lange mit einem Baseball, bis sie sich buchstäblich die Hände durch ihre Lederhandschuhe hindurch verbrannten. Nachher kamen sie mit erhitzten Gesichtern ins Haus zurück, glücklich, sichtbar erregt. Ich verstand es nicht, bis ihr Vater starb. Er besaß nicht viel und hinterließ nur einige Kartons mit Habseligkeiten. Einer von ihnen enthielt lauter ordentlich ausgefüllte Baseballkarten, eine für jedes Spiel, das seine Söhne je gespielt hatten, von der Grundschule bis zu dem Zeitpunkt, als sie beide nach dem College weggezogen waren. Er hatte diese Karten als seinen größten Schatz aufgehoben; das ist Leidenschaft.
Ob Sie selber mit Nadel und Faden, Ton, Farbe oder einem anderen Material arbeiten oder ob Sie sich mit den Werken anderer beschäftigen, die Kunst besitzt alle Elemente der Leidenschaft. Was berührt Sie? Zu welchen Kunstwerken kehren Sie immer wieder zurück, um den Menschen hinter der Leinwand zu verstehen? Glasfenster, Briefbeschwerer, Teppiche, Blumenarrangements, Wandteppiche, Skulpturen, Mobiles, Origami, mundgeblasenes Glas, Fotografien – die Liste ist endlos. Es gibt unzählige Möglichkeiten, die Welt und ihre Schönheit zu sehen.
Früher fragten Frauen manchmal ihre Männer: «Wen liebst du mehr, mich oder das Geschäft?» Das war eine gefährliche Frage; manche Männer waren versucht zu lügen, weil ihre ehrliche Antwort lautete: «Das Geschäft.» Eine Firma aufzubauen hat in gewisser Weise Ähnlichkeit mit der Erziehung von Kindern. Sie stellen ein Konzept auf, testen es, entwickeln es weiter, bauen es aus, und das Ganze ist gewissermaßen Ihr Werk. Wenn morgens noch alles ruhig ist, sind Sie schon als erste in der Firma. Sie wissen genau über alle Vorgänge Bescheid. Sie sind wahrscheinlich die letzte, die geht, die den Schlüssel im Türschloß herumdreht und mit einem Gefühl der Befriedigung nach Hause geht. Mehr und mehr Frauen gründen ihr eigenes Geschäft, es erschließt sich uns hier ein intensives Lebensgefühl.
Eine unserer offensichtlichsten Passionen sind Kinder. Da ist Nähe, Vertrauen, Intensität, Verständnis und Zeit im Überfluß. Unsere Lei-

denschaft für unsere Kinder ist fast überwältigend. Es gibt kaum Wichtigeres für uns, als für die nächste Generation zu sorgen. Das ist eine tiefe und dauernde Verpflichtung.
Autos werden mit Männern in Verbindung gebracht, genau so wie das bei der übrigen Technik schon lange der Fall ist. Das ist eine weitere Passion, die manch eine Frau erst über Männer verstehen lernt: die Fähigkeit und Faszination daran, Einzelteile zusammenzusetzen und schließlich eine Maschine zu erhalten; mit Hilfe von Teilen, die sich nach dem Zusammensetzen bewegen, neue Energie zu erzeugen.
Nur mit Zögern schreibe ich über spirituelle Empfindung. Für viele Menschen ist dies die schwierigste, aber auch die mächtigste Passion. Glauben kann eine lebensbestimmende Kraft sein. Jahrhunderte hindurch ist das Leben von Männern und Frauen durch ihren Glauben an eine Welt oder eine höhere Macht bestimmt gewesen. Für manche ist das Suchen eine Leidenschaft, für andere das Leben nach dem Tod und für viele der Glaube als solcher. Es geht um die letzten Deutungen des Daseins: Nirwana, Erleuchtung, Abendmahl und all die anderen Wege, Wahrheit und Ekstase zu erlangen.
Darüber hinaus gibt es in uns selbst noch zahlreiche Quellen intensiver Gefühle. Nehmen Sie sich einen Augenblick Zeit, um in sich zu gehen. Wenn Sie Ihre Leidenschaften gar nicht kennen, können Sie sich auch nicht für bestimmte entscheiden. Falls Sie bis jetzt noch keine Passion haben, sollten Sie sich überlegen, warum das so ist.
Der Hunger nach Leidenschaft erfüllt uns alle. Das Problem ist, ihm nachzugeben. Falls Sie diesen Hunger im Leben nicht stillen, werden Sie früher oder später gegen eine Wand rennen und sich fragen, warum Ihr Feuer erloschen ist.
Leidenschaft hing früher mit den elementaren Überlebensfragen zusammen. Es war die freudige Erregung, mit der man sich niederlegte, wenn man wußte, daß ausreichend Nahrung und Schutz für einen weiteren Tag vorhanden war. In den westlichen Industriegesellschaften sind wir von der Anstrengung befreit, ums nackte Überleben kämpfen zu müssen. Wir haben sie durch hektische Betriebsamkeit ersetzt, aber nicht durch neue Quellen intensiven Empfindens. Waren wir früher vor Erschöpfung todmüde, dann sind wir heute zu müde, weil wir versuchen, alles zu tun.
Frühere Generationen versuchten, Sicherheit durch mehr Besitz zu

schaffen. Eine gefüllte Speisekammer, ein eingezäuntes Grundstück und ein sicheres Einkommen gewährleisteten in gewisser Weise ein intensives Lebensgefühl. Mit zunehmendem Wohlstand, auch in den mittleren sozialen Schichten, verschoben sich die Prioritäten.
In den fünfziger Jahren entwickelten Frauen eine Leidenschaft für Sauberkeit. Sie gerieten buchstäblich in Verzückung beim Anblick eines frisch geputzten Fußbodens oder blütenweißer Wäsche. «Bei mir kann man vom Fußboden essen.» All die nach und nach erworbenen und aufgehäuften Dinge sauberzuhalten war eine Art, sich Sicherheit zu verschaffen. In den sechziger Jahren versuchte man, das Verständnis von Sicherheit zu verändern. Eine ganze Generation distanzierte sich von materiellen Gütern und wandte sich statt dessen den Möglichkeiten der Bewußtseinserweiterung und dem kollektiven Leben zu.
In den siebziger Jahren rückten Selbsterfahrung und Selbsterkenntnis in den Vordergrund. Und heute, in den achtziger Jahren, versuchen immer mehr Menschen, alles zu verbinden: materielle Güter, Bewußtseinserweiterung, Selbsterfahrung und Frieden. Ich kann mir vorstellen, daß Leidenschaft, Intensität und Intimität die positiven Zielvorstellungen der neunziger Jahre sein werden.
Doch es ist schwieriger geworden, wirklich intensiv zu empfinden, vielleicht, weil wir uns immer weiter von echten Überlebensproblemen entfernt haben. Leidenschaft hat heute ein anderes Tempo, sie braucht Zeit, Intensität, Verantwortung, Vertrauen, Glauben, Verständnis.
Wir haben uns eingebildet, alles im Leben absichern zu können, und es fällt uns nun sehr schwer, die Kontrolle lange genug zu lockern, um unsere Lebenskraft wieder strömen zu lassen – zu fühlen.
Vielleicht kann das Ansammeln von leblosen Dingen manchmal ein bißchen etwas von einer Leidenschaft haben, aber nur wenige Menschen finden echte Befriedigung darin. Die meisten von uns möchten etwas Lebendiges lieben und mit ihm verbunden sein. Wir wissen nur nicht, wie wir es anstellen sollen.
Es ist nicht leicht, sich für eine Passion zu entscheiden, wenn es dabei um alles oder nichts gehen kann. Sicherheit und Leidenschaft scheinen etwa in sexueller Hinsicht für manche Frauen unvereinbar zu sein. Sie beschreiben ihren Orgasmus als das Gefühl, über eine Klippe zu springen oder in einen Abgrund zu fallen, eine schreckliche, auf-

regende Vorstellung, wie beim Fallschirmspringen kurz vor dem Aufprall. Beim Orgasmus vergessen wir, daß es einen eingebauten Sicherheitsschirm gibt.

Haben Sie jemals so gelacht, daß Sie anfingen zu weinen? Sie haben das Gefühl, gleich die Kontrolle über sich zu verlieren, und stoppen sich selbst, bevor Sie hysterisch werden. Was schadet schon ein kleines hysterisches Vergnügen? In unserer Gesellschaft eine Menge. Vor allem Frauen haben Vorstellungen von Vergnügen und Kontrolle verinnerlicht, die sehr schwer zu überwinden sind, ganz gleich, wie sicher sie sich in einer Situation fühlen mögen.

Leidenschaft und Angst lösen physiologisch gesehen die gleiche Empfindung aus, nämlich das Gefühl, alles bewußter wahrzunehmen. Psychologisch gesehen aber ist das eine positiv und das andere negativ. Manche Frauen sagen, daß sie auch Leidenschaft als etwas Negatives empfinden und sie deshalb jegliche Erregung lieber vermeiden. Sie entscheiden sich damit für ein Leben voller heimlicher Frustrationen und Verdrängungen.

Die Hysterie enthält Elemente sowohl von Leidenschaft als auch von Angst, das geläufigste Beispiel für die Kombination dieser beiden Empfindungen ist jedoch eine Liebesaffäre. Es ist durchaus nicht leicht, die Unterschiede zwischen beiden Situationen zu benennen. Der Adrenalinstoß ist der gleiche, aber einmal handelt es sich um eine abwehrende Reaktion, im anderen Fall um eine Vorwegnahme von Gefühlen. Die meisten Frauen sind mit derartigen Zweifeln an ihrem Selbstwertgefühl aufgewachsen, daß schon die Entdeckung, an sich selbst glauben zu können, für sie zu einem leidenschaftlichen Erlebnis werden kann.

Vielfach wird Frauen signalisiert, daß es einen Zusammenhang von Angst und Leidenschaft gibt: In romantischen Romanen etwa ist die Liebe nur durch große Gefahren zu erreichen. Es erstaunt nicht, wenn Beziehungen für Frauen häufig angstbesetzt sind. Der sogenannte Aschenputtelkomplex besagt nicht von ungefähr, daß Frauen die Ereignisse des Lebens auf sich zukommen lassen, statt ihr Leben so einzurichten, wie sie es gerne führen möchten. Können Sie sich vorstellen, wie Aschenputtel den ganzen Tag im Haus herumhängt und nicht weiß, ob nun wirklich ein Prinz oder eine gute Fee auftaucht? Möglicherweise muß es lange warten.

Angst	**Leidenschaft**
Ich mache mir Sorgen um meinen Wert.	Ich bin von meinem Wert überzeugt.
Wird das Gefühl andauern?	Es wird ewig währen.
Ich traue ihm nicht.	Ich vertraue auf mich.
Ich fühle mich unsicher.	Ich bin sicher.
Wird er für mich sorgen?	Ich kann selber für mich sorgen.

Entfernen Sie sich einen Schritt von der Angst, und gehen Sie auf die Leidenschaft zu, indem Sie sich eine möglichst sichere Umgebung für etwas schaffen, das Sie lieben. Fangen Sie klein an, z. B. mit Musik. Wählen Sie ein Musikstück aus, das Sie lieben, und schaffen Sie sich einen sicheren Platz zum Zuhören. Versuchen Sie, mögliche Ablenkungen vorher auszuschalten: Lärm, falsche Raumtemperatur, Hunger, das Bedürfnis, zur Toilette zu gehen, Unterbrechungen, störende Möbel, das Schuldgefühl, etwas für sich selbst zu tun. Sorgen Sie für angemessene Kontrolle (Kopfhörer können eine Insel des Friedens mitten im Chaos schaffen), atmen Sie tief durch und genießen Sie: Lassen Sie die Musik durch Ihren ganzen Körper strömen, lassen Sie sich völlig erfüllen, und kuscheln Sie sich regelrecht in das Vergnügen.

Manche von uns weisen jeden Vorschlag, Leidenschaft auszuleben, weit von sich. Wir wollen Kontrolle. Kontrolle steht für Sicherheit. Leidenschaft ist unter unserer Würde, und außerdem schätzen wir es nicht, wenn andere uns vorschlagen, was wir tun sollen. Überdenken Sie Ihre Vergangenheit. Gab es in Ihrem Leben eine Zeit, in der Sie wenig Kontrolle über Ihr Leben hatten und verletzt wurden? Manche Menschen versuchen, sich ihr Leben lang vor Eltern zu schützen, vor denen sie schon jahrelang sicher sind.

Wie sicher sind Sie wirklich? Was könnte Sie mitten in Ihrer Leidenschaft und Ihrem Vergnügen verletzen? Was ist das Schlimmste, das Ihnen passieren könnte? Daß jemand Sie sieht oder hört? Daß Sie einen Teil Ihrer selbst öffnen müßten, den Sie bisher sorgfältig verschlossen gehalten haben? Daß Sie vielleicht verletzt werden? Daß Sie nichts empfinden, obwohl Sie es gerne möchten? Leidenschaft erfordert Risikobereitschaft, weil Sie Ihren gesamten Lebensenergien freien Lauf lassen müssen.

Wir haben alle Angst vor unseren unbekannten Seiten. Wir fürchten,

keine Kontrolle mehr über unsere Sexualität zu haben. Wir bezweifeln (wieder einmal) unsere Fähigkeit, uns für etwas zu entscheiden und dennoch das Gefühl der Freiheit zu haben. Doch Disziplin und ein intensives Lebensgefühl vertragen sich sehr gut miteinander. Disziplin ist notwendig, um Intensität zu schaffen.
Leidenschaft hat die Kraft, zu enthüllen, zu erschaffen und umzugestalten. Sie hat nichts Sicheres oder Beständiges an sich. Wenn Sie das Kind in sich selbst entdecken, die Botschaft aus einer vergangenen, einst vertrauten, jetzt aber längst vergessenen Welt empfangen, dann bricht das die trennende Wand zwischen Ihrem richtigen und Ihrem falschen Ich auf. Manchmal ist das sehr schmerzlich, weil wir Teile unserer Persönlichkeit wieder miteinander verbinden und dadurch den Schmerz erneut hervorrufen, der uns als Kind veranlaßte, uns von unserem eigentlichen Ich zu trennen. Vertrauen Sie Ihrer Intuition, lockern Sie ein wenig die Kontrolle, die Sie über Ihr Leben und Ihre Erinnerungen ausüben. Sie sind sicher.
Überprüfen Sie, ob Sie zu Perfektionismus neigen. Leidenschaft ist nicht ordentlich, ob Sie nun malen oder lieben. Wann haben Sie zuletzt mit Fingerfarben gemalt oder aus Matsch Kuchen gebacken oder sonstwie ein bißchen Unordnung genossen?
Halten Sie Ihr Selbstwertgefühl hoch, Sie verdienen es. Lesen Sie, arbeiten Sie an sich. Welchen Nutzen kann es Ihnen bringen, wenn Sie sich nicht für wunderbar halten? Hüten Sie sich vor Vergeltungsphantasien, die sich manchmal in unser Bewußtsein einschleichen, dieser Angst vor einer unbekannten Gefahr, die droht, wenn wir uns allzu wohl fühlen.
Viele von uns sind mit der Vorstellung aufgewachsen, daß man für eine gute Zeit, die dem Leben Wert gibt, mit Sicherheit zahlen muß, um das Gleichgewicht wiederherzustellen. Sie kommen von der Arbeit nach Hause und haben gerade ein größeres Projekt abgeschlossen. Sie fühlen sich in Hochstimmung, lebendig, voller Freude, bis Sie plötzlich ein anderer Gedanke überfällt: Ich fühle mich so gut, da muß doch irgend etwas Schlimmes passiert sein. Das Haus brennt, das Kind hat sich verletzt, der Hund ist von einem Auto überfahren worden. Wir suchen geradezu Niederdrückendes, um unseren Sinn für gerechten Ausgleich wieder ins Lot zu bringen.
Denken Sie dann an all die Ratschläge, die wir geben, wenn Menschen aus dem Gleichgewicht geraten.

> «Sie werden schon bekommen, was Sie verdienen». – «Es kann doch nicht so weitergehen.» – «Was glaubt sie denn, wer sie ist?» – «Genießen Sie es, solange es geht.» (Seufzer) – «Jemand, der soviel Spaß hat, kann nicht allzu intelligent sein.» –

Vergeltung ist ein religiöser Mythos, der aus unserem mangelnden Verständnis für das Universum erwachsen ist. Als die Menschen die Sonne, die Stürme und den Regen nicht begreifen konnten, schufen sie sich Götter, die ihnen ähnlich waren; dadurch erhofften sie, eine größere Sicherheit zu erlangen. Solange sie den Sonnengott besänftigten, würden die Ernten gut ausfallen. Sie nahmen an, daß der Wille der Götter ihrem Willen entsprach, deshalb opferten sie ihnen einen Teil der Ernte und gelegentlich eine Jungfrau in der Hoffnung, sie würden den Rest überlassen. Der Gedanke des Opfers war geboren: Es ging nicht darum, für einen guten Zweck zu opfern, sondern ein Opfer für eine Illusion zu bringen.

Dieser Gedanke des Opferns und Leidens hat die Menschheit stets begleitet. Er erinnert sehr an die Erbsünde, der Mensch ist schuldig, der Grund spielt keine Rolle. In vielen Religionen geißeln sich Menschen selbst, damit sie die Strafe ihres Gottes nicht etwa zu einer unpassenden Zeit ereilt.

Ein ausgeprägter Sinn für ein erfülltes, leidenschaftliches Leben birgt tatsächlich manche unangenehmen Seiten, die viele abschrecken. Es ist traurig, aber wahr, daß die Tatkraft, die Sie ausstrahlen, andere aufregt, irritiert und manchmal verletzt. Sie vergleichen sich mit Ihnen und haben das Gefühl, schlecht dabei wegzukommen. Ihre Leidenschaftlichkeit erinnert andere an eigene, verlorengegangene Empfindungen. Es ist so, als stellten Sie ihren Wert und ihre Entscheidungen in Frage.

Die meisten Menschen nehmen Sie so, wie Sie sind, aber andere, sogar enge Freunde und Verwandte, schikanieren Sie. Vielleicht wissen sie nicht einmal, warum. Klatsch wird über Sie verbreitet, Negatives wird aufgedeckt, und, wenn Sie im öffentlichen Leben stehen, schnell weitergetragen. Sie brauchen schon ein sehr gefestigtes Selbstbewußtsein und viel Verständnis für die Schmerzen anderer, um an Ihren positiven Gefühlen festzuhalten.

Die am schwersten zu überwindenden Barrieren auf dem Weg zu einem leidenschaftlichen Lebensgefühl sind von uns kaum noch zu beeinflussen: Zu viele Jahre ohne Beziehung zu unserem Körper und zu unseren Gefühlen, ein ungesunder und unausgeglichener Lebenswandel und nicht zuletzt Verdrängungen zeigen Konsequenzen.
Wir sind Experten darin geworden, unsere natürlichen Emotionen abzublocken und wenig auf unsere Intuition zu achten. Als Kind brachte man uns bei, ohne waches Bewußtsein durch das Leben zu gehen, sich anzupassen und jedem außer sich selbst zu gefallen. In gewissem Sinne haben wir diese Lektion zu gut gelernt. Wir können nicht trennen zwischen Überlebenstechniken, die wir als Kinder lernten, und Vergnügungen, die für Erwachsene bestimmt sind.
Sie mögen vielleicht gar keine Verantwortung für ihre intensivsten Empfindungen übernehmen. Sie haben vielleicht das Gefühl, es sei besser, gezwungen von jemand anderem oder äußeren Umständen gedrängt zu werden. Dann ist das Vergnügen ein Unfall, ein zufälliges Ereignis. Auf diese Weise werden viele Frauen schwanger, obwohl sie es eigentlich gar nicht wollten. Drogen sind eine weitere Möglichkeit, die Eigenverantwortlichkeit abzugeben. Sie geben uns das Gefühl, daß wir gar keine Entscheidungsmöglichkeit mehr besitzen, daß unser Körper sich ohne uns davonmacht.
Wir neigen dazu, lieber an der Oberfläche zu bleiben. Wir verstehen es, Leidenschaft und Intensität von unserem Leben fernzuhalten. Das ist ein großer Verlust für uns, denn wir benötigen unsere Zeit, unsere Prioritäten, unsere Energie und Konzentration um die Menschen und das Leben in Schach zu halten. Sie setzen dabei die elementare Beziehung zu sich selbst aufs Spiel, denn die Bereitschaft zu intensiven Empfindungen ist ein Maßstab für die Tiefe Ihres Wesens und die Erfüllung.

Was Sie tun können

Lesen Sie noch einmal das Kapitel über die äußere Erscheinung, und nehmen Sie sich vor, mehr für Ihren Körper zu tun. Nehmen Sie entspannende Bäder, bewegen Sie sich, bis Sie ein Prickeln verspüren, tragen Sie Naturfasern und leuchtende Farben. Das für Sie richtige Sweatshirt ist besser als ein teures Kostüm, in dem Sie sich nicht wohl fühlen. Lassen Sie sich massieren und maniküren. Machen Sie häufig

Pausen, um tief zu atmen oder sich zu recken und zu strecken. Meditieren Sie.
Fragen Sie sich regelmäßig: Was will ich wirklich? Beantworten Sie sich diese Frage. Erinnern Sie sich daran, daß Sie liebenswert und kompetent sind. Träumen Sie, reisen Sie. Halten Sie in allen Bereichen Kontakt zu der Welt, in der Sie leben.
Gönnen Sie sich glückliche Augenblicke, Tagträume. Genießen Sie Bestätigung und die Zeit für sich selbst.
Investieren Sie Zeit und Energie in die verschiedenen Möglichkeiten der Bewußtseinserweiterung. Viele Menschen finden im spirituellen Bereich die stärkste Quelle für eine lebenslange Passion. Der Geist ermöglicht uns eine Verbindung mit dem Universum. Zwischen sexueller und spiritueller Leidenschaft besteht in diesem Sinne kein Unterschied, sie sind beide Bestandteile unserer Lebenskraft.
Ein jeder hat eine persönliche – zustimmende oder ablehnende – Haltung zu spirituellen Fragen.

Niemand kann an Ihrer Stelle handeln. Wenn Sie alles möchten – Frieden, intensive Gefühle, Erregung, Engagement, Intimität und Liebe – müssen Sie sich selbst darum kümmern. Echte, heftige, lebenslange, tägliche Leidenschaft erwächst nur aus Ihrer Beziehung zu sich selbst und zur Welt.
Wir bewegen uns vorwärts, indem wir tiefer gehen.
Öffnen Sie sich in kleinen Schritten. Seien Sie sanft. Behandeln Sie sich selbst und andere mit Freundlichkeit. Niemand anderes kann es für Sie tun. Leidenschaft können Sie nur erfahren, wenn Sie ganz Sie selbst sind.
Ihre eigene Hand werden Sie am längsten halten.

Literatur

Adams, Caren und Fay, Jennifer: Ohne falsche Scham. Wie Sie Ihr Kind vor sexuellem Mißbrauch schützen können. Reinbek 1989

Assig, Dorothea: Mut gehört dazu. Informationen für Frauen, die beruflich selbständig sind oder werden wollen. Reinbek 1987

Bach, Richard: Illusionen. Die Abenteuer eines Messias wider Willen. Berlin 1989

Barbach, Lonnie: Mehr Lust. Gemeinsame Freude an der Liebe. Reinbek 1990

Barbach, Lonnie G.: Für einander. Das gemeinsame Erleben der Liebe. Reinbek 1985

Barbach, Lonnie G. und Levine, Linda: For Yourself. Die Erfüllung weiblicher Sexualität. Der einzige Weg, Oliven zu essen und andere intime Geständnisse. Berlin 1989

Beckerle, Monika: Depression. Leben mit dem Gesicht zur Wand. Erfahrungen von Frauen. Frankfurt a. M. 1989

Benard, Cheryl: Die Grenzen des Geschlechts. Anleitungen zum Sturz des internationalen Patriarchats. Reinbek 1984

Benard, Cheryl und Schlaffer, Edit: Die ganz gewöhnliche Gewalt in der Ehe. Texte zu einer Soziologie von Macht und Liebe. Reinbek 1978

Benard, Cheryl und Schlaffer, Edit: Im Dschungel der Gefühle. Expeditionen in die Niederungen der Leidenschaft. Reinbek 1987

Berger, Herbert u. a. (Hg.): Frauenalkoholismus. Entstehung – Abhängigkeit – Therapie. Stuttgart 1983

Bloom, Lynn Z., Coburn, Karen und Pearlman, Joan: Die selbstsichere Frau. Anleitung zur Selbstbehauptung. Reinbek 1979

Bloomfield, Harold H. und Kory, Robert B.: Innerjoy. New York 1985

The Boston Women's Health Book Collective: Unser Körper – Unser Leben. The new our bodies, ourselves. Ein Handbuch von Frauen für Frauen. 2 Bde., Reinbek 1988 (erw. Neuausg.)

Brownmiller, Susan: Gegen unseren Willen. Vergewaltigung und Männerherrschaft. Frankfurt a. M. 1980

Brückner, Margit: Die Liebe der Frauen. Über Weiblichkeit und Mißhandlung. Frankfurt a. M. 1988

Cadura-Saf, Doritt: Das unsichtbare Geschlecht. Frauen, Wechseljahre und Älterwerden. Reinbek 1986

Chasseguet-Smirgel, Janine (Hg.): Psychoanalyse und weibliche Sexualität. Frankfurt a. M. 1976

Chesler, Phyllis: Frauen – das verrückte Geschlecht? Reinbek 1977

Colgrove, Melba, Bloomfield, Harold und McWilliams, Peter: How to survive the loss of love. New York 1977

Cousins, Norman: Der Arzt in uns selbst. Die Geschichte einer erstaunlichen Heilung – gegen alle düsteren Prognosen. Reinbek 1984

Cousins, Norman: Human options. An autobiographical notebook. New York 1981

Ernst, Sheila und Goodison, Lucy: Selbsthilfe Therapie. Ein Handbuch für Frauen. München 1982

Fay, Jennifer und Flerchinger, Billie Jo: Top secret. A discussion guide. Santa Cruz 1984

Ferguson, Marilyn: Die sanfte Verschwörung. Transformation im Zeitalter des Wassermanns. München 1984

Flach, Frederic F.: Depression als Lebenschance. Seelische Krisen und wie man sie nutzt. Reinbek 1978

French, Marilyn: Frauen. Roman. Reinbek 1982

French, Marilyn: Jenseits der Macht. Frauen, Männer und Moral. Reinbek 1985

Friday, Nancy: Die sexuellen Phantasien der Frauen. Reinbek 1980

Friday, Nancy: Die sexuellen Phantasien der Männer. Reinbek 1983

Friday, Nancy: Eifersucht. Die dunkele Seite der Liebe. München 1989

Friedan, Betty: Der zweite Schritt. Ein neues feministisches Manifest. Reinbek 1982

Friedan, Betty: Der Weiblichkeitswahn oder Die Selbstbefreiung der Frau. Ein Emanzipationskonzept. Reinbek 1981

Friedman, Martha: Overcoming the fear of success. New York 1982

Gawain, Shakti: Leben im Licht. Quelle und Wege zu einem neuen Bewußtsein. München 1987

Gawain, Shakti: Stell dir vor. Kreativ visualisieren. Reinbek 1986

Gisper, Dietlinde und Stein-Hilpers, Marlene (Hg.): Wenn Frauen aus der Rolle fallen. Alltägliches Leiden und abweichendes Verhalten von Frauen. Weinheim 1987 (2. Aufl.)

Göckel, Renate: Eßsucht oder die Scheu vor dem Leben. Eine exemplarische Therapie. Reinbek 1988

Goldberg, Herb: Der blockierte Mann. Hindernisse auf dem Weg zur Nähe. Hamburg 1989

Goldberg, Herb: Der verunsicherte Mann. Wege zu einer neuen Identität aus psychotherapeutischer Sicht. Reinbek 1986

Halpern, Howard: Abschied von den Eltern. Eine Anleitung für Erwachsene, die Beziehung zu den Eltern zu normalisieren. Hamburg 1978

Halpern, Howard: Liebe und Abhängigkeit. Wie wir übergroße Abhängigkeit in einer Beziehung beenden können. Hamburg 1982

Heckl, Ulrike: Auf der Suche nach bezahlter Arbeit. Zur Situation erwerbsloser Frauen. Frankfurt a. M. 1987

Hellman, Lillian: Pentimento. Erinnerungen. München 1989

Hirsch, M.: Realer Inzest. Psychodynamik des sexuellen Mißbrauchs in der Familie. Berlin 1987

Höcker, Katharina: Durststrecken. Zwischen Abhängigkeit und Aufbruch. Frauen und Alkohol. Frankfurt a. M. 1989

James, Jennifer: Life is a game of choise. Seattle 1986

James, Jennifer: Success is the quality of your journey. New York 1987

James, Jennifer: The slug manual. The rise and fall of criticism. Seattle 1984

James, Jennifer: Windows. New York 1987

Keen, Sam: Die Lust an der Liebe. Leidenschaft als Lebensform. Weinheim 1985 (2. Aufl.)

Köppen, Ruth: Die Armut ist weiblich. Berlin 1985

Krantzler, Mel: Learning to love again. New York 1977

Kübler-Ross, Elisabeth: Leben bis wir Abschied nehmen. Stuttgart 1979

Kübler-Ross, Elisabeth: Verstehen was Sterbende sagen wollen. Einführung in ihre symbolische Sprache. Stuttgart 1982

Lambrou, Ursula: Familienkrankheit Alkoholismus im Sog der Abhängigkeit. Reinbek 1990

Lau, Susanne u. a.: Aggressionsopfer Frau – körperliche und seelische Mißhandlungen in der Ehe. Reinbek 1979

Lawrence, Marilyn: «Ich stimme nicht». Identitätskrise und Magersucht. Reinbek 1986

Lawrence, Marilyn (Hg.): Satt aber hungrig. Frauen und Eßstörungen. Reinbek 1989

Lederer, William J. und Jackson, Don D.: Ehe als Lernprozeß. Wie Partnerschaft gelingt, München 1976 (3. Aufl.)

Leonard, Linda: Töchter und Väter. Heilung und Chancen einer verletzten Beziehung. München 1988 (3. Aufl.)

Levine, Stephen: Who dies. An investigation of conscious living and conscious dying. New York 1982

Mackoft, Barbara: Leaving The Office Behind. o. O., o. J.

Masters, William H. und Johnson, Virginia E.: Spaß an der Ehe. Erfahrungen und Ratschläge der erfolgreichsten Ehetherapeuten der Welt. Wien u. a. 1977

Mefert-Diete, Christa und Soltau, Roswitha (Hg.): Frauen und Sucht. Die alltägliche Verstrickung in Abhängigkeit. Reinbek 1984

Meinhold, Marianne u. a.: Von der Lust am Älterwerden. Frauen nach der Midlife Crisis. Frankfurt a. M. 1978

Miller, Alice: Du sollst nicht merken. Variationen über das Paradies-Thema. Frankfurt a. M. 1981

Mitscherlich, Margarete: Die friedfertige Frau. Eine psychoanalytische Untersuchung zur Aggression der Geschlechter. Frankfurt a. M. 1985 (4. Aufl.)

Mornell, Pierre: Thank God It's Monday. o. O., o. J.

Nairne, Kathy und Smith, Gerrilyn: Leiden an der Wirklichkeit. Frauen und Depression. Reinbek 1987

Norwood, Robin: Wenn Frauen zu sehr lieben. Die heimliche Sucht, gebraucht zu werden. Reinbek 1986

Norwood, Robin (Hg.): Briefe von Frauen, die zu sehr lieben. Betroffene machen Hoffnung. Reinbek 1988

Novarra, Virginia: Die Geringschätzung der weiblichen Arbeitskraft. Von der Verschwendung der Talente. Reinbek 1982

Orbach, Susie: Anti-Diätbuch. Über die Psychologie der Dickleibigkeit, die Ursachen von Eßsucht. München 1979

Orbach, Susie: Hungerstreik. Ursachen der Magersucht – neue Wege zur Heilung. Düsseldorf 1987

Pelletier, Kenneth R.: Gesund leben – gesund sein. Grundlagen einer ganzheitlichen Medizin. Reinbek 1987

Raymond, Janice G.: Frauenfreundschaft. Philosophie der Zuneigung. München 1987

Rijnaarts, Josephine: Lots Töchter. Über den Tochter-Vater-Inzest. Düsseldorf 1988

Rossanda, Rossana: Einmischung. Gespräche mit Frauen über ihr Verhältnis zu Politik, Freiheit, Gleichheit, Brüderlichkeit, Faschismus, Widerstand, Staat, Partei, Revolution, Feminismus. Frankfurt a. M. 1980

Roth, Geneen: Essen als Ersatz. Wie man den Teufelskreis durchbricht. Reinbek 1989

Scarf, Maggie: Wege aus der Depression – Krisensituationen im Leben von Frauen. Fallgeschichten und Analysen. München 1986

Schaef, Anne: Women's reality. An emerging female system in the white male society. New York 1986

Segonzac, Jacqueline de: Trauer und Wahn. Tagebuch einer Manisch-Depressiven. Frankfurt a. M. 1988

Sichtermann, Barbara: FrauenArbeit. Über wechselnde Tätigkeiten und die Ökonomie der Emanzipation. Berlin 1987

Sichtermann, Barbara: Leben mit dem Neugeborenen. Ein Buch über das erste halbe Jahr. Frankfurt a. M. 1989 (11. Aufl.)

Sichtermann, Barbara: Weiblichkeit. Zur Politik des Privaten. Berlin 1983

Singer, June: Androgyny. The opposites within. Boston 1987

Smedes, Lewis: Forgive and forget. Healing the hurts we don't deserve. San Francisco 1984

Sontag, Susan: Krankheit als Metapher. Frankfurt a. M. 1989 (3. Aufl.)

Steinem, Gloria: Unerhört. Reportagen aus «Ms». Reinbek 1984

Steinhage, Rosemarie: Sexueller Mißbrauch an Mädchen. Ein Handbuch für Beratung und Therapie. Reinbek 1989

Vaughan, Diane: Wenn Liebe keine Zukunft hat. Stationen und Strategien der Trennung. Reinbek 1988

Vetter, Gabriela: Seele unter Eis. Ein Selbsthilfebuch für Depressive, Resignierte und ihre Angehörigen. Zürich 1989

Walker, Alice: Die Farbe Lila. Roman. Rowohlt 1984

Watzlawik, Paul: Anleitung zum Unglücklichsein. München 1989

Woititz, Jane G.: The struggle for intimacy. Pompano Beach 1985

Woititz, Jane G.: Um die Kindheit betrogen. Hoffnung und Heilung für erwachsene Kinder von Suchtkranken. München 1990

Unser Körper – Unser Leben
Ein Handbuch von Frauen für Frauen. Überarbeitete und erweiterte Neuausgabe
(2 Bände: rororo sachbuch 8408 und 8409)
Ein Standardwerk der weiblichen Gesundheit, das in dem Bücherschrank keiner Frau fehlen sollte. Entsprechend der neuen amerikanischen Ausgabe von "Our bodies, Ourselves" wurde auch die deutsche Ausgabe vollständig aktualsiert.

Unser Körper – Unser Leben
Über das Älterwerden *Ein Handbuch für Frauen*
(rororo sachbuch 8841)
Wie *Unser Körper – Unser Leben* ist dieses Buch ein Gemeinschaftsprojekt und beruht auf den Erfahrungen vieler Frauen. Es richtet sich an alle, die ihr Leben und ihr Älterwerden selbst in die Hand nehmen wollen. Denn: Niemand wacht auf und ist plötzlich siebzig, und unser Wohlbefinden hängt weniger von den Jahren ab, die wir schon gelebt haben, als davon, wie wir mit uns selbst umgegangen sind.

Ruth Bell (Hg.)
Wie wir werden - Was wir fühlen
Ein Handbuch für Jugendliche über Körper, Sexualität, Beziehungen. Überarbeitete und erweiterte Neuausgabe
(rororo sachbuch 8823)
Fakten, Berichte, Bekenntnisse und Informationen zu allen Themen, die das Leben zwischen 12 und 20 so aufregend, irritierend, schwierig und schön machen.

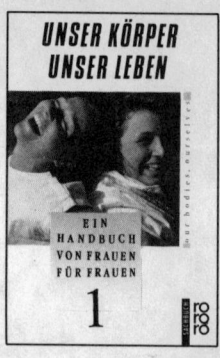

Nathaniel Branden
Ich liebe mich auch *Selbstvertrauen lernen*
(rororo sachbuch 8486)

M. James / D. Jongeward
Spontan leben *Übungen zur Selbstverwirklichung*
(rororo sachbuch 8301)

Thomas Grossmann
Eine Liebe wie jede andere
Mit homosexuellen Jugendlichen leben und umgehen
(rororo sachbuch 8451)

John Selby
Einander finden *Übungen zur Psychologie der Begegnung in Freundschaft, Beruf und Liebe*
(rororo sachbuch 7991)

Sämtliche Bücher und Taschenbücher zum Thema finden Sie in der *Rowohlt Revue*. Jedes Vierteljahr neu. Kostenlos in Ihrer Buchhandlung.